LES

ANCIENS POËTES

DE LA FRANCE

La première partie du recueil des *Anciens Poëtes de la France* renfermera le cycle carlovingien, et formera quarante volumes semblables à celui-ci.

L'examen des questions auxquelles peut donner lieu la publication de ce recueil a été confié, sous la haute direction de S. Exc. M. le Ministre de l'instruction publique, à une Commission composée de MM. :

Le Marquis DE LA GRANGE, sénateur, membre de l'Institut, *Président ;*

F. GUESSARD, professeur à l'Ecole impériale des Chartes, *délégué de la Commission pour la direction du Recueil ;*

Francis WEY, inspecteur général des archives départementales ;

Henri MICHELANT, membre de la Société des antiquaires de France, employé au département des manuscrits de la Bibliothèque impériale.

Ce volume est le *neuvième* dans l'ordre de publication.

LES
ANCIENS POËTES
DE LA FRANCE

Publiés sous les auspices

DE S. EXC. M. LE MINISTRE DE L'INSTRUCTION

PUBLIQUE

Et sous la direction

DE M. F. GUESSARD

MACAIRE

PARIS

LIBRAIRIE A. FRANCK

RUE DE RICHELIEU, 67

MDCCCLXVI

Paris. — Imprimé par JOUAUST, rue S.-Honoré, 338.

MACAIRE

CHANSON DE GESTE

MACAIRE

CHANSON DE GESTE

Publiée d'après le manuscrit unique de Venise, avec un essai de restitution en regard

PAR

M. F. GUESSARD

PARIS
LIBRAIRIE A. FRANCK
RUE DE RICHELIEU, 67

MDCCCLXVI

PRÉFACE.

J'ai trouvé ce poëme sans titre dans l'unique manuscrit qui nous l'ait conservé, en sorte que j'en suis à la fois l'éditeur et le parrain.

Je lui ai donné un nom, je le sais, qui n'est guère recommandable. En dépit de son étymologie et du parfum de sainteté qu'il exhale, ce nom malheureux était déjà bien mal noté au moyen âge (1), et l'est aujourd'hui plus que jamais. Aussi ne l'ai-je pas choisi, mais subi,

---

1. Voyez, par exemple, *Huon de Bordeaux*, p. 116 :

> Là est Macaires, .1. traîtres prouvés.

Fierabras, p. 133 :

> L'empérere manda Guenelon et Hardré,
> Grifonnet d'Autefuelle o le grenon mellé,
> Alori et Macaire et des autres assés.

Aiol et Mirabel, ms. de la Bibl. imp., La Val., 80, fol. 120 v°, col. 2 :

> Makaire de Losane *fu malparliers*.

Notre Macaire s'appelle précisément comme celui qui figure dans *Aiol et Mirabel* :

> Machario de Losane se fait apeler.

Macaire.

pour ainsi parler, et fort à contre-cœur, sachant surtout que ce n'était pas le véritable titre de l'ouvrage, celui qu'il portait autrefois et sous lequel il a été traduit à l'étranger. Ce vrai titre, tiré du nom de l'héroïne, était, sans aucun doute : *La Reine Sibile*. Mais comment le conserver à la version que je publie, où Sibile s'appelle Blanchefleur ? Substituer ce nouveau nom à l'ancien, ce n'était pas remédier au mal ; c'était plutôt l'aggraver en introduisant un élément de confusion dans le catalogue de notre histoire littéraire. En effet, ce nom gracieux de Blanchefleur, si cher aux trouvères, se trouve déjà en tête d'une de leurs compositions, et bien qu'il y soit associé à un autre, je n'étais pas sans craindre cette répétition dans la série des titres de nos anciens poëmes. Voilà comment j'ai été conduit à préférer le nom d'un coquin à celui d'une reine vertueuse.

C'est dire assez que je n'avais guère à choisir qu'entre ces deux noms : celui de l'innocence et celui de son persécuteur. Il y a bien encore dans cette curieuse composition un troisième personnage qui y joue un grand rôle ; un personnage que l'histoire a longtemps emprunté au roman, que les arts, que le théâtre ont rendu populaire et dont l'érudition a discuté l'existence dans une savante dissertation. Ce n'est qu'un chien, il est vrai, mais un chien célèbre : le chien de Montargis. Par malheur, je ne pouvais me servir de ce titre tout fait sans me rendre coupable d'un gros anachronisme, puisque le chien de Montargis n'a été ainsi nommé que longtemps après sa naissance, c'est-à-dire longtemps après la fin du

XIIe siècle, date probable du poëme que je publie.

Si ce poëme n'appartenait pas au genre sérieux, au moins par l'intention, le meilleur titre qu'on lui pût adapter serait sans doute celui d'une des comédies de Molière, en substituant simplement le nom de Charlemagne à celui de Sganarelle. Le grand empereur, en effet, y joue un rôle analogue à celui de l'époux trop soupçonneux que notre grand comique a mis en scène, à cela près que Charlemagne, dont l'infortune n'est pas moins imaginaire que celle de Sganarelle, a cependant pour y croire de plus fortes raisons que lui.

C'est après ces réflexions, et non à la légère, comme on le voit, que je me suis décidé à restituer à notre histoire littéraire, sous le titre de *Macaire*, la chanson de *la Reine Sibile*, dont on connaissait depuis longtemps l'existence et le sujet, mais dont on croyait l'original à jamais perdu.

Je n'oserais dire absolument que je l'ai retrouvé. Ce serait faire trop d'honneur à l'Italien qui l'a enchâssé dans la vaste compilation d'où je le tire; ce serait peut-être aussi paraître trop satisfait de mon essai de restitution. Or, je n'ai garde de tomber dans ces deux excès. Il n'est pas besoin d'être grand clerc pour reconnaître combien est altéré le manuscrit que je publie, et j'ai peur qu'il soit aussi trop aisé aux juges compétents d'apercevoir les imperfections de mon travail. J'estime toutefois que, l'un portant l'autre, le texte de Venise et le mien donneront au lecteur une idée suffisante de la singulière composition qu'ils reproduisent tellement quellement, et qui, défigurée d'un côté, s'efforce de reprendre de l'autre sa physionomie et ses traits primitifs.

Voici le fond de ce roman, dont une partie, et la moins vraisemblable, a été si longtemps prise au sérieux et considérée comme historique.

Charlemagne, oubliant trop aisément les souvenirs de Roncevaux, a admis à sa cour et dans son intimité un chevalier de cette race de Mayence qu'il eût dû haïr à jamais, un parent du traître Ganelon, Macaire de Losane. Il a bientôt sujet de s'en repentir. Macaire ose regarder d'un œil de convoitise l'épouse même de son seigneur, la belle et vertueuse Blanchefleur, fille de l'empereur de Constantinople. Il tente d'abord par de doux propos de conquérir ses bonnes grâces ; la reine le repousse et l'éconduit avec indignation. Irrité, mais non découragé, Macaire a recours, pour continuer sa poursuite, à l'entremise d'un nain fort aimé du roi, de la reine surtout, et très-familier avec elle. Le nain, séduit par de belles promesses, consent à servir les desseins de Macaire. Il en est bien puni. Blanchefleur le châtie, et si rudement qu'il en garde le lit pendant huit jours. Dès lors Macaire ne songe plus qu'à se venger, et c'est encore au nain qu'il demande assistance, au nain outragé comme lui, plus que lui, et animé du même esprit de vengeance. Il lui persuade de se cacher le soir derrière la porte de la chambre du roi, et quand Charlemagne se lèvera, selon sa coutume, avant l'aube du jour, pour assister à matines, d'aller prendre place dans sa couche, à côté de la reine. Charlemagne l'y trouvera au retour, ne manquera pas de croire Blanchefleur coupable et la fera brûler vive. Quant au nain, quel risque peut-il courir? Il dira pour se justifier qu'il n'a fait que se rendre à l'appel de la reine, cette fois comme bien d'autres. D'ailleurs Macaire sera là pour le défendre, s'il y avait péril.

Le nain saisit avec joie l'occasion qui s'offre à lui de venger son affront. Il suit de point en point les instructions de Macaire, et de là la scène prévue. Charlemagne, en revenant de matines, aperçoit sur un banc les vêtements et dans son lit la grosse tête du nain. Il reste muet de confusion, de douleur, de courroux, sort de sa chambre éperdu, et se rend à la grande salle du palais, où il trouve Macaire déjà levé, avec quelques autres chevaliers. Il les conduit près de sa couche, où le nain est encore à côté de la reine endormie. Interrogé par Macaire lui-même, le nain répète la leçon qu'il a apprise du traître. Cependant Blanchefleur s'éveille, et, se voyant ainsi entourée, ainsi accusée, ne trouve pas un mot pour se défendre. Charlemagne jure qu'elle sera brûlée vive.

Il le jure; mais si grande est sa tendresse pour Blanchefleur qu'il oublierait peut-être son serment n'était la crainte du blâme, n'étaient les instances de Macaire et des siens qui le poussent à faire justice. Il s'y résigne, et déjà le bûcher est allumé, lorsque Blanchefleur en face de la mort demande un confesseur. L'abbé de Saint-Denis vient remplir cet office. Il entend la malheureuse reine, l'interroge, se persuade de son innocence, et détourne Charlemagne de la livrer au supplice, d'autant plus qu'elle s'est déclarée enceinte. Alors, sur l'avis du duc Naimes, son sage conseiller, le roi lui fait grâce de la vie, et la bannit seulement de son royaume. Un jeune damoiseau nommé Aubri est chargé de la conduire en exil. Il part avec elle, au grand regret de chacun et de Charlemagne lui-même.

Macaire aussi, mais par un autre sentiment, voit ce départ avec un cruel déplaisir : sa vengeance lui échappe. Pour la ressaisir, il s'arme, monte à cheval, et s'élance à la poursuite de l'exilée et de son compagnon. Il les rejoint, somme Aubri de lui abandonner la reine, et, sur son refus, l'attaque et le tue. Effrayée à la vue du combat, la reine s'est enfuie dans un bois voisin. Macaire ne la retrouve pas, et revient à Paris chargé d'un crime de plus.

Aubri avait un lévrier qui le suivait partout. Le lévrier ne le quitte point, même après sa mort. Il reste là trois jours, et ce n'est que vaincu par la faim qu'il reprend le chemin de Paris. Il arrive à l'heure du dîner, court au palais, où les barons sont à table, aperçoit Macaire, se jette sur lui, le mord cruellement au visage, prend du pain sur la table et s'enfuit pour retourner auprès de son maître, laissant toute la cour dans l'étonnement. Les barons se demandent si Aubri est déjà de retour. Ils ont bien cru reconnaître son lévrier. Le chien revient une seconde fois à la même heure; mais les gens de Macaire sont sur leurs gardes; il ne peut l'atteindre et s'en retourne encore avec du pain.

Alors les soupçons s'éveillent. Pour les éclaircir, Charlemagne et ses barons se promettent de suivre le chien quand il reviendra. Il revient, fait découvrir le corps d'Aubri et en même temps le crime de Macaire.

Interrogé par Charlemagne, l'accusé nie et offre de prouver son innocence par les armes ; mais personne n'ose combattre un adversaire aussi puissant, aussi bien apparenté. La justice restera-t-elle donc sans champion ? Le vieux duc Naimes s'indigne à cette pensée, et propose de mettre aux prises l'accusé et l'accusateur, Macaire et le chien d'Aubri. L'empereur et ses barons s'empressent d'y consentir. Les parents même de Macaire acceptent avec joie une épreuve qui ne leur paraît pas redoutable. Le duel a lieu ; Macaire est vaincu. Il fait l'aveu de son crime et en subit la peine. Il est traîné par tout Paris à la queue d'un cheval, et brûlé ensuite.

Cependant qu'est devenue la reine, cette victime innocente que Charlemagne n'espère plus revoir ?

Après la mort d'Aubri, elle a erré longtemps dans le bois où elle s'est réfugiée. Comme elle en sort, elle rencontre un pauvre bûcheron nommé Varocher, qui la reconnaît, s'étonne de la trouver seule, et lui offre ses services. Blanchefleur lui fait part de son infortune, de son exil, et le supplie de l'accompagner jusqu'à Constantinople, où sont ses parents. Le bûcheron n'hésite pas : il prend à peine le temps de dire adieu à sa femme et à ses enfants, et se met en route avec l'exilée.

Varocher avait plus de cœur que de mine, et le contraste était grand entre cette jeune et belle reine et son rustique compagnon à l'aspect sauvage, à l'accoutrement grossier, à la chevelure épaisse et emmêlée. Un gros bâton noueux dont l'honnête bûcheron s'était armé achevait d'en faire un personnage des plus étranges, à ce point que nulle part on ne pouvait le regarder sans rire et sans le croire hors de son bon sens. C'est ainsi escortée que la reine voyage jusqu'en Hongrie. Sa grossesse ne lui permet pas d'aller plus loin. Elle s'arrête dans une hôtellerie, où elle ne tarde pas à accoucher d'un fils.

Blanchefleur, qui n'a garde de se faire connaître, donne à croire que Varocher est son époux, et le jeune héritier du sceptre de Charlemagne est sur le point d'avoir pour parrain l'hôte de sa mère. Mais la Providence ne permet pas cet abaissement, et comme on porte l'enfant au moutier, le roi de Hongrie survient à propos pour reconnaître sa haute origine et pour le tenir lui-même sur les fonts. Que son filleul soit de sang royal, le roi de Hongrie n'en saurait douter, puisque le nouveau-né porte une croix blanche empreinte sur l'épaule droite. C'est là un signe infaillible, et il ne faut rien moins que la simplicité de l'hôtelier pour croire qu'un enfant marqué d'un tel sceau puisse être le fils d'un homme de rien, d'un truand, d'un sauvage comme Varocher. Mais quel est son vrai père ? Le mystère est bientôt éclairci dans une entrevue que le roi fait demander à Blanchefleur. Elle ne cache rien à son royal compère, et ce n'est pas vainement qu'elle implore son assistance. A compter de ce moment elle reçoit une hospitalité digne d'elle, et, par les soins du roi, l'empereur de Constantinople ne tarde pas à être informé du sort de sa fille.

Il la fait d'abord ramener près de lui ; il songe ensuite à la venger. Rien ne peut désarmer sa colère ; rien ne peut le fléchir : ni la nouvelle du supplice de Macaire, ni les excuses de Charlemagne, ni ses offres de réparation. Après plusieurs ambassades inutiles, la guerre éclate entre le beau-père et le gendre. L'empereur de Constantinople, accompagné de sa fille, de son petit-fils et du fidèle Varocher, vient à la tête de cinquante mille hommes camper sous les murs de Paris. Charlemagne sort de la ville avec les siens ; les deux armées sont en présence ; elles en viennent aux prises.

A côté des chevaliers qui de part et d'autre font assaut de prouesses, Varocher se signale par des traits hardis, par des pointes audacieuses, mais qui sentent un peu la maraude et ne sont guère que des exploits de vilain. Il pénètre adroitement dans le camp de Charlemagne, d'abord seul, puis avec des compagnons âpres à la curée, et il trouve le moyen d'y faire main basse sur les plus beaux destriers, à commencer par celui du roi ; sur les plus riches armures, sur le butin le plus précieux. Début équivoque dans la carrière des armes, mais qui l'excite à y jouer un plus noble rôle. Ce vilain a senti en lui le cœur d'un chevalier ; il en désire le titre, le demande à l'empereur qu'il sert, l'obtient, revêt le haubert, lace le heaume, ceint l'épée, échange contre une lance au gonfanon flottant l'arme grossière que façonna à peine sa cognée de bûcheron, et ne se rappelle plus qu'avec dégoût le temps où il se chargeait de fardeaux comme une bête de somme.

Ainsi métamorphosé, le nouveau chevalier ne craint pas l'adversaire le plus redoutable. Il le dit et le prouve. Après plusieurs engagements sans résultat décisif, les deux empereurs conviennent de vider leur querelle par un combat singulier. C'est Ogier le Danois qui va défendre la cause de Charlemagne; c'est Varocher que l'empereur de Constantinople a choisi pour champion. La lutte a lieu sans témoins, entre les deux camps. Devant le brave Danois, devant ce preux tant vanté, dont la renommée est venue jusqu'à lui, l'ancien bûcheron ne recule pas; il lui tient tête et lui fait admirer sa vaillance à ce point qu'Ogier interrompt le combat pour lui demander son nom.

Varocher se fait connaître; la confiance s'établit entre les deux chevaliers, et l'instant d'après ils se séparent, amis comme frères, pour aller, chacun de son côté, travailler à l'œuvre de la paix.

La joie du Danois est extrême. Il vient d'apprendre de Varocher que Blanchefleur vit encore, et qu'elle est dans la tente de son père. Rien ne pourrait le rendre plus heureux, si ce n'est de porter à Charlemagne cette nouvelle miraculeuse; mais il ne l'a apprise que sous la condition de la tenir secrète. Comment donc amènera-t-il la conclusion de la paix ? En s'avouant vaincu par son adversaire. Si grand que soit le sacrifice, Ogier s'y résigne, et Charlemagne, abusé par ce généreux mensonge, n'a plus d'autre ressource que de se mettre à la merci du vainqueur.

Il députe Ogier et le vieux duc Naimes pour aller demander la paix à l'empereur de Constantinople, et les voit bientôt revenir avec un jeune et bel enfant à la tête blonde surmontée d'une plume de paon. Qui est-il? Doù vient-il? A ces questions de Charlemagne, c'est l'enfant lui-même qui répond, en le prenant par le menton : « Père, je suis votre fils, et si vous en doutez, voyez la croix blanche que je porte sur l'épaule. » Charlemagne, dans une étrange surprise, interroge le duc Naimes, interroge le Danois. Tous deux lui attestent que l'enfant dit vrai, et mettent le comble à sa joie et à son attendrissement en lui apprenant que Blanchefleur est vivante et consent à lui pardonner.

Ainsi préparée, la paix est aussitôt conclue. Les deux époux réconciliés rentrent ensemble à Paris, où de grandes fêtes célèbrent cet heureux événement. Varocher, comblé de présents, est institué champion en titre d'office à la cour de Charlemagne; il retourne à sa chaumière, qu'il s'empresse de remplacer par un château avec donjon, donne à sa femme des habits de soie et de coton, et promet bien à ses deux fils qu'ils seront un jour armés chevaliers.

Tel est ce vieux poëme, dont je ne suis pas le premier à faire connaître le sujet. Il y a plus de six siècles que j'étais devancé dans cette tâche par un de nos anciens chroniqueurs, dont l'ouvrage est connu, à tort ou à raison, sous le nom

PRÉFACE.

d'Alberic de Trois-Fontaines. Voici sa notice (1), à la date de l'année 770 :

Cum matris hortatu, filiam Desiderii, Longobardorum regis, Karolus magnus duxisset, incertum qua de causa, eam post annum repudiavit, et Hildegardam Alemannam duxit, de genere Suevorum, precipue nobilitatis feminam, de qua filios tres genuit : Karolum, Pipinum, Ludovicum, et filias tres. Super repudiatione dicte regine, que dicta est Sibilia a cantoribus gallicis, pulcherrima contexta est fabula : de quodam nano turpissimo (2), *cujus occasione dicta regina fuit expulsa; de Albrico milite Montis Desiderii, qui eam debuit conducere, a Machario proditore occiso; de cane venatico ejusdem Albrici qui dictum Macharium in presencia Karoli, Parisius, duello mirabili devicit; de Gallerano de Bacaire et eodem Machario tractis turpiter et patibulo affixis; de rustico asinario, Varochero nomine, qui dictam reginam mirabiliter reduxit in terram suam; de latrone famoso, Grimoardo* (3), *in itinere invento; de heremita et de fratre ejus Richero, Constantinopolitano imperatore, dicte regine patre, de expeditione in Franciam ejusdem imperatoris cum Grecis; et de filio ejusdem Sibilie Ludovico nomine, cui dux Naaman filiam suam Blanca-*

---

1. D'après le manuscrit de la Bibliothèque impériale, fonds latin, 4896-A (fol. 33 v° et 34 r°), manuscrit dont le texte est beaucoup plus correct que celui de l'édition de Leibnitz. (Le passage se trouve à la page 105 de cette édition. Hanovre, 1698.)
2. *Nano*, et non *vano*, comme on lit dans l'édition de Leibnitz.
3. Et non *Girimardo*, selon la leçon fautive de Leibnitz.

floram in uxorem dedit; et de Karolo magno in monte Widomari a dicto Ludovico et Grecis obsesso; de reconciliatione ejusdem regine cum Karolo, quod omnino falsum est; de sex proditoribus de genere Ganalonis occisis, quorum duo supradicti, Macharius et Gallerannus, perierunt Parisius, duo ante portam montis Wimari, quorum unus fuit Almagius, et duo in ipso castro; et cetera isti fabule annexa, ex magna parte falsissima, que omnia, quamvis delectent et ad risum moveant audientes, vel etiam ad lacrimas, tamen a veritate hystorie nimis comprobantur recedere, lucri gratia ita composita.

Ce passage n'est pas sans importance. Il a déjà servi au savant Bullet à chasser de l'histoire le chien de Montargis. Il va servir encore à une autre démonstration : à prouver qu'il a existé de notre poëme deux versions différentes, la première assez simple encore, la seconde compliquée d'épisodes sans rapport intime avec le sujet.

C'est cette seconde version qu'avait en vue Alberic de Trois-Fontaines. La version primitive est celle qu'a reproduite à sa façon le compilateur italien auquel je l'emprunte. Voilà ce qu'il s'agit d'établir d'abord pour en déduire ensuite la date approximative du poëme original.

Or il suffit d'un simple rapprochement pour se convaincre que l'analyse du chroniqueur ne saurait se rapporter à la version que je publie, où il n'est fait mention ni de Galeran de Bacaire, ni du fameux larron Grimoard, ni de l'ermite frère de l'empereur de Constantinople, ni du duc Naaman et de sa fille Blanchefleur, ni surtout de l'union de cette fille avec le fils de notre héroïne, lequel n'est encore qu'un enfant dans le récit qu'on lira ci-après, tandis que dans celui dont Alberic nous a transmis le sommaire, il est non-seulement mariable et marié, mais aussi en état de faire la guerre et d'assiéger son père Charlemagne. Voilà des différences dont le nombre, l'importance, et surtout la nature, indiqueraient assez l'existence de deux versions, si l'on ne pouvait l'établir autrement. Mais il est possible de la démontrer encore mieux, ou plutôt de la montrer. Il nous reste, en effet, de la version développée à laquelle se réfère le passage d'Alberic, des fragments qui, par un curieux hasard, mettent en scène et l'ermite dont il vient d'être question et le fameux larron Grimoard, en même temps que plusieurs des personnages de la version primitive.

Ces fragments, qui forment en tout 126 vers, se lisent sur quelques morceaux de parchemin détachés de la couverture d'un Jean de Lyra, relié au XVe siècle. C'est ce que nous apprend M. le baron de Reiffenberg, à qui ils avaient été communiqués par M. Bormans, alors professeur extraordinaire à l'université de Gand. Le savant éditeur de Philippe Mouskes les a publiés dans son introduction ([1]), mais sans savoir à quel poëme ils appartenaient. L'attribution en a été faite par l'illustre secrétaire de l'Académie impériale de Vienne, M. Ferdinand Wolf, non-seulement d'après le passage d'Alberic de Trois-Fon-

---

1. Philippe Mouskes, t. I, p. 610 et suiv. — Je reproduis ces fragments en appendice, p. 307 et suiv. du présent volume.

taines, mais encore d'après deux traductions, l'une espagnole, l'autre néerlandaise, de la chanson de *la Reine Sibile*, qui lui ont fourni la matière d'excellents mémoires dont il sera parlé plus amplement ci-après.

Par ces fragments on voit que la seconde version de notre poëme était en vers alexandrins, par conséquent non-seulement rajeunie, mais entièrement refaite et remaniée ; car il est évident d'autre part que la composition primitive, celle qu'avait sous les yeux le compilateur italien, était en vers de dix syllabes. Il l'a fort altérée sans doute, mais non pas assez pour effacer partout l'empreinte du mètre. C'est un point sur lequel je ne puis guère manquer d'être éclairé après mon travail de restitution, où la question se représentait à chaque ligne.

Il est hors de doute que l'Italien qui nous a conservé le seul exemplaire connu de notre poëme n'est pas l'auteur de cette composition. S'il ne l'a pas inventée, il l'a reproduite d'après un original français, et cet original ne saurait être la version en vers alexandrins analysée par Alberic, à moins de supposer que le compilateur en ait soigneusement retranché tous les épisodes et entièrement remanié la versification. Or, c'est une hypothèse qui me paraît difficile, sinon impossible à admettre.

La chanson de *la Reine Sibile* ou de *Macaire*, si l'on veut, comme celle de *Huon de Bordeaux* (et ce n'est pas la seule analogie qui rapproche ces deux ouvrages), a donc été composée d'abord en vers de dix syllabes, puis plus tard refaite dans le mètre alexandrin et développée au fond comme en la forme. S'il en est ainsi, comme tout conspire à le prouver, et si la seconde version avait déjà cours au temps où écrivait Alberic de Trois-Fontaines, c'est-à-dire dans la première moitié du XIIIe siècle, il y a grande apparence que le poëme original fut composé dès le commencement de ce siècle, au plus tard (1), et bien plus probablement à la fin du siècle précédent. Par qui? Il faut se résoudre à l'ignorer.

Ce qu'il y a de sûr, c'est que l'ouvrage eut le plus grand succès et en France et à l'étranger.

Suivons, en France d'abord, l'histoire curieuse de sa fortune.

Si mes conjectures sont fondées, je le répète, il est composé vers la fin du XIIe siècle, dans le même mètre que les plus anciennes chansons de geste, c'est-à-dire en vers de dix syllabes.

Au siècle suivant, il est entièrement refait en vers alexandrins, et augmenté d'épisodes considérables. Premier indice de son succès.

Au XIVe siècle, il n'est pas oublié, et tant s'en faut. J'en trouve d'abord la preuve dans une grande composition qui paraît dater de ce siècle au plus tard, la chanson de *Tristan de Nanteuil* (pour lui donner un titre qui lui manque) (2). Un personnage de cette chanson, le traître Persant, fils de Hervieu de Lyon, était, dit l'auteur, de la race de Ganelon. Il ajoute :

1. Voyez ci-après, p. xc, une nouvelle raison pour croire que le poëme est du XIIe siècle.
2. Voyez sur cette chanson la préface de *Parise la Duchesse*, édition de MM. Guessard et Larchey, p. vii-xii, et surtout la préface de *Gui de Nanteuil*, édition de M. P. Meyer, p. xvii-xxii.

PRÉFACE.

Entre lui et Maquaire estoient compaignon,
Que le levrier mata à loy de champion.
Maquaires et Persant estoient compaignon (1).

Ailleurs, il rappelle plus explicitement encore le rôle que joue Macaire dans notre poëme :

Par lui et par son fait, par sa renoyerie,
Enchassa Charlemagne de France la garnye
Sebille la royne, qui tant fut enseignye,
Et Loéys l'enffant, qui tant ot seignorie.
Fist le champ au levrier devant la baronnye (2),
De quoy il fut vaincqus; car Dieu, le fil Marie,
Miracle y demoustra qui doit estre prisie,
Ainsy que vous orrés, s'il est qui le vous dye (3).

Et non-seulement, par ces allusions formelles, l'auteur de *Tristan de Nanteuil* montre que la chanson de *Macaire* ou de *la Reine Sibile* lui était bien connue; mais il nous donne encore une sorte de supplément à la biographie de notre traître. Voici, selon lui, par quels menus forfaits, comme on disait alors, Macaire préludait aux crimes qu'il devait plus tard payer de sa vie. Après la mort de Gui de Nanteuil, Charlemagne remit la main sur la cité que ce vassal tenait de lui; et qui chargea-t-il d'aller en prendre possession et de la gouverner ? Macaire de Losane, lequel fit preuve dans cet emploi d'une certaine capacité

---

1. Manuscrit de la Bibliothèque impériale, fr. 1478, fol. 139 v°.
2. C'est-à-dire : *Il combattit en champ clos contre le lévrier d'Aubri, devant tous les barons.*
3. Fol. 17 r°.

PRÉFACE.

financière, mais s'y montra un peu enclin à l'exaction. Qu'on en juge :

Maquaires se parti o ceulx de sa partie
Et vint droit à Nanteul ung peu devant complie;
Et sa commission, c'on lui avoit baillie
De par le roy Charlon, monstra la baronnye :
Qu'il estoit establis, par droite commandie
De l'empereur Charlon que Jhesus benèye,
C'on obéisse à lui sans faire villenye;
Et qui lui mefferoit la monte d'une aillie,
Le roy lui donnoit force qu'i lui tollist la vie.
Charles estoit doubtés jusques en Romenye :
Nul n'ose reffuser n'à lui n'à sa mesnye;
Maquaire demoura en ceste seignorie.
Tel coustume alleva, ains l'année acomplie,
De quoy en la cité fut la gent sy honnye
Que d'un seul huis ouvrir qui stiet sur la chaussie
Paioit on .VI. deniers la sepmaine acomplie;
D'une fenestre ouvrir paioit on la moitie.
Qui sur couste gisoit où plume feust mussie,
Il paioit .VI. deniers, pour voir le vous affye,
S'il n'estoit gentilz homs et de chevallerie.
De .XX. sous marchander autant, quoy que nulz die;
D'un chappon, .II. deniers; de my lot de boullie
Paioit on une maille, c'estoit chose taillie.
La cité de Nanteul fut adont bien honnye;
Car Maquaire li gloux, qui l'avoit asservye,
Envoyoit chascun an par coustume assentie
Tant d'avoir Kallemaine de ceste roberie
Que le roy emplissoit en sa grant tresorie.
Ceste ystoire n'est pas faicte de gaberie,
Ains est de verité par cronique fournye (1).

J'appelle sur ce passage l'attention des finan-

---

1. Fol. 17.

ciers qui font de la matière imposable l'objet de leur étude, et je leur signale particulièrement l'impôt sur les lits de plume, auquel Macaire soumit les habitants de Nanteuil.

Un autre poëte du même siècle, un poëte connu au moins des érudits, Gace de la Buigne (1), qui fut successivement chapelain de Philippe VI, du roi Jean et de Charles V, a raconté sommairement dans ses *Déduits de la Chasse*, non l'histoire entière dont je publie le récit primitif, mais seulement de cette histoire l'épisode qui se rattachait à son sujet, celui du chien (2). Il dit à ce propos :

> *L'histoire trop longue seroit*
> *Qui toute la reciteroit,*
> *Aussi est elle aux paroiz painte ;*
> *Pour ce la scaivent des gens mainte.*

1. Et non *de la Bigne* ou *de la Vigne*, comme on l'a presque toujours nommé. La preuve s'en trouve au cabinet des titres de la Bibliothèque impériale (*titres scellés*, sous le nom *de la Buigne*). Là, on peut voir deux quittances de ce poëte en sa qualité de *premier chapellain du roy*, l'une datée du 14 janvier 1350, l'autre du 23 février 1379. A cette seconde quittance est apposé son sceau en cire rouge, qui se compose d'une fasce chargée d'une étoile et accompagnée de trois besants ou tourteaux. Une troisième quittance de clercs de la chapelle du roi, du 14 janvier 1350, fut donnée *sous le seel de Monseigneur Gace de la Buigne*. Ce sont les seuls renseignements que je puisse ajouter à l'excellente notice sur Gace de la Buigne et sur son poëme, que renferme le rare et curieux volume de M. le duc d'Aumale, intitulé : *Notes et documents relatifs à Jean, Roi de France, et à sa captivité en Angleterre.*

2. Voyez ce récit dans notre *Appendice*, sous le n° II, p. 312-315.

Et à la fin :

De preuve n'a mestier l'histoire,
Car en France est toute notoire.

Voilà un témoignage formel de la popularité conquise par notre chanson. On le voudrait seulement plus précis, plus complet. On voudrait savoir s'il s'agit de peintures représentant le combat de Macaire contre le chien, ou d'une suite de compositions inspirées par les principales scènes du roman. Il me paraît fort probable que Gace de la Buigne n'a ici en vue que la scène du combat; mais ce qui est assuré, c'est qu'elle était peinte en plusieurs lieux. Les termes généraux *aux paroiz*, sans autre désignation, l'indiquent déjà, et le passage de Gaston de Foix, dont nous parlerons bientôt, ne permet pas d'en douter.

Il y a un moment orageux dans l'histoire de notre poëme, où le fond du récit primitif paraît sombrer, où l'épisode du chien s'en détache et surnage seul. L'amour criminel de Macaire pour la reine n'est plus alors la cause première du meurtre d'Aubri ; c'est par l'envie, par la haine que ce meurtre est vaguement expliqué. Le moment ne tardera guère, mais on peut croire qu'il n'est point venu à l'époque où écrit Gace de la Buigne (1). On voit du moins que ce poëte con-

1. Époque difficile à préciser. On sait seulement que Gace de la Buigne commença son poëme à Hertford, en Angleterre, vers le mois d'avril 1359, et qu'il l'acheva en France après le mois de novembre 1373. (Voyez la notice précitée de M. le duc d'Aumale.)

naît encore toute la fable imaginée au XIIᵉ siècle, puisqu'il fait avouer à Macaire

> *Qu'avoit voulu le roy trahir*
> *Et avec la royne gesir,*
> *Qui estoit si très preude femme*
> *Qu'on ne vit oncques meilleur dame.*

Notons seulement que sur un point Gace de la Buigne s'éloigne un peu du récit original où Macaire est brûlé après avoir été traîné à la queue d'un cheval, tandis que d'après le chapelain,

> *Il fut pendu en ung gibet.*

Voici ailleurs de simples additions. Le personnage qui ne porte dans notre texte que le nom d'*Albaris* ou Aubri, devient Aubri *de Montdidier*. Il meurt de la main de Macaire

> *au bois de Bondis,*
> *A trois lieuves près de Paris.*

Et le duel a lieu

> *En l'Ille Notre Dame ez prez.*

Sans doute Gace de la Buigne trouva dans la seconde version ces détails qui ne sont point dans la première. C'est du moins chose sûre quant au nom d'Aubri, comme le prouve le passage d'Alberic de Trois-Fontaines rapporté ci-dessus (1).

1. De Albrico *milite Montis Desiderii.*

On sait qu'à les entendre les auteurs, de nos anciennes chansons de geste n'étaient rien moins que des historiens. Cette prétention, toujours affichée, trouvait créance dans la société laïque, et plus d'un clerc même s'y laissa prendre. Il y en eut sans doute comme Alberic de Trois-Fontaines qui n'enregistrèrent point avec une crédulité trop facile toutes les inventions des prétendus historiens; mais Alberic lui aussi, malgré ses réserves, ne paraît-il pas en accepter au moins une partie? Parmi les chroniqueurs qui ont puisé à cette source poétique, et sans témoigner aucune méfiance, nous en trouvons un qui pour écrire les règnes de Charlemagne et de Louis le Débonnaire a pris à pleines mains ses matériaux dans la plupart des chansons de geste. Il n'a pas oublié la nôtre, qu'il abrége, dit-il, mais à regret; car *l'istoire en est belle à oyr là où elle est au lonc.* Il la connaît donc tout entière, et on le voit bien d'ailleurs, puisqu'il en rappelle les principaux traits et en nomme les personnages importants: la reine Sibile, Macaire, le nain, Aubri de Montdidier et le bûcheron Varocher, qui sous sa plume sans doute picarde devient *Verroquier* (1).

Où a-t-il pris que dans son duel contre Macaire le chien *n'avoit pour toutes armeures que une queue ou tonnel trouée par les deux bouts?* Probablement dans la version en vers alexandrins de notre poëme. En tout cas, voilà la première mention que l'on rencontre de ce tonneau qui se

---

1. Voyez l'*Appendice*, sous le n° III, p. 315-317.

retrouve dans les récits postérieurs du combat et dans les estampes qui le représentent.

L'ouvrage anonyme de ce compilateur, qui commence à la fondation d'Athènes par Jupiter, finit avec le règne de Charles V, à l'année 1380. C'est donc sans doute vers cette époque qu'il fut écrit (1).

Gaston Phébus, comte de Foix, qui mourut onze ans plus tard, connaissait l'histoire du chien d'Aubri, et l'a racontée dans son *Livre de la Chasse* (2); mais il en ignorait l'origine, et ne l'a pas tirée, comme notre chroniqueur, du roman dont elle fait partie. La preuve en est que, selon lui, Aubri de Montdidier traversant un jour la forêt de Bondy, y fut attaqué à l'improviste par Macaire, *un homme qui le héoit par envie, senz autre raison*. Si Gaston Phébus avait lu la chanson, il y aurait trouvé une autre raison que l'envie pour expliquer l'attaque de Macaire et le meurtre d'Aubri.

Le témoignage de Gaston Phébus n'en est pas moins précieux. Il confirme et complète celui de Gace de la Buigne au sujet des peintures qui re-

---

1. Il m'a été signalé par mon savant confrère et ami M. Léopold Delisle. C'est le manuscrit de la Bibliothèque impériale, fr. 5003, intitulé au dos : *Chroniques de France*. Fauchet, à qui il a appartenu, a écrit ce renvoi à la marge du fol. 96, où se lit le passage qui nous occupe : « Voyez Phœbus le conte de Foix, au Livre de la Chasse, et Gaces de la Vigne. » Peiresc, qui avait eu le manuscrit entre les mains, y a relevé, en 1612, le sommaire de notre histoire. (Voyez le manuscrit de la Bibliothèque impériale, lat., n° 10,000, fol. 318.)

2. *Appendice*, IV, p. 318-319.

présentaient le duel de Macaire et du chien, et cela en termes exprès : *Feray ore un conte d'un levrier qui fu d'Auberi de Montdidier, lequel vous trouverez en France paint en moult de lieux.*

Rien de particulier d'ailleurs dans le récit de Gaston Phébus, si ce n'est l'épreuve dont le roi s'avise pour éclaircir ses soupçons à l'endroit de Macaire : *Fist prendre à Machaire une piesce de char et la li fist donner au levrier. Et tantost que le levrier vit Machaire, il laissa la char et courut sus à Machaire.*

Très peu de temps après la mort du comte de Foix (1), l'auteur du *Menagier de Paris* donne place dans son curieux livre à la même anecdote. Ce bon bourgeois veut que les femmes soient amoureuses de leurs maris, et il n'est sorte d'argument qu'il n'emploie pour les y induire. Bêtes et gens servent également à son louable dessein, et tout exemple de fidélité et d'affection lui paraît bon à recueillir à l'appui de sa thèse :

Autre exemple, dit-il, peut estre prins du chien Maquaire qui vit tuer son maistre dedans un bois, et depuis qu'il fut mort ne le laissa, mais couchoit ou bois emprès luy qui estoit mort, et alloit de jour querre son vivre loin et l'apportoit en sa gueule, et illec retournoit sans menger, mais couchoit, buvoit et mengoit emprès le corps, et gardoit icelluy corps de son maistre au bois, tout mort. Depuis, icelluy

---

1. C'est-à-dire entre juin 1392 et septembre 1394, comme l'a établi le savant éditeur du *Menagier*, M. J. Pichon.

chien se combati et assailli plusieurs fois celluy qui son maistre avoit tué, et toutes fois qu'il le trouvoit l'assailloit et se combatoit ; et en la parfin le desconfi ou champs en l'Isle Nostre Dame à Paris, et encore y sont les traces des lices qui furent faites pour le chien et pour le champ (1).

C'était sans doute de mémoire que l'auteur du *Menagier* rapportait ainsi l'histoire du chien d'Aubri, puisqu'il paraît donner à ce chien le nom du meurtrier de son maître (2). A cela près, les souvenirs du prudhomme sont assez exacts; mais tout l'intérêt, toute la nouveauté de son témoignage est dans le trait final, dans ces lices dont il signale les traces encore visibles.

Une preuve tout aussi décisive non du duel, mais du meurtre qui y donna lieu, se trouve déjà dans le récit du chroniqueur anonyme mentionné ci-dessus. Aubri de Montdidier *fut*, dit-il, *occis en ung bois en l'Ille de France, ou boys de Bondis*. Sur quoi il ajoute : *Et encore y est la fontaine Aubery.*

C'est à la critique bouffonne qu'il appartient de faire justice de ce genre de preuve, et elle n'y a pas manqué. La critique sérieuse a fait remarquer ici que les lices dont parle l'auteur du *Menagier* pouvaient bien provenir de la grande fête qui fut donnée en l'île à la Pentecôte de 1313,

---

1. T. I, p. 93.
2. Sans doute, au XIIe siècle et encore au siècle suivant *le chien Maquaire* eût signifié sans difficulté : *le chien de Maquaire* ; mais à la fin du XIVe siècle, il est difficile d'admettre cette signification; en tout cas, la construction admise, c'est *le chien Aubri* qu'il faut lire.

lorsque Philippe le Bel et ses trois fils, et le roi d'Angleterre, prirent la croix (1).

Voici donc ce qu'est devenu notre poëme à la fin du XIVe siècle. Quelques lettrés seulement le connaissent encore dans son entier; mais ceux-là même ne paraissent se plaire à en rappeler que le souvenir du chien d'Aubri. L'édifice construit par l'imagination du vieux trouvère est en ruines; il n'en reste debout qu'une colonne, mais si bien assise, si bien protégée par la crédulité populaire, que rien ne pourra la renverser, et qu'elle formera à elle seule une sorte de monument.

Il est curieux de remarquer comment cette partie se dégage de l'ensemble où elle était comprise. L'auteur de *Tristan de Nanteuil* et le chroniqueur anonyme rapportent encore au règne de Charlemagne l'histoire du chien d'Aubri; mais dans les récits de Gace de la Buigne, de Gaston Phébus et du *Menagier*, on ne voit apparaître qu'un roi sans nom : *le roi de France*. Cette vague désignation favorise, pour ainsi parler, la rupture du lien qui rattachait le chien d'Aubri au poëme natal. Il faut observer en outre que Gace de la Buigne, Gaston Phébus et le *Menagier*, durent avoir beaucoup plus de lecteurs que les auteurs de *Tristan de Nanteuil* et de la chronique anonyme, et par là durent singulièrement contribuer à isoler l'épisode du chien, à en faire une histoire à part.

Je dis histoire au sens le plus grave du mot. C'est à ce titre qu'elle se propage, surtout à

---

1. Voyez la note de M. J. Pichon au lieu cité.

compter du moment où le poëme est oublié. Personne, depuis Alberic de Trois-Fontaines, c'est-à-dire depuis 1240, ou environ, jusqu'en 1732, personne, à une exception près, ne fait mine d'en soupçonner l'authenticité, et tout le monde semble partager à cet égard le sentiment de Gace de la Buigne :

> *De preuve n'a mestier l'histoire,*
> *Car en France est toute notoire.*

Aussi est-elle reproduite au XVe siècle par un écrivain considérable du temps, par un grave historien, Olivier de la Marche, dans son *Livre des Duels*, autrement intitulé *l'Advis de gage de bataille* (1). Le nouveau narrateur n'indique que vaguement la source où il puise son récit : *Es anciennes cronicques*; on voit bien toutefois qu'il ne connaît pas le poëme d'où est sortie l'invention qu'il prend au sérieux. C'est par l'envie, comme Gaston Phébus, qu'il explique le crime de Macaire; mais il insiste un peu plus sur ce point, comme s'il était mieux renseigné, et à l'entendre on le croirait sûr de son fait :

« *Et dit la cronicque qu'un chevalier avoit un autre chevalier à compaignon, et pour ce que le compaignon estoit homme de verité et de grande vaillance, et de grande renommée, et estoit estimé, aimé et honoré du roy et des seigneurs, et avoit avancement devant le chevalier, ledit chevalier print telle envie et hayne sur son compagnon, que malicieusement et par orgueil, eux estans en un bois, le che-*

---

1. Voyez ci-après *Appendice*, V, p. 319-321.

valier frappa son compaignon d'une espée par derriere, et l'occit. »

Comment douter d'un fait ainsi attesté, et dont les moindres circonstances paraissent si bien connues de celui qui le raconte ?

D'après Gace de la Buigne et Gaston Phébus, le chien d'Aubri, voyant son maître mort, le couvrit de feuilles et de terre, on ne sait pourquoi. D'après Olivier de la Marche, ce fut le meurtrier qui prit ce soin, et dès lors, d'inexplicable qu'il était, ce détail devient fort admissible et sert à donner plus de vraisemblance à l'histoire.

La victoire du chien paraît aussi bien moins surprenante dans le récit d'Olivier de la Marche, où l'on trouve pour la première fois une disposition du combat très-propre à égaliser les chances des deux adversaires : *Es prez fut Machaire enfouy jusques au fau du corps, en telle maniere qu'il ne se pouvoit tourner ne virer tout à sa guise.*

Une petite gravure de la fin du XVIe siècle [1] fait voir Macaire dans cette situation, c'est-à-dire enterré à peu près jusqu'au nombril ; mais c'est la seule des représentations du célèbre duel où l'artiste se soit conformé à l'indication d'Olivier de la Marche.

Du vivant même de cet écrivain, sous le règne de Charles VIII, le combat du chien contre le meurtrier de son maître fut représenté par le

---

1. *Histoires prodigieuses.... divisées en six tomes.* C'est dans le sixième tome *recueilly par I. D. M.* (Jean de Marconville), que se trouve cette gravure, à la p. 51. In-18, Paris, v^e Cavellat, 1598.

pinceau sur le manteau d'une des cheminées de la grande salle du château de Montargis, et là il paraît certain que Macaire n'était point enfoui et qu'on le voyait en pied, libre de tous ses mouvements. J'essayerai de le prouver tout à l'heure, et je justifierai en même temps la date que j'assigne à la peinture de Montargis, tant de fois mentionnée comme remontant jusqu'au règne de Charles V. Je me borne en ce moment à indiquer l'origine évidente du nom si populaire sous lequel sera désigné plus tard le chien d'Aubri. Jusque-là, Montargis n'était pour rien en cette affaire, et il n'en était question ni de près ni de loin.

Vers la fin du XVe siècle ou au commencement du siècle suivant, un poëte qui mourut en 1523, ou environ,

Le bon Cretin au vers equivoqué

comme disait Clément Marot, n'oublie pas d'alléguer en faveur de la gent canine l'exemple de l'immortel lévrier, dans son *Débat entre deux dames sur le passe-temps des chiens et oyseaux* :

Levriers sont chiens; direz-vous du contraire?
Je croy qu'il n'est si simple créature
Qui ne ayme bien quelque beau chien retraire,
Entretenir, veoir, nourrir, et attraire
Auprès de soy, ou trop se desnature;
Car ung chien est de si bonne nature
Qu'il ne peult veoir à son maistre debatre
Homme vivant, sans le vouloir combatre.

*Tesmoing celluy qui combatit Maquaire;
Ce fut combat de merveilleuse grace* (1).

La brièveté de cette allusion prouve qu'au temps de Cretin l'histoire était de toute notoriété, puisque deux mots suffisaient pour en réveiller le souvenir. Mais le témoignage d'un poëte n'était pas de nature à la rendre plus croyable. Bien au contraire, celui d'un grand érudit, d'un critique aussi sévère que Jules Scaliger, devait lui imprimer un cachet d'authenticité fait pour commander la confiance. Ce témoignage ne lui manqua pas. « Loin de former quelque doute, dit Bullet (2), sur la vérité de l'histoire, Scaliger la rapporte comme une preuve éclatante de la fidélité et de l'attachement des chiens à leurs maîtres, » et cela avec sa plus belle latinité, avec le plus grand sérieux du monde, avec une admiration qui va presque jusqu'à l'enthousiasme. En effet, pour perpétuer la mémoire d'un pareil trait, la peinture lui paraît insuffisante; il voudrait que le chien d'Aubri fût coulé en bronze. *Picta est canis historia in cænaculo quodam regio. Pictura, vetustate dilutior atque obscurior facta, regum mandato semel atque iterum instaurata est, digna prorsus gallica magnanimitate quæ ære fusili assequatur perennitatem* (3).

Il partageait le sentiment de Scaliger, ce per-

---

1. *Les Poésies de Guillaume Cretin*, Paris, Coustelier, 1723, 1 vol. in-12, p. 87.
2. Dans la dissertation dont il sera parlé plus loin.
3. Voyez le récit dans notre *Appendice*, sous le n° VI, p. 321-322.

sonnage que Guillaume Bouchet a mis en scène dans ses *Serées*, et qui *gardoit comme or* l'histoire pour laquelle le seigneur de l'Escale demandait les honneurs du bronze (¹).

A défaut du ciseau, le burin continua ce que le pinceau avait commencé. Vingt ans environ avant la fin du XVIe siècle parut une estampe anonyme en tête de laquelle on lit :

LE COMBAT D'UN CHIEN CONTRE UN GENTILHOMME QUI AVOIT TUÉ SON MAISTRE FAICT A MONTARGIS.

C'est, à n'en pas douter, la reproduction de la peinture dont j'ai fait mention ci-dessus, et à laquelle j'ai assigné pour date le règne de Charles VIII. Voici comment se justifient à la fois et cette date et le rapport de l'estampe à la peinture.

Quoiqu'il ne reste plus rien aujourd'hui du château de Montargis, on peut encore s'en faire une idée assez exacte, grâce aux quatre planches qu'Androuet du Cerceau a consacrées à cet édifice dans le premier volume de *Les plus excellents Bastiments de France*, publié en 1576. L'une des planches donne une vue de la grande salle, où

---

1. « Puis nous va dire que ce cousin gardoit comme or l'histoire d'un chien qui fut si fidèle à son maistre, après sa mort, que toutes les fois qu'il trouvoit celuy qui l'avoit assassiné et occis de guet à pent, il l'assailloit et se ruoit sur luy ; si bien que par ceste conjecture, et que le chien alloit souvent où avoit esté enterré son maistre, qu'on trouva là, il fut convaincu d'homicide : comme il se trouve escrit et pourtraict en une sale de Montargis. » (*Serées* de Guillaume Bouchet, liv. 1er, septième *serée*, p. 230. Rouen, 1635.)

l'on aperçoit deux cheminées : la première au milieu de la longueur, en face du spectateur ; la seconde, à l'extrémité de gauche. Des peintures qui ornaient le manteau de ces deux cheminées, du Cerceau n'a figuré l'une que par des traits indistincts ; il a pris soin, au contraire, d'indiquer le sujet de l'autre, celle qui surmontait la cheminée du milieu, par un croquis léger où l'on distingue fort bien un champ de combat, clos par une balustrade ; au milieu de ce champ, un homme assailli par un chien ; à gauche, un tonneau ; et autour de la balustrade, des spectateurs. Le même sujet, la même disposition, se retrouvent dans notre estampe. N'en est-ce point assez pour conclure qu'elle reproduit la peinture du château de Montargis ? Si l'on en doutait, certains détails de l'estampe, que ne pouvait relever le crayon de du Cerceau dans un croquis presque microscopique, suffiraient à dissiper toute incertitude. Mais, avant de les signaler, il faut rapporter un passage de la notice que renferme le premier volume de *Les plus excellents Bastiments de France* sur le château de Montargis.

« En ce lieu, dit l'auteur, les Roys ont sou-
« ventefois fait leur residence ; et neantmoins
« n'est l'on certain qui ont esté ceux qui ont
« faict bastir ces edifices, sinon qu'il se trouve
« au bas de la couverture de l'escallier de la
« grand'salle, où sont les armes de France, ces
« mots : CHARLES HUITIESME, combien que par
« là on ne puisse inferer que ce soit luy qui seul
« ait fait faire les autres bastimens, comme
« estans beaucoup plus anciens, et de divers
« temps que de son regne. »

PRÉFACE.

Ce passage éclaire précisément le point que nous avons en vue, le seul qui nous intéresse, c'est-à-dire qu'il fixe la date de la construction de la grande salle où figurait notre peinture, en quoi l'estampe qui, selon nous, la reproduit vient à point nommé confirmer le témoignage de du Cerceau. En effet, on y remarque des coiffures de femme d'une forme allongée et conique, en pain de sucre comme nous dirions vulgairement; et c'est là tout juste une mode qui finit avec le XVe siècle. Cette coïncidence sert en même temps et à mieux dater la peinture, et à compléter la preuve que l'estampe qui nous occupe n'en est que la reproduction.

Si au XVIe siècle on avait eu souci de ce que nous appelons maintenant la couleur locale, et si l'on pouvait croire que, pour donner cette couleur à son œuvre, l'auteur de l'estampe gravée vers 1580 (1) ait eu l'idée de rappeler une mode antérieure de près d'un siècle, notre argument serait aussi faible qu'il nous paraît solide. Mais chacun sait à quoi s'en tenir sur ce point. Si quelques détails de l'estampe, comme les plumes qui ornent les coiffures des hommes, ne sont pas du XVe siècle, mais du temps du graveur, c'est sans aucun doute que, retenant de la peinture obscurcie ou endommagée ce qu'il en pouvait voir encore, pour le reste, pour les parties effacées, il prenait ses modèles autour de lui (2).

---

1. Je m'appuie pour lui donner cet âge sur le sentiment éclairé de M. Thomas Arnauldet, du cabinet des estampes de la Bibliothèque impériale.
2. Je n'avance rien ici sans avoir pris l'avis d'un juge

Il serait superflu de décrire cette estampe que chacun peut voir à la Bibliothèque impériale (1). Notons seulement que, comme dans le croquis dont nous parlions tout à l'heure, Macaire y est figuré en pied et non enterré *jusques au fau du corps*, selon l'indication d'Olivier de la Marche.

Disons aussi, pour en finir, que l'auteur du croquis et celui de l'estampe pourraient bien être le même, à savoir Androuet du Cerceau. L'âge de la gravure permet de le croire, et si on la compare à celles que renferment *Les plus excellents Bastiments de France*, cette supposition devient presque une certitude.

Peu de temps avant l'époque probable de la publication de cette gravure, en 1571, un nouveau récit de l'histoire du chien d'Aubri avait paru dans un recueil d'*Histoires prodigieuses* où il était fort à sa place. Ce récit n'est qu'une amplification de celui de Scaliger, ou du seigneur de l'Escale, comme dit l'auteur, lequel est un de nos anciens historiens, mais non des meilleurs, F. de Belleforest. Scaliger, sans doute pour ne pas compromettre sa latinité, avait évité avec grand soin d'écrire aucun nom propre. Belleforest, à son exemple, ne nomme pas davantage les

---

dont la compétence est bien connue, mon confrère et ami M. Jules Quicherat.

1. L'exemplaire fort rare, unique peut-être, qui est actuellement conservé au cabinet des estampes, appartenait tout récemment encore à la Bibliothèque de Sainte-Geneviève. M. Hennin ne l'a pas connu, puisqu'il ne l'indique point dans son catalogue. Montfaucon a décrit cette estampe le jour où il eut l'idée malencontreuse de la faire reproduire dans les *Monuments de la Monarchie françoise*.

personnes, et sa narration ne contient qu'un nom de lieu, celui de Montargis.

Le roy, dit-il, qui ne vouloit qu'un accident si memorable fût effacé par l'inclemence et oubly du temps, feit tirer cette histoire au chasteau de Montargis, où encore elle est effigiée, pour le salaire de la vaillance de ce chien, auquel les richesses n'eussent de rien servy pour recompence.

Sauf ce nom de Montargis qu'il connaît et ajoute au récit de Scaliger, Belleforest en est réduit à de vagues appellations, et le plaisant est qu'il s'en plaint :

Mais un malheur a suivy l'heur des François, que comme ils ont esté vaillans en guerre et justes en leurs jugemens, ils ont aussi esté simples et peu soigneux à escrire leurs gestes, tellement que ceste histoire si remarquable est si obscurement traictée que la seule painture est celle qui nous l'a remise sus, sans que nous ayons cest heur de scavoir ny le nom du roy, ny le temps que cela advint, ny le nom de ceulx pour qui la partie a esté dressée (1).

1. *Histoires prodigieuses extraites de plusieurs fameux autheurs*, divisées en deux tomes, le premier mis en lumiere par P. Boaisteau, surnommé Launay, natif de Bretagne; le second, par Cl. de Tesserant, et augmenté de dix histoires, par F. de Belleforest, Comingeois. Paris, 2 vol. in-18, 1571. — Le récit de Belleforest se trouve au t. II, fol 295-298. — Le même auteur traduisit et augmenta la *Cosmographie de Munster* (Paris, in-fol., 1575), dans laquelle il fait mention de la peinture du château de Montargis, et renvoie pour l'explication du sujet à ses *Histoires prodigieuses* (p. 331, col. 2).

Si Belleforest ne s'en fût pas tenu à la seule autorité de Scaliger, il eût été plus exactement renseigné. C'est ce que fit remarquer doctement, plus tard, un continuateur des *Histoires prodigieuses*, Jean de Marconville (1). Ce continuateur, qui connaît le récit d'Olivier de la Marche, trouve dans celui de Belleforest *plusieurs poincts contrarians à la verité du faict*. D'abord Belleforest avance que le combat a eu lieu à Montargis, *sous ombre que le pourtrait en a esté veu dans le chasteau dudit Montargis*. En second lieu, il croit à tort que le gentilhomme était armé de toutes pièces. De plus, *il oublie le principal, c'est que le meurtrier estoit enfouy dans terre jusques au fau du corps, n'ayant que les deux bras libres, suffisans toutefois pour se defendre contre l'animal, si autre n'eust combatu contre luy que la simple furie et animosité d'un chien, joint que nos ancestres sont notoirement taxez d'incuriosité et nonchalance, disant qu'ils n'ont tenu conte de remarquer le temps ny le nom du roy sous lequel ce spectacle est advenu, ny le nom de l'homicide ny du massacré. Pour les vindiquer donc de cet outrage, je vous en veux icy reciter l'histoire avec telle naifveté que nous l'apprend messire Olivier de la Marche, jadis premier maistre d'hostel de la maison de Philippes, archiduc d'Austriche, duc de Bourgongne, etc.*

C'est en tête de cette critique et de l'histoire racontée encore une fois d'après Olivier de la Marche que se trouve la petite gravure dont j'ai parlé ci-dessus (2).

1. Voyez ci-dessus la note de la p. xxviii.
2. P. xxviii.

Voilà donc, à la fin du XVIe siècle, les circonstances du fait très-diversement rapportées. On n'est pas d'accord sur tel ou tel point; mais le fait lui-même semble à l'abri du doute, à part un mot qui échappe à un homme de sens, André Thevet, dans sa *Cosmographie universelle* (1), où il dit à propos du château de Montargis : *Dans ce chasteau estoit de mon jeune aage figurée une histoire d'un levrier qui combattit et desfeit un gentilhomme qui avoit cauteleusement tué son maistre. De dire que la chose soit advenue, je n'en veux rien affermer, tant y a que cela estoit effigié contre un manteau de cheminée* (2). Mais ce doute d'un bon esprit pouvait-il affaiblir l'autorité d'écrivains tels qu'Olivier de la Marche et Jules Scaliger ?

Cependant, quelque chose manquait encore à leurs récits pour satisfaire pleinement les curieux et donner plus de prise à la crédulité : l'histoire était sans date, comme l'avait remarqué Belleforest. Je ne sais qui se chargea de lui en assigner une, car je n'ose me flatter d'avoir réussi à recueillir toutes les pièces de ce procès. Ce que je puis dire seulement, c'est que dans le *Discours notable des duels*, par Messire Jean de la Taille, ouvrage de la fin du XVIe siècle, se trouve une version qui laisse beaucoup moins à désirer que les précédentes au point de vue chronologique. Sans doute l'auteur n'y indique pas l'année et le jour du fameux combat; mais il est en mesure

---

1. 2 vol. in-fol. Paris, 1575.
2. T. II, liv. XV, fol. 573.

de nous apprendre qu'il eut lieu sous Charles V (¹)! C'est déjà quelque chose : avec le temps on fera mieux, comme je le montrerai plus loin.

En attendant, l'histoire se dédouble un moment par suite de cette absence de noms propres que j'ai signalée dans le récit de Belleforest. Un recueil qui parut en 1608 (²) reproduit sous ce titre : *De la fidelité d'un levrier*, l'amplification du prolixe Comingeois, sans aucun nom propre, hors celui de Montargis; après quoi le lecteur trouve un *autre exemple de la feaulté d'un levrier*, commençant en ces termes : *Messire Olivier de la Marche racomte en son livre des duels une histoire qui a beaucoup de ressemblance avec la precedente* (on se ressemblerait à moins), *de deux cavalliers, compagnons de cour et de guerre, desquels l'un s'appelloit messire Aubery de Montdidier, etc.*

Olivier de la Marche n'ayant point parlé de la peinture de Montargis, qui fut faite vers le temps où il écrivait son *Livre des Duels*, et peut-être après, l'auteur de notre recueil ne reconnut pas l'identité de ses deux exemples.

1. L'auteur, après avoir rappelé *un combat à cheval fait à Parme entre deux Espagnols*, ajoute :
« Mais que me fait aller si loing en Italie mandier la forme de tels combats donnez par lieutenants de roy, entre estrangers, quand nous en avons en France, aussi bien ou mieux ordonnez, par les roys mesmes. Ne fust-ce qu'un entre autres, qui fut donné par le roy Charles cinquiesme, surnommé le Sage, non point entre deux hommes, mais entre un levrier d'attache et un archer de ses gardes. » (P. 51-53. 1 vol. in-18, Paris, 1607.)

2. *Choix de plusieurs histoires* et autres choses memorables, tant anciennes que modernes, appariées ensemble. Paris, Mettayer, 1 vol. in-12.

La date du règne de Charles V mise en avant par Jean de la Taille se retrouve dans tous les récits postérieurs, et d'abord dans celui que renferme le *Vray et ancien Usage des duels*, par le sieur d'Audiguier, lequel m'a tout l'air de copier son devancier, comme ce seul titre le donne à croire : *Duel d'un levrier d'attache contre un archer des gardes de Charles V, dit le Sage* (1). *Levrier d'attache*, *archer des gardes*, sont des désignations empruntées à Jean de la Taille. Mais voici qui appartient en propre au sieur d'Audiguier : *L'histoire dit qu'il* (l'archer) *fut puny, mais elle ne dit point de quelle mort, ny pourquoy, ny de quelle façon il avoit tué son amy. Si ce chien eust esté grec, au temps qu'Athenes estoit en son lustre, il eust esté nourry aux despens du public, son nom seroit dans l'histoire, et son corps ensevely avec plus de raison et de merite que celuy de Xantipus.*

Parmi les nombreux ouvrages sur le duel que nous ont légués les XVIe et XVIIe siècles, l'un des plus importants est le plaidoyer de Claude Expilly sur l'édit des duels de 1609. L'auteur, qui d'avocat devint président au parlement de Grenoble, et compte en même temps au nombre des grammairiens qui tentèrent de réformer l'orthographe française, a raconté à son tour le duel du chien d'Aubri contre le meurtrier de son maître (2). Il n'en connaît pas de plus mémorable, dit-il, et on le croit sans peine : *Le duel qui avint du tams du roy Charles V et an sa presance antre le chevalier Macaire et le levrier d'Aubry de Mondidier*

1. Paris, 1617, in-8º, p. 363-367.
2. Voyez ce récit, *Appendice*, VII, p. 323-324. Il offre un spécimen de l'orthographe d'Expilly.

dans le bois de Bondis êt le plus notable et digne de memoire de tous ceus qui se firent onques. Bien digne de mémoire, en effet, s'il eût eu lieu réellement; mais c'est sur quoi Expilly ne propose pas le plus léger doute. Il sait seulement que *plusieurs racontent l'histoire avec quelque diversité.*

Douze ans après la publication des plaidoyers d'Expilly, en 1648, paraît *Le Vray Theatre d'honneur et de chevalerie, par Marc de Vulson, sieur de la Colombiere*, et l'on pense bien que l'auteur d'un tel livre ne pouvait se priver d'y produire le glorieux et inévitable lévrier. Aussi donna-t-il une nouvelle édition de son histoire empruntée surtout à Scaliger et à Jean de la Taille. Vulson de la Colombière paraît avoir goûté beaucoup les réflexions de d'Audiguier ci-dessus rapportées : *Si ce chien eust esté grec, etc.* Il se les approprie presque mot pour mot, et sans indiquer la source où il les puise, procédé étrange et qui fait jouer à ce gentilhomme un vilain rôle sur son *theatre d'honneur*.

Il ne laisse pas pour cela de se donner des airs de critique : *Il y avoit*, dit-il, *un gentilhomme que quelques uns* (1) *qualifient avoir esté Archer des gardes du roy, et que je crois plutost devoir nommer un Gentilhomme ordinaire, ou un Courtisan, par ce que l'histoire latine dont j'ay tiré cecy* (2) *le nomme* Aulicus, *etc.*

A quoi Montfaucon ne dédaigna pas de répondre plus tard : *La difficulté que fait là-dessus La Colombiere lorsqu'il dit qu'un auteur l'appelle Au-*

---

1. Jean de la Taille et le sieur d'Audiguier.
2. C'est le récit de Scaliger.

licus, *et que cela ne peut convenir à un gentilhomme archer du roi; cette difficulté, dis-je, n'est rien, car un gentilhomme qui est ordinairement auprès du roi pour le garder se peut fort bien appeler* Aulicus.

Quoique le récit de La Colombière ne soit ni le premier ni le dernier, c'est celui qui est resté en possession de l'estime des savants, celui que rapporte Montfaucon (1), celui que de nos jours on cite le plus volontiers (2).

A en croire le catalogue des *Monuments de l'histoire de France* récemment publié par M. Hennin, le récit de Vulson de la Colombière serait accompagné d'une planche in-folio représentant le combat en duel de Macaire et du chien d'Aubri, ce qui est exact ou le paraît à première vue si l'on consulte les exemplaires du *Vrai Theatre d'honneur et de chevalerie* conservés à la bibliothèque de l'Arsenal et à la Mazarine. Mais la gravure qu'on y voit ne me semble pas avoir été faite pour l'ouvrage, et sans doute elle y a été ajoutée après coup (3).

1. *Monuments de la monarchie françoise*, t. III, p. 68 et suiv.
2. On le trouvera à l'*Appendice*, sous le n° VIII, p. 324-328.
3. D'abord, dans les deux exemplaires de la Bibliothèque impériale, dont l'un est de la réserve, on chercherait vainement cette estampe, et rien n'indique qu'elle ait jamais dû en faire partie. En second lieu, dans l'ouvrage de la Colombière les planches indiquent par un chiffre gravé les feuillets du texte auxquels elles se rapportent. On voit bien un renvoi de ce genre sur les deux estampes ajoutées aux exemplaires de l'Arsenal et de la Mazarine, mais le renvoi est écrit à la main et, dans chaque exemplaire, de la même main et de la même encre.

Il est fort probable que l'estampe dont il s'agit parut peu de temps après le livre de La Colombière, et que l'éditeur de ce livre, Augustin Courbé, en enrichit les exemplaires qui lui restaient, ou du moins quelques-uns. La question du reste est de bien peu d'importance. Il est plus intéressant de rectifier ici les renseignements inexacts que donnent deux ouvrages spéciaux sur l'auteur de l'estampe, lequel est un graveur connu, René Lochon, déjà habile en 1651 (ce qui ne permet guère de le faire naître en 1640, ni même en 1636), et maniant encore le burin en 1673, sinon plus tard (1).

L'estampe de Lochon est la reproduction en contre-partie de la gravure du XVIe siècle mentionnée ci-dessus. Elle se sent de l'influence de l'original et en rappelle le faire. Aussi la croirait-on plus ancienne qu'elle ne l'est réellement. Elle porte en tête cette double légende :

1. Dans l'*Histoire artistique et archéologique de la Gravure en France*, par Alfr. Bonnardot, Parisien (Paris, 1849, in-8º), on lit, p. 261 :

« René ou Robert Lochon, né en 1640, grava en 1659 et 1673. »

Cette dernière date est exacte; à la première il faut substituer au moins 1651, année où parut simultanément en italien et en français le *Traité de la Peinture*, de Léonard de Vinci, pour lequel Lochon grava des planches (Paris, Langlois, in-fol.). — René, et non Robert, était le prénom de Lochon, qui a signé quelques gravures : *Ren.* et *Renatus*.

M. Charles Le Blanc, dans son *Manuel de l'Amateur d'estampes* (Paris, Jannet, 1856), dit que René Lochon était né à Boissy en 1636 ou 1640. — Il a signé l'estampe qui nous occupe : R. LOCHON LUTETIANUS.

PRÉFACE. xliij

MONTARGO INITVM CANIS CERTAMEN ADVERSVS
NOBILEM HERI INTERFECTOREM.
COMBAT D'VN CHIEN CONTRE VN GENTILHOMME
QVI AVOIT TVE SON MAISTRE. FAICT A MONTARGIS.

Elle fut publiée à Paris, chez Jacques Lagniet, cet éditeur dont on connaît le *Recueil des plus illustres Proverbes* (1657-63) ([1]).

Le même Lagniet en publia une réduction dont on peut voir deux exemplaires au Cabinet des estampes de la Bibliothèque impériale ([2]). Cette réduction est une eau-forte anonyme en tête de laquelle on lit :

LA MANIERE QUE LES FRANÇOIS ESTOIS HABILLIÉ
IL Y A ENVIRON 300 ANS SOUBS LE REGNE DE
CHARLES VI ET CHARLES VII

et au-dessous, le titre français de la gravure de Lochon.

Au bas de l'estampe est un récit du combat qui ne fait qu'abréger celui de Vulson de la Colombière ([3]).

Plus tard, en 1666, un grave conseiller d'État recommence à célébrer la *loyauté* du chien d'Aubri, non sans prétendre à rectifier le récit de La Colombière, qui *alleguant cette histoire dit ne sca-*

---

[1]. Il a inséré ici son nom et son adresse dans le tonneau du chien, où on lit : *A Paris chez Jaq. Lagniet deriere le four Levesque sur le cay de la Megiss[erie]*.

[2]. Recueil de Fevret de Fontette, intitulé : *Histoire de France*, à la date de 1371.

[3]. M. Hennin n'indique pas cette estampe dans son catalogue ; il l'a peut-être négligée comme de peu d'importance.

voir le genre de mort du traître Macaire. Mais messire Guillaume Ribier est mieux informé; il sait de science certaine que *Machant* (c'est ainsi qu'il l'appelle) *fut pendu et étranglé au gibet de Montfaucon* (1).

A soixante ans de là, voici le P. Vanière qui exerce sa muse latine sur le même sujet, et lui fait chanter les louanges du molosse vengeur, thème innocent dont il n'abuse pas, du reste, puisqu'il n'y consacre que treize vers (2).

Dans cette galerie de crédules narrateurs et d'admirateurs si bénévoles, qui s'attendrait à voir figurer l'un des plus savants, l'un des plus célèbres bénédictins de Saint-Maur, Dom Bernard de Montfaucon? C'est pourtant lui qui y tient la plus grande place. Dans le tome III des *Monuments de la monarchie françoise*, qui parut en 1731, se trouve une planche ainsi intitulée: *Le Combat d'un chien contre un gentilhomme qui avoit tué son*

---

1. Voyez le récit de Ribier, *Appendice*, IX, p. 328-330.

2. Nec minus ultorem Galli stupere molossum.
 Æternum facti monimentum curia pictis
Servat adhuc muris. Nudos in imagine dentes
Exerit, et lacero victor canis insidet hosti.
Illius ante oculos dominus clam vulnere cæco
Conciderat, multo fundens cum sanguine vitam;
Visus deinde cani media sicarius aula
 Vindictam stimulat, memores que resuscitat iras.
Ergo virum sine more feris latratibus urgens,
Judicium ostendit sceleri, pœnam que reposcens
Irruit; et quanquam sicarius iret in armis,
Sola que protegeret pietas spectanda molossum,
Hostica vindicibus dens morsibus ilia rupit.

     (*Prædium rusticum*, l. IV.)

PRÉFACE. xlv

maistre faict à Montargis soubs le regne de Charles V, en 1371.

La date de 1371 est une nouveauté. C'est le progrès que j'annonçais ci-dessus. Montfaucon le premier a accepté cette date et l'a mise en circulation, on verra tout à l'heure sur quel fondement. A cela près, son estampe n'est qu'une copie en contre-partie de celle qu'on peut attribuer à Androuet du Cerceau. Le savant bénédictin en fait ainsi connaître l'origine :

« Le fameux duel d'un gentilhomme de la
« cour du roi Charles V, dit le Sage, contre un
« chien dont ce gentilhomme avoit tué le maître,
« est un fait si extraordinaire, que le lecteur sera
« sans doute bien aise d'en voir ici l'estampe.
« L'histoire de ce duel se voit encore sur le
« manteau d'une des cheminées de la grande
« salle du château de Montargis, mais la poussière
« qui s'y est attachée depuis si longtemps
« fait qu'on ne peut distinguer qu'avec peine
« les parties qui la composent. Le R. P. Noël
« Seurrad, ci-devant prieur de Ferrières, m'a procuré
« une vieille estampe faite, il y a près de
« deux cens ans, de l'histoire représentée sur
« cette cheminée; c'est d'après cette estampe
« qu'on a fait faire la planche suivante. Voici
« l'histoire de ce duel rapportée dans le *Theatre*
« *d'honneur et de chevalerie* de La Colombière. »

Après la relation qu'il emprunte à La Colombière, Montfaucon explique les détails de l'estampe et ajoute :

« Ce duel se fit l'an 1371, *s'il faut s'en rap-*

« *porter* (il ne le fallait pas) à la date marquée
« au haut de la planche, ajoutée à la main long-
« temps après que la planche fut faite. Le meur-
« trier était le chevalier Macaire, gentilhomme,
« archer des gardes du Roi.....
 « Ce combat eut l'issue que La Colombière
« marque ci-dessus. Le chevalier Macaire,
« pour être délivré du chien qui l'étrangloit, pro-
« mit de confesser tout ; il avoua qu'il étoit au-
« teur du meurtre, et fut envoyé au gibet, *disent*
« *les mémoires qu'on m'a envoyés de Montargis.*
« Il est surprenant qu'aucun des historiens du
« temps n'ait fait mention d'un fait si extraor-
« dinaire. »

Voilà, certes, une surprise naïve et des plus étranges ; mais ce qui est plus fort encore, c'est cette mention de mémoires envoyés de Montargis. Et que pouvaient donc être ces mémoires, sinon un ou plusieurs des récits que nous venons de passer en revue ? En ce cas, il n'était guère nécessaire de les tirer de Montargis, puisqu'ils étaient ailleurs. Assurément Montfaucon ne veut point ici abuser ses lecteurs ; il s'est donc laissé abuser lui-même de la façon la plus singulière. Est-ce qu'à Montargis, à part la peinture du château, on pouvait rien savoir sur le trop fameux duel ? Il est vrai que le titre de l'estampe reproduite par Montfaucon indique Montargis comme le théâtre du combat ; mais le récit de La Colombière porte que ce combat eut lieu dans l'île Notre-Dame, et cette différence si notable eut dû suffire pour éveiller la critique endormie de Montfaucon, lequel, après quelques recherches à Paris, en aurait su beaucoup plus long qu'aucun de ses correspondants de Montargis.

L'inconcevable facilité avec laquelle un homme de ce mérite avait accueilli pareille histoire fut spirituellement relevée en 1732 par un rédacteur anonyme du *Journal littéraire de La Haye*. Après avoir annoncé la publication du tome III des *Monuments de la monarchie françoise*, le journaliste ajoutait :

« Nous avons été surpris d'y trouver, sous le
« règne de Charles V, le prétendu duel d'un
« gentilhomme de la cour de ce roi contre un
« chien. Le fait avec toutes ses circonstances se
« trouve dans l'*Almanach de Milan* de cette an-
« née, et il convient si bien à un pareil ouvrage
« que nous n'avons garde de l'en tirer. Notre
« auteur le rapporte cependant sans le révoquer
« le moins du monde en doute, non plus que
« l'authenticité d'un tableau où ce duel est re-
« présenté... et dont on trouve ici une estampe ..
« Il ne faut que comparer cette estampe avec
« toutes les autres de ce volume pour voir que
« ce prétendu monument n'est d'aucune autori-
« té. Notre auteur trouve surprenant *qu'aucun
« des historiens du temps n'ait fait mention d'un
« fait si extraordinaire*. Pour nous, vu les cir-
« constances de ce fait, nous eussions trouvé
« bien plus étonnant encore qu'ils en eussent fait
« mention (1). »

1. *Journal littéraire de La Haye*, année 1732, t. XIX, Ire partie, p. 259.

Montfaucon, nous dit un correspondant du *Mercure de France* (1), « ne jugea pas à propos « d'interrompre ses grandes occupations pour « prendre lui-même son fait et cause; » mais il trouva des défenseurs officieux, et d'abord, selon toute apparence, l'abbé Lebeuf. Encore un grand savant compromis dans cette affaire, si, comme on ne peut guère en douter, il est l'auteur de la *Lettre écrite d'Auxerre à M. Maillart, avocat au Parlement de Paris, pour soutenir la vérité du fond de l'histoire du chien de Montargis* (2).

La thèse était embarrassante, même réduite à ces termes, et il fallait être l'ami de Montfaucon, un ami zélé, pour se faire le champion d'une cause aussi douteuse. A la lecture de la lettre on devine aisément le sentiment qui anime l'auteur, quel qu'il soit, et l'on reconnaît l'embarras qu'il éprouve. Il souhaite, dit-il, qu'on retrouve l'ancienne chronique citée par Olivier de la Marche; il souhaite « que cela arrive pour « confondre les adversaires du P. de Montfaucon; » mais en même temps il avoue qu'il lui semble difficile d'attribuer l'histoire au règne de Charles V. Une fois embarqué dans cette question,

---

1. Décembre 1734.
2. *Mercure de France*, novembre 1734. — Un extrait de cette lettre a été réimprimé dans la *Collection des meilleures dissertations, notices et traités particuliers relatifs à l'histoire de France*, par MM. C. Leber, J.-B. Salgues et J. Cohen. T. XVIII, in-8°, Paris, 1830. Une note de M. Leber (p. 183) est ainsi conçue : « *Cette lettre doit être de l'abbé Lebeuf.* » En effet, *lettre écrite d'Auxerre* est déjà un premier indice en faveur de la supposition de M. Leber, et l'érudition dont fait preuve le défenseur anonyme de Montfaucon en est un second plus significatif encore.

il jette à la mer tout ce qu'il désespère de sauver, et ne laisse pas d'être fort en peine avec le reste.

Ce n'est pas l'érudition qui lui manque assurément pour se tirer d'affaire ; il en a une à son service aussi solide qu'étendue ; mais cette érudition même le gêne plus qu'elle ne l'aide. Il en est réduit, en somme, à des raisonnements comme celui-ci : « Il est vrai que nous n'avons point
« d'écrivain du siècle même de l'événement qui
« en ait fait mention ; mais il est ordinaire que
« les histoires les plus singulières ne sont pas
« celles qui sont écrites le plutôt. On suppose
« qu'elles ont tellement frappé qu'on ne les ou-
« bliera jamais et qu'il est inutile de les écrire.
« C'est beaucoup que malgré cette négligence
« on ait retenu les noms des deux chevaliers qui
« font le sujet de l'histoire. »

Pour concilier les contradictions des divers récits, l'auteur de la lettre se livre à des suppositions très-hasardées qu'il serait superflu de reproduire. En désespoir de cause, il conclut ainsi : « Je me
« contenterai, pour appuyer la réalité du fait,
« de rapporter le témoignage d'un personnage
« qui certainement ne passait point pour cré-
« dule et qui ne donnait point dans la fable :
« c'est Jules Scaliger, mort en 1558. »

Belle autorité, en effet, que celle d'un personnage mort en 1558, fût-il Jules Scaliger, pour attester la réalité d'un fait réputé antérieur de près de deux siècles !

Quant au règne sous lequel l'événement aurait eu lieu, le correspondant de M. Maillart pense que pour le déterminer il faudrait retrouver dans quelques chartes les noms d'Aubri de

Montdidier et du chevalier Macaire; il ajoute que pour lui « il a trouvé un Macaire de Sainte-Menehould, chevalier français vivant en 1204. »

Un mois après la date de cette lettre paraît, encore dans le *Mercure de France*, un *Supplément à ce qui a été inséré* (le mois précédent) *au sujet de l'histoire du chien de Montargis, où par occasion il est parlé d'un chien renommé dans l'histoire orientale* (1). L'auteur de ce supplément paraît surtout s'être proposé de placer son historiette orientale, qui est du reste assez jolie. Quant à son argumentation en faveur du chien de Montargis, elle peut se résumer ainsi : l'histoire du combat de ce chien était regardée comme indubitable dans les XVe et XVIe siècles; elle n'a d'ailleurs rien qui choque la vraisemblance; en quoi l'auteur a raison sur le premier point, mais sans prouver autre chose que la crédulité des XVe et XVIe siècles; et sur le second point, il est permis de penser qu'il se montre bien accommodant.

Ainsi défendue, quoique avec plus de chaleur que de force, contre les doutes de la critique, l'histoire du chien de Montargis devait fournir encore une longue carrière. Elle rencontra cependant, quarante ans après l'article du journaliste de La Haye, un adversaire plus redoutable, c'est-à-dire mieux armé.

Leibnitz avait publié à Hanovre, en 1698, son édition de la chronique d'Alberic de Trois-Fontaines. Personne apparemment ne l'avait lue,

---

1. *Mercure*, décembre 1734. — Un extrait de ce *supplément* a été aussi réimprimé dans la collection précitée, même tome, pages 189-193.

personne du moins de ceux que nous venons de citer : ni Montfaucon, ni son critique de La Haye, ni ses défenseurs du *Mercure*, sans quoi la querelle ne serait pas née ou n'aurait pas pu durer. Mais un savant plus connu aujourd'hui par ses erreurs que par ses mérites, le Franc-Comtois Bullet, releva un jour dans la chronique d'Alberic le passage que nous avons rapporté plus haut, et, ce texte à la main, fouetta vivement le chien de Montargis pour le renvoyer au roman d'où il était sorti. Si depuis lors on a vu le fidèle lévrier rentrer dans l'histoire derrière son maître, la faute n'en est point à Bullet. Il avait très-bien réussi à l'en mettre hors. « Je n'aurois pu me décider, disait ce savant, à nier un fait soutenu d'un monument, consigné dans nos chroniques, cité par des écrivains de réputation, respecté par Scaliger, adopté par Montfaucon, si je n'avois découvert une preuve incontestable de sa fausseté ([1]). »

En effet, quelle preuve plus incontestable que le passage d'Alberic ? Tout ce qu'on y pouvait ajouter, c'était de retrouver et de produire le roman que le chroniqueur avait eu sous les yeux. Telle est la tâche que je me suis donnée et que je remplis aujourd'hui. Réussirai-je mieux que Bullet à reléguer au pays des fables l'anecdote du chien de Montargis ? Rien ne me paraît

---

1. *Dissertations sur la mythologie françoise* et sur plusieurs points curieux de l'histoire de France, par M. Bullet. Un vol. in-12. Paris, 1771. — La *Dissertation sur le chien de Montargis* que renferme ce volume (p. 64-92) a été réimprimée par M. C. Leber, avec des notes, dans la collection citée plus haut.

moins assuré, car dans le champ de l'histoire, comme ailleurs, mauvaise herbe croît toujours. En veut-on la preuve pour ce cas particulier?

La dissertation de Bullet est de 1771; or voici depuis lors jusqu'à ce jour la destinée du chien de Montargis.

En 1776, en 1778, paraissent deux éditions successives des *Essais historiques sur Paris*, de Poullain de Saint-Foix ([1]), et dans ces deux éditions on retrouve sous la rubrique : *Isle Notre-Dame ou Saint-Louis*, une nouvelle relation du combat déjà raconté tant de fois. Les réflexions de Saint-Foix à ce sujet peuvent passer pour curieuses : « Quelques auteurs, dit-il, ont cru
« que c'étoit sous le règne de Charles VI ([2]) que
« vivoit un chien dont la mémoire mérite d'être
« conservée à la postérité. D'Audiguier prétend
« que c'étoit un lévrier; j'en doute, attendu que
« le nez dans les chiens est le mobile du senti-
« ment; or, les lévriers n'ont pas de nez; et,
« par conséquent, s'ils caressent un maître,
« s'ils se trouvent à son lever, à son coucher,
« ce n'est que par l'habitude, comme des cour-
« tisans, sans s'y attacher et sans l'aimer. Je les
« crois absolument incapables de ces traits de
« bonté de cœur dont je vais faire le récit. »

Ce récit terminé, Saint-Foix ajoute :

« On ne sera point étonné que ce chien ait

---

1. Celle de 1778 comprend les œuvres complètes. Voyez le t. III de cette édition et le t. I de la précédente.
2. Comme on l'a vu plus haut, ce n'est point au règne de Charles VI, mais à celui de Charles V, que l'on rattache l'histoire.

« resté plusieurs jours sur la fosse de son maître
« ni qu'il ait marqué de la fureur à la vue de
« son assassin; mais la plupart des lecteurs ne
« voudront pas croire qu'on ait ordonné le duel
« entre un homme et un chien. Il me semble
« cependant que, pour peu qu'on ait parcouru
« l'histoire et vécu dans le monde, on doit être
« tout au moins aussi persuadé des travers de
« l'esprit humain que du bon cœur des chiens. »

Voilà, si je ne me trompe, le burlesque vraiment agréable : celui qui s'ignore ! J'en extrais un autre échantillon non moins précieux des *Mémoires de l'Académie celtique*. Un savant dont le nom n'est pas oublié, Eloi Johanneau, proposait à résoudre, en 1807, aux membres et associés correspondants de cette académie, la question ci-après :

« Y a-t-il à Montargis quelques vestiges du
« culte du chien, quelques traditions, quelques
« fables, quelques monuments, quelques usages,
« quelques mots qui y aient rapport, et qui puis-
« sent donner lieu de croire que cette ville, dont
« le nom semble venir du français *mont*, du cel-
« tique *ar* (du) et *ki* (chien), était chez les Cel-
« tes ce qu'était la ville de *Cynopolis* ou du chien
« chez les Egyptiens, ce qu'est encore chez
« les Gallois la colline du chien, nommée Moel
« Gylan (¹) ? »

1. *Mémoires de l'Académie celtique*, t. I, p. 97.

L'année suivante, l'histoire du chien de Montargis prend place, comme de raison, dans une *Histoire des Chiens célèbres* (1), et avec des variantes qui donneraient à croire que l'auteur a trouvé des documents nouveaux. C'est ainsi qu'il attribue la haine de Macaire pour Aubri à une querelle très-vive qu'ils auraient eue en jouant à la paume. Mais le renseignement le plus neuf est celui-ci : « Nous lisons dans un com-
« mentateur de Monstrelet que le chien avait
« déjà sauvé la vie à son maître quelques an-
« nées auparavant, et qu'il le tira par ses habits
« des eaux du Gave, rivière de Béarn. »

J'ouvre une édition de la *Morale en action* datée de 1810, et j'y vois figurer avec honneur le chien d'Aubri de Montdidier, « dont la mémoire, est-il dit, a mérité d'être conservée à la postérité. »

Le 18 juin 1814 fut représenté pour la première fois à Paris, sur le théâtre de la Gaîté, un mélodrame *historique* de Guilbert de Pixerécourt intitulé : *Le Chien de Montargis, ou la Forêt de Bondy*.

Certes, l'auteur avait bien le droit de s'emparer de ce sujet, historique ou non, et je n'ai garde de le lui reprocher; mais Guilbert de Pixerécourt n'était pas un simple dramaturge : c'était de plus une manière de bibliophile et qui se piquait de quelque érudition. Il aurait donc

---

1. Par A. J. Freville. 2 vol. in-12. Paris, 1808. Une petite gravure, représentant le chien qui saisit Macaire à la gorge, accompagne le récit.

PRÉFACE.

pu se dispenser, par cette raison, de joindre à l'édition de sa pièce (¹) la *note historique* qui la précède, ainsi que les *noms des auteurs qui rapportent l'anecdote et sur lesquels on a dû s'appuyer*.

Ce mélodrame eut le plus grand succès dans sa nouveauté (²). Je l'ai vu représenter vingt ans plus tard, mais sans que ma curiosité pût endurer l'épreuve jusqu'au bout; et aujourd'hui, en le comparant au poëme que je publie, je m'assure que la littérature populaire du moyen âge n'était nullement inférieure à celle du commencement de ce siècle.

---

1. Paris, Barba, 1814, broch. in-8°.
2. Succès durable, car la pièce resta au répertoire jusqu'en 1835. On la joua presque sans interruption pendant vingt et un ans, et en 1831 notamment on ne trouvait rien de plus intéressant à donner au public en un jour de représentation gratuite.

Elle a été reprise il y a onze ans, le 30 avril 1853, toujours sur le même théâtre. Parmi les pièces détachées conservées à la Bibliothèque impériale, se trouve une feuille volante déposée à cette époque, et intitulée: *Notice sur le fait historique qui a donné lieu à la pièce du chien de Montargis*.

Cette reprise donna lieu à un article de journal ayant pour titre: *Les animaux dramatiques*, et signé *Charles Richomme*. (*Journal des Dames*, mai 1853.) J'y puise les renseignements ci-après, que j'ai pu vérifier, et même compléter. Dans le mélodrame de Guilbert de Pixerécourt figurait un chien (le chien d'Aubri), auquel l'auteur avait donné le nom de *Dragon*. Ce rôle fut créé dans l'origine par un caniche nommé *Vendredi*, appartenant à l'un des administrateurs du théâtre de la Gaîté. Parmi ses successeurs on cite avec éloge *Catulle*, qui avait été dressé par un artiste du même théâtre et qui recevait 5 fr. de *feux* par représentation. Enfin, en 1853, *Miro*, qui s'était déjà fait connaître avantageusement dans *la Bergère des Alpes*, trouva dans la reprise du *Chien de Montargis* l'occasion de nouveaux succès.

PRÉFACE.

Un *Album du département du Loiret* publié en 1827 (¹) renferme l'histoire sommaire du château de Montargis, et, bien entendu, la mention de la cheminée au-dessus de laquelle se voyait la peinture faite sous Charles VIII. Cette date est exactement indiquée d'après Androuet du Cerceau; mais pour ce qui est du combat, on ne sait comment l'auteur, homme sérieux, s'est avisé d'annoncer qu'il allait raconter « ce fait si souvent embelli et dénaturé, en suivant les versions de Belleforest, d'Expilly et de Scaliger, » pour s'éloigner ensuite de ces versions autant qu'il le pouvait. Exemple :

« Un *soldat* de l'armée de *Charles VIII*, « nommé Macaire, rencontra dans la forêt de « Bondi un *marchand* appelé *Mondidier*, accom-« pagné de son chien, et l'assassina. »

Soldat, Charles VIII, marchand, Mondidier! autant de nouveautés qui ne se rencontrent que dans l'*Album du Loiret*. Un autre album publié en 1830, et composé de *gravures pour servir à l'histoire de France d'Anquetil* (²), en contient une avec cette légende : « Singulier duel qui eut lieu l'an 1371, par ordre du Roi, entre le chevalier Macaire et le chien dit de Montargis (*dessin de l'époque*). » C'est une mauvaise réduction de l'estampe de Montfaucon, reproduite ici on ne sait pourquoi, puisque le chien de Montargis n'est pas même nommé par Anquetil.

1. Par C.-F. Vergnaud Romagnesi, in-fol.
2. Édition Fayot. Paris, Hocquart, 1830.

En 1834, le *Magasin Pittoresque*, à ses débuts, n'oublia pas le chien de Montargis (1). Il respecta le récit de Vulson de la Colombiere, et le reproduisit après Montfaucon; mais la gravure que cet auteur a donnée dans ses *Monuments de la monarchie françoise* lui parut « empreinte du goût de la Renaissance... Les costumes sont en partie romains » (proposition bien difficile à établir). En conséquence, il en publia une nouvelle avec costumes du XIVe siècle, et cette gravure a eu beaucoup de succès à Montargis (2). L'auteur de la notice n'ignorait pas que le chien de Montargis avait été considéré comme un animal fabuleux, et il a jugé prudent de le dire; mais quoi ! « il n'est rien au monde, ajoute-t-il, dont l'existence n'ait été contestée au moins une fois. » Sa conclusion est celle-ci : « Inventée ou réelle, l'anecdote est curieuse. »

A la bonne heure ! le lecteur est averti. Mais que dire de la biographie ci-après, annexée en 1835 à la *Description historique et pittoresque du département de la Somme*, par MM. H. Dusevel et P. A. Scribe (3) ?

« AUBRY DE MONTDIDIER, ainsi appelé du lieu
« de sa naissance, était un chevalier plein de
« courage et fort aimé de Charles V, qui lui avait

---

1. Deuxième année, 1834, p. 89.
2. La preuve en est qu'on en voit une copie dans l'église Sainte-Marie-Madeleine de cette ville, sur une verrière toute récente.
L'imprimerie de Montargis en avait fait faire aussi une réduction qui ornait ses factures.
3. Deux vol. in-8º, Amiens, Paris, 1836.

« en plusieurs occasions donné des témoignages
« de son estime particulière. Un courtisan nom-
« mé Macaire l'assassina dans la forêt de Bondy.
« Le chien d'Aubry ayant *divulgué* son crime,
« un combat singulier entre cet animal et Ma-
« caire fut aussitôt ordonné par le roi..... Le
« chien ayant saisi Macaire à la gorge, le força
« d'avouer son forfait, etc. »

Il est heureux pour la Somme d'avoir d'autres personnages à inscrire dans ses fastes. Elle se consolera plus aisément de perdre celui-ci.

La dissertation de Bullet était restée inaperçue, ou peu s'en faut, de 1771 à 1842 (1). Il ne fallait rien moins qu'un chercheur comme M. Francisque Michel pour la remettre en lumière. Il n'y a pas manqué dans son savant mémoire sur la popularité du roman des Quatre Fils Aymon (2), où il parle incidemment de notre poëme, considéré alors comme à jamais perdu.

En 1844, un correspondant du *Magasin Pittoresque* réveille aussi le souvenir de la dissertation

1. Voyez cependant Legrand d'Aussy, *Fabliaux ou contes traduits ou extraits*, 3e éd., Paris, 1839, t. I, p. 324 :

« Cette historiette, dit l'auteur, qui se trouve répétée sérieusement dans beaucoup de livres, n'est qu'une fiction d'un de nos vieux romans, bien antérieure au temps où on la place, puisqu'il en est parlé dans Alberic de Trois-Fontaines. »

Voyez aussi Dulaure, *Histoire physique, civile et morale des environs de Paris*, sous la rubrique : *Montargis*. L'histoire du duel y est rappelée ; mais Dulaure dit en note : « Il est reconnu que ce combat est une fable. »

2. Inséré dans les *Actes de l'Académie des sciences, belles-lettres et arts de Bordeaux*, IVe année, 1842, p. 57.

de Bullet, non sans ajouter beaucoup de son propre fonds aux arguments du savant Franc-Comtois. Il a remarqué que dix ans auparavant, le *Magasin Pittoresque* avait accueilli trop complaisamment la légende du chien de Montargis, et il le lui reproche avec une certaine véhémence dans deux lettres successives, où il examine la question, d'abord par le côté moral, et en second lieu par le côté historique. Ce critique le prend de haut; il ne badine pas, et l'on s'en aperçoit trop. « L'honneur de la France, dit-il, est
« en quelque sorte en jeu dans cette histoire
« célèbre... Non! jamais la noblesse de France
« n'aurait honoré de sa présence un pareil com-
« bat..... Et c'est sur un roi que l'on a surnom-
« mé *le Sage* qu'on voudrait faire reposer une si
« monstrueuse action!!..... Aussi n'est-ce pas
« tant le chien qui importe au côté moral de cette
« histoire : c'est le roi, c'est l'action du roi qui
« est véritablement contre nature. »

Ces lettres ne sont point signées; mais qui n'en reconnaîtrait l'auteur ? Elles sont de Joseph Prudhomme, à n'en pas douter (1).

Il faut croire qu'elles auront échappé aux investigations de mon ancien et excellent maître, M. Bouillet, pour qu'il ait permis à Aubri de Montdidier de se faufiler avec son chien dans ce *Dictionnaire universel d'Histoire et de Géographie* que tout le monde connaît et apprécie (2).

1. *Magasin Pittoresque*, 12ᵉ année, p. 346 et 394.
2. Voyez l'article AUBRY DE MONTDIDIER, dont l'auteur dit que ce chevalier fut assassiné en 1371, *près de Montargis*, par un de ses compagnons d'armes, *Richard de* Macaire. Je ne sais où il a pu prendre ce prénom et cette particule.

La *Biographie portative universelle*, qui n'est pas moins appréciée et qui est aussi d'un grand secours, a admis, il est vrai, Aubri de Montdidier dans ses colonnes ; mais elle a pris le soin de mettre le lecteur en garde par cet avertissement relatif au fameux duel : « L'authenticité de « cet événement a été révoquée en doute par « plusieurs écrivains, entre autres par le savant « Bullet. »

On ne retrouve pas ce *Cave canem* dans la *Nouvelle Biographie universelle* publiée par MM. Firmin Didot frères ; mais, tout au contraire, l'écrivain qui s'est chargé de nous renseigner sur Aubri de Montdidier, encore qu'il juge bizarre l'idée du roi de faire lutter Macaire contre le chien accusateur, ne laisse pas, pour la faire passer, de la déclarer conforme aux mœurs du moyen âge. « Cette tradition, ajoute-t-il, est « devenue le sujet de plusieurs ballades, et a « donné lieu, en France et en Allemagne, à des « compositions dramatiques qui, sous le titre du « *Chien de Montargis*, ou du *Chien d'Aubry* et de « *la Forêt de Bondy*, ont attiré la foule aux bou- « levards parisiens, au théâtre de Vienne et à « plusieurs autres théâtres de l'Allemagne. »

J'ai le regret de n'avoir pu retrouver la trace des ballades auxquelles fait allusion le biographe d'Aubri de Montdidier. Je n'ai pu davantage mettre la main sur le texte dont il s'est autorisé pour faire du lévrier d'Aubri un dogue, et pour allonger le simple nom de Macaire, qui, sous sa plume est devenu Richard de Macaire [1].

---

1. Peut-être ce texte, quant au nom de Richard de Macaire, est-il simplement le dictionnaire de M. Bouillet.

PRÉFACE.

La première édition de la *Biographie universelle* (Michaud) avait négligé Aubri de Montdidier; la seconde a comblé cette lacune et reproduit en substance le récit de Vulson de la Colombière, qu'on attribue par inadvertance à Montfaucon.

Ainsi, ni l'érudition de Bullet, ni la force des considérations morales développées par Joseph Prudhomme, n'ont pu venir à bout du chien de Montargis. L'invincible lévrier a triomphé d'eux comme il avait triomphé de Macaire, comme il triomphera de moi, hélas!

Aussi n'était-ce pas pour engager avec lui une lutte inutile, mais seulement par goût pour l'histoire littéraire, que je faisais paraître, en 1857, dans la *Bibliothèque de l'École des Chartes* (1), mes notes sur le manuscrit de la bibliothèque de Saint-Marc, où j'ai trouvé le poëme de *Macaire*. Ces notes n'ont pas été inutiles, qu'il me soit permis de le dire : M. Édouard Fournier s'en est servi pour faire connaître au public qui le lit, et qui ne me lit point, l'origine de la fable du *chien de Montargis* (2). Elles ont peut-être provoqué aussi l'édition du poëme de *Macaire* qui vient de précéder la mienne.

Mais avant de parler de cette édition, et pour suivre l'ordre des dates, il faut jeter un coup d'œil sur deux petits romans, rejetons tardifs et débiles qu'un reste de séve a fait sortir récemment encore de la vieille souche que je déterre. Par une évolution curieuse, la légende du *chien de Montargis*, après avoir pénétré dans l'histoire,

---

1. Quatrième série, t. III, p. 394-414.
2. *L'Esprit dans l'histoire*, 2ᵉ éd., 1860, p. 41-43.

est revenue comme d'elle-même à son point de départ, je veux dire au roman. C'est sous cette forme qu'on la retrouve dans *les Animaux historiques* (1) et dans le *Choix de Légendes populaires* (2), deux ouvrages qui datent l'un et l'autre de 1861.

« Et moi je vous dis que cette nouvelle faveur « dont vient d'être encore l'objet ce damné d'Au-« bry de Montdidier m'était due ! Jusques à « quand rencontrerai-je cet homme sur mon « chemin ? » Tel est le début du récit que renferment *les Animaux historiques*, et où la haine de Macaire pour Aubri s'explique par l'envie, comme dans la plupart des relations antérieures. Une gravure accompagne le texte; elle représente Macaire assailli par le chien.

Dans le *Choix de Légendes populaires*, l'histoire est beaucoup moins simple : ce n'est plus l'envie qui anime Macaire contre Aubri, c'est une rivalité d'amour. L'auteur a suivi le sentiment de ce magistrat qui, à l'annonce d'un crime, ne manquait jamais de demander : « Où est la femme ? » Ne la trouvant point ici, il l'a inventée. C'est une certaine Jeanne de Montessan, promise à Macaire, mais aimée d'Aubri et le payant de retour, comme on disait naguère. D'autres inventions non moins heureuses contribuent à étoffer le récit. C'était le droit de l'auteur d'en user de la sorte avec cette vieille histoire qu'il voulait rajeunir et habiller à la mode du jour;

---

1. Par Ortaire Fournier. 1 vol. in-8º. Paris, Garnier frères, p. 114-119.
2. Trois vol. in-4º. Paris, 1861, t. III, p. 193-224.

mais ne l'aurait-il pu sans prendre à partie Charles V et M. Flourens, l'un pour avoir eu recours « au jugement de Dieu dans presque tous les cas un peu graves, » l'autre pour avoir dénié la réflexion aux bêtes ? N'aurait-il pu s'abstenir aussi de donner à croire aux bonnes gens que l'affaire était « mentionnée aux registres du parlement, où se trouve également un extrait du procès-verbal constatant les diverses péripéties et le résultat du combat ? » — Eh ! non vraiment, il ne l'aurait pu sans réduire d'autant le nombre de lignes de sa petite drôlerie. C'est encore le cas de répéter avec le moine de Trois-Fontaines : *Lucri gratia ita composita*.

Ici se termine l'histoire de notre poëme en France.

Reprenons cette histoire à l'étranger, où la chanson de *Macaire* ne fut pas accueillie avec moins de faveur.

Qu'elle ait d'abord pénétré en Italie et de très-bonne heure, c'est un point hors de doute. Le manuscrit de Venise où je l'ai retrouvée date du XIVe siècle, et de la première moitié de ce siècle plutôt que de la seconde. En outre, comme la version estropiée par le compilateur italien différait manifestement, pour le fond comme pour la forme, de celle qu'avait sous les yeux, vers 1240, le moine de Trois-Fontaines, comme cette version était à la fois plus simple et en vers d'un mètre plus ancien, il y a toute apparence que la chanson de *Macaire* ou de *la Reine Sibile* fut connue en Italie dans sa nouveauté.

On ne la trouve que plus tard en Espagne, où elle est traduite en prose (¹). Cette traduction espagnole, aussi rare aujourd'hui que la traduction anglaise de *Huon de Bordeaux* par lord Berners, a été heureusement l'objet d'une notice publiée à Vienne, en 1833, par M. Ferdinand Wolf (²). On en sait donc tout ce qu'il est nécessaire d'en savoir, et aussi sûrement que si elle était à la disposition de chacun. Par l'analyse complète du récit que M. Wolf a pris le soin de nous donner, on reconnaît aisément aujourd'hui ce que le savant allemand devinait alors, à savoir que le traducteur espagnol de *la Reine Sibile* avait sous les yeux une version très-développée, peut-être une rédaction en prose de

---

1. Sous ce titre : *Hystoria de la reyna Sebilla*. L'ouvrage a eu deux éditions au moins. On lit à la fin de la première : *Fue empremido el presente libro de la reyna Sebilla nueuamente corregido y emendado en la muy noble et muy leal ciudad de Seuilla por Juan Cromberger. A. XXIX del mes de Enero año de mil y quinientos y treynta y dos* (1532). In-4° gothique.

M. Fr. Michel (Actes de l'Académie des sciences, belles-lettres et arts de Bordeaux, IVᵉ année, 1842), dans la note 3 de son mémoire sur la popularité du roman des Quatre Fils Aymon, a reproduit le chapitre X de cette traduction : *Como el cuerpo de Auberin fue llevado à Paris honrradamente : y de como el perro de Auberin en campo vencio a Macayre : por donde se descubrio la traycion.*

Une autre édition de l'*Hystoria de la reyna Sebilla* fut publiée à Burgos en 1551. Elle est signalée dans les *Obras de D. Leandro Fernandez de Moratin, dadas a luz por la Real Academia de la Historia*. Madrid, 1830-1831. In-8, t. l., Origenes del Teatro español, Iʳᵉ partie, p. 96.

2. Uber die neuesten Leistungen der Franzosen für die Herausgabe ihrer National-Heldengedichte. Wien, 1833. In-8, p. 124-159.

ce poëme. J'ajoute qu'il me paraît en avoir usé très-librement avec son texte, et avoir enrichi l'histoire de circonstances qu'il n'a pas dû trouver dans l'original français, de personnages qui n'y figuraient probablement point, tels que Ganelon (1).

Popularisée en Espagne par cette traduction, l'histoire de la reine Sibile n'y est pas tombée dans l'oubli, puisqu'elle a fourni le sujet de deux ouvrages dramatiques dont l'un a été imprimé à Barcelone en 1757, et l'autre à Madrid en 1846. Le premier, intitulé : *Los Carboneros de Francia y Reina Sevilla, comedia famosa*, est attribué à Francisco de Rojas (2) ; le second porte pour titre : *La Reina Sibila, drama comico original en tres actos y en verso*, por D. Ramon de Valladares y Saavedra. M. Wolf, à qui j'emprunte ces indications, ne connaît de ce dernier ouvrage que le titre ; il ne sait, par conséquent, si l'auteur s'est inspiré de la comédie du siècle précédent, ou s'il a repris la légende pour son compte et en a tiré un autre parti. Quant à la *comedia famosa*, dont il a eu un exemplaire sous les yeux, voici ce qu'en dit le savant allemand :

---

1. V. p. 126 du mémoire de M. Wolf. J'ai déjà eu l'occasion de faire la même observation à propos des traductions néerlandaises de *Huon de Bordeaux*, que M. Wolf nous a fait connaître. (Voyez la préface de *Huon de Bordeaux*.)

2. Schack, Histoire de la Littérature dramatique en Espagne (*Geschichte der dramat. Lit. and Kunst in Spanien*. Berlin, 1846, in-8.), t. III, p. 296, en cite une autre édition où on l'attribue également à Francisco de Rojas ; mais il ajoute qu'elle est incontestablement plus ancienne et probablement de Mira de Mescua. (Note de M. Wolf.)

Macaire.

« Les principaux personnages de cette pièce sont : *Carlo magno*, — *Conde de Maganza (hijo de Galalon)*, — *Almirante de Francia*, — *Reyna Sevilla*, — *Ricardo, emperador (del oriente)*, — *Blancaflor*, — *Teodoro*, — *Lauro*, — *Bariquel, Zumaque, Gila*, — *Luis, infante.*

« Le comte de Mayence, fils de Ganelon, remplace Macaire ; *Ricardo* ou Richier est le père de la reine Sibile ; Blanchefleur, sœur de *l'almirante* et rivale de la reine, est en dernier lieu fiancée à son fils Louis ; *Teodoro* est un serviteur de la reine auquel le comte de Mayence fait jouer le rôle du nain ; *Lauro*, charbonnier, père adoptif de Louis, est substitué à Varocher, qui figure néanmoins dans la comédie sous le nom de *Bariquel*, mais comme personnage accessoire avec deux autres charbonniers : *Zumaque* et *Gila*.

« L'auteur de cet ouvrage a conservé de la légende quelques traits qui la rappellent ; mais il en a complétement effacé la simplicité et la naïveté, d'abord en la compliquant d'additions malheureuses, et ensuite en y introduisant des grotesques (les charbonniers), qui font de sa comédie une pièce moitié intrigue, moitié farce, dans laquelle le langage ampoulé de la cour fait contraste avec le parler populaire des personnages rustiques ([1]). »

C'est encore à M. Wolf que nous devons de connaître une traduction néerlandaise de notre

---

[1]. Voyez le mémoire de M. Wolf, cité ci-après, tirag à part, p. 15, 16.

poëme (1), imprimée à Anvers par Wilhelm Worsterman dans la première moitié du XVIe siècle, de 1500 à 1544. M. Wolf l'a soigneusement comparée, chapitre par chapitre, à la traduction espagnole, et n'a relevé entre ces deux versions que des différences assez légères pour lui donner à croire qu'elles ont été faites l'une et l'autre sur un même texte français.

Depuis la publication du premier mémoire de M. Wolf, d'autres savants ont repris l'étude du même sujet : en Allemagne, M. Von der Hagen (2) et M. Massmann (3); en Danemark, M. Svend Grundtvig (4). M. Massmann, dans sa *Kaiserchronik*, a donné le sommaire d'un vieux poëme allemand du XIVe siècle, qui, sous ce titre : *La Malheureuse Reine de France*, n'est autre chose qu'une imitation de notre chanson de geste. Qu'on en juge :

« La reine repousse avec indignation le maréchal de son époux, qui a osé lui parler d'amour. Pour se venger de cet affront, un jour que le roi est allé de grand matin à la chasse, le traître, profitant du sommeil de celle qu'il veut perdre, pénètre jusqu'à son lit et y place à côté d'elle un nain qui dormait dans la grande salle

---

1. Uber die beiden wiederaufgefundenen Niederlandishen Volksbücher von der Koniginn Sibille und von Huon von Bordeaux (*Mémoires de l'Académie impériale de Vienne*, t. VIII. — Tirage à part, Vienne, 1857, p. 3-16.)

2. Gesammtabenteuer, Stuttgart, 1850, in-8, t. I, p. CIV-CXII; — et : *Die Schwansage*, Berlin, 1848, in-4, p. 53.

3. Die Kaiserchronik, Quedlinburg, 1854, in-8, t. IV, p. 893-917.

4. Danmarks Gamle Folkeviser, Copenhague, 1853, in-4, t. I., p. 177-213.

du palais. Puis il court dénoncer au roi le crime dont il a préparé, dont il lui montre la preuve. Dans sa fureur, le roi veut tuer la reine ; mais il en est détourné par le duc Léopold d'Autriche. Il se contente de la remettre aux mains d'un chevalier qui la conduira en pays étranger, elle et un jeune enfant qui lui est né depuis peu. Le chevalier part avec l'exilée ; mais il est bientôt rejoint par le maréchal, qui l'attaque et le blesse mortellement. La reine se sauve dans une forêt voisine ; le maréchal revient à la cour sans avoir pu la retrouver.

« Le chevalier avait un chien qui ne le quittait jamais. Le chien lèche les blessures de son maître, mais sans pouvoir le ranimer. Pressé par la faim, il revient à la cour, où il arrive à l'heure du dîner, se jette sur le maréchal et le mord, saisit un pain sur la table et s'en retourne. Chaque jour, on le voit ainsi revenir et s'attaquer de même au maréchal. De là la découverte du meurtre. Le duc Léopold (qui dans cette version allemande joue le même rôle que le duc Naimes dans le récit français) propose de mettre aux prises le chien accusateur et le maréchal accusé. Le duel a lieu, le chien est vainqueur, et le maréchal confesse son crime.

« Cependant, la reine a trouvé asile chez un pauvre charbonnier de la forêt où elle s'est réfugiée. Elle y fait, pour vivre, des ouvrages de soie que le charbonnier va vendre à la ville. C'est grâce à cette circonstance qu'après de longues et inutiles recherches, le roi finit par retrouver avec son enfant celle qu'il a si injustement bannie. »

PRÉFACE. lxix

On voit par ce sommaire qu'à l'exception de la fin du récit, le poëme allemand analysé par M. Massmann n'a pas dû coûter beaucoup à l'imagination de son auteur.

Un des plus récents historiens de la littérature allemande, M. Menzel, a donné aussi une brève notice de ce poëme (1). Il en signale l'origine française, fait remarquer que la même fable se retrouve dans la version néerlandaise de l'histoire de *la Reine Sibile*, et compare l'ouvrage à d'autres compositions dont le sujet, sans être absolument identique, ne laisse pas de rappeler celui de *la Malheureuse Reine de France*, non-seulement pour le fond, mais encore pour certains détails de la forme.

En Allemagne comme en France, l'épisode du chien, détaché du poëme dont il faisait partie, a été pris au sérieux et mis au nombre des faits historiques. Philippe Camerarius (2) l'a rapporté comme tel dans ses *Operæ horarum subcisivarum, sive Meditationes historicæ* (3).

Mais c'est tout près de nous, en 1817, que l'Allemagne assista au plus beau triomphe

---

1. Wolfgang Menzel, *Deutsche Dichtung*, Stuttgart, 1858, t. Ier., p. 299-300.
2. En allemand *Cammer-meister*. Il naquit à Nuremberg en 1537 et y mourut en 1624.
3. Après avoir cité divers exemples de la fidélité des chiens, entre autres celui du chien de Pyrrhus, il ajoute :
Tale aliquid aliquantoque splendidius, nimirum duello ipso cum sicario, in Gallia accidit, non adeo multi sunt anni, fidejubente pictura, quam continuo atque eventu rei exaratam ad hunc diem conspici audio in arce oppidi cui vulgo nomen Montargis ; et sequentia, quæ ob nimiam prolixitatem omitto.
(Francfort, 1615. *Centuria secunda*, p. 359.)

du chien d'Aubri. Toujours vivant, toujours aussi redoutable, il fut engagé, pour ainsi parler, dans un nouveau duel non moins étrange que le premier, et sortit encore vainqueur de cette épreuve, où il avait pour adversaire le grand poëte Gœthe. Voici comment. Le mélodrame de Guilbert de Pixerécourt avait été traduit en allemand, et le grand-duc de Saxe-Weimar, soit caprice personnel, soit plutôt faiblesse pour une favorite (1) à qui Gœthe n'avait pas l'heur de plaire, voulut se donner le divertissement de faire représenter la pièce devant lui. L'auteur de *Faust*, qui était alors surintendant du théâtre de Weimar, ne put supporter l'idée de voir un chien figurer sur ce théâtre, et refusa de se prêter à un tel abaissement de l'art dramatique. Mais sa résistance fut inutile. On fit venir de Leipzig l'acteur Karlsten, qui avait dressé un caniche pour jouer le rôle du lévrier, et le surintendant n'eut d'autre ressource que de renoncer à ses fonctions. Il en fut relevé par une lettre du grand-duc en date du 13 avril 1817 (2). On dit qu'à cette occasion Gœthe avait adressé à Charles-Auguste un quatrain qui se terminait ainsi : « Puisque le chien triomphe, c'est au poëte à se retirer (3). »

1. La Jagmann.
2. Correspondance de Charles-Auguste et de Gœthe, (Briefwechsel des Grossherzogs Carl August von Sachsen-Weimar eisenach mit Gœthe in den Iahren von 1775 bis 1828.) Weimar, 1863, 2 vol., t. II, n° 369.
3. Je n'ai pu vérifier cette dernière partie de l'anecdote dont j'ai trouvé l'indication dans un article de M. Charles Richomme, déjà cité ci-dessus.

Si l'Angleterre n'a pas imité notre poëme d'aussi près que l'Allemagne, il n'en est pas moins sûr qu'elle l'a connu et qu'elle en a tiré parti. D'abord la cathédrale de Peterborough en possédait une version ou un extrait dont le texte était peut-être latin, à en juger par ce titre : *Qualiter Sybilla regina posita sit in exilium extra Franciam et quomodo Makayre occidit Albricum de Modisdene.* Mais au delà de cette indication on ne sait rien du manuscrit auquel elle se rapporte. La bibliothèque dont il faisait partie est aujourd'hui dispersée ou perdue (1).

Une preuve plus complète et plus décisive de l'intérêt que la chanson de *la Reine Sibile* a excité en Angleterre est l'imitation partielle qu'on en trouve dans un vieux poëme intitulé *Sir Triamour*. Cette imitation, bien qu'un peu dissimulée, n'en est pas moins manifeste. Elle a été reconnue et signalée par M. Ferdinand Wolf dans son mémoire sur la traduction espagnole de *La Reine Sibile* (2). Voici, en substance, la partie du poëme anglais qui se rapporte visiblement au nôtre :

« Aradas, roi d'Aragon, serait le plus heureux des rois s'il était père. C'est l'unique satisfac-

---

1. « Les manuscrits de Peterborough, comme nous nous en sommes assuré nous-même, n'existent plus, » dit M. Francisque Michel à propos de l'indication ci-dessus, qu'il a relevée dans le catalogue des manuscrits de l'église de Peterborough, donné par Gunton à la suite de son histoire de cette église. (*Mémoire sur la popularité du roman des Quatre Fils Aymon,* — *Actes de l'Académie de Bordeaux,* IVe année, 1842, note 12e, p. 90.)
2. P. 139.

tion qui manque à son bonheur et à celui de la belle Marguerite, sa femme. Pour obtenir cette faveur du ciel, il fait vœu d'aller en terre sainte, et part, laissant la reine grosse. Il a confié la garde de son royaume à son grand maître Marrock ; mais Marrock, loin de répondre à une telle confiance, s'éprend d'un amour criminel pour la reine. Il est éconduit, feint de se repentir, mais au fond de l'âme jure de se venger. A son retour, le roi, dont le pèlerinage a été on ne peut plus heureux, se réjouit de voir qu'il a été exaucé d'avance. Mais Marrock lui persuade que l'enfant auquel la reine va donner le jour est le fruit d'un commerce coupable. Marguerite, dit-il, a trompé sa surveillance ; il l'a trouvée dans les bras d'un chevalier inconnu auquel il a tranché la tête de sa main. Le roi veut qu'elle expie sa trahison par la mort ; Marrock lui conseille de la condamner seulement à l'exil. Marguerite est donc bannie. Elle part sous la conduite d'un vieux chevalier, sir Roger, lequel avait pour compagnon habituel un lévrier (*greyhound*) qu'il avait élevé et dont il était très-aimé.

« Marrock les rejoint bientôt avec une bande d'affidés, qui tombent pour la plupart sous les coups de sir Roger ; mais le vieux chevalier, attaqué par derrière, tombe à son tour pour ne plus se relever. La reine s'est réfugiée dans un bois, où Marrock et quatre des siens qui survivent ne peuvent réussir à la retrouver.

« Le lévrier demeure auprès du corps de son maître, qu'il recouvre de mousses et de feuilles. Marrock revient à la cour, et la reine, conduite par la Providence, arrive en Hongrie, où elle accouche d'un fils. Elle est recueillie par un chevalier hongrois qui lui donne l'hospitalité dans son château. L'enfant est baptisé sous le nom de sir Triamour.

« Cependant, sept jours après la mort de sir Roger, son levrier, poussé par la faim, apparaît tout à coup au palais du roi d'Aragon, à la grande surprise de tous, et particulièrement d'Aradas, qui ne s'explique point ce retour inattendu. Le chien reçoit sa pitance, disparaît, puis revient une seconde, une troisième fois. Cette fois, Marrock est là. Le lévrier lui saute à la gorge, le mord et s'en retourne auprès de son maître. Il est suivi, fait découvrir le corps de sir Roger, et du même coup le crime de Marrock. Sir Roger est enterré, et le fidèle lévrier meurt quelques jours après sur sa tombe. Marrock est traîné et pendu. »

Telle est la partie du poëme anglais où l'auteur s'est certainement aidé de la chanson française qui nous occupe. Quant au reste, les deux récits ne se ressemblent que par le dénoûment, où, après une longue suite d'aventures, Aradas retrouve Marguerite et son fils, auquel il a sauvé la vie sans le connaître (1).

De nos jours, Walter Scott a aussi mis à profit l'histoire du chien d'Aubri, qui n'était pas inconnue à sa vaste érudition. Il y a fait une allusion très-claire dans *le Talisman, ou Richard en Palestine* (chap. XXIV).

---

1. Voyez les *Specimens of early english metrical romances*, by George Ellis. London, 1848, p. 491-505.

« Dans votre propre pays, mon frère, dit Richard au roi de France, une affaire semblable a été décidée par un combat solennel entre l'homme et le chien, comme appelant et défendant. Le chien fut victorieux ; l'homme confessa son crime, et il fut puni de mort. — Je sais, mon frère, répondit Philippe, qu'un combat semblable a eu lieu sous le règne d'un de nos prédécesseurs, à qui Dieu fasse grâce ; mais c'était dans un temps déjà éloigné de nous (1). »

Par conséquent, Walter Scott entendait parler de la légende primitive, non de la version qui place l'histoire au temps de Charles V, et sans doute il avait relevé le fait dans la chronique du moine de Trois-Fontaines.

L'auteur du mélodrame *The Dog of Montargis*, représenté pour la première fois sur le théâtre de Covent-Garden le 30 septembre 1814, n'était pas allé si loin en chercher le sujet. Cette pièce n'est qu'une imitation avouée de la pièce française de Guilbert de Pixerécourt (2).

Ainsi, on peut l'affirmer de science certaine, la chanson de *la Reine Sibile* ou de *Macaire*, en même temps qu'elle obtenait en France un succès prodigieux, se répandait à l'étranger, était connue, traduite, imitée, en Italie, en Espagne, en Hollande, en Allemagne, en Angleterre.

Méritait-elle tant d'honneur ? C'est une question résolue si l'on ne consulte que le goût des

---

1. Traduction Defauconpret.
2. *The Dog of Montargis, or the Forest of Bondy*, a melodrama in two acts. (Adapted from the french.) Lacy's acting edition. Londres, sans date.

contemporains. L'un d'eux, le moine de Trois-Fontaines, déjà cité, déclare cette chanson fort belle, *pulcherrimam !* et c'est au point de vue littéraire qu'elle lui apparaît ainsi ; car, en sa qualité d'historien, il n'en est guère satisfait : il y trouve bien des faussetés. A cet égard, je n'éprouve aucun embarras à me ranger de son avis ; mais sur le premier point, j'ai peine à prendre parti pour ou contre lui.

Me mettre de son côté, c'est me compromettre aux yeux de ces sévères historiens de la littérature qui se demandent gravement et *à priori* si le beau a pu exister au moyen âge.

Ne point partager son sentiment, c'est entreprendre de prouver que ce qui a plu n'a pas dû plaire. J'en ai le droit, je le sais ; j'entends même répéter chaque jour que ce droit, celui de la critique, est imprescriptible. Mais pourquoi critiquer cette vieille chanson ? Pourquoi me montrer plus difficile que ceux qui, pendant des centaines d'années, l'ont écoutée ou lue avec plaisir ? Outre que je me sens un grand fonds d'indulgence pour ce trouvère inconnu auquel je me suis comme associé, dont je suis presque devenu le collaborateur, j'ai peur de m'armer contre lui de certains principes ignorés de son temps, de certaines règles qu'on ne connaissait point. Ma tâche serait simple si j'avais réussi, comme tels experts en littérature, à me faire du beau un type idéal et à y rapporter tout. Ils procèdent à leur aise, à peu près comme ces vérificateurs des poids et mesures, qui, munis de leur étalon, n'acceptent que les litres ou les mètres qui s'y ajustent. Le malheur est que l'étalon me manque et que je ne sais où le trouver. Je dois reconnaître, cependant, pour rendre hommage à la vérité et pour ne point m'attirer de fâcheuses affaires, qu'à prendre pour type l'*Iliade* ou l'*Enéide*, la chanson de *la Reine Sibile* me paraît fort loin d'en approcher; mais, en revanche, elle m'offre plus d'intérêt (Dieu me pardonne!) que la *Thébaïde* de Stace. C'est de la conception seule qu'il s'agit, bien entendu; de la forme du poëme, je n'en puis parler, à moins de juger celle que je lui ai donnée. Et si l'on me demande ce qui m'intéresse particulièrement dans cette rapsodie, voici ma réponse :

Ce n'est pas l'héroïne, cette victime innocente bien digne assurément de la noble compassion qu'excite toujours le spectacle de la vertu aux prises avec le malheur, mais par cela même se faisant un peu tort en ce qu'elle tombe dans le lieu commun, en ce qu'elle est un type de tous les temps, de tous les pays, de toutes les littératures.

Ce n'est pas davantage Charlemagne, qui prête plus à rire qu'à pleurer, et qui rappelle trop Sganarelle.

Ce n'est pas non plus le fameux duel du lévrier contre le meurtrier de son maître, encore que l'invention soit singulière et ait fait un assez beau chemin dans le monde. A mon gré, on ne pouvait mieux s'y prendre pour rendre le duel ridicule que d'imaginer celui-là, en sorte qu'on peut se demander si l'auteur a voulu démontrer l'excellence de cette procédure ou la tourner en dérision.

Ce n'est pas enfin le traître, quoiqu'il me soit

cher, ce bon traître du moyen âge, ce traître de regrettable mémoire, trop naïvement scélérat, trop niaisement pervers pour donner à personne l'envie de lui ressembler, et, quoique je déplore la transformation qu'il a subie de nos jours pour devenir un rusé, un madré, un spirituel coquin, pour se changer enfin de Macaire tout court en Robert-Macaire ([1]).

Ce qui m'intéresse, c'est le personnage de Varocher, de ce brave bûcheron, si compatissant, si honnête, si dévoué, qui dans l'accomplissement des devoirs que sa générosité s'impose, se révèle à lui-même, se sent grandir, se juge de taille à être chevalier, veut le devenir, le devient, et se montre digne de ceindre l'épée et de chausser l'éperon d'or.

On dirait que notre poëte a tracé d'avance le portrait d'un de ces enfants du peuple, d'un de ces paysans à l'écorce grossière, mais à la sève généreuse, au cœur chaud et héroïque, que la France moderne a vus plus d'une fois conquérir une épée et se montrer capables des mêmes vertus, des mêmes exploits que les plus hauts barons dont l'histoire ait gardé le souvenir.

Une telle figure dans une œuvre de ce temps-ci serait encore faite pour plaire, pour exciter l'admiration, mais non certes la surprise. Dans la littérature des temps féodaux, elle produit l'effet d'une découverte. Passe encore s'il s'agissait d'un bourgeois ; mais Varocher n'est qu'un vi-

---

1. Cette transformation a été déjà indiquée et expliquée dans la préface de *Gui de Nanteuil*.

lain, de la plus humble et de la plus pauvre condition, un homme de rien, un truand, un sauvage, comme il est qualifié en propres termes par l'un des chevaliers de la suite du roi de Hongrie.

Il ne manque pas, sans doute, dans nos chansons de geste, de personnages qui partent de très-bas pour arriver très-haut; mais ils ne s'élèvent pas comme Varocher; ils se relèvent, et, dès lors, toute analogie entre eux et lui disparaît et s'efface, à ce point de laisser apercevoir, si l'on veut, une différence totale, une entière opposition.

Le fameux Rainouart *au tinel*, par exemple, ce Rainouart que Dante a mis en Paradis, où le trouvons-nous avant ses exploits? Dans une cuisine, au-dessous des marmitons dont il est le jouet et le plastron. Mais, à la fin, il se découvre qu'il est fils de roi. Quelle conclusion tirer de là, sinon la confirmation du proverbe : *bon sang ne peut mentir?*

Robastre, l'homme à la cognée, dans le poëme de *Gaufrey*, débute par être charretier et finit par devenir roi de Hongrie. Mais il a pour père un lutin, le lutin Malabron, doué d'un pouvoir féerique qui le place entre les rois et Dieu. Une telle naissance oblige plus encore que noblesse.

Le laboureur Gautier, dans *Gaydon*, est aussi rustre qu'on le puisse désirer de manières et de langage, et ne laisse pas pour cela de sentir et d'agir assez noblement. C'est que d'origine il est noble, en effet. Gautier est un petit gentilhomme déchu et qui a pris de mauvaises habitudes dans la vie rustique. Il n'est pas né très-haut, il est vrai, mais enfin il est né.

La création de semblables personnages a donc tout au moins une signification ambiguë, et si l'on n'y veut pas voir un artifice pour faire mieux ressortir les avantages de la naissance, il y faut reconnaître une précaution jugée nécessaire par les écrivains du temps pour pouvoir attribuer un beau rôle à des acteurs populaires ou présentés comme tels. Ici on n'a pas à choisir entre ces deux suppositions. La naissance de Varocher les supprime, puisqu'il est vilain de père et de mère. C'est un type complet, c'est un caractère dont l'idée et même l'exécution font honneur à notre poëte, qui l'a tracé à grands traits, mais d'une main heureuse, sinon exercée. Il est à noter que cette figure toute française a disparu dans les imitations allemande et anglaise dont nous venons de parler.

Comme Varocher met son cœur et son bras au service d'une reine et d'un empereur, il ne pouvait trop déplaire aux grands, et, d'un autre côté, son origine lui assurait une nombreuse clientèle dans les rangs inférieurs. Il y a donc lieu de croire qu'il dut beaucoup contribuer au succès de l'ouvrage où il tient une place si honorable.

A part l'invention de ce personnage, qui me paraît original, c'est une question difficile à résoudre que celle de savoir ce qui appartient en propre à notre poëte, ce qu'il a pu emprunter soit à l'histoire, soit à des récits légendaires antérieurs au sien.

S'il en fallait croire le moine de Trois-Fontaines, l'héroïne de ce récit ne serait autre que la fille de Didier, roi des Lombards, répudiée par Charlemagne après un an de mariage; cette répudiation aurait été le germe de la chanson de *la Reine Sibile* (1). Il est très-vrai que Charlemagne, en 771, répudia la seconde de ses neuf femmes, Désirée, fille de Didier, un an après l'avoir épousée; mais on n'a jamais su pourquoi, et le moine de Trois-Fontaines en convient lui-même : *incertum qua de causa*. Dès lors, comment sait-il si bien que c'est Désirée qui a été chantée sous le nom de Sibile ? Pourquoi Désirée plutôt qu'Himiltrude, aussi répudiée avant elle ? Il y a grande apparence que le bon moine, cherchant à rattacher les chansons de geste à l'histoire véritable, aura imaginé cette attribution on ne peut plus douteuse. L'auteur de la chanson de *la Reine Sibile* n'avait pas plus en vue Himiltrude que Désirée, et s'il eût été de l'école de Chrestien de Troyes, son héroïne serait sans doute la femme du roi Artus au lieu d'être celle de Charlemagne. Il s'est proposé simplement d'intéresser aux malheurs d'une reine injustement accusée et punie, dont l'innocence est à la fin reconnue. Voilà le thème de son ouvrage et de bien d'autres qu'il faudrait pouvoir comparer et classer historiquement pour savoir d'où part l'idée qui en fait le fond, et ce

---

1. Voyez ci-dessus, p. XII.

qui revient à chaque pays, à chaque auteur, dans les développements qu'elle a reçus, dans les récits divers auxquels elle a donné lieu. Un savant danois, M. Svend Grundtvig, s'est donné cette tâche, et si la difficulté du sujet ne lui permettait pas de l'achever, il paraît du moins l'avoir poussée très-loin. C'est un bon juge, M. Ferdinand Wolf, qui lui rend ce témoignage (1).

« Depuis que j'ai fait connaître, dit M. Wolf, la version espagnole de *la Reine Sibile*, cette légende a été l'objet de savantes recherches qui en ont montré le rapport plus ou moins intime avec beaucoup d'autres récits répandus dans toute l'Europe. Je citerai surtout les travaux de M. Svend Grundtvig, qui a traité le sujet de la façon la plus complète et la plus approfondie dans son excellente collection des *Chants populaires du Danemark*. Il ne s'est pas contenté de faire connaître les chants populaires danois, islandais, et des îles Feroë qui s'y rattachent; il a de plus, dans son introduction, rassemblé et soumis à la critique toutes les traditions historiques ou légendaires du même ordre, tant celles qu'on connaissait que celles qu'il a découvertes. A la fin de cette recherche, conduite avec une vaste érudition et une grande sagacité, il en résume ainsi les résultats :

« Il serait très-intéressant que quelqu'un nous donnât une explication satisfaisante de la connexion qui relie entre elles les formes si diverses de la légende ; mais le moment, je crois, n'est pas encore venu pour cela. Toutefois, et à titre

---

1. Voyez le mémoire précité de M. Wolf (Vienne, 1857, tirage à part, p. 6).

de simple essai, je veux tenter ici de montrer le chemin que cette légende a suivi dans ses pérégrinations, et d'indiquer comment elle s'est développée et ramifiée.....

« Elle était primitivement commune à plusieurs tribus gothiques, telles que celles des Langobards (*Gundeberga*) et des Francs. Par ces derniers, elle fut d'abord appliquée à l'ancien duc des Francs Hugo (le Hugon de la légende d'*Oliva*), puis transportée de celui-ci à Hugo Theodoricus, qui devint en Allemagne Hugdietrich, et plus tard (quand les légendes franques et ostrogothiques se furent confondues ou provisoirement mêlées) à un Dietrich de Rome (poëme de *Crescentia*), et par là au personnage purement poétique de Dietrich de Berne. Pendant quelle prenait racine en France et en Flandre, où elle trouvait de nouveaux supports (Charlemagne—Geneviève), la légende se propageait en Allemagne à la faveur d'une chanson populaire qui célèbre Dietrich de Berne et son épouse Gudalind (Gunild); elle trouvait accès en Angleterre, en Danemark, en Islande et aux îles Feroë. En Allemagne, elle fut rapportée d'abord à Richarda; plus tard, à Cunégonde et Henri, d'où les Anglais prirent texte pour la transporter à Gunild et Henri, auxquels succédèrent une Elinor et un Henri. Pendant ce temps, la version allemande empruntait des traits nouveaux aux récits français. En Danemark, on adopta la narration anglaise de Gunild et Henri, mais on l'appliqua plus tard à Henri le Lion, et, à la fin, on renonça à toute attache historique. En Islande et aux îles Feroë, on conserva les noms de Dietrich et de Gunild, mais le fond de l'histoire se modifia sensiblement sous l'influence de la légende de Cunégonde. »

Tel est le résumé des recherches de M. Svend Grundtvig. Il y manque, pour le rendre clair, le détail de ces recherches mêmes; mais on peut le trouver dans l'ouvrage du savant danois. Ce qui y manque encore plus, pour le rendre sûr et concluant, ce sont des dates. Réussira-t-on jamais à combler cette lacune? J'en doute fort. Quant à présent, il est impossible de marquer la place qu'occupe historiquement notre poëme dans cette série de récits de la même famille, mais d'une famille si mêlée qu'on n'y peut reconnaître ni les degrés de parenté ni les affinités. Notons seulement, d'après M. Grundtvig, que si la légende objet de ses recherches n'est pas d'origine française, elle a été du moins marquée en France d'un cachet particulier dont on retrouve l'empreinte en Allemagne.

L'épisode du chien doit-il être mis au nombre des embellissements que le fond de l'histoire aurait reçus chez nous, et peut-on en faire honneur à notre poëte? Bullet ne l'a pas cru; il prétend que le chien d'Aubri descend en droite ligne du chien de Pyrrhus. « Je crois, dit-il, avoir trouvé dans Plutarque l'histoire véritable ou fausse qui a donné lieu à la fable du chien de Montargis. Je la rapporte suivant la traduction d'Amyot. Les grâces naïves et touchantes de son ancien langage valent bien les expressions froides et compassées du nôtre [1]:

---

1. Traité : *Quels animaux sont les plus advisez, ceulx de la terre ou ceulx des eaux.*

« Pyrrhus, allant par pays, rencontra un chien qui gardoit le corps de son maistre que l'on avoit tué, et, entendant des habitans qu'il y avoit déjà trois jours qu'il estoit auprès sans en bouger et sans boire ny manger, commanda que l'on enterrast le mort et qu'on amenast le chien quand et luy, et qu'on le traitast bien. Quelques jours après, on vint à faire la monstre et reveue des gens de guerre, passans par devant le roy, qui estoit assis en sa chaire, et avoit le chien auprès de luy, lequel ne bougea aucunement, jusques à ce qu'il apperceut les meurtriers qui avoient tué son maistre, ausquels il courut sus incontinent avec grands abbays et grande aspreté de courroux, en se retournant souvent devers Pyrrhus; de maniere que non seulement le roy, mais aussi tous les assistans, entrerent en suspicion grande que ce devoient estre ceulx qui avoient tué son maistre : si furent arrestez prisonniers, et leur procez fait là-dessus, joinct quelques autres indices et presomptions que l'ont eut d'ailleurs à l'encontre d'eux; tellement qu'à la fin ils advouerent le meurtre et en furent punis. »

« Un chien attaque les meurtriers de son maître en présence de Pyrrhus : sur cet indice et sur d'autres présomptions, ce roi les fait arrêter. On leur fait leur procès; ils sont forcés d'avouer leur crime; ils en sont punis : voilà le fond de l'histoire de celui de Montargis. »

Sans doute, c'est le fond de l'histoire, et il n'est pas impossible que notre poëte ait mis à profit l'anecdote rapportée par Plutarque et répétée par Tzetzès vers le temps même où fut composée la chanson de *la Reine Sibile* (1); mais, cela même admis, il faut reconnaître que l'invention du fameux duel transforme le chien de l'antiquité en un chien du moyen âge et donne à sa fidélité une couleur tout à fait locale. On peut douter du mérite de cette invention, mais il est surabondamment prouvé qu'elle frappa beaucoup et fut très-goûtée. Sans parler des bonnes gens qui y ont ajouté foi depuis le XIIe siècle jusqu'à nos jours, et pour rester au point de vue littéraire, deux auteurs au moins, certainement postérieurs au nôtre, l'ont trouvée si heureuse qu'ils l'ont imitée.

L'un d'eux surtout eût sagement fait de n'y point songer : c'est celui qui s'avisa de substituer au chien un champion fort peu digne d'un tel rôle, un singe. Dans la version en prose et très-amplifiée du poëme si connu d'*Amis et Amiles*, l'histoire des deux compagnons se prolonge fort au delà de leur mort. Ils ont été tués tous deux par Ogier en Lombardie ; Lubias, femme d'Amis, apprend cette nouvelle et va la porter à Bellissant, veuve d'Amiles, qui a laissé deux enfants : Anceaulme et Florisset. Lubias empoisonne Bellissant, s'empare des enfants d'Amiles et veut les faire noyer. Ils sont sauvés par deux cygnes. Un singe aussi s'intéresse aux jeunes héritiers d'Amiles, et prouve le crime de Lubias en combattant contre Lambert son champion, qui est ignominieusement vaincu (2).

1. Dans la quatrième *Chiliade*, où Tzetzès dit que pareil trait s'était renouvelé de son temps.
2. Voyez le récit de ce combat dans l'édition de Verard, fol. LXXIIII-LXXVII.

Cette première imitation a été signalée par Gaillard comme un emprunt fait par le roman à l'histoire; car il admettait « le fait rapporté et *prouvé* dans les *Monuments de la monarchie françoise* de Dom Montfaucon. » Après l'avoir rappelé, il ajoute : « Dans le roman, c'est un singe au lieu d'un chien qui combat et qui est vainqueur, ce qui est encore moins naturel. Il est vrai que l'auteur du roman donne à ce singe une intelligence qui n'est guère que le partage des hommes, et surtout un attachement pour ses maîtres qui est bien plus le partage des chiens. Une autre circonstance particulière au roman, et qui n'est pas heureuse, c'est que le singe ne combat que contre un champion, au lieu que le chien avait combattu contre l'assassin même. La plupart des autres circonstances concernant le choix des armes et les précautions prises pour que ni l'homme ni l'animal n'eussent l'un sur l'autre, autant qu'il se pourroit, aucun avantage, sont à peu près les mêmes dans l'histoire et dans le roman; et le romancier assure que de son temps l'histoire de ce combat était représentée sur les murs de la grande salle du palais à Paris, comme celle du combat du chien l'est au château de Montargis. C'est ce qu'il est impossible de vérifier aujourd'hui quant au combat du singe, la grande salle dont il s'agit, et qui était ornée de peintures et de sculptures, ayant perdu tous ces ornements dans l'incendie du Palais du 7 mars 1618 (1). »

1. *Histoire de Charlemagne*, in-8°, Paris, 1782, t. III, p. 488-490. Voyez aussi *The History of fiction*, by John Dun-

PRÉFACE. lxxxvij

La seconde imitation est constatée d'abord par la grande et gracieuse enquête que firent le curé et le barbier dans la bibliothèque de Don Quichotte. « Bénédiction ! dit le curé en jetant un grand cri, vous avez là *Tirant le Blanc*. Donnez-le vite, compère, car je réponds bien d'avoir trouvé en lui un trésor d'allégresse et une mine de divertissements. C'est là que se rencontre Don Kirie-Eleison de Montalban, un valeureux chevalier, et son frère Thomas de Montalban, et le chevalier de Fonseca, *et la bataille que livra au dogue le brave Detriant*, etc. (1). »

Dans un *Catalogue général des romans*, ouvrage manuscrit du philologue Ritson, qui a appartenu à Heber et qui est aujourd'hui au Musée britannique, on lit à propos de *Tirant le Blanc* : « L'auteur fait battre son héros avec un chien, et cette lutte singulière est racontée dans Montfaucon comme un événement réel survenu en 1371 (2). »

Voilà donc notre poëte plus imité qu'imitateur, car le rapport est manifeste entre le duel qu'il a imaginé et ceux qu'on retrouve après lui dans les ouvrages précités ; rien ne démontre, au contraire, qu'il ait tiré parti de l'anecdote rapportée par Plutarque et rappelée par Tzetzès.

---

lop, Edinburgh, 1816, deuxième édition, t. I, p. 434-429, et le premier mémoire précité de M. Wolf, p. 137-138, à la note.

1. Traduction Viardot.
2. Je tire ce renseignement des *Notes extraites de la Bibliotheca Grenvilliana* publiées dans le *Bulletin de l'Alliance des arts*, éd. pet. in-8, 1842-43, p. 302. — Voyez sur *Tirant le blanc* le *Manuel du Libraire* de M. Brunet.

Il a pu tout aussi bien et beaucoup mieux connaître le fait analogue mais nullement identique que raconte saint Ambroise dans son *Hexameron* (¹), et qu'il fait précéder de cette généralité : « Les chiens ont souvent fourni des preuves évidentes contre des homicides, et la plupart du temps on en a cru leur muet témoignage ; » propositions un peu excessives sans doute, mais dont l'étendue même prouve que dans l'épisode du chien d'Aubri c'est le duel qui est le trait saillant, que le reste n'a rien de particulier et était du domaine commun bien avant notre poëte.

Aussi n'est-on pas peu surpris de trouver la mention de ce duel accolée au récit de saint Ambroise dans un historien anglais du moyen

---

1. Sæpe necis illatæ evidentia canes ad redarguendos reos indicia prodiderunt, ut muto eorum testimonio plerumque sit creditum. Antiochiæ ferunt in remotiori parte urbis crepusculo necatum virum, qui canem sibi adjunctum haberet. Miles quidam prædandi studio minister cædis extiterat : tectus idem tenebroso adhuc diei exordio in alias partes concesserat : jacebat inhumatum cadaver, frequens spectantium vulgus astabat : canis questu lacrymabili domini deflebat ærumnam. Forte is qui necem intulerat (ut se habet versutia humani ingenii) quo conversandi in medio authoritate præsumpta fidem assisceret innocentiæ, ad illam circonspectantis populi accessit coronam, et velut miserans appropinquavit ad funus. Tum canis, sequestrato paulisper questu doloris, arma ultionis assumpsit, atque apprehensum tenuit, et velut epilogo quodam miserabile carmen immurmurans, universos convertit in lachrymas, fidem que probationi detulit, quod solum tenuit ex plurimis nec dimisit. Denique perturbatus ille, quod tam manifestum rei indicem, neque odii, neque inimicitiarum, neque invidiæ aut injuriæ alicujus poterat objectione evacuare, crimen diutius nequivit refellere. Itaque, quod erat difficilius, ultionem persecutus est, quia defensionem præstare non potuit. (*Divi Ambrosii opera*, *Hexameron*, lib. VI, in-fol., Paris, 1559, p. 882, col. 2.)

âge, Gerald de Barri ou Gerald le Cambrien, qui emprunte mot pour mot à l'*Hexameron* l'histoire du chien d'Antioche, en indiquant la source à laquelle il la puise, mais la complète ainsi de son chef, sans aucun avertissement, et comme s'il continuait à la transcrire (1) :

Ob tantam igitur et tam vehementem homicidii præsumptionem (milite tamen constanter inficiante) judicatum est duello rei certitudinem experiri, in campo itaque constitutis, et vulgi circumstante corona, hinc cane dentibus armato, illinc baculo cubitali milite munito : tandem cane victore victus homicida succubuit et ignominiosam publico patibulo pœnam dedit (2).

Si l'on veut savoir où Gerald de Barri a pris ce supplément dont il gratifie avec tant de discrétion l'auteur de l'*Hexameron*, la question n'est pas difficile à résoudre : c'est à notre poëme qu'il a fait l'emprunt. Ce bâton dont il sait si bien la longueur, ce *baculum cubitale*, voici les vers qui lui en ont donné la mesure :

> *Et in sa man li dono un baston*
> *Qe de un braço estoit voire lon* (3),

Et où et comment a-t-il pu lire ou entendre réciter la chanson de *Macaire* ou de *la Reine Sibile*?

1. Il en efface seulement les derniers mots, la conclusion, depuis : *crimen diutius nequivit refellere.*
2. Giraldi Cambrensis Itinerarium Cambriæ, lib. I, Londres, in-12, 1585, p. 124-125.
3. Voyez ci-après, p. 88.

En France, à Paris, où il vint au moins deux fois : la première en 1166, à l'âge de vingt ans, la seconde, dix ans plus tard, en 1176 (1). Il y séjourna en tout sept ans, et, jeune comme il l'était, et curieux, et enclin à croire les récits merveilleux, il ne put manquer de s'intéresser à ceux des jongleurs tout en étudiant la théologie et les décrétales. De là, selon moi, le souvenir adapté au récit de saint Ambroise par Gérald le Cambrien dans l'itinéraire du voyage qu'il fit, en 1188, avec l'archevêque de Cantorbéry. La date assignée ci-dessus à la composition de notre poëme favorise cette explication, et réciproquement, l'explication une fois admise, achève de justifier la date.

C'en est assez et trop peut-être sur l'origine de la fable du chien. Terminons l'examen de la composition où cette fable tient une si grande place.

Dans son étude sur la légende qui forme le fond de la chanson de *Macaire*, M. Svend Grundtvig paraît croire que le personnage du nain est d'invention française. C'est tant pis pour notre auteur. Il ne pouvait rien imaginer de plus grossièrement déplaisant, et le malheur est qu'il semble en avoir eu conscience. L'empereur de Constantinople, informé par un messager de

1. Voyez Wharton, *Anglia sacra*, t. II, p. 374, et la correction indiquée dans la préface du même tome, p. xx. Voyez aussi *Life of Giraldus de Barri* en tête de la traduction anglaise de l'*Itinerarium Cambriæ* : *The itinerary of archbishop Baldwin through Wales, translated into english by sir Richard Colt Hoare* Londres, 1806, 2 vol. in-4.

Charlemagne du crime dont sa fille est accusée, se refuse avec indignation à la croire coupable : « Non, dit-il, ma fille n'a pu commettre un tel péché... et avec un nain encore ! » Cette invraisemblance le révolte.

Le grotesque, sinon l'odieux de la combinaison, disparaît dans deux poëmes postérieurs où elle est de nouveau mise en œuvre : le poëme de *Florent et Octavien* (1) et celui de *Doon de la Roche* (2). Dans le premier, c'est un varlet ; dans le second, c'est un garçon qui joue le rôle du nain. Mais on assiste toujours à cette scène grossière, tandis que dans le poëme anglais de *sir Triamour* un goût plus délicat l'a mise en récit, substituant d'ailleurs, comme on l'a vu ci-dessus, un chevalier inconnu aux personnages ignobles qui figurent dans les trois chansons françaises (3).

Parmi les ressorts que notre poëte a mis en jeu pour le mouvement de sa composition, il en est un singulier qu'il n'a pas créé sans doute,

---

1. C'est un poëme encore inédit, en vers alexandrins, que je crois du XIVe siècle, et dont on connaît quatre manuscrits, conservés trois à Paris, à la Bibliothèque impériale, et le quatrième à la Bibliothèque Bodléienne d'Oxford.

2. Poëme inédit en vers alexandrins, qui me paraît du XIIIe siècle, et dont le manuscrit unique est au Musée britannique (Manuscrit Harléien, 4404).

3. L'auteur de *Sir Triamour* n'a pas imité seulement notre poëme ; il s'est inspiré aussi de celui de *Florent et Octavien*. Son Aradas, roi d'Aragon, qui regrette si fort de n'avoir point d'enfants, est dans la même situation qu'Octavien :

*Dolans fu l'emperere qui moult fist à prisier
Qu'avoir ne poet enfans de sa gente moullier.*

car il s'en sert comme de chose déjà connue et admise, je veux parler de ce signe que porte sur l'épaule droite le jeune fils de Charlemagne, et qui pour des yeux clairvoyants est un sûr indice de sa royale origine. C'est une espèce de sceau ou de marque de fabrique dont l'idée vient on ne sait d'où, à moins d'accepter sur ce point les renseignements très-précis que nous donnent les *Reali di Francia* dans un curieux passage, déjà noté par M. Wolf (1). Le second livre de cette compilation italienne, qui contient une version fort libre du poëme de *Floovant*, débute par une sorte de petit traité *ex professo* sur la question qui nous occupe.

« Fiorello ou Florel, roi de France et petit-fils de Constantin, était fort affligé pour plusieurs raisons, mais surtout parce qu'il ne pouvait avoir d'enfants. Il fit donc des vœux, alla en pèlerinage à Rome, et de là au saint sépulcre, toujours priant Dieu de lui donner un héritier à qui il pût transmettre sa couronne. Il fut exaucé : sa femme devint grosse après vingt ans de stérilité et mit au monde un fils qui portait sur l'épaule droite une croix de sang entre cuir et chair. De là vient ce qu'on dit de la croix vermeille que portaient sur l'épaule droite les héritiers de la noble maison de France. Ce fut le premier enfant qui naquit avec ce signe couleur de sang : aussi reçut-il au baptême le nom de *Fioravante*, ce qui revient à dire, en français, *Fleuravant*, ou : En avant la fleur! Plusieurs personnes présagèrent qu'il serait roi de France

---

1. Mémoire de 1832, déjà cité, p. 138.

et de beaucoup d'autres provinces et royaumes, et le signe merveilleux qu'il avait reçu au sein de sa mère fut l'heureux augure des destinées de la maison de France... Ce signe fut plus tard appelé la nielle (¹), et tous ceux de sa race le portèrent, mais non en forme de croix. Il y en eut cinq seulement qui le portèrent précisément sous cette forme : les autres avaient un signe couleur de sang ; mais comme il ne figurait pas une croix, on lui donna le nom de nielle. De ceux qui naquirent avec la croix, le premier fut *Fleuravant*; le second, Beuve ; le troisième, Charlemagne ; le quatrième, Roland, et le cinquième Guillaume d'Orange (²).

On retrouve la trace de cette légende dans le poëme déjà cité de *Florent et Octavien*. Octavien, empereur de Rome, a le même sujet d'affliction que Florel :

Dolans fu l'emperere qui moult fist à prisier
Qu'avoir ne poet enfans de sa gente moullier.

Mais, à la fin, il a bien sujet de se consoler : l'impératrice donne le jour à deux jumeaux qui ont

Cascun se crois vremeille qui moult reluisoit cler
Dessus leur diestre espaulle (3).

On voit par là que notre poëte n'a pas suivi la légende à la lettre, puisque de la croix ver-

---

1. *Il niello.*
2. *Reali di Francia*, lib. II, cap. I.
3. Manuscrit de la Bibl. imp., Sorbonne, 446, fol. 67.

meille il a fait une croix blanche, ou bien c'est après lui que cette légende se sera modifiée, et que la croix blanche sera devenue vermeille.

En somme, l'examen des principaux éléments de sa composition n'est nullement défavorable à ce vieux trouvère, qui de nos jours eût pu être un bon dramaturge et se faire applaudir sur nos théâtres des boulevards à plus juste titre que ne l'a été son faible imitateur Guilbert de Pixerécourt. La chanson de *Macaire*, en effet, n'est point une épopée, mais bien l'étoffe d'un grand mélodrame : aussi en a-t-on taillé un dans le seul morceau qui en restât. Quelques fils du tissu peuvent bien ne pas appartenir à celui qui l'a tramé, mais le reste lui fait encore une assez belle part et permet de croire qu'il n'était pas indigne du succès qu'il a obtenu.

Un tel genre de succès, celui qu'on demande aux lettres, peut se composer de deux éléments : l'honneur et le profit, ou se réduire à l'un des deux seulement, soit par la force des choses, soit par la volonté des écrivains. Quelles furent, à cet égard, les aspirations des auteurs de nos chansons de geste, et en particulier de celui qui nous occupe? Question curieuse, qu'un contemporain pouvait seul bien résoudre ; et précisément il s'en trouve un qui l'a résolue, tout juste à propos de notre poëme. C'est encore le moine de Trois Fontaines, dans le passage ci-dessus rapporté, où il dit :« Toutes ces inventions, propres sans doute à divertir un auditoire, à y provoquer le rire et même les larmes, sont cependant trop éloignées de la vérité historique. Elles n'ont d'autre but que le gain. *Lucri gratia ita composita* (1).

Voilà donc notre auteur et ses confrères accusés d'être plus sensibles à l'argent qu'à la vérité et à la gloire. Peut-être y a-t-il un peu d'humeur dans ce jugement du moine de Trois-Fontaines. Peut-être se place-t-il trop exclusivement à son point de vue d'historien. Cependant, il ne laisse pas de rendre justice à la chanson de *la Reine Sibile*, puisqu'il la trouve fort belle ; et, d'autre part, si l'on remarque que cette chanson est anonyme comme presque toutes les autres compositions du même genre et du même âge, on est disposé à croire que ce clerc a bien jugé les littérateurs laïques de son temps. S'ils avaient visé à l'honneur plus qu'à l'argent ou seulement autant, auraient-ils négligé de signer leurs ouvrages ? La signature se montre avec la prétention à l'art, c'est-à-dire à la gloire, et voilà pourquoi, selon moi, il y a bien moins de compositions anonymes dans le second âge de la poésie française que dans le premier, dans la période qui commence à Chrestien de Troyes que dans celle qui précède.

Quoi qu'il en soit, cette question en amène une autre, celle de savoir comment notre poëte put réaliser le gain en vue duquel il écrivit sa chanson, s'il en faut croire le moine de Trois-Fontaines. De deux choses l'une : ou il était son propre éditeur, c'est-à-dire qu'il s'en allait lui-même débiter son récit, ou il lui fallait traiter avec les jongleurs, ces éditeurs ambulants du

---

1. Voyez ci-dessus, p. XIII.

moyen âge. Dans le premier cas, nulle difficulté : il recevait, comme un simple jongleur, soit les deniers des petites gens, soit les *livraisons* en nature que lui offrait la générosité des grands, et qui consistaient d'ordinaire, on le sait, en robes, en manteaux, en vêtements confectionnés, parfois même en roussins ou en mulets. Or, s'il recevait en ce genre au delà de ses besoins, ce qu'il faut bien croire, notre auteur devait se transformer, pour écouler sa recette, en marchand d'habits et en marchand de chevaux. Il se trouvait, à l'égard du public, dans la situation où l'usurier place l'emprunteur en détresse auquel il fait un prêt partie en argent, partie en objets divers à liquider, par exemple, en paletots ou en redingotes, à moins qu'il ne préfère lui offrir quelque peau de lézard, « curiosité agréable pour pendre au plancher d'une chambre ».

Que si l'écrivain voulait se soustraire à ce trafic, il y a toute apparence qu'il traitait avec les jongleurs en leur vendant le manuscrit de son ouvrage pour le débiter à leurs risques et périls ; car, comme il n'avait nul moyen de contrôler leur recette, il ne pouvait guère s'en réserver une part pour ses droits d'auteur.

A en juger par ce que nous savons du succès de la chanson de *Macaire*, on peut croire qu'elle enrichit le trouvère auquel on devait le plaisir de l'entendre, ou qu'elle valut à ses éditeurs un grand nombre de manteaux et de roussins. En sus de quoi, si insensible à la gloire qu'on le suppose, il dut quelque peu s'applaudir de son heureuse veine, et, s'il pouvait aujourd'hui se réveiller, il aurait sujet d'être bien plus fier encore en voyant la place qu'il a conquise dans les souvenirs de la postérité.

J'aime à penser qu'en ce cas la présente édition lui serait agréable, en dépit des imperfections qu'il ne manquerait pas de me reprocher, et je me persuade qu'il m'en saurait d'autant plus de gré que je n'en prétends tirer ni le plus petit manteau ni le moindre roussin.

D'un ouvrage jadis si répandu et dont la vogue a été si grande il ne reste plus aujourd'hui qu'un seul manuscrit complet, et quel manuscrit ! Encore n'y a-t-il pas longtemps qu'on le connaît. En 1833, M. Wolf souhaitait qu'on retrouvât l'original français de l'histoire espagnole de *la Reyna Sebilla*. Trois ans plus tard, M. de Reiffenberg commençait sans le savoir à exaucer ce vœu en publiant les fragments de la seconde version de notre poëme dont j'ai déjà fait mention et que je reproduis ci-après. Mais c'est en 1856 seulement que j'ai reconnu à Venise l'existence du texte que je publie. Je l'ai signalé en 1857[1] d'après des notes prises à la hâte, mais suffisantes pour le but provisoire que je me proposais. Mon dessein était dès lors de recueillir cette épave littéraire dans la collection des *Anciens Poëtes de la France*. Elle y prend place aujourd'hui, et je comptais bien que mon édition serait la première, voire à jamais la

---

1. *Notes sur un manuscrit français de la bibliothèque de Saint-Marc.* (C'est le Ms. français coté XIII. ZZ. 3.) Bibliothèque de l'Ecole des Chartes, ive série, tome III, p. 394-414.

seule; mais c'était compter sans l'Allemagne, qui nous dispute avec tant de zèle et souvent de succès le soin d'étudier les origines de notre langue et de notre littérature. Un jeune professeur de l'université impériale de Vienne, M. Adolf Mussafia, a publié dans ces derniers temps deux des poëmes italianisés de la bibliothèque de Saint-Marc que j'avais indiqués comme de curieux témoins de notre ancienne influence : la *Prise de Pampelune* et la chanson de *Macaire*[1]. Il a bien fait dans l'intérêt de nos communes études, et rien qu'à ce titre il aurait droit à mes remercîments, si son extrême courtoisie ne méritait encore de ma part une gratitude plus personnelle. M. Mussafia, qui a dédié son volume à un des maîtres de la philologie romane, a bien voulu me faire partager cet honneur en associant mon modeste nom au nom illustre de Frédéric Dietz. Je me féliciterais davantage de ce rapprochement si je pouvais le croire mérité, et si je ne savais combien M. Dietz a sujet de s'en plaindre.

La publication de M. Mussafia est venue assez tôt pour que la mienne ne fût plus la première; elle est venue trop tard pour que son travail pût m'être profitable, et c'est là seulement ce que je regrette. Entre son texte et le mien on pourra noter çà et là quelques différences, heureusement légères, dont les unes tiennent à un parti pris[2],

1. Altfranzösische Gedichte aus Venezianischen Handschriften, herausgegeben von Adolf Mussafia. 1 vol. in-8. Vienne, 1864.

2. Quelques vers, évidemment intervertis, selon moi, ont été replacés dans leur ordre naturel; quelques leçons inintelligibles ont été corrigées; enfin quelques éléments du

mais dont d'autres doivent marquer de petites inexactitudes de transcription, et ici je suis disposé d'avance à tenir ces erreurs pour miennes et à les prendre à mon compte. J'ai fait ma copie à Venise en quelques jours, avec l'aide de mon confrère et ami M. de Montaiglon, et malgré l'attention que nous avons apportée à ce travail rapide, il y a tout lieu de croire que M. Mussafia, qui a eu à Vienne le manuscrit de Venise à sa disposition et qui était ainsi dans de meilleures conditions que nous, soit pour la transcription, soit surtout pour la révision des épreuves, a dû être plus rigoureusement exact. Ce que j'en dis d'ailleurs est par simple scrupule, le sens demeurant le même quand *çentilment*, par exemple, se trouve d'un côté écrit par un *a* et de l'autre par un *e*, double orthographe que le même scribe employait le plus souvent au moyen âge. Dans un texte comme celui-ci, qui ne peut jamais devenir un *testo di lingua*, de telles différences ne sauraient tirer à conséquence.

M. Mussafia, dans la préface qu'il a mise en tête du poëme de *Macaire*, s'est surtout proposé d'en étudier le langage, ce langage étrange qui n'est ni du français ni de l'italien, qui participe de l'un et de l'autre, et qui, en somme, est un chef-d'œuvre de barbarie; mais la barbarie elle-même a sa grammaire telle quelle, et c'est là sans doute ce que le jeune philologue a voulu constater. Il me paraît y avoir aussi bien réussi que le sujet le permettait.

texte réunis par M. Mussafia sont séparés à dessein dans ma lecture.

PRÉFACE.

Pour moi, dans le temps où M. Mussafia se livrait à cette étude, j'entreprenais, non de considérer en lui-même le langage de notre poëme, mais de l'examiner par comparaison avec le français des chansons de geste de la fin du XIIe siècle ou du commencement du siècle suivant, de rechercher en quoi il s'en rapproche, en quoi il s'en éloigne au point de vue du vocabulaire, de la grammaire, du mètre, et d'en faire à ce triple point de vue une sorte de commentaire perpétuel. En d'autres termes, je m'imposais la tâche de montrer quelles altérations, et combien profondes, le compilateur de Venise a fait subir au poëme qu'il avait sûrement sous les yeux. De là l'essai de restitution que je propose au lecteur à côté du texte franco-vénitien.

Si j'avais pu penser que ce texte fût entièrement l'ouvrage de l'Italien qui l'a écrit, mon entreprise serait tant soit peu puérile; elle consisterait seulement à ouvrir une sorte de concours entre nous deux, et ne tendrait qu'à montrer jusqu'à quel point me sont plus familières qu'à lui et notre ancienne langue et notre ancienne versification. Mais persuadé comme je le suis que le *Macaire* de Venise correspond à une chanson française aujourd'hui perdue, j'ai pu raisonnablement, j'aime à le croire, tenter de la retrouver, ou du moins d'en reconstituer une qui s'en rapprochât, afin de me donner plus de chance de faire partager mon sentiment, afin de rendre mon hypothèse plus acceptable, en lui donnant un corps.

J'ai pris plaisir, je l'avoue, à cette étude, à ce jeu d'érudition, de patience, si l'on veut;

PRÉFACE.

mais ce n'est point par caprice que je m'y suis laissé entraîner. Ce n'est pas non plus par simple conjecture que j'ai cru à l'existence du modèle dont notre poëme n'est à mes yeux que la copie défigurée. Ce poëme fût-il le seul en son genre, à n'en considérer que la forme, puisque le fond ne peut faire question, on serait déjà peu disposé à y voir une composition entièrement originale; mais on s'y sent encore moins enclin quand on sait que sur les rayons de la même bibliothèque et ailleurs reposent des ouvrages analogues, lesquels, vérification faite, ne sont que d'anciens poëmes français altérés à divers degrés par des copistes ou par des jongleurs italiens.

Voici les titres des poëmes dont je veux parler, et dont il nous reste à la fois un ou plusieurs manuscrits purement français, une ou plusieurs copies plus ou moins italianisées :

ALISCANS : une copie italianisée ([1]).
ANSÉIS DE CARTHAGE : *id.* ([2]).
ASPREMONT : quatre copies italianisées ([3]).

---

1. Venise, Bibl. de S. Marc, Ms. coté VIII. CIV. 5. Voyez le *Romvart* de M. Adalbert Keller, p. 29 et suiv., et les *Handschriftliche studien* de M. Adolf Mussafia (2e fascicule). Vienne, 1863, p. 29 et suiv.
2. Paris, Bibl. impériale, Ms. fr., 1598, provenant de Mazarin.
3. Paris, Bibl. imp., Ms. fr., 1598; Venise, Bibl. de S. Marc, Ms. IV. CIV. 3; et Ms. VI. CIV. 3.
?? Manuscrit 3205 de la seconde vente Solar. (Vendu 3150 fr. à un acquéreur inconnu.)
J'ai eu sous les yeux ce dernier manuscrit ainsi que les trois autres. Pour les deux manuscrits de Venise, voyez les extraits qu'en a publiés M. Immanuel Bekker dans les mémoires de l'Académie de Berlin, année 1839, p. 252

FLORIMONT : une copie faite en Italie, mais très-peu italianisé (1).

FOULQUE DE CANDIE : Deux copies italianisées (2).

GUI DE NANTEUIL : une copie italianisée (3).

RENAUT DE MONTAUBAN : une copie faite en Italie, mais très-peu italianisée (4).

RONCEVAUX ou ROLAND : une copie italianisée (5).

à 291. Voyez aussi le *Romvart*, p. 1 et 26, et les corrections de M. Mussafia, *Handschriftliche studien*, p. 5-18.
1. Venise, Bibl. de S. Marc, Ms. XXII. CIV. 6. Le scribe italien qui a copié ce manuscrit y a ajouté une mention finale où on reconnaît facilement son origine :

> *A la fin de nostre enscript*
> *Renduns gracie à Yesu Crist,*
> *Che por scripre soir et matin*
> *Nos a conduit à laudable fin.*

2. Venise, Bibl. de S. Marc, Ms. XIX. CIV. 3; Ms. XX. CIV. 3. Le premier est incomplet par la fin, le second par le commencement (de 225 vers environ); tous deux renferment une même version. Le nº XX paraît copié sur le nº XIX.
3. Voyez sur ce manuscrit *Gui de Nanteuil*, édition de de M. P. Meyer, p. XXIV-XXXIV et 100-105.
4. Venise, Bibl. de S. Marc, Ms. coté XVI. CIV. 3. C'est sûrement une copie italienne : on s'en aperçoit dès la seconde tirade :

> Li bernage fu grant quant il fu ascemblé ;
> Ne fu si grant véu puis que Çarlle fu né.

Çarlle ainsi écrit serait un indice suffisant; mais à part quelques oublis de ce genre, le scribe n'a pas altéré son texte.
5. Venise, Bibl. de S. Marc, Ms. IV. CIV. 3. M. Bekker, M. Keller, M. Génin, en ont publié : le premier, quelques vers seulement; le second, près de 300 vers, et le troisième, 600, dans son édition de la *Chanson de Roland*. (Voyez les cor-

A ces textes étendus il faut ajouter plusieurs fragments d'*Aye d'Avignon*, dont l'un est à Bruxelles, dont d'autres ont été récemment retrouvés à Venise par M. Mussafia. Le premier a été publié d'abord par M. de Reiffenberg, puis par M. Achille Jubinal, enfin par M. P. Meyer et par moi, dans l'édition que nous avons donnée du poëme d'*Aye d'Avignon* (1). Nous en avons signalé les premiers l'origine italienne, et c'est depuis lors que M. Mussafia a retrouvé et publié les fragments du même poëme qu'on lit dans ses *Handschriftliche studien* (2). Ces fragments, comme le jeune philologue l'établit fort bien, se rattachent à celui de Bruxelles : ils faisaient partie du même manuscrit.

Ainsi, sans parler de la compilation d'où j'extrais *Macaire*, on peut compter déjà neuf poëmes analogues au nôtre, qui n'ont absolument d'original que les fautes dont ils sont parsemés, que les altérations qu'ils ont subies sous la plume de leurs éditeurs italiens.

Ouvrons maintenant le manuscrit de la bibliothèque de Saint-Marc, où la chanson de *Macaire* occupe la dernière place. Que trouvons-nous en tête de ce recueil de récits réunis ou même amalgamés ? Un nouveau poëme, le dixième en son genre, à ajouter à ceux que je viens d'indiquer. C'est le poëme de *Beuve d'Hanstone*, ma-

---

rections de M. Mussafia, *Handschriftliche studien*, p. 11-18.) Plus récemment, M. Theodor Müller en a publié un grand nombre dans les notes de l'édition du même poëme qu'il a donnée à Gœttingue (1863).

1. Voyez *Aye d'Avignon*, p. XXIII, XXV, XXVI et 130, 131.
2. P. 50-53.

nifestement copié sur un modèle français, mais copié à la façon du compilateur. Le voilà donc, lui aussi, cet Italien auquel j'emprunte le texte de *Macaire*, qui en use, au moins une fois, comme ses pareils, comme ses compatriotes les éditeurs des chansons de *Roland*, d'*Aspremont*, de *Gui de Nanteuil*, d'*Anséis de Carthage*, etc. Il n'est pas impossible sans doute qu'il en ait usé autrement pour le reste de sa compilation, et en particulier pour le poëme de *Macaire*; mais n'a-t-on pas aussi quelque raison de croire *à priori* qu'il a dû suivre jusqu'au bout la même méthode, et qu'après avoir copié le premier récit de son recueil, il n'a probablement pas inventé le dernier? Et pourquoi l'aurait-il inventé, quand il pouvait le trouver tout fait, aussi bien que *Beuve d'Hanstone*?

Il est vrai que dans le temps même où je reconnaissais à Venise l'existence du poëme de *Macaire*, M. Léon Gautier y analysait une longue chanson de geste qu'il a mise en lumière ([1]) et qui, au moins pour la forme, pour l'agencement des matériaux, est l'œuvre d'un Italien, Nicolas de Padoue. De là une objection dont je ne pouvais manquer de tenir compte, et qui paraît diminuer la vraisemblance de mon hypothèse. Elle la diminuerait, en effet, s'il y avait parité dans les deux cas, mais bien s'en faut qu'il en soit ainsi.

L'Entrée en Espagne (c'est le titre que M. Gautier a donné à la composition de Nicolas de Padoue) se rattache sans doute à une partie im-

---

[1]. *Bibliothèque de l'Ecole des Chartes*, 4e série, t. IV.

portante du cycle carlovingien, mais sans correspondre nommément à aucun poëme connu. Tout au contraire, on reconnaît au premier coup d'œil dans la chanson de *Macaire* celle de *la Reine Sibile*, celle d'où est sortie l'histoire du chien de Montargis : première différence.

En second lieu, l'auteur de *l'Entrée en Espagne* nous fait savoir et son nom et son pays, nous indique les sources où il a puisé une bonne part de son récit, et, pour le reste, se vante d'avoir volé de ses propres ailes. Rien de semblable ni dans *Macaire* ni dans toute la compilation à laquelle ce poëme se rattache si mal.

Enfin, *l'Entrée en Espagne* est du XIVe siècle, à n'en pas douter, et, comme l'a très-bien fait remarquer M. Léon Gautier, c'est une œuvre tout à fait analogue à celle de Girard d'Amiens. Même forme, même mètre, même caractère de la narration. Quoi de pareil dans *Macaire*? Tout y révèle une composition d'une date bien antérieure et d'un bien autre ordre.

Mais quand on ne pourrait signaler des différences aussi tranchées entre les deux ouvrages, encore resterait-il dix raisons contre une, dix présomptions, si l'on veut, en faveur de la solution qui me semble la meilleure, puisqu'au cas particulier qu'offre *l'Entrée en Espagne*, on en peut opposer dix autres où les Italiens n'ont été que des copistes.

Je ne devais pas me presser, cependant, de conclure sur des arguments aussi généraux. A tout prendre, Nicolas de Padoue n'était pas peut-être le seul Italien qui se fût avisé de rimer en français. Il y avait donc lieu d'y regarder de plus près et d'examiner en lui-même le poëme de *Macaire* pour savoir s'il se prêtait ou non à ma supposition. Ainsi ai-je fait, allant au-devant des objections qu'il était aisé de pressentir et que j'ai soulevées moi-même.

Ces objections, d'où les tirer? D'où induire que la plume italienne qui a écrit *Macaire* ne suivait pas un modèle français? Évidemment de la barbarie du langage, de l'emploi d'un certain nombre de termes purement italiens, d'un certain nombre de rimes absolument inadmissibles. Et il faut avouer qu'à raisonner ainsi on ne saurait être trop mal venu, car on a pour soi toutes les apparences. Au fond, pourtant, cette argumentation est loin d'être aussi forte qu'elle peut le sembler, et rien de plus facile que de la réduire à néant. Pour cela, il suffit de comparer quelqu'un des poëmes en français italianisé que j'ai indiqués ci-dessus avec le texte en français pur d'après lequel il a été écrit. Mais avant de faire cette comparaison particulière, jetons un coup d'œil sur l'ensemble des poëmes italianisés et voyons comment procédaient les copistes ou les jongleurs qui nous les ont transmis.

Ils n'altéraient pas toujours au même degré, et loin de là, les chansons françaises qu'ils voulaient faire connaître dans leur pays.

Tantôt ils les transcrivaient purement et simplement, en laissant seulement échapper çà et là quelques notations, quelques caprices d'orthographe, conformes à leurs habitudes de prononciation ou d'écriture. Exemples: les fragments d'*Aye d'Avignon*, les copies des poëmes de *Florimont* et de *Renaut de Montauban*.

Tantôt ils s'abandonnaient davantage aux entraînements de l'idiome natal, et modifiaient au fond, mais dans une certaine mesure, les textes qu'ils avaient sous les yeux. Exemples : le poëme de *Gui de Nanteuil* (manuscrit de Venise), les poëmes d'*Anséis de Carthage* et d'*Aspremont*. (Manuscrit de Paris, Bibl. Imp., fr. 1598.)

Tantôt enfin ils en usaient avec plus de liberté encore, comme s'ils se proposaient autant de traduire que de copier. De là une véritable transformation, non pas égale, non pas suivie, mais d'un train irrégulier, comme celui d'une course coupée d'obstacles. C'est ainsi qu'on les voit procéder dans la *Chanson de Roland*, dans le poëme d'*Aspremont* (manuscrits de Venise), dans ceux d'*Aliscans* et de *Foulque de Candie*.

Mais que ces textes divers paraissent se diviser en trois classes selon le degré d'altération qu'on y remarque, c'est une vue de peu d'importance. Il est bien plus intéressant de rechercher à quoi tient l'altération, de quelle source elle découle, ce qui réduit la question à deux termes. Ou c'est involontairement, ou c'est à dessein et de propos délibéré, que les Italiens ont altéré nos anciens poëmes. Il n'y a pas de milieu, et à mon sens, c'est tantôt l'un, tantôt l'autre, selon qu'il s'agit de modifications purement orthographiques et toutes superficielles, ou de changements qui s'attaquent au fond, à la teneur même des originaux.

Que des étrangers aient substitué, sans le vouloir et même sans le savoir, leurs habitudes d'orthographe aux habitudes françaises, il n'y a là rien de surprenant. Des substitutions analogues n'avaient-elles pas lieu, en France même, de province à province (¹)? Mais au-delà de ces légères érosions qui n'ont endommagé, pour ainsi parler, que l'épiderme des textes, tout ce qui les a entamés plus profondément était, sans aucun doute, atteinte volontaire et préméditée.

Dans quel dessein? Il n'est pas toujours facile de s'en rendre compte, je l'avoue, lorsqu'on examine une à une et par le menu les nombreuses modifications que tel poëme français a subies en Italie; mais, à prendre la question dans sa généralité, on n'y trouve qu'une solution satisfaisante, et c'est le désir ou le besoin qu'ont sûrement éprouvé certains éditeurs italiens de nos anciens poëmes, d'abord de les rendre plus intelligibles pour ceux de leurs compatriotes auxquels ils se proposaient de les réciter ou de les faire lire, et ensuite de satisfaire une manie dont ils paraissent avoir été possédés, celle de rimer exactement, richement même, et pour l'oreille et pour l'œil. Voilà leur double but dans le travail de transformation, de déformation, si l'on veut, auquel ils se sont livrés sans autre souci, sans aucun respect ni du langage, qu'ils ont massacré impitoyablement, ni de la mesure, qu'ils ont rompue comme à plaisir et jusqu'à laisser croire qu'ils n'en avaient nul sentiment.

Quelques exemples justifieront ces diverses

---

1. On conserve encore, par exemple, telle ordonnance royale, écrite à Paris, à la chancellerie, dans la meilleure langue du XIIIe siècle, dont la copie se retrouve à Amiens, où elle a été transcrite par le clerc de la municipalité avec une orthographe en partie picarde, en partie conforme à celle de l'original.

propositions. Je les tire d'un poëme fameux au moyen âge, et en Italie non moins qu'en France, du poëme d'*Aspremont*. Il nous en reste au moins neuf manuscrits français ou anglo-normands, et quatre copies italianisées que j'ai indiquées ci-dessus. J'ai choisi parmi ces copies celle qui est conservée à la Bibliothèque impériale (*Ms. fr.* 1598), pour la comparer à un texte pur que j'ai entre les mains et qui est emprunté à divers manuscrits de Paris, de Berlin, de Rome et de Londres, et, des principaux points de cette comparaison, voici ceux qu'il me suffira de signaler.

Après l'annonce du sujet, la chanson d'*Aspremont* débute par un grand éloge du duc Naimes, ce vieux et sage conseiller de Charlemagne, ce Nestor (je le dis tout bas) de l'épopée carlovingienne.

> Oez de Nayme com avoit bon mestier :
> Il ne servoit mie de losengier,
> Ne des frans homes à la cort ampirier ;
> Les frans linages fist au roi essaucier,
> Et dou servise son seignor aprochier (1).

En d'autres termes, il favorisait la noblesse et non le clergé. C'est ce que le trouvère donne à entendre, et son poëme, qui ne manque pas d'allusions politiques, explique ailleurs et fort clairement ce panégyrique. Cela dit en passant, lisons les mêmes vers ou ceux qui y répondent dans notre copie italianisée :

> *Savés de Naimes ki est som mister?*

1. Ms. Laval, 123.

Il ne servi onques de losenge mener,
Ne volt franc home acuser à l'emperer ;
Le bom lignage fist al roi exaucer,
Et del servire son segnor ne volt se oblier.

Personne ne contestera et ne peut contester que celui qui a écrit ces cinq vers ou plutôt ces cinq lignes n'eût sous les yeux le modèle ci-dessus. Comment l'a-t-il suivi ? On le voit de reste. Quatre fois sur cinq il a rompu la mesure ; pour rendre l'idée renfermée dans *losengier*, il a imaginé la périphrase *losenge mener*, quoique *losengier* se retrouve en italien sous la forme *lusinghiere* ou *lusinghiero ;* il a substitué à la locution *ampirier à la cort* (empirer à la cour) l'expression *acuser à l'emperer*, dont le dernier mot est un barbarisme et forme une rime inadmissible (1). Enfin, il a dénaturé le sens du cinquième vers. Ce n'est certes pas par distraction qu'il en a usé ainsi ; c'est donc de son plein gré, et pourquoi ? Apparemment parce que *servir de losenge mener* lui a paru plus clair que *servir de losengier ;* parce que *accuser à l'empereur* lui semblait comme de fait plus facile à comprendre que *empirer à la cour ;* enfin parce qu'à changer le sens du dernier vers il trouvait le même avantage.

Continuons notre comparaison.

L'armée de Charlemagne est en Italie, non loin de celle du chef sarrasin Agolant ; mais les deux armées sont séparées par une mon-

---

1. *Emperer* pour *emperere* (empereur) se retrouve dans tous les poëmes italianisés, soit à la rime, soit ailleurs. *Per, mer,* pour *père, mère,* sont des barbarismes analogues.

PRÉFACE.

tagne dont le passage n'est pas facile, comme l'indique son nom, *Aspremont*. Le duc Naimes, porteur d'un message de son maître, s'est engagé dans les défilés de cette montagne, où il avance péniblement de péril en péril. Le voilà aux prises avec une ourse qui a *faonné de nouvel*, et qui, au point du jour, est revenue à l'endroit même où se trouve le duc,

> A ses hoursiaus où ele les laissa.

Elle se dresse devant le messager de Charlemagne; mais d'un coup d'épée il lui coupe les deux pattes où elle veut l'enserrer.

> Qui dont oïst la noise que mena,
> Que la montagne trestote en resona !
> A la grant noise que ele demena
> Ez vus venu .I. hours et .I. lupart (1).

Ces quatre vers sont réduits à trois dans la copie italianisée :

> *Mais killa oïst et la nosse k'ella fa,*
> *Tuit le montangnes entor li ressona*
> *Atant hec vos .II. ursi et .I.* leopart *salva* (2).

De ces trois vers deux sont faux; de ces trois rimes deux sont inadmissibles. *Fa* est italien, non français; et *salva* n'est ni l'italien *salvatico* ni le français *sauvage*. C'est un moyen terme barbare, mais qui rime avec *ressona* et *fa*, tandis

---

1. Ms. fr., 2495.
2. Ms. fr., 1598, fol. 11 r°, col. 1.

que *leopart* laissait beaucoup à désirer de ce côté. *Salva* n'a pas été fabriqué à autre fin, on le sent bien; mais l'emploi de *fa* est moins aisé à expliquer. *Faire noise*, sans doute, peut paraître plus simple que *mener noise*; mais alors pourquoi notre italien a-t-il tout à l'heure substitué à *losengier* la locution *mener losenge*, qui est fort équivoque, et dont je ne connais pas d'exemple. C'est là une de ces modifications arbitraires, au moins en apparence, un de ces caprices dont j'entendais parler plus haut, lorsque j'ai reconnu qu'en maint passage on ne se rendait pas facilement compte du motif qui a porté les Italiens à altérer les récits de nos trouvères. Toujours est-il que la plupart du temps, quinze fois sur vingt au moins, on le devine sans peine. Je le prouve par de nouveaux exemples :

Ne soiés mie trop avers despensier (1),

dit le duc Naimes à Charlemagne dans un bon texte d'*Aspremont* :

Ne soiés pas trop avair al despenser,

lui dit-il, selon notre leçon italianisée. Vers faux, mesure rompue, pour éviter l'expression *dépensier trop avare*.

Paien esgardent le Karlon mesagier

devient :

Païns regarde de Charle le messager.

1. Ms. fr., 2495.

PRÉFACE.

Encore la mesure rompue, parce que *le Karlon mesagier* était difficile à comprendre pour des auditeurs ou des lecteurs italiens.

De saint Morise a chosi l'oriflor

était fort intelligible pour des Français qui savaient que *choisir* signifiait *voir, discerner, distinguer*. Mais en Italie *voir* avait chance d'être mieux entendu, et de là ce vers faux :

De santo Morisse vit l'orieflor.

Notre Italien a-t-il toujours bien entendu lui-même le sens du français? Je n'oserais l'affirmer. Naimes dit à Charlemagne : « Donnez à vos chevaliers, donnez-leur dès maintenant, car ils en ont besoin. »

Donés lor ore, quar il en ont mestier.

Ore c'est-à-dire *à cette heure*, et non *or (aurum)* comme ici :

Donés à lor vostre ors, à cel ki n'ont mistier.

Rien de moins obscur, à ce qu'il semble, que ces deux vers :

L'uns fu vers l'autre de parler convoitous
Por les noveles dont il sunt desirrous.

Ainsi n'en a pas jugé celui qui les a éclaircis de la sorte :

Macaire.

> *L'uns fu all' altre del parler covotos*
> *Por les novelles savoir dont il sont desiros.*

Mais ici, à défaut de texte pur, la restitution serait aisée ; elle le serait beaucoup moins ailleurs. Dans une bataille, par exemple, le païen Gorant a affaire au duc Naimes :

> O il vit le duc, sovre li est corru ;
> Et Naymes est del schu covru
> Che Gorant en fu tuit experdu.

Il faut d'abord remplacer dans ce passage le mot *covru*, qui est un barbarisme et une rime inadmissible. Ensuite on se demande pourquoi Gorant est tout éperdu par cela seul que le duc Naimes s'est couvert de son écu, chose si simple et si peu dangereuse pour le mécréant. De là, nécessité de remanier tout le second vers et pour le fond et pour la forme. La tâche ne serait pas impossible à qui aurait lu quelques récits de joutes et de combats dans nos anciens poëmes, où il n'en manque pas. Il retrouverait peut-être :

> *Où voit duc Naime sore li a coru ;*
> *Et li vassaus l'a si bien reçu*
> *Que li paiens en fu toz esperdus.*

qui est la bonne leçon. Mais *l'a si bien reçu* est une plaisanterie, et pour populaire qu'elle soit il y a là une certaine finesse de langage devant laquelle un étranger, et un médiocre étranger a reculé pour tomber à la fois dans le barbarisme et dans le non-sens.

PRÉFACE. CXV

Plus difficile serait la restitution de ce passage :

> Atant vient Rolandin sor .I. cival corant;
> Mais illert travallés et *stant*;
> Por tuit l'or del mont nel poit mener plus avant.

Quant à la mesure, si le second vers est trop court, en revanche les deux autres sont trop longs; et, pour le langage, il y a là un mot dont on ne saurait s'accommoder : c'est le mot *stant*, qui n'a jamais été français, mais qui représente l'italien *stanco* (las, fatigué). Ce serait hasard qu'on réussît à deviner la vraie lecture; mais on en pourrait proposer une acceptable, celle-ci entr'autres :

> *Ez Rolandin sor .I. cheval corant;*
> *Mais li destriers fu las et recréans*
> *Si que nel pot onc mener plus avant*(1).

On n'aurait pas rencontré juste, si l'on consulte le manuscrit de Berlin, où on lit :

> *Ez Rolandin parmi le champ poignant.*
> *Tant out coru le destrier afferant*
> *Ne puet aler, soz lui va recréant.*

Mais on n'aurait pas fait grand tort à celui qui écrivit ces trois vers, puisqu'on en aurait rendu le

---

1. Rien de si simple que de substituer *recréant* à *stant*, pour peu qu'on ait l'habitude du vieux langage. On pourrait conserver *travaillés* si la mesure ne s'y opposait; il est fort bon en ce sens.

sens très-fidèlement, en français du temps et en vers d'une juste mesure. Rien ne prouve d'ailleurs qu'un autre manuscrit ne renfermât pas un texte plus voisin de celui du manuscrit italien et de mon essai de restitution. Ai-je besoin de dire que les manuscrits divers d'un poëme sont rarement identiques, alors même qu'ils ne contiennent qu'une seule version de ce poëme? Si cette vérité était à démontrer, la chanson d'*Aspremont*, entre autres, m'en fournirait mille preuves. J'en relève deux seulement en passant.

Dans le vers si fort altéré que je citais tout à l'heure

Et Naymes est del schu covru

supposons qu'au lieu de restituer

Et li vassaus l'a si bien recéu,

selon la leçon du manuscrit français 2495, on eût proposé :

Et li dus Naimes l'a si bien atendu.

Un critique qui viendrait à découvrir, après cette restitution, le manuscrit indiqué, serait-il fondé à triompher de la différence qu'il noterait entre l'hypothèse et la réalité? En aucune façon, puisqu'un autre manuscrit, le manuscrit 123 du fonds de La Vallière, donne *atendu* au lieu de *recéu*.

Autre cas analogue :

Les vers du manuscrit de Berlin que je viens d'opposer à une restitution purement hypothétique se retrouvent dans le manuscrit de La Vallière, mais avec des variantes :

> *Ez vos Rolant parmi le champ poignant;*
> *Tant a coru le jor sor l'auferrant*
> *Ne pot aler, ançois vet recréant.*

Sans doute ici les différences ne sont pas bien importantes ; mais on en trouve, et à foison, de plus considérables, comme le savent de reste tous ceux qui s'occupent de l'étude de nos anciens poëmes.

Que le lecteur me permette encore deux ou trois citations, pour achever d'établir ce que j'ai avancé au sujet de la rime.

On lit dans le manuscrit français 2495 :

> *En l'ost de France ot cele nuit grans plors*
> *Li navré getent les granz plainz mervillos ;*

et dans la version italianisée :

> *Celle nuit fu auques ennoios*
> *Les navrés gete li plait doloros* (1).

Ennoios est français, il est vrai ; mais il faudrait ici *ennoiose*, à cause du genre du mot *nuit*. Ce n'est donc plus un barbarisme, mais un solécisme, dont notre Italien s'est rendu coupable pour esquiver *plors*, qui à son oreille comme à ses yeux ne pouvait figurer à la rime avec *mervillos* et autres mots de même désinence.

1. Ms. 1598, fol. 22 v°, col. 2.

Ailleurs, dans une tirade en *ir*, il trouve ce vers :

Soient Lonbart apresté et garni.

Ce dernier mot ne lui paraît pas supportable ; il modifie donc le vers de la sorte :

Mais Longobardi s'aprestent del garnir,

pour obtenir une rime exacte.

Enfin, dans une tirade en *ier* :

Trestote s'ire li ont fait rengraignier

ne le satisfait pas au point de vue de la clarté ; il traduit ainsi fort librement :

Trestuit sa ire li font al vis montier.

vers qui serait juste et admissible sous cette forme :

Trestote s'ire li font al vis monter.

Je dis *monter* et non *montier*, ce verbe n'étant pas de ceux qui prenaient l'*i*, comme *briser* ou *baptiser*, par exemple, lesquels s'écrivaient souvent *brisier*, *bautisier*. Voilà donc à la fois et une modification du vers pour le sens et une altération fautive du mot *monter* en vue de la rime.

Je ferais un volume, et un gros volume, des exemples de ce genre que je pourrais tirer soit de la chanson d'*Aspremont*, soit de celle d'*Anséis de Carthage*, qui a été aussi défigurée par le même Italien, Jean de Bologne (1). En fait de rimes inadmissibles, je signalerais encore dans l'*Aspremont* et *delenquire* (delinquere), et *despone* (deponere), et *veras* (pour *vraie*), et *malaguras* (pour *maleurés*), et *nasce* (pour *naquit*), et *sorprendu* (surpris), et *gessu* (participe de *gesir*), et tant d'autres de même pâte.

De la chanson d'*Anséis*, qui est pourtant un peu moins altérée que la première, je ne serais pas plus en peine d'extraire des passages comme celui-ci :

« Por som comgé somes da lui parti
« Por .I. mesage dont nos adati :
« Femes alons quere qui soit assom pareli. »

Ainsi parle un conseiller d'*Anséis*, le sage Ysoré, à sa fille, qui s'est follement éprise du jeune héros.

Celle l'entent, tuit li sangue li fermi ;
Pemsable fu, oit li cors smari (2).

Pareli, *smari*, deux rimes inadmissibles ; *pemsable*, autre barbarisme, sans parler du reste. Voici le texte pur ainsi défiguré :

« *Par son congié somes de lui parti*
« *Por un message dont nos a aati.*
« *Feme alons querre qui afiere endroit li.* »

1. A la fin de chacun des deux poëmes dans le MS. fr. 1598, on lit cette mention :

Qui scripsit scribat, semper cum domino vivat;
Vivat in celis JOHANNES DE BONONIA *in nomine felis (sic.).*

2. Ms., 1598, fol. 55 r°, col. 2.

> *Cele l'entent, tous li sans li fremi;*
> *Pensive fu, li cuers li amorti*[1].

Mais il serait aussi superflu que fastidieux de pousser plus loin ces rapprochements. J'ai assez montré comment en usaient les éditeurs italiens de nos anciens poëmes à l'égard des textes qu'ils avaient sous les yeux. J'ai assez mis en évidence le double but qu'ils se proposaient en les altérant. J'ai assez fait voir et expliqué la barbarie de leur langage.

Cette barbarie, notons-le bien, n'est pas toujours et partout la même. Elle varie d'abord de poëme à poëme; elle varie ensuite, à ne considerer qu'un texte, de tirade à tirade, de vers à vers; et pourquoi dans les deux cas? Dans le premier, cela tient au degré d'ignorance des jongleurs italiens; dans le second, au degré de difficulté que leur offraient les diverses parties d'un même poëme.

Plus on est ignorant, plus on suppose que les autres le sont, et plus on est enclin à traduire, à commenter, à gloser. Médiocre inconvénient, quand les textes sont respectés; mais ici traduction, commentaire ou glose se produisaient non à côté du texte, mais à ses dépens, et le transformaient pour l'expliquer. En second lieu, un même texte n'est pas partout aussi difficile à entendre, ne foisonne pas également en idiotismes. C'est donc naturellement sur les points les plus obscurs que se portera l'effort du commentateur. De là les différences que je viens de signaler, et qu'il m'importait de faire remarquer.

---

1. Ms fr., 12,548, fol. 4 r°, col. 2.

Cela posé, je tire ma conclusion.

Puisque les poëmes modérément italianisés, comme celui d'*Aspremont* et d'*Anséis de Carthage*, fourmillent de barbarismes, de solécismes, de termes purement italiens, de rimes inadmissibles, etc., encore qu'ils aient eu pour types des textes en français pur, si l'on trouve une composition comme la chanson de *Macaire*, dont le langage aussi laisse tout à désirer et de la même manière, sera-t-on admis à tirer argument de cette incorrection, de cette grossièreté de forme, pour soutenir que c'est un original et non une copie? Poser la question, c'est y répondre. Ne parlons donc plus de la barbarie de langage de notre poëme; car, non-seulement elle ne renverse pas ma thèse, mais même elle la soutient, du moment où elle se montre inégale, du moment où elle éclate, pour ainsi dire, dans telle tirade plutôt que dans telle autre, dans tel vers plus que dans celui qui le suit ou le précède.

Il faut bien d'ailleurs, si je puis ainsi m'exprimer, que la chanson de *Macaire* soit écrite dans un langage barbare, sans quoi il n'y aurait point de problème à résoudre. Si l'Italien qui nous l'a transmise avait suivi pas à pas le modèle que je lui suppose, au lieu de s'en éloigner parfois et beaucoup, comme il l'a fait, je n'aurais rien à démontrer, et je pourrais me contenter d'une simple affirmation.

Cet argument mis de côté, aucune autre objection grave ne fait-elle obstacle à ma supposition? Peut-être. Le nom de l'héroïne du poëme m'a un instant arrêté. On sait que dans la version analysée par Albéric de Trois-Fontaines la malheureuse reine s'appelait Sibile. Pourquoi a-t-elle nom Blanchefleur dans le texte de Venise ? Je l'ignore. Mais je suis sûr, par les raisons précédemment alléguées, qu'entre la version vénitienne de *Macaire* et la version française dont parle Albéric, il y avait de bien autres différences et de fond et de forme. N'est-il pas possible que dans la version primitive, en vers de dix syllabes, représentée, selon moi, par le texte de la bibliothèque de Saint-Marc, l'héroïne se nommât Blanchefleur, et qu'un réviseur, en changeant le mètre du poëme et en compliquant la fable, ait aussi jugé à propos de changer le nom du principal personnage, soit pour faire oublier la première narration, soit pour donner plus de nouveauté à la sienne, soit pour quelque autre raison difficile à deviner ? Il n'y a rien là qui répugne à la vraisemblance. Mais eût-on sujet de croire que ce changement de nom est du fait de notre Italien, qu'en résulterait-il ? C'est qu'il aurait modifié son modèle un peu plus que je ne l'imagine. En ce cas, les vers où figure le nom de Blanchefleur seraient à refaire. Voilà tout. Je les aurais refaits, si, dans le doute, on ne devait s'abstenir, et ici le doute était plus que permis.

En somme, je ne vois pas sur quel fondement solide on s'appuierait pour attribuer au poëme de *Macaire* l'originalité que je lui dénie. Je vois, au contraire, les raisons principales qu'on pourrait mettre en avant dans cette direction se retourner contre qui les voudrait faire valoir, et militer à l'inverse en ma faveur. En effet, si *Macaire* est en la forme l'œuvre d'un Italien qui savait très-mal le français (et ce dernier point ne sera pas contesté), comment expliquer l'inégalité d'ignorance de l'auteur? Comment se fait-il que certains vers seulement soient de tout point inadmissibles, tandis que d'autres en bien plus grand nombre se laissent assez aisément réduire et ramener aux habitudes de notre langage? C'est que ceux-là qui sont à refaire en entier ont été refaits entièrement. C'est que les autres, dont on peut tirer parti, n'ont été que plus ou moins endommagés. Voilà la réponse, dans mon hypothèse. En trouverait-on une aussi simple si l'on supposait le contraire?

Quelques exemples que je donnerai ci-après me feront mieux comprendre et montreront en même temps de quelles lumières je me suis éclairé dans la voie un peu obscure où l'on me reprochera peut-être d'avoir mis les pieds. Je dis peut-être; c'est sûrement que je devrais dire; car déjà j'ai entendu cette objection: « Ce n'est pas tout que de se proposer un but, même utile, il faut encore pouvoir l'atteindre, et comment l'espérer en pareil cas? Par quelle méthode y arriver? l'arbitraire est le seul chemin qui y conduise; et ne craignez-vous pas d'en avoir la preuve accablante le jour où l'on découvrirait l'original français de votre poëme? »

J'ai paré ce dernier coup tout à l'heure en rappelant que divers manuscrits d'un même poëme offrent toujours entre eux des différences qui parfois sont assez sensibles. Je ne saurais donc être mortellement atteint par la découverte dont je suis menacé. J'ose même espérer que je n'en recevrais pas de blessures trop profondes, grâce aux précautions que j'ai dû, que j'ai pu prendre contre cette mauvaise chance.

On n'est pas aussi dénué de ressources qu'on le pourrait croire dans une entreprise comme celle où je me suis engagé, puisque les éléments de comparaison abondent entre les textes en français italianisé et les textes en français pur. Par là on peut se faire une idée assez exacte des procédés, pour ainsi parler, selon lesquels les Italiens ont défiguré une partie de nos anciens poëmes. J'ajoute qu'à restituer un texte en vers, il y a moins d'incertitude, moins de péril qu'à faire le même essai sur un texte en prose, et cela à cause du mètre, qui d'un côté marque mieux les fautes, et de l'autre ne permet pas d'aller trop loin chercher les corrections, en resserrant dans de certaines limites le choix des mots ou des tours à mettre en œuvre. Enfin, on m'accordera bien aussi qu'un commerce assidu et prolongé avec nos anciens trouvères est encore un moyen de ne pas tomber dans des suppositions trop choquantes.

Est-ce à dire que je me flatte d'avoir partout remplacé le terme ou le tour du compilateur de Venise par l'expression même qu'il avait sous les yeux? Assurément non. Pareille divination serait presque impossible, mais aussi presque inutile. Je m'explique.

Si, par malheur (*horresco referens!*) l'*Énéide* n'était parvenue jusqu'à nous que sous une forme barbare, analogue à celle qu'a reçue en Italie la chanson de *la Reine Sibile*, nous n'aurions plus que le tableau d'un grand maître gratté et repeint par un barbouilleur. Les traits qu'il aurait respectés nous permettraient encore de suivre la fable imaginée par le poëte de Mantoue, et, jusqu'à un certain point, d'en apprécier les beautés de conception; mais la pureté du dessin, mais l'éclat du coloris, mais toutes les richesses du pinceau seraient à jamais perdus pour nous; et quel insensé pourrait songer à les retrouver, à nous les rendre ? Les *Églogues* et les *Géorgiques* nous aideraient bien à mesurer la perte, mais non à la réparer. Tout au contraire, pour restaurer un monument littéraire de l'âge auquel appartient la chanson de *la Reine Sibile,* on peut très-utilement s'aider de l'étude des monuments contemporains.

C'est que Virgile, comme tous les maîtres des grandes époques, avait un style; c'est que les trouvères n'en avaient point, et que, dans le même temps, ils puisaient tous comme à une source commune les expressions de leurs idées. De là cette conséquence que, lorsque leurs récits sont beaux, c'est par le fond qu'ils valent, bien plus que par la forme, qui fait presque tout le prix de l'*Énéide.* Aussi la *Chanson de Roland,* défigurée comme elle l'a été par un jongleur italien, retient-elle encore beaucoup de sa valeur. Aussi l'*Iliade* aurait-elle bien mieux résisté que l'*Énéide* à semblable profanation.

Qu'on me pardonne, en un si petit sujet, d'évoquer les grandes ombres d'Homère et de Virgile. C'est le fait d'un fidèle qui, s'en allant prier à la plus modeste chapelle d'une cathédrale, ne laisse pas de fléchir un genou devant le maître-autel.

Il résulte de ce qui précède que ma tentative

peut sembler excusable, pourvu que j'aie rétabli le texte de Macaire, sinon absolument tel qu'il était, au moins tel qu'il aurait pu être; c'est-à-dire, pourvu qu'à un mot, à un tour inadmissible, j'aie substitué un terme, une locution ayant cours à l'époque où fut composé, selon moi, l'original français dont j'essaye de donner une idée.

Ai-je réussi à m'acquitter de ma tâche dans ces limites? Pour le prouver, il me faudrait tout justifier : et ce que je conserve du texte de Venise, et ce que je propose comme correction partout où il me semble défectueux. Mais, à ce compte, le commentaire serait vingt fois plus long que le texte. J'ai donc dû me borner et laisser beaucoup à l'appréciation du lecteur, lequel, selon le degré de sa compétence, pourra juger superflues ou insuffisantes les notes qui terminent ce volume, mais m'en pardonnera, je l'espère, l'excès ou le manque, s'il veut bien considérer qu'entre tout et rien il est un moyen terme honnête, et qu'en m'y arrêtant j'ai fait le possible et le nécessaire.

Voici maintenant les exemples que j'annonçais tout à l'heure. Ils achèveront de démontrer, si je ne m'abuse, que le poëme de Macaire n'est original qu'en ce qu'il a de mauvais. Ils feront voir aussi la méthode que j'ai suivie pour lui rendre une forme ou identique ou équivalente à sa forme primitive. Je choisis ces exemples en petit nombre, mais de façon à ce qu'ils comprennent la généralité des cas.

On sait que dans son voyage à Constantinople, Blanchefleur est contrainte de s'arrêter en Hongrie par le terme de sa grossesse.

PRÉFACE. cxxvij

> A la terça noit qu'i furent alberçé,
> Cella dame partori una bel arité. (P. 116.)

De ces deux vers, le premier n'est que légèrement altéré, on le voit bien. Sauf l'addition du premier mot, qui n'est nullement nécessaire, on peut le conserver en le repolissant ainsi :

> *La tierce nuit que furent hebergié.*

Mais le second vers a été bien plus endommagé. Il renferme, sans parler du reste, deux mots, *partori*, *arité*, dont l'un est purement italien, et dont l'autre n'a pas la forme qu'exige ici le sens. Comment réparer ce dommage? D'abord en recherchant l'expression française à laquelle répond *partori*, et qui pourrait être : *s'accoucher de, se délivrer de* ou *s'agesir de*.

La mesure n'admet pas les deux premières, c'est donc la troisième qui est la bonne. *S'agesir* donne au parfait *s'agiut*, dont le vers s'accommode très-bien, mais à la condition de le placer avant le mot *dame*; d'où il suit que *cella* ou *celle* doit être rejeté et remplacé par l'article. On a alors ce premier hémistiche : *s'agiut la dame*; reste pour le second : *una bel arité*. La forme *arité* n'a été mise là que pour esquiver *iretier*, rime inexacte aux yeux de notre compilateur. Il ne manque donc qu'une syllabe pour rétablir le vers, et quand j'aurais suppléé *moult* au lieu de *très*, par exemple, aurais-je rien changé d'essentiel ou de brillant au texte que j'essaye de retrouver?

> *S'agiut la dame d'un moult bel iretier*

me paraît donc une solution presque forcée, presque inattaquable du problème. Je justifie d'ailleurs *s'agiut* par ce vers de Philippe Mouskes :

D'un fil s'agiut, s'ot nom Guillaumes.

J'ai dit en quel équipage Varocher accompagne la reine. Il semble si étrange, qu'on le tient pour fou :

Por li baston qu'el oit groso e quaru
E por li çevo q'el oit si velu. (P. 112.)

Le second de ces deux vers est à peine modifié, et le premier ne serait pas plus difficile à restituer, n'était le mot *quaru*, qui est un barbarisme. Pourquoi donc, en dehors de l'orthographe, le compilateur italien s'est-il borné à cette seule modification ? C'est qu'il ne pouvait rien trouver de plus simple et de plus clair que le texte français, à l'exception d'un mot auquel il a jugé à propos de substituer *quaru*. Et quel était ce mot, qui, si je vois juste, devait être de deux syllabes, terminé en *u*, et d'une signification équivalente à celle de *quaru* ? C'était *costu* ou *cornu*. On disait *bâton costu* ou *bâton cornu* aussi bien que *bâton carré*, au sens de *bâton noueux, qui a des côtes, qui n'est point rond* (1). Comme *carré* ici est rejeté par la rime, c'est *costu* qu'il faut lire plutôt que *cornu*, car *cornu* se retrouve en italien

1. Voir aux *notes*, sur la page 112. — *Bâton carré* se lit à la page 114 de notre poëme, où j'ai pu le conserver parce que la rime l'admet.

sous la forme *cornuto*, et rien n'y répond au mot *costu*. De là l'élimination de ce mot, remplacé par *quaru*, qui se rapproche de l'italien *quadrato*. J'ai donc lu :

Por le baston qu'il ot gros et costu.
Et por le chief que il ot si velu.

Et quand même j'aurais à tort préféré *costu* à *cornu*, où serait le mal ?

Il y a des corrections qui, pour être plus considérables, ne m'en paraissent pas moins sûres. Macaire dit à Charlemagne (p. 36) : « Vous tardez trop à punir la reine ; si vous en croyez le duc Naime, vous serez honni et blâmé par le monde :

Vu serés desoré e vituperé el mon.

Ni *desoré* ni *vitupéré* ne sont de la langue du temps, et la mesure les repousse aussi ; *el mon* seul peut être maintenu Il s'agit donc de trouver un tour qui rende l'idée renfermée dans *vu serés desoré et vituperé* et qui s'adapte au mètre. Ce tour, il revient fréquemment dans nos vieux poëmes. On lit dans *Huon de Bordeaux* (p. 40) :

Tu en aroies honte et reprovier grant ;

dans *Aliscans* (p. 7) :

Honte en aurai et reprovier tos tans

Honte répond à *desoré* pour *deshonoré*; *reprovier*

Macaire.

(italien : *rimprovero*) à *vitupéré*, et la locution, jointe à *el mon* que je conserve, donne exactement ce vers de dix syllabes :

Honte en aurès et reprovier el mont.

Il y a donc dix à parier contre un que j'ai rencontré juste, et plût à Dieu que je fusse partout aussi sûr de mon fait! C'est chose impossible toutes les fois qu'une idée peut se rendre par deux ou trois expressions de même valeur au fond, mais différentes en la forme, et dont la mesure s'accommode également. La faute seule est certaine; la correction, double ou triple, laisse place à l'incertitude. « Aubri, dit l'empe-« reur au chevalier qui doit conduire Blanchefleur « en exil, allez faire vos préparatifs de départ : »

Albaris sire, alez vos pariler. (P. 60.)

Pariler ne serait pas inadmissible sous la forme *parillier*; mais on trouve le plus souvent en ce sens *apparillier* ou des synonymes tels que *aprester, atorner, conréer, adober*. *Apparillier* seul est rejeté par la mesure; tous les autres s'y adaptent fort bien. Lequel choisir? on ne sait, mais qu'importe?

Lorsque Varocher dit à l'empereur de Constantinople :

E no son çivaler, ançi son un poltron;
Ma s'el vos plai çençer moi al galon
Le brant d'açer . . . . . . (P. 212).

Je ne puis douter que *poltron* et *galon* ne soient

deux mots introduits là par le compilateur italien. *Galon* (1), au sens de *côté*, de *flanc*, n'a jamais été français, et *poltron* n'était pas en usage au temps où fut composée la chanson de *la Reine Sibile*. Il n'a d'ailleurs eu en aucun temps la signification que lui donne le texte de Venise : *homme de condition inférieure*, par opposition à *chevalier*. C'est *garçon* qui s'employait en ce sens, comme le prouve l'exemple cité aux *notes*. Jusque-là rien d'incertain ; mais pour le second vers il peut y avoir doute. Je lirais volontiers :

> *En moi n'avés chevalier, ains garçon ;*
> *Mais se vos plaist ceindre moi au giron*
> *Le branc d'acier.* . . . .

Toutefois rien n'empêche de croire que le bon texte donnât :

> *Mais se vos plaist* me *ceindre au lez en son*

ou : *au lez selonc*. Plus sûre est la correction du premier vers où je change le tour, contraint que j'y suis par la double forme *gars*, *garçon*, dont la deuxième seulement convient à la rime.

On comprend à quels développements m'entraîneraient des justifications comme celles qui précèdent. Je ne puis m'y laisser aller pour plusieurs raisons, et en particulier parce qu'il ne serait guère séant de faire la cuisine sous les yeux de ses convives. Tout au plus me permettrai-je,

---

1. Italien *gallone*.

avant le *benedicite*, de réclamer l'indulgence des plus délicats pour quelques incongruités de mon menu. J'ai pour excuse qu'on se les permettait sur les meilleures tables du moyen âge. Il s'agit des licences que j'ai prises, à l'exemple des trouvères les plus recommandables, tant en matière de grammaire qu'en fait de versification. Je suis prêt à les défendre, les armes à la main, si la critique m'appelait en champ clos; mais au cas où, dans cette joute, ma lance et mon épée viendraient à se briser, j'espère qu'on voudra bien se contenter de me recevoir à merci.

P. S. — Le manuscrit de la Bibliothèque de l'Arsenal B. L. F. 226 contient une version en prose du poëme de *Macaire*. Je l'ai su trop tard pour enregistrer ce fait à sa place; assez tôt pour le noter ici. J'en ai trouvé l'indication dans le livre récent de M. Léon Gautier, *les Épopées françaises*, ouvrage que je n'oserais louer, tant l'auteur s'y est montré bienveillant pour moi, si la récompense qu'il a obtenue de l'Académie des Inscriptions et Belles-Lettres ne mettait mes éloges à l'abri du soupçon.

Le manuscrit indiqué par M. Gautier avait passé par mes mains; mais je m'étais contenté à tort, pour en prendre note provisoire, du titre de *Monglane*, sous lequel il figure dans la Bibliothèque de l'Arsenal. Le jeune et savant auteur des *Épopées françaises* en a pris plus ample connaissance et a reconnu, jointe à divers romans de la geste de *Garin de Monglane*, la version que je signale après lui.

Cette version, qui occupe environ le dernier quart du manuscrit, a été faite évidemment sur le poëme en vers alexandrins résumé par Albéric de Trois-Fontaines. Elle a l'avantage d'en donner une idée bien plus complète que le sommaire du chroniqueur; mais quand je l'aurais lue plus tôt je n'en aurais pu tirer aucun secours pour la solution des questions relatives au texte que je publie.

SOMMAIRE.

Nous allons raconter une surprenante histoire qui avint en France il y a longtemps, après la mort de Roland et d'Olivier. Ce fut un des traîtres de la race de Mayence, ce fut Macaire qui en ourdit la trame et par sa félonie causa la mort de maint vaillant chevalier.

Il n'y eut jamais au monde souverain plus puissant que l'empereur Charlemagne, ni qui prît autant de peine et endurât autant de souffrances pour glorifier la foi chrétienne. Il fut toujours vainqueur des païens, et personne au monde ne se fit plus redouter que lui. Il n'écoutait pas conseils d'enfant; aussi vécut-il plus de deux cents ans et jusqu'au temps où vinrent Guillaume et Bertrand. Il eut pour femme la fille d'un puissant prince, l'empereur de Constantinople. La dame s'appelait Blanchefleur; elle était belle, bonne, loyale et de grand sens. P. 2.-5.

C'était dans le temps que Charlemagne tenait cour plénière à Paris. Il y avait là nombre de ducs, de princes, de comtes, de fils de vavasseurs. Ogier le Danois y était, et avec lui le duc Naimes, le sage conseiller de l'empereur. — Éloge du duc Naimes. P. 5.-7.

Macaire de Losane, ainsi l'appelait-on, avait tant fait par ses largesses qu'il était en faveur à la cour, prenait place à la table du roi et avait grande part à son amitié. Le traître n'en forma pas moins le dessein de honnir Charlemagne et d'arriver jusqu'à la reine, fût-ce par la force. Écoutez l'histoire. Le jour de la fête de saint Riquier, la noble dame était dans son verger, où elle prenait plaisir, avec d'autres dames, à écouter une chanson chantée au son de la vielle. Macaire survient, en compagnie de plusieurs chevaliers, et bientôt il se prend à courtiser la reine : « Dame, lui dit-il, vous pouvez bien vous vanter d'être la plus belle des belles, et c'est un vrai péché mortel qu'un tel époux vous ait en son pouvoir. Si l'amour nous unissait, vous et moi, ce serait là une union sans pareille et bien faite pour les tendres étreintes, les caresses et les baisers. » La reine l'entend, le regarde et lui dit en riant : « Sire Macaire, que me contez-vous là ? C'est pour m'éprouver sans doute ? Un homme si sage ne peut avoir d'autre dessein. — Cessez de le croire, Madame, répond Macaire. Il n'est homme au monde qui vous aime plus que moi ; il n'est peine que je ne sois prêt à souffrir pour vous plaire. » A ces mots, la reine comprend que ce n'est point un jeu : « Macaire, lui dit-elle alors, tu ne me connais pas. Sache bien que je me laisserais couper tous les membres, et que je consentirais à être brûlée vive pour que mes cendres soient jetées au vent plutôt que d'avoir une mauvaise pensée à l'égard du roi. Si jamais j'entends de toi pareil langage, je le dirai aussitôt à mon seigneur. Homme pervers, tu es bien osé de parler ainsi de ton maître ! S'il le savait, toutes les richesses du monde ne te sauveraient pas d'une mort honteuse. Laisse-moi sur l'heure, et prends bien garde de ne jamais reprendre semblable entretien. » Macaire l'entend et s'éloigne, honteux et tout agité de mauvais sentiments. P. 7-11.

Il ne songe qu'à son coupable dessein ; il y songe nuit et jour, et s'il n'en vient à ses fins il se comptera lui-même pour rien. Mais comment y réussir ? Il y avait à la cour un méchant nain, fort aimé du roi et de la reine: Macaire le va trouver et lui dit : « Nain, tu es né à la bonne heure. Je te donnerai assez d'argent pour t'enrichir toi et les tiens si tu veux me servir à mon gré. — Ordonnez, dit le nain ; je suis prêt. — Eh bien, reprend Macaire, voici ce que tu feras. Quand tu seras près de la reine, tu lui représenteras combien je suis beau, et quelle union sans pareille serait la nôtre, si elle voulait répondre à mes désirs. — C'est assez, fait le nain, quand je serai près de la reine, je lui dirai mieux encore. — Heureux nain, reprend Macaire, tu recevras de moi assez d'argent pour enrichir toute ta parenté! — Soyez sans crainte, » dit le nain, et il le quitte tout joyeux. Macaire, non moins joyeux, s'en retourne à son hôtel. P. 11-13.

Le nain ne cesse de penser à son message, et quand Macaire le rencontre, il ne manque pas de l'endoctriner. Enfin, un jour de fête, le nain s'approche de la reine, va se coucher sous son manteau, et, selon sa coutume, se prend à la courtiser. La reine, qui ne pensait point à mal, le caresse, le flatte de la main, et lui s'enhardit jusqu'à lui parler ainsi : « Je ne saurais comprendre, Madame, que vous puissiez aimer

Charlemagne : en fait d'amour, il ne vaut pas un denier, et vous êtes si belle, si belle qu'il ne se peut rien voir de plus beau. Si vous vouliez m'en croire, je sais tel homme digne de vous par sa beauté, avec qui vous pourriez avoir accointance. Cet homme, c'est Macaire, le preux, le vaillant Macaire. Que je parvienne à vous unir, et jamais vous ne vous lasserez de lui, et vous pourrez bien vous vanter d'avoir l'amant le plus beau qui se puisse trouver. » La dame l'entend, le regarde et lui dit : « Tais-toi, fou, et cesse de me parler de la sorte ; car tu ne tarderais pas à me le payer cher. — Cessez vous-même, repond le nain, cessez, Madame, de penser ainsi. Un seul baiser de Macaire vous le rendrait cher à ce point que vous ne pourriez jamais lui en préférer un autre. » Il en dit tant et tant qu'il fâche la dame. Elle le saisit, en dépit qu'il en ait, le pousse et le jette en bas du degré si rudement que sa chute lui froisse toute la tête. « Va-t'en, vilain ribaud, lui dit-elle, et reviens-y une autre fois ! » Macaire était en ce moment au bas du degré ; il relève le nain, le fait emporter et panser. Le nain en eut pour huit jours à garder le lit, au grand étonnement de la cour et du roi lui-même qui le demande. Macaire l'excuse : « Il a fait une chute, dit-il, et s'est froissé la tête à un pilier ; mais il ne tardera pas à se lever et à revenir à la cour. » P. 13-19.

La race de Mayence fut de tout temps une mauvaise race. Elle fit la guerre à Renaut de Montauban ; elle trahit Roland et Olivier, les douze pairs et tous leurs compagnons. La voici maintenant qui s'en prend à la reine, et si cette engeance maudite ne couvre de honte Charlemagne, ce ne sera pas faute de le vouloir.

Après être resté huit jours au lit, le nain se leva et reparut la tête enveloppée de compresses. Chacun en glosa, et le roi lui-même ne put se tenir d'en rire. Le nain, qui n'était pas un enfant, se garda bien de rien dire à personne de sa mésaventure. Il se tint dès lors avec les barons et ne se représenta plus devant la reine. Elle, cependant, ne laisse pas de le demander ; mais il se tient à l'écart, et prudemment. Pour toutes les richesses de l'Orient, il n'irait plus l'entretenir ni se mettre à ses ordres. Quant au traître Macaire, il est toujours en peine et toujours rêvant à mal. Que Dieu le confonde ! P. 19-21.

Le félon, le pervers s'en vient trouver le nain et lui dit : « Nain, j'ai à cœur l'outrage que tu as souffert ; mais, si tu voulais en user à mon gré, je pourrais tirer vengeance de la reine : elle serait brûlée vive. — Je ne désire rien tant, répond le nain. Si je pouvais me venger d'elle, je n'aurais jamais été si joyeux de ma vie. Quand je songe à la manière dont elle m'a jeté en bas du degré, je suis outré de colère : je ne respire que vengeance. — Eh bien, dit Macaire, tiens bon et montre-toi. J'ai en main de quoi nous venger tous deux. — Dites, reprend le nain, et je suis prêt à vous obéir, pourvu qu'il ne faille pas lui parler, car, à cette heure, je la crains plus qu'un serpent. — Nous serons prudents, dit Macaire. L'empereur a coutume de se lever chaque nuit avant l'aube pour aller à matines. Quand elles sont chantées, il s'en revient aussitôt se coucher. Si tu veux te venger, il faut discrètement, sans que personne t'entende, sans que personne te voie, t'aller cacher derrière la porte de sa chambre. Lorsqu'il sera levé, tu sortiras de là et t'iras dépouiller de tes vêtements devant son lit; puis il faudra te coucher à côté de la reine. Tu es petit; tu te cacheras aisément. Quand l'empereur reviendra et te verra dans son lit, il sera transporté de colère; mais il n'osera te toucher. A ses yeux, ce serait une honte. Il appellera des siens, et quand il t'interrogera tu lui répondras hardiment que c'est la reine qui t'a fait venir près d'elle, et non pas pour la première fois. — Laissez-moi faire, dit le nain. Je m'en acquitterai mieux que vous ne sauriez me le conseiller, et pourvu que je me venge, je me tiendrai pour bien récompensé. — Sois sans crainte, reprend Macaire, je serai près de toi pour te défendre. — Et vous agirez en baron, dit le nain. A cette heure, assez parlé. Je sais ce que j'ai à faire. — Compte sur une belle récompense, dit Macaire. Tu ne cours aucun risque. Aux questions du roi, réponds que c'est la reine qui t'a maintes fois appelé près d'elle. S'il ne veut se couvrir de honte, il ne manquera pas de la faire brûler sur un bûcher d'aubépine. — Je ne désire rien tant, » dit le nain. P. 21-27.

Aussi ne manque-t-il pas de suivre de point en point les conseils du traître. Charlemagne, au retour de matines, jette les yeux vers la couche impériale. A sa grande surprise, il voit sur le banc les vêtements et dans son lit la grosse tête du nain. Il ne dit mot, mais, la rage dans le cœur, il sort de la chambre et se rend à la grande salle du palais. Il y trouve Macaire, qui était déjà levé, avec quelques autres chevaliers. « Venez, seigneurs, leur dit-il, venez partager ma douleur et ma colère ! La reine Blanchefleur, que j'aimais tant, m'a trahi pour un nain. Si vous en doutez, venez en voir la preuve. » Il les conduit dans sa chambre et leur montre le nain. A cette vue, les barons demeurent tout interdits. Cependant la reine s'éveille, et, se voyant ainsi entourée, ainsi accusée, elle est saisie d'effroi et ne trouve pas un mot pour se défendre. « Seigneurs, dit Charlemagne, que me conseillez-vous ? » C'est Macaire qui prend le premier la parole : « Bon roi, dit-il, à ne vous rien céler, si vous ne la faites brûler, vous serez honni, et vous vous attirerez le blâme de tous, à vous et à nous. » Écoutez ce que fit ensuite le traître.

Il s'adresse au nain et lui dit : « Nain, comment as-tu été assez osé pour entrer céans ? Comment y es-tu venu et par quelle volonté ? — Par ma foi, sire, il faut vous le dire. Je ne serais jamais entré dans cette chambre, et jamais je ne me serais couché dans ce lit si je n'y avais été appelé par la reine, et non pas une fois, mais cinquante. » Il répète ainsi la leçon de Macaire, du maudit renégat que Dieu confonde ! Charlemagne jure que la reine sera brûlée vive. Pour elle, courbée sous la honte, elle n'ose lever la tête, ne tente point de se défendre, et ne fait que se lamenter. P. 27-33.

On la saisit, on l'enferme. Le nain aussi est enfermé séparément. La nouvelle s'est bientôt répandue par tout Paris, où chacun témoigne un grand deuil. On déplore l'infortune de cette reine si avenante, si bonne, qui donnait tant du sien aux pauvres gens, aux chevaliers sans terre, et vêtait leurs femmes. Chacun prie Dieu de la sauver des tourments cruels dont elle est menacée. Le roi lui-même ne pouvait se défendre de la plaindre, car il l'aimait tendrement; mais il ne pensait pouvoir lui faire grâce, tant il craignait d'encourir le blâme. Macaire aussi est toujours là qui le presse, qui le pousse à faire justice, « sinon, dit-il, sachez bien qu'il n'y aura qu'une voix contre vous, et que petits et grands vous compteront pour rien. » P. 33-35.

L'embarras du roi est extrême. La plupart des barons et surtout ceux de la race de Ganelon sont acharnés contre la reine et demandent sa mort. Mais d'autres et lui-même se sentent attendris. Il se décide cependant à la mettre en jugement. Il appelle près de lui et Richier, et le duc Naimes, et d'autres barons de grand renom. Macaire est encore là. Que Dieu le damne, lui et toute sa race; car ils ne firent jamais qu'émouvoir noises et querelles! Le traître ne fait entendre que de mauvaises paroles. Il reproche au roi ses longueurs; il ne les lui pardonne pas. C'est bien à tort que Charles écoute le duc Naimes; il ne lui en reviendra que honte et blâme, à ce point qu'il se fera chansonner par les petits garçons. Naimes l'entend, la tête baissée, et tout gonflé de douleur et de courroux. Il parle à son tour : « Noble roi, écoutez-moi, et que Dieu me confonde si je dis rien qui ne soit vrai! Vous demandez conseil. Je ne suis pas de l'avis de ceux qui s'acharnent contre la reine Blanchefleur. Ils ont hâte de la juger; mais ils ne songent point à sa naissance. S'ils savaient à quoi peuvent aboutir leurs discours, ils se tairaient et attendraient pour juger la reine l'assentiment de son père. Elle est fille d'un puissant prince; il y faut penser. L'empereur de Constantinople a bien des terres en sa garde et peut réunir bien des hommes en armes. Croyez-vous qu'il vous aime beaucoup quand il apprendra que sa fille a été si honteusement jugée? Épargnez la reine, je vous le conseille, jusqu'à ce que son père soit informé de tout par un messager que vous lui adresserez, de telle façon que plus tard il n'ait point prise sur vous. » Ainsi parle le duc Naimes, au gré du roi, qui est sur le point de s'accommoder de cette ouverture, quand Macaire se jette à la traverse. « Noble empereur, dit-il, comment pouvez-vous écouter pareil avis? Il faut vous aimer bien peu pour vous conseiller d'ajourner le châtiment d'un affront qui fait tant d'éclat. Voilà ce que je soutiens; et si quelqu'un l'ose nier, qu'il s'arme et monte à cheval. » Quand les conseillers du roi entendent Macaire parler sur ce ton, ils n'ont garde de lui rien contester. Personne ne lui répond. Le roi comprend alors qu'il n'a plus qu'à ordonner sans retard le jugement. Le duc Naimes le voit plier, et s'éloigne sans en dire davantage. Il va quitter le palais; mais le roi le retient. Il le prie de ne point lutter contre Macaire, et de rester, cependant, pour voir comment les choses finiront.

Le traître l'emporte : Charlemagne se décide à juger la reine. Il la fait amener devant lui. A sa vue, il s'attendrit et ne peut retenir ses larmes. P. 35-43.

Blanchefleur, si fraîche d'ordinaire, a perdu ses vives couleurs. Elle est toute pâle et blême : « Ah! noble roi, dit-elle, que vous avez été mal conseillé pour me mettre ainsi en jugement à grand tort et à grand péché! Il vous aime bien peu celui qui vous a donné ce conseil. Je prends Dieu à témoin que jamais je n'ai failli ni porté atteinte à votre honneur, que jamais je n'en ai eu même la pensée. — Vaines paroles! dit le roi. Vous avez été surprise en péché mortel, et toute excuse vous est interdite. Il ne vous reste plus qu'à penser à votre âme. Votre châtiment s'apprête : qui trahit son seigneur doit être brûlé. — Vous allez faire un grand péché, dit la dame. — C'est une honte, dit Macaire au roi, que de vous voir si longtemps en pourparler avec elle. » A ces mots Naimes branle la tête et dit en lui-même : « Voilà un jugement qui sera payé cher. Charles ne verra jamais que pour son malheur la race maudite qui l'a toujours trompé et trahi ! » P. 43-45.

L'empereur qui règne sur la France est en grand émoi à cause de Blanchefleur, qu'il aime par-dessus tout; mais la justice veut qu'elle soit punie, et c'est bien malgré lui qu'il y donne les mains. Il ordonne à un de ses chambellans de la faire conduire au supplice vêtue et voilée de noir. Un grand feu d'épines est allumé sur la place, devant le palais. La nouvelle s'en répand par tout Paris, et chacun d'accourir : dames, chevaliers, gens de pied et marchands. Tous pleurent la reine de cœur et d'âme. On la mène devant le bûcher. Elle le voit, tombe à genoux et prie Dieu, le père tout-puissant, de n'oublier pas qu'elle meurt sans péché, et de la venger avant qu'il soit longtemps de façon à ce que nul n'en ignore. Écoutez maintenant, seigneurs et bonnes gens, ce que fit le traître Macaire. Le voici qui accourt devant le bûcher, portant le nain dans ses bras. « Nain, lui demande-t-il, as-tu jamais été avec la dame? — Oui, vraiment, seigneur, et bien plus d'une fois. » A ces mots, Macaire, devant toute l'assemblée, le jette dans le feu en lui disant : «Va, traître! Tu as déshonoré le roi; tu ne pourras pas t'en vanter! » Mais ce qu'il en fait, c'est à dessein que le nain ne puisse jamais rien révéler. Et maintenant il brûle, le méchant nain. Et la reine demeure là devant, et pleure, et se lamente, et se tord les poings, et prie Dieu de recevoir son âme à merci. P. 45-49.

« Noble roi, dit-elle, faites-moi venir, pour Dieu, un sage confesseur qui puisse m'absoudre de mes péchés. » Le roi y consent, et fait mander l'abbé de Saint-Denis. La reine s'agenouille devant lui et lui confesse tous ses péchés, sans en oublier un seul. Elle lui déclare ensuite qu'elle est enceinte du fait de Charlemagne. L'abbé, homme sage et d'une grande doctrine, l'interroge sur le crime dont elle est accusée. Elle lui raconte comment Macaire l'a poursuivie et lui-même et par l'entremise du nain, qu'il aura fait servir encore à ses mauvais desseins le jour où Charlemagne l'a trouvé dans sa couche : « Sire abbé, ajoute-t-elle, je vous prie de m'absoudre de tous mes péchés, hormis celui-là, que je n'ai jamais commis. » L'abbé l'entend, la regarde et juge bien, à son langage, à sa contenance en face de la mort, qu'elle lui dit la vérité. Il la reconforte, la bénit, et va trouver le roi. P. 49-55.

L'abbé fait venir avec lui et réunit en conseil quelques-uns des barons qui sont le plus chers à Charlemagne : le duc Naimes, le Danois et plusieurs autres, tous des meilleurs et des mieux apparentés ; mais pas un seul de la race de Mayence. « Seigneurs, leur dit-il, aux approches de la mort on ne cache plus ses péchés, on les confesse tous. J'ai entendu la confession de la reine, et je la juge innocente du crime dont on l'accuse. De plus, j'ai appris d'elle qu'elle est enceinte. Songez donc, noble roi, à ce que vous allez faire. Songez qu'en ordonnant sa mort vous pécheriez plus encore que celui qui accusa Dieu et le fit clouer sur la croix. » Ainsi parle l'abbé. Le duc Naimes voit bien à son langage que la reine n'est pas coupable : « Sire empereur, dit-il, si vous voulez suivre mon conseil, vous n'encourrez aucun blâme, et serez au contraire approuvé de chacun. Puisque la reine est enceinte, vous ne pouvez la faire périr ainsi. Qu'il vous plaise donc de la faire conduire par un des vôtres en pays étranger, loin de votre royaume, avec ordre de ne se laisser voir ni regarder par personne. — Bon conseil! dit Charlemagne; vous ne m'en sauriez donner un meilleur. Je le suivrai.» Aussitôt on éloigne la reine du bûcher, et chacun en rend grâces à Dieu. Le roi lui dit : « Noble reine, vous m'étiez bien chère; je ne puis plus vous aimer, mais je consens à vous faire grâce de la vie, à condition que vous alliez si loin qu'on ne vous revoie jamais. Je vous ferai accompagner jusqu'aux frontières de mon royaume. » A ces mots, la dame se prend à pleurer. « Allez faire vos apprêts, dit le roi, et prenez de l'argent pour vos dépenses. » La reine obéit, et se retire dans sa chambre pour s'apprêter au départ. Le roi, cependant, fait mander un de ses damoiseaux, un parent de Morant de Rivier, nommé Aubri, le plus courtois, le plus preux, le plus loyal qui se pût trouver à la cour. « Aubri, lui dit il, il vous faut partir avec la reine et l'accompagner jusqu'à ce qu'elle soit hors du royaume. Après quoi, vous reviendrez. — A vos ordres, sire, » répond Aubri; et sans plus tarder il se fait seller un palefroi, s'arme seulement de son épée, et prend sur son poing un épervier. Il était suivi d'un lévrier qui ne le quittait jamais. La reine, montée aussi sur un palefroi, part avec lui, et tous deux se mettent en route, au grand regret de chacun, et même du roi. P. 55-63.

Dans le même temps, Macaire court à son hôtel, s'arme des pieds à la tête, et sort de Paris à l'insu de tous, chevauchant sur les traces d'Aubri, qui chemine sans crainte avec la reine. Après une longue traite, ils arrivèrent à une fontaine, près d'une grande forêt. La dame voit jaillir l'eau et prie Aubri de la descendre en ce lieu : « Je suis si lasse, dit-elle, que je sens le besoin de boire. » Aubri se prête à son désir, la prend dans ses bras et la dépose près de la fontaine. La dame s'y abreuve, s'y lave les mains et le visage, puis lève les yeux et aperçoit Macaire qui arrive en grand hâte. Jamais elle ne ressentit pareille douleur : « Aubri, s'écrie-t-elle, malheur à nous ! Voici le traître qui m'a fait bannir du royaume des Francs. — Soyez sans crainte, répond Aubri, je saurai bien vous défendre. » Mais voici venir Macaire : « Tu ne l'emmèneras pas, dit-il à Aubri, et je disposerai d'elle à mon gré. — Non certes, répond Aubri, ou auparavant tu feras connaissance avec le tranchant de mon épée. Quand l'empereur et le duc Naimes et le Danois sauront pourquoi tu m'as suivi, toutes tes richesses ne te sauveront pas des fourches. Arrière ! et ne cours pas à ta perte ! — Tu ne l'emmèneras pas, dit Macaire, et si tu veux te défendre, tu vas mourir de male mort! » Il dit, et voyant qu'Aubri refuse de lui livrer la reine, il pique son destrier et s'élance sur le damoiseau, qui tire son épée et se met en défense. Il eût bien résisté même à un chevalier s'il avait eu son armure; mais que peut un homme sans autre arme que sa seule épée, contre un adversaire armé de toutes pièces? Bientôt la lance acérée de Macaire lui traverse le corps et l'étend raide mort sur le pré. P. 63-69.

La reine, saisie d'effroi à la vue de cette lutte, a réclamé le secours de Dieu et de la Vierge, et s'est enfoncée en pleurant dans le plus épais de la forêt. Après avoir tué Aubri, Macaire ne la retrouve plus, et c'est pour lui un grand regret et un grand remords. Il laisse Aubri gisant sur l'herbe, non loin de la fontaine, et s'en retourne à la cour, espérant que le meurtre demeurera à jamais inconnu. P. 69-71.

Aubri est là étendu sur le pré. Son lévrier est couché sur lui; son palefroi paît l'herbe. Le lévrier demeura trois jours sans manger, et personne au monde ne pleura jamais son seigneur mieux que ce chien ne pleura son maître, qu'il avait tant aimé. Au bout de trois jours, vaincu par la faim, il prend le chemin de Paris, y arrive, court au palais et monte les degrés. C'était à l'heure du dîner; les barons étaient à table. Une fois dans la salle, le lévrier regarde de tous côtés, aperçoit Macaire, s'élance vers lui, et lui fait au visage une grande morsure. Puis il prend du pain sur la table, s'enfuit aux cris des convives, et retourne près du corps de son maître. Macaire reste avec sa plaie, dont chacun s'étonne. Plusieurs ont regardé le chien et se demandent si Aubri est de retour : ils trouvent que ce chien ressemble fort à son lévrier. Rentré à son hôtel, Macaire se fait panser, et dit à ses gens : « Quand je retournerai au palais, si par aventure le lévrier y revenait, que chacun de vous s'arme d'un bon bâton, et faites en sorte qu'il ne puisse m'approcher. » P. 71-75.

Cependant le chien a mangé le pain qu'il a emporté ; après avoir longtemps souffert la faim, il reprend le chemin de Paris et arrive une seconde fois au palais à l'heure du dîner. Macaire est à table, le visage encore enveloppé. Il se montre pour détourner les soupçons. Le chien s'élance de nouveau vers lui ; mais le traître est défendu par les siens. Le lévrier prend encore du pain et s'en retourne près de son maître. P. 75-77.

« Sire, dit le duc Naimes à Charlemagne, voilà qui est on ne peut plus étrange. Il faut savoir à quoi nous en tenir, et pour cela nous tenir prêts à suivre le chien quand il reviendra. — Ainsi soit-il, » dit l'empereur. Le lévrier, poussé par la faim, ne tarde pas à revenir et cherche encore à atteindre Macaire, dont les gens s'apprêtent à le repousser. Mais le duc Naimes les arrête : « Sur votre tête, s'écrie-t-il, ne le touchez pas ! » Ils obéissent, et l'empereur, le duc Naimes, le Danois et nombre d'autres barons montent à cheval au plus vite pour suivre le chien. Ils arrivent derrière lui au bois près duquel Aubri est tombé, et où son corps répand une grande puanteur. Ils voient le chien sur son maître, et dans un pré, non loin de là, reconnaissent le palefroi d'Aubri. P. 77-79.

« Ah ! noble roi, s'écrient les barons, quel malheur !

« Que faire? dit Charlemagne au duc Naimes. — Il est clair, répond le duc, que le lévrier a fait l'office de justice. Sa haine a désigné celui qui sait tout. Faites saisir Macaire, et vous apprendrez de lui la vérité. Mais, avant tout, que le corps soit porté à Paris pour y être enterré avec honneur. » Le roi y consent. Macaire est saisi et mis sous bonne garde. Le corps d'Aubri, entouré d'herbes odorantes, est porté à Paris et enterré en grande pompe. La foule, qui le pleure, commence aussitôt à crier justice. Charlemagne se fait amener Macaire et lui dit : « Comment se fait-il que chacun t'accuse de la mort d'Aubri, et que son chien te désigne aussi comme le meurtrier? Et si tu as tué Aubri, qu'est devenue la reine, qu'il devait conduire en pays étranger pour venger mon honneur? — Bon roi, répond Macaire, écoutez ma défense. Je ne suis coupable ni de fait ni même par la pensée, et à qui m'accusera je suis prêt à le prouver par les armes. » Personne n'ose démentir un homme si bien apparenté. Le duc Naimes s'en aperçoit, non sans courroux, et dit au roi : « Renvoyez-le et prenez conseil de vos chevaliers. Il a bien mérité d'être jugé, et si la peur vous fait reculer, vous n'êtes plus digne de porter couronne. » P. 79-83.

Charlemagne fait assembler sans retard tous ses barons. Ils sont plus de cent qui se réunissent au palais, dans la grande salle voûtée. « Seigneurs, leur dit le roi, un grand outrage m'a été fait : la reine honteusement accusée, Aubri mis à mort, en est-ce assez pour m'attrister l'âme? Conseillez-moi, je vous le demande, je vous en prie, et n'ayez peur de qui que ce soit au monde. » Les barons l'ont entendu;

mais personne ne dit mot. Tous fléchissent, tous s'inclinent devant la puissance du traître. P. 83-85.

Seul le duc Naimes prend la parole : « Noble roi, dit-il, je vois bien où en sont tous les barons ici assemblés. C'est la peur qui les fait reculer; ils redoutent la puissance des traîtres. Pour moi, voici ce que je pense. D'un côté, il n'est personne qui ose s'attaquer à la race de Mayence, ni entrer en lice contre elle. Tous ceux de cette race sont si honorés, si bien apparentés en Allemagne ! D'autre part, désarmer la justice serait un grand péché. Que faire donc ? Si l'on m'en croit, et nul ne me blâmera, je pense que Macaire, l'accusé, revêtu seulement d'un bliaut, soit armé d'un bâton long comme le bras ; qu'une lice soit faite sur la place, et qu'on l'y mette aux prises avec le chien d'Aubri, son accusateur. S'il est vainqueur du chien, il sera remis en liberté; mais s'il succombe, il sera condamné à mort comme un traître et un méchant renégat. » Ainsi parle le duc Naimes, et personne au conseil n'est d'un autre avis. Chacun l'approuve, y compris le roi. Les parents même de Macaire acceptent avec joie cette épreuve, tant ils sont loin de croire qu'il puisse être vaincu et maté par un chien. P. 85-87.

Charlemagne fait donc dresser sans retard sur la place, devant le donjon, une palissade bien close de toutes parts. Puis il fait annoncer par un ban que quiconque l'oserait franchir serait pendu sans merci comme un larron : sa volonté est qu'on assiste à la bataille en paix et sans noise. Bientôt Macaire, sans autre vêtement qu'un bliaut, sans autre arme qu'un bâton, est introduit dans le parc, et le chien après lui. P. 87-89.

Dès que le chien aperçoit Macaire, il lui court sus et de ses dents aiguës le saisit au flanc. Macaire, à son tour, le frappe rudement de son bâton, mais sans lui faire lâcher prise. Ce fut une grande bataille, la plus grande qu'on vît jamais. Tout Paris était accouru pour voir ce jugement, et il n'y eut qu'un cri dans la foule : « Sainte Marie, à l'aide ! que la vérité se fasse jour; déclarez-vous pour Aubri ! » La lutte est acharnée, inouïe, telle que les parents de Macaire en sont consternés : « Qui l'eût cru, disent-ils entre eux, qu'un chien nous pût faire pareille confusion ? » Alors un des leurs s'élance sur la palissade, il va la franchir; mais un cri se fait entendre de toutes parts : « Qu'on le pende sur la place ! » Il l'entend et prend la fuite. P. 89-91.

Aussitôt, par un ban que le roi fait crier, mille livres sont promises à qui pourra le saisir. Un vilain qui venait à la cité pour emplettes entend le ban; il avait à la main un bâton de pommier et s'en sert pour arrêter le fugitif. Il ne lui court sus que pour gagner la somme promise. Il le mène devant le roi et reçoit les mille livres. Le roi fait pendre le traître à l'endroit même où il a voulu franchir la palissade. Il le fait brûler ensuite, à la grande confusion de toute sa parenté. P. 91-93.

Cependant la bataille continue toujours. Le chien ne cesse de déchirer de ses morsures les flancs de Macaire, et Macaire, de son bâton, frappe le chien sur la tête à en faire jaillir le sang. Ceux de Mayence sont en grand émoi. Ils voudraient bien faire la paix à prix d'argent; mais le roi jure que tout l'or du monde ne sauvera pas Macaire s'il est vaincu : il sera brûlé ou pendu, selon le jugement des barons. Le lévrier, à force de le harceler, a lassé son adversaire, qui ne peut plus s'aider ni de pied ni de main. A ce moment, d'un bond furieux, il lui saute au visage et le mord si cruellement qu'il lui enlève toute la pommette d'une joue. Macaire pousse un hurlement de douleur et s'écrie : « Où êtes-vous, tous mes parents, qui me laissez ainsi accabler par un chien ? — Ils sont loin de toi, dit le roi. Ce fut pour ton malheur que tu vis Aubri et la reine. » Enfin, le chien, dans un dernier assaut, prend Macaire à la gorge et le tient si bien qu'il l'abat sous lui. Macaire crie merci pour l'amour de Dieu : « Ah ! noble roi, ne me laissez pas mourir ainsi, faites-moi venir un confesseur; je veux tout avouer. » Le roi y consent avec joie. Il fait mander l'abbé de Saint-Denis. P. 93-97.

L'abbé se rend près de Macaire, que le chien n'a pas lâché. Il lui demande s'il veut dire la vérité, la vérité qui lui est déjà connue par le récit de la reine. Macaire répond d'une voix éteinte : « Confessez-moi et absolvez-moi de tous mes péchés; je suis jugé à mort, je le sais, et toute ma parenté ne me servira de rien. — Vous avez bien sujet de le croire, répond l'abbé, tant est grand votre péché. Et pourtant, si vous en faites l'aveu, il se peut que par égard pour votre haute noblesse, le roi ait pitié de vous. Je l'en prierai moi-même; mais cet aveu, il faut qu'il l'entende, lui, le duc Naimes et d'autres encore, sans quoi il n'y aurait pas amende honorable, et le chien ne vous lâcherait point. C'est vraiment ici un miracle qu'un homme tel que vous ait été vaincu par un chien. Si Dieu l'a permis, c'est qu'il a voulu que le crime éclatât aux yeux de tous. — Faites-en à votre volonté, » dit Macaire. Alors l'abbé appelle le roi, le duc Naimes et tous les barons pour entendre les aveux du coupable. « Prenez garde, lui dit-il, de me rien céler ; car je sais déjà tout. — Je ne dirai que la vérité, répond Macaire, mais, de grâce, faites que le chien lâche prise. — Ton crime est trop grand, dit le roi ; il ne te lâchera que si tu l'avoues. » P. 97-101.

Macaire confesse son crime, à commencer par la requête d'amour repoussée par la reine. Il dit ensuite comment il recourut à l'entremise du nain, et comment il le jeta dans le feu pour qu'il ne pût le trahir. Enfin, il avoue que le jour où la reine partit, accompagnée d'Aubri, il n'y put tenir, s'arma, monta à cheval, se mit à leur poursuite et finit par tuer Aubri. « Quant à la reine, ajoute-t-il, je n'en saurais rien dire. Elle disparut dans le bois, et je ne la revis plus. Je m'en revins alors, tourmenté par le remords. Que Dieu me refuse l'absolution, si je n'ai pas dit la vérité. — Et moi, dit le roi, que je cesse de porter couronne si je mange avant d'avoir vu ta mort ! Naimes, dit-il encore, ce lâche coquin a trahi la reine ; il m'a tué Aubri que j'aimais tant, quelle sera sa peine ? — Avisons-y, répond Naimes. Il faut d'abord qu'il soit attaché à la queue d'un grand cheval et traîné par tout Paris, et ensuite nous le ferons brûler vif. Nul de ses parents n'osera s'en plaindre : au besoin, nous en userions de même envers eux. — Bien parlé ! » s'écrient les barons. Le chien, cependant, tient toujours

Macaire, et si serré qu'il ne peut bouger. Le roi le prie doucement de lâcher prise pour l'amour de lui, et le lévrier obéit aussitôt, comme l'eût pu faire une créature raisonnable. L'abbé, avant de partir, donne la bénédiction et l'absolution au pénitent. P. 101-105.

Suivant le conseil de Naimes de Bavière, le roi fait saisir Macaire et le fait traîner par tout Paris. La foule se rue derrière et crie : « A mort! à mort! le misérable qui a voulu honnir la reine et qui a tué Aubri, le meilleur bachelier que se pût voir. » Après l'avoir fait traîner ainsi, on le ramène à la place, on allume un grand feu, et on l'y brûle, en dépit de sa parenté, et à la grande confusion de la race de Mayence. P. 105-107.

Le traître n'est plus, c'en est fait. Revenons maintenant à la reine. Après la mort d'Aubri, elle s'en va errant par la forêt, en grand'peine et en grand émoi. A la fin, comme elle en sort, elle rencontre un homme portant une charge de bois qu'il venait de couper dans la forêt pour gagner sa vie. Le bûcheron, qui avait nom Varocher, la voit et lui dit : « Dame, comment allez-vous ainsi seule, sans compagnie aucune? Vous êtes la reine, si je ne me trompe. Qu'avez-vous? vous est-il arrivé malheur? me voici prêt à vous venir en aide. — L'ami, répond-elle, tu sauras tout. Oui, je suis bien la reine, mais bannie par le crime d'un traître qui m'a faussement accusée. Je te prie donc, homme de cœur, gentilhomme, de me prêter assistance pour que je puisse me rendre à Constantinople, où sont mes parents. Si tu y consens, tu en seras bien récompensé. Je te mettrai à l'aise, je t'enrichirai — Il suffit, répond Varocher; je ne vous abandonnerai de ma vie. Suivez-moi jusqu'à mon logis, ici près, où j'ai ma femme et deux beaux enfants. Je prendrai congé d'eux et nous nous mettrons en route. — A votre volonté, » dit la reine. Tous deux s'en vont de compagnie jusqu'à la maison du bûcheron. P. 107-111.

Arrivé chez lui, Varocher dépose son fardeau et dit à sa femme : « Ne m'attends pas avant un grand mois. — Et où vas-tu ? lui demande-t-elle. — A la grâce de Dieu, répond Varocher, je ne puis t'en dire davantage. » En même temps il se munit d'un gros bâton noueux. Varocher était grand, gros, carré, membru, avec une grosse tête ébouriffée : l'homme le plus étrange qui se pût voir. Il se met en route. La reine le suit. Ils traversent la France, la Provence, toute la Lombardie, et arrivent à Venise. Là ils s'embarquent et passent la mer. Personne ne voit Varocher sans le regarder et sans rire derrière lui. A force de voyager par monts et par vaux, ils parviennent en Hongrie et descendent chez un bon hôte, nommé Primerain, qui avait deux filles très-belles, une femme très-sage et très-bonne, et qui était lui-même un homme de beaucoup de sens, fort connu et prisé des grands et des petits. A voir Varocher avec son gros bâton noueux et sa tête si chevelue, l'hôte, comme tout le monde, le prend pour un insensé. Il lui demande d'où il vient : « D'au delà des monts, répond Varocher, et c'est ma femme qui me suit. » P. 111-115.

L'hôte veut que la dame soit bien servie. L'hôtesse en a grand soin et lui donne tout ce qu'elle désire. Elle la voit enceinte, et n'en est que mieux disposée.

Elle lui demande quel est ce grand diable qui l'accompagne, armé de son bâton ; s'il est dans son bon sens ou si sa raison n'est pas égarée. « Il est toujours ainsi, répond la reine. Ne vous attaquez pas à lui et ne le courroucez point, car il n'est pas d'humeur facile. C'est mon seigneur et maître. — Que Dieu le bénisse ! dit l'hôtesse. Il sera servi et honoré du mieux que nous pourrons. » En effet, on donne à Varocher ce qu'il demande, mais par peur plus que par complaisance. La troisième nuit après son arrivée, la dame accoucha d'un très-bel enfant. L'hôtesse le reçut, le baigna, l'emmaillotta. Elle sert la reine et satisfait ses désirs aussi volontiers que si elle était sa parente. Cependant Varocher, toujours armé de son bâton, fait bonne garde et veille à ce que l'enfant ne soit point ravi. La dame resta au lit plus de huit jours, comme c'est la coutume dans les villes. Elle venait de relever et s'entretenait avec l'hôtesse lorsque Primerain la vint trouver et lui dit : « Dame, vous nous avez apporté ici un beau fils ; c'est bien fait à vous. Quand il vous plaira qu'il soit baptisé, je serai volontiers votre compère. — Je vous en rends mille grâces, dit la reine, usez-en à votre volonté et donnez à mon enfant le nom qui vous plaira. — J'y ai déjà songé, reprend l'hôte. Il se nommera, comme moi, Primerain. » P. 115-119.

Au bout de huit jours, Primerain vient prier la dame de lui remettre son enfant pour le porter au baptême. Il le prend, l'enveloppe dans son manteau et se rend au moutier, suivi seulement de Varocher avec son gros bâton sur l'épaule. Comme ils cheminent tous deux, survient le roi de Hongrie, entouré de plusieurs de ses barons. « Primerain, dit-il à l'hôte, où donc allez-vous ainsi et que portez-vous dans votre manteau ? — Sire, c'est un bel enfant, celui d'une belle dame et avenante qui descendit l'autre jour chez moi et y accoucha. Je le porte au moutier, suivi de son père que voici. » Les barons regardent Varocher et ne peuvent se tenir de rire, car il leur fait l'effet d'un homme de rien, d'un truand, d'un sauvage. Le roi, cependant, s'approche de Primerain, et soulève le manteau qui recouvre l'enfant. Sa surprise est grande lorsqu'il lui voit une croix blanche empreinte sur l'épaule droite. A ce signe il reconnaît bien que ce ne peut être le fils d'un truand. « Ne vous pressez pas, dit-il à Primerain, je veux assister au baptême de l'enfant.—A la volonté de Dieu, » répond Primerain. P. 119-121.

Le roi, sans plus tarder, se rend au moutier avec Primerain et fait mander l'abbé : « Abbé, lui dit-il, je vous prie de baptiser cet enfant pour l'amour de moi comme s'il était fils d'empereur ou prince royal, par son père et par sa mère, et de faire l'office avec la plus grande pompe. » L'abbé se conforme aux désirs du roi. Il lui demande, au moment de baptiser l'enfant : « Comment voulez-vous le nommer ? — Comme moi-même », répond le roi. L'enfant reçoit donc le nom de Louis. Après la cérémonie, le roi dit à l'hôte : « Ayez grand soin de la dame, je vous prie, et que rien ne lui manque. » Il fait de plus donner de l'argent pour ses besoins au soi-disant père de l'enfant. Si Varocher s'en réjouit, il ne faut pas le demander. L'hôte s'en revient avec lui et va trouver la reine : « Dame, lui dit-il, vous avez sujet d'être fière. C'est le roi de Hongrie qui a fait baptiser votre fils ; c'est ce grand roi qui l'a nommé, et de son propre nom. Votre fils s'appelle Louis, et son père ou soi-disant tel a reçu de quoi pourvoir à ses dépenses. » La dame apprend cette nouvelle avec joie. L'hôte, sa femme et ses filles lui portent honneur bien mieux qu'auparavant, car ils savent sa bourse mieux garnie. Au bout de quinze jours, le roi fait mander Primerain et le charge de demander à la dame une entrevue. Elle l'accorde de grand cœur, et se pare le mieux qu'elle peut pour recevoir son royal compère. Le roi vient à l'hôtel avec quelques-uns de ses chevaliers, et après les saluts et les souhaits de bienvenue, la reine et lui vont s'asseoir et s'entretenir à part sur un banc. « Dame, dit le roi de Hongrie, en faisant baptiser votre fils je n'ai pas été peu surpris de lui voir sur l'épaule un signe qui marque un fils de roi. Je vous prie donc, noble dame, pour l'amour de Dieu, de vous ouvrir à moi comme une commère en doit user envers son compère, et de me dire sans détour, sans faillir à la vérité, d'où vous êtes, et pourquoi vous errez ainsi avec cet homme en pays étranger. » La reine l'entend et se prend à pleurer. Elle ne lui cachera rien. P. 121-129.

« Noble roi, dit-elle, vous voulez savoir la vérité; je vous la dirai. Je suis la femme de l'empereur Charlemagne, le meilleur prince qui soit au monde. Une trame ourdie par un traître m'a fait condamner et bannir de mon royaume contre tout droit et toute justice. Dieu sait si jamais j'ai été coupable, même par la pensée, du crime qu'on m'imputait! J'allais être livrée à la mort lorsqu'à la prière de l'abbé qui m'avait confessée le roi me fit grâce de la vie et donna l'ordre à un de ses chevaliers de me conduire en pays étranger. Comme je m'éloignais de Paris, le traître qui m'accusait me poursuivit armé de toutes pièces et tua le chevalier qui m'accompagnait. Saisie d'effroi à cette vue, je m'enfonçai dans une forêt, où je trouvai cet homme qui ne m'a plus quittée. Grâce à vos bontés, je suis ici servie et honorée. Ne m'abandonnez pas, noble roi, avant que mon père soit informé de mon sort. Il ne manquera pas de m'envoyer les meilleurs de ses chevaliers. Voilà, sire, toute la vérité. » Le roi l'entend et voit bien qu'elle dit vrai. Il s'incline profondément devant elle : « Dame, lui dit-il, soyez ici la bienvenue. Vous y recevrez une hospitalité digne de vous jusqu'à ce que votre père soit informé du sort de sa fille. » P. 129-133.

Le roi de Hongrie fit à la dame tous les honneurs imaginables. Il lui fit donner les riches atours qui conviennent à une reine, sans oublier Varocher. Il ne la laissa pas à l'hôtellerie, l'emmena dans son palais et la donna pour compagne à sa femme. Il fallait voir Varocher sous ses nouveaux habits! Il ne ressemblait plus alors à un truand, et se voyant si richement vêtu il n'allait plus qu'avec les chevaliers. — Le roi de Hongrie, sans plus tarder, fait équiper un navire et envoie quatre messagers à l'empereur de Constantinople pour lui apprendre que sa fille, injustement bannie de France, a trouvé asile en Hongrie, où elle attend ses ordres. Les messagers arrivent à Constantinople, demandent audience à l'empereur, et lui font le récit des malheurs de Blanchefleur. Grande est la douleur de l'empereur en recevant ces nouvelles;

il ne peut retenir ses larmes. Son premier soin est d'envoyer chercher sa fille; il songera ensuite à la venger. Huit de ses parents, la fleur de la chevalerie, partent aussitôt, par son ordre, pour lui ramener l'exilée. Dans le même temps, les messagers du roi de Hongrie s'en retournent avec de riches présents. P. 133-143.

Arrivés en Hongrie, les envoyés de l'empereur de Constantinople y sont accueillis par le roi avec de grands honneurs. Blanchefleur, qui reconnaît en eux des parents, court à leur rencontre et leur demande des nouvelles de son père et de sa mère. « Dame, lui répondent-ils, ils sont dans la douleur, et vous attendent vous et votre enfant. » — Le départ de Blanchefleur s'apprête. Elle prend congé du roi et de la reine de Hongrie et n'oublie pas son hôte Primerain. Elle lui fit de grands présents, à lui et à sa femme, et emmena avec elle une de leurs filles, qu'elle maria richement plus tard. — Elle part, toujours suivie de Varocher. Le roi de Hongrie la fait accompagner par quatre de ses chevaliers. P. 143-147.

Revenons maintenant à l'empereur Charlemagne. — Le jour où il avait trouvé le nain dans son lit, le duc Naimes lui avait conseillé, avant de faire justice, d'envoyer un messager au père de Blanchefleur pour l'instruire du crime de sa fille. Un noble comte, nommé Berart de Mondidier, fut chargé de ce message. Arrivé à Constantinople, il y trouva l'empereur et l'impératrice au milieu de toute la cour réunie pour célébrer une grande fête. « Sire, dit Berart à l'empereur, le roi Charlemagne, le meilleur roi de la chrétienté, m'envoie vers vous chargé d'un message dont je m'acquitte à regret. Jamais reine, je puis vous l'assurer, ne fut tant honorée par son époux que votre fille par le roi Charles; mais pour elle, elle a oublié tous ses devoirs envers lui. Il l'a trouvée en péché avec un nain, et c'est pourquoi il vous mande par ma bouche de ne point trouver mauvais qu'il fasse justice. » L'empereur l'entend et est saisi d'étonnement; mais l'impératrice, qui a élevé sa fille et qui connaît son cœur, ne peut se tenir de répondre au messager : « Frère, vous avez perdu le sens. Je connais bien celle que j'ai portée dans mes flancs, et ce que vous dites n'est rien que fausseté. Il ne se peut faire que ma fille ait été assez osée pour manquer à la foi qu'elle doit à son seigneur. C'est à tort qu'on l'accuse; à droit, je le nie. Il n'est dame plus loyale dans toute la chrétienté, et c'est le roi qui fait mal de la croire coupable. » L'empereur ajoute : « Oui, c'est à la légère que le roi de France accuse ma fille.... Avec un nain! J'en suis si confondu que j'en perdrais la raison. Quand vous serez de retour, vous direz de ma part à votre roi qu'il se garde bien de jamais faire aucun mal à ma fille. S'il l'a trouvée en péché, qu'il me l'envoie, et sans retard, pour que je sache d'elle la vérité. Si elle s'avoue coupable, malheur à elle! mais en attendant ne la venez point accuser devant moi, car je ne saurais mal penser de ma fille, et elle doit être calomniée par quelque mauvais renégat. N'oubliez pas ce que je vous dis là. Si son époux la fait juger sans que je l'aie entendue, sans que j'aie appris d'elle la vérité, ce sera pour mon cœur un grand deuil et je mettrai toute ma puissance à la venger. — Sire, dit le messager, votre réponse sera fidèlement rapportée au roi de France. » Puis il prend congé de l'empereur et repart. P. 147-155.

Chemin faisant, il apprend avec une surprise extrême la nouvelle de la mort d'Aubri et du supplice de Macaire. De retour à Paris, il s'empresse d'aller à la cour rendre compte de son message. Grand est l'embarras de Charlemagne quand il apprend que l'empereur de Constantinople lui redemande sa fille. « Que faire? dit-il au duc Naimes. Conseillez-moi, je vous prie. — Il faut, répond le duc Naimes, faire dire à l'empereur que vous aviez chargé un de vos chevaliers de conduire la reine en exil, qu'il a été suivi et tué par un traître, que vous ne savez ce que la dame est devenue, mais que le traître a été brûlé. — Vous êtes le meilleur conseiller du monde, reprend l'empereur, et l'on peut se fier à vous sans crainte. Quel bon prêtre vous auriez fait, et quels sages conseils vous auriez donnés aux fidèles! — Mon noble seigneur, dit Naimes, il arrive qu'on rend un jugement injuste et blâmable avec la confiance d'en être récompensé au ciel. C'est ainsi qu'a été jugée à tort la plus belle et la plus sage du monde. Mais aussi comment penser que ce Macaire, votre ami, votre compagnon, vous eût fait pareille trahison et eût tué Aubri pour arriver jusqu'à la reine? Malheureuse reine! Qu'est-elle devenue? Nous l'ignorons; mais je ne perds pas l'espoir, et il me semble que nous la reverrons vivante. Ayons patience. — Plaise à Dieu! dit Charlemagne. — Puisque vous ne pouvez la retrouver, poursuit le duc Naimes, faites offrir de l'or à son père, s'il veut une réparation. — Volontiers, dit Charles; mais qui pourrons-nous charger de ce nouveau message ? » Sur l'avis du duc Naimes, Berart de Mondidier est encore choisi pour messager. Il part et arrive à Constantinople lorsque déjà Blanchefleur est réunie à son père et l'a instruit de ses malheurs. P. 155-167.

L'empereur de Constantinople, lorsqu'on lui annonce la venue de Berart, fait défense à qui que ce soit de parler de sa fille, en sorte que le messager ne puisse remporter de ses nouvelles. Berart est admis au palais et s'acquitte de son message. « Sire messager, lui répond l'empereur, retournez près de votre roi et dites-lui que je lui donnai jadis ma fille pour épouse et qu'aujourd'hui j'entends qu'elle me soit rendue. Comment a-t-il pu se persuader, votre roi, que, même avec tout l'or de la chrétienté, il pourrait obtenir qu'il ne fût plus parlé de ma fille ? Il l'a chassée de son royaume ; elle est morte peut-être, dévorée par les bêtes fauves, et il s'en vient me demander merci, comme si pareil méfait pouvait se racheter ! Je vous le répète, vous pouvez repartir, et quand vous serez de retour, vous direz de ma part au roi de France que je le défie, et que s'il ne me rend celle que je lui ai donnée, je suis à Paris avant trois mois ! » Berart s'en retourne avec cette réponse et la rapporte à Charlemagne, qui en demeure tout consterné.

« Nous en avons mal usé, dit le duc Naimes, avec un roi si puissant par le nombre et par la richesse de ses vassaux et de ses parents. Ce fut une grande faute que de bannir sa fille. S'il nous fait la guerre, nos domaines seront perdus. Il ne laissera debout château ni forteresse, et brûlera villes et bourgs. — A la volonté de Dieu, dit le roi. — Oui, sire, reprend Naimes, la faute en est à vous et non à la reine, à vous qui avez toujours cru les parents de Ganelon, en dépit de leurs trahisons. Que vous dirais-je? Si l'empereur nous attaque, nous nous défendrons; mais c'est nous qui avons tort, et il a le droit pour lui. Remettons-nous-en à Dieu. Je ne saurais en dire davantage. P. 167-173.

Nous laisserons ici le roi Charles, et le comte Berart, et le duc Naimes, pour retourner à l'empereur de Constantinople. Il frissonne à la pensée de l'outrage fait à sa fille. S'il ne la venge, il ne se compte plus pour rien. Il assemble ses comtes et ses barons et leur demande conseil.—Avis de Florimont.—Avis de Saladin. — Tous deux s'accordent à penser que l'empereur doit sommer Charlemagne de lui rendre Blanchefleur ou son pesant d'or. S'il n'y consent, c'est la guerre. L'empereur suit ce conseil. Quatre de ses barons, Florimont, Gerart, Renier et Godefroi vont à Paris notifier au roi de France les volontés de leur seigneur. — Réponse de Charlemagne: Il ne peut accorder ce qu'on lui demande; car de Blanchefleur, il n'en a nulles nouvelles, et pour l'or, il ne saurait où en prendre assez. « En ce cas, disent les messagers, préparez-vous à la guerre. Nous vous défions au nom de l'empereur notre maître. — A la volonté de Dieu, dit Charlemagne. Nous saurons bien nous défendre. » A ces mots Naimes de Bavière dit aux messagers : « Frères, votre empereur a grand tort, je dois vous le dire. Dès que l'épouse est unie à l'époux, elle n'appartient plus ni à son père ni à sa mère. Celui qui l'a prise pour compagne devient son

seigneur et maître. Il ne peut se séparer d'elle ; mais en cas d'adultère il la peut mettre à mort. Que votre empereur cesse donc de redemander sa fille. Morte ou vive, elle ne lui sera pas rendue, et il n'aura ni elle ni son pesant d'or. S'il veut porter la guerre en France, il y trouvera de vaillants chevaliers qui n'ont pas leurs pareils au monde. » Les messagers renouvellent leur défi et prennent congé de Charlemagne. Ils rapportent sa réponse à l'empereur de Constantinople. « Si vous le défiez, disent-ils, il vous défie aussi et ne manque pas de chevaliers qui ne craignent point les vôtres. — Avant qu'il soit longtemps, dit l'empereur, Charlemagne saura à quoi s'en tenir. L'un de nous deux sera réduit à néant. » L'empereur convoque tous ses vassaux ; en moins d'un mois il en a réuni cinquante mille. Sa fille et son petit-fils l'accompagneront. Le preux, le vaillant Varocher ne restera pas en arrière. Il s'arme à sa guise et se taille un grand bâton noueux, gros et massif, dont il ne se séparera pas. L'armée se met en marche et chevauche vers la France. Que Dieu soit en aide à Charlemagne!
P. 173-189.

Arrivé sous les murs de Paris, l'empereur de Constantinople fait déployer les tentes et les pavillons. A cette vue, le roi de France ne peut retenir ses larmes. Il appelle le duc Naimes, son sage conseiller : « Naimes, lui dit-il, j'ai bien sujet de m'attrister quand je me vois dans une telle détresse. Ce fut pour mon malheur que j'épousai Blanchefleur, et toi, Macaire, traître maudit, pourquoi t'ai-je accordé mon amitié ? Tu m'en as récompensé par la trahison ! — Pourquoi ces lamentations? dit le duc Naimes. Ne vous souvient-il plus du temps passé, et la race de Mayence ne vous a-t-elle pas toujours trahi ? C'est encore par elle que nous voici réduits à une telle extrémité. C'est par le crime de Macaire que nous avons en face de nous de mortels ennemis qui devraient être nos amis. La guerre et ses malheurs sont à nos portes. On ne vit jamais en France pareille calamité. Que Dieu et sainte Marie nous soient en aide ! Pour moi, je ne sais que vous dire. Le mieux serait encore de nous armer et de sortir de la ville pour nous défendre. Mieux vaut mourir que de rester ici en prison, puisque l'empereur ne veut entendre parler ni de merci ni de pardon et refuse toute rançon. — Qu'il en soit donc ainsi, » dit Charlemagne. Puis il fait assembler ses barons. Ils sont plus de trente mille qui montent à cheval sous la conduite du Danois, de Naimes et d'Isoré. Les portes de la ville sont ouvertes ; ils se mettent aux champs. P. 189-197.

De son côté, l'empereur de Constantinople fait prendre les armes à ses chevaliers ; ils sont bien quarante mille. Varocher ne se comporte pas en truand : s'il n'a ni palefroi ni destrier, il n'en marche pas moins derrière avec les gens de pied, armé de son grand bâton, qu'il n'a pas oublié. En voyant l'armée de Charlemagne, il donne un souvenir à sa femme et à ses enfants, qu'il n'a plus revus depuis le jour où il rencontra la reine. A le voir jouer de son bâton, on dirait un diable. — Il faut raconter un exploit de ce bon Varocher. Comme il connaît bien chemins et sentiers (1), il en profite pour pénétrer la nuit au camp de

1. Le texte ajoute que Varocher connaît bien aussi les

Charlemagne, où on le prend pour un écuyer. Il s'introduit ainsi au quartier du roi, là où il sait que sont les bons destriers. Il se fait seller le meilleur, et ainsi monté revient vers les siens en s'écriant : « Monjoie ! chevaliers, levez-vous sans tarder; je viens de butiner au camp de Charlemagne, j'ai son meilleur destrier; il sera fort en peine au moment de monter à cheval ! » A cet appel les chevaliers courent aux armes, et le camp français est assailli. Grande est la déconvenue de Charlemagne : il ne retrouve pas son destrier, et, pour surcroît de souci, le duc Naimes, à bout de sagesse et de ressources, ne trouve que des reproches à lui adresser et des malheurs à lui prédire. P. 197-201.

Les deux armées sont en présence; la lutte s'engage. — Récit de la bataille. — Joute de Floriadent et d'Ogier le Danois. — Blanchefleur, de la tente de son père, assiste à la mêlée, et voit tomber nombre de chevaliers français. Elle se rappelle qu'elle est leur reine, et ne peut retenir ses larmes. « Ces gens que vous faites tuer, dit-elle à son père, sont pour moi des amis, des frères ! — Ma fille, lui répond l'empereur, il n'en peut être autrement; il faut que je couvre de honte ce roi à qui je vous donnai jadis pour épouse, et vous ne sauriez vous en plaindre, vous qu'il a si cruellement outragée et bannie du royaume de France. Pour moi, je ne pourrais oublier pareille injure. Charles vous a traitée comme une concubine;

entrées de Paris et les hôtels des riches chevaliers; mais à quoi bon ? L'armée est hors de la ville et campe sous les murs. C'est à quoi sans doute l'auteur n'aura pas pris garde.

il m'en souviendra toute ma vie. — Père, lui dit la dame, mon seigneur ne sait pas que je suis près de vous ; s'il le savait, il se repentirait de son erreur et vous demanderait son pardon. — Il ne l'aura, répond l'empereur, que quand je serai vengé. » P. 201-211.

A ces mots survient Varocher ; il amène à l'empereur deux des meilleurs destriers de Charlemagne, deux destriers aragonais. « Sire, dit-il, je vous fais don de ces coursiers, que j'ai pris dans les tentes de Charlemagne et du duc Naimes. Je ne suis qu'un garçon, mais s'il vous plaisait de me ceindre l'épée au côté, et si je pouvais, comme d'autres, m'appeler votre chevalier, j'entrerais en lice pour combattre le meilleur champion qui soit dans l'armée du roi de France. — Nous vous accordons votre requête, dit l'empereur. — Et avec grande raison, ajoute Blanchefleur ; il n'est pas au monde d'homme plus loyal, et je ne puis oublier qu'il abandonna sa maison, sa femme, ses enfants, pour m'accompagner jusqu'en Hongrie et pour veiller sur moi. — Nous le savons, dit l'empereur, et il ne restera pas sans récompense. » A ces mots il appelle ses ducs et ses barons. Blanchefleur, aidée des dames qui l'accompagnent, fait revêtir à Varocher une riche tunique de soie. L'empereur lui ceint l'épée au côté, un duc lui chausse l'éperon, et le nouveau chevalier jure que Charlemagne trouvera en lui un mauvais compagnon. P. 211-215.

La reine fait don à Varocher d'un bon haubert et d'un heaume au cercle doré. Ainsi équipé, il monte sur un destrier rapide, s'arme d'une lance au fer acéré, et, un écu d'ivoire au cou, manœuvre si bien son coursier, qu'on ne reconnaîtrait plus en lui le truand, et qu'il a tout l'air d'un noble chevalier. Il voit bientôt se réunir à lui un millier de compagnons, âpres au gain, qui le reconnaissent pour chef et lui jurent de le servir loyalement. Varocher les tiendra quittes de sa part de butin, il les en prévient ; mais il veut qu'ils se montrent bien, et dès le lendemain matin il leur en fournira l'occasion. Ils iront au camp de Charlemagne, et là ils trouveront de quoi enrichir tous leurs parents : or, argent, destriers, palefrois, mulets ; aucune proie ne leur manquera. P. 215-219.

En effet, ils montent à cheval avant l'aube, et, par un chemin détourné qui les conduit près de la ville, ils s'introduisent dans le camp de Charlemagne, en criant comme le guet quand il fait sa ronde par les champs. Les Français les entendent, croient qu'ils sont des leurs, et les laissent ainsi pénétrer dans les tentes de Charlemagne et de ses chevaliers. Là, ils prennent tout ce qui leur agrée, changent leurs mauvais chevaux pour de bons, enlèvent les armures, les vêtements, l'or et l'argent, de façon que tel qui s'était endormi riche se réveille pauvre le matin. Après cet exploit, Varocher et ses compagnons s'en reviennent à leur camp chargés de butin. Et chacun de se demander : « Où sont-ils allés prendre toutes ces richesses ? — Dans un lieu où il en reste encore, » dit Varocher. Cette réponse lui vaut plus de deux mille nouveaux compagnons, qu'il ne refuse pas. Varocher donne sa part de butin à l'empereur, à Blanchefleur et à son jeune fils. Mais la reine de France n'en déplore pas moins ce pillage : c'est son bien, pense-t-elle, que se partagent ainsi des maraudeurs qui ne l'ont pas gagné.

Charlemagne, à son lever, voit sa chambre dévalisée et ne retrouve pas son cheval à l'écurie; il ne sait qui accuser de ce larcin. « Sire, lui dit le duc Naimes, ne vous plaignez pas à moi : si vous avez perdu, je n'ai pas gagné; car moi non plus je ne retrouve pas mon cheval. » Plus d'un ne fit que rire de cette mésaventure; mais de ces rieurs il y en eut de tels qui, après avoir bien cherché, ne retrouvèrent ni leurs bonnes lances, ni leurs hauberts, ni leurs écus. Ce riche butin était aux mains de Varocher et de sa compagnie. Le roi, qui n'avait garde de s'en douter, soupçonna nombre des siens, qu'il fit prendre et garrotter. P. 219-225.

Bientôt Charlemagne est assailli une seconde fois dans son camp; il court aux armes avec ses barons, et une nouvelle bataille s'engage. — Récit de la bataille. — Prouesses de Varocher. — Il rencontre le duc Naimes, et lui assène un tel coup qu'il lui fait presque vider les arçons. « Sainte Marie! dit le duc, ce n'est pas un homme, c'est le diable en personne; je ne reçus jamais pareil coup d'aucun chevalier. » Naimes tire son épée pour prendre sa revanche; mais Varocher ne l'attend point : il sent bien qu'il n'a pas affaire à un bachelier. Comme il tourne bride, Charlemagne arrive près du duc : « Voyez-vous cet enragé? lui dit Naimes. Il faut qu'il ait le diable au corps; il vient de me donner un tel coup d'épée, qu'il m'a jeté à la renverse sur ma selle; c'est une grâce de Dieu qu'il ne m'ait point entamé. — Et ne serait-ce pas, dit Charlemagne, le méchant ribaud qui m'a volé mon destrier? Je le croirais volontiers à le voir chevaucher. Si je puis l'approcher, il me le payera cher! »

Mais ces menaces n'atteignent point Varocher, qui ne cesse de courir de çà et de là. P. 225-233.

En chevauchant ainsi, il rencontre Berart de Mondidier, et reçoit de lui un coup qui brise les pierreries de son heaume, mais sans le pénétrer. Varocher frappe à son tour, et si rudement qu'il désarçonne Berart et le fait prisonnier. Il le conduit à la tente de l'empereur de Constantinople et le remet à la garde de Blanchefleur. La reine reçonnaît en lui un de ses chevaliers, le fait désarmer et revêtir de riches habits de soie. Berart tombe à ses genoux; sa joie est extrême en la revoyant; tout l'or de Bavière ne le rendrait pas plus heureux. Blanchefleur lui demande des nouvelles de Charlemagne. « Dame, lui répond Berart, il ne peut se consoler de vous avoir perdue; il n'ose plus espérer; il vous croit morte. Mais vous, dame, comment pouvez-vous souffrir cette guerre où meurent tant des vôtres? Moi-même, n'était la protection de Dieu, j'aurais succombé aussi sous l'épée de ce truand qui vient de m'amener ici. — Il est preux et vaillant, lui dit Blanchefleur, et personne n'a rendu à mon seigneur autant de services que lui. » Puis elle raconte à Berart tout ce qu'elle doit à Varocher, à ce nouveau chevalier qui n'était qu'un vilain quand elle le rencontra. « Il a bien changé, dit Berart; personne aujourd'hui ne porte mieux que lui le haubert. Mais quelle joie pour le roi de France, s'il vous savait encore vivante! De sa vie il n'en aurait ressenti une pareille. — Il faut le laisser faire pénitence, dit la reine, pour m'avoir si injustement jugée, si honteusement bannie. Et cependant, je ne puis me défendre de compatir aux souffrances des siens ; mais ce n'est pas moi, c'est mon père qui a voulu cette guerre pour me venger. » P. 233-239.

Pendant que Berart et Blanchefleur s'entretiennent ainsi, la bataille continue, terrible, acharnée. Elle a duré tout le jour, lorsque Charlemagne appelle à haute voix l'empereur de Constantinople, qui se rend près de lui. Les deux souverains ont une entrevue seul à seul. « Sire empereur, dit Charlemagne, comment avez-vous pu vous résoudre à venir en France assiéger ma cité ? Je déplore amèrement le sort de votre fille ; mais si elle est morte, du moins vous ai-je bien vengé du traître qui l'avait accusée. Et de plus, je suis prêt encore à vous accorder telle réparation que vous voudrez. » — L'empereur refuse : « Vous avez été, dit-il, sans merci, sans pitié ; vous avez chassé ma fille de son royaume ; vous l'avez envoyée en exil sous la garde d'un seul chevalier que Macaire a tué. Notre querelle ne peut prendre fin à moins d'un combat singulier entre deux champions. » — Charlemagne accepte ce combat. « Que demain, dit-il, au lever du soleil, un de vos chevaliers soit armé ; un des miens sera prêt aussi. Si mon champion est vaincu, je m'inclinerai devant vos volontés, et vous tirerez de moi telle vengeance qu'il vous plaira. Mais si c'est votre champion qui a le dessous, vous retournerez dans votre empire et il y aura entre nous paix et amitié. » L'accord conclu, les deux princes se séparent et rentrent dans leurs camps. Charlemagne appelle près de lui le duc Naimes, le Danois et maint autre baron. Il leur fait part de son engagement, que chacun approuve. Le Danois s'offre à combattre ; le roi l'agrée. De son côté, l'empereur de Constantinople annonce aussi la bataille à ses chevaliers : « Qui sera notre champion ? » Leur demande-t-il ; et tous de répondre : « Varocher le preux. — Volontiers, » dit Varocher, à la grande joie de l'empereur et de ses barons. P. 239-245.

Quand Blanchefleur apprend la nouvelle, quand elle sait que Varocher aura pour adversaire le Danois, le plus hardi, le plus brave chevalier qui soit au monde, elle s'en émeut, elle fait mander son fidèle défenseur : « Varocher, lui dit-elle, c'est une folie d'avoir relevé ce gant. Vous ne connaissez pas celui que vous aurez à combattre ; il n'est pas de guerrier plus redoutable qu'Ogier le Danois. — Je ne le redoute pas, dit Varocher, et vous prie, pour l'amour de moi, de quitter ce souci. Quand Roland et Olivier vivraient encore, je ne les craindrais pas davantage. » Berart de Mondidier, qui est demeuré près de la reine, lui dit : « Dame, Varocher est preux et vaillant ; j'ai reçu de lui un coup comme jamais aucun chevalier ne m'en a donné. Mais il faut qu'il ait une bonne armure ; car Ogier a une épée dont le tranchant est bien vif. Courtain, ainsi l'appellent les Allemands et les Bavarois, coupe le fer, le rubis ou l'acier plus aisément que la faux ne fait l'herbe du pré. — J'y songeais, dit la reine. — Hâtez-vous donc, ajoute Varocher, car il me tarde d'être en face de mon adversaire. — Sire Varocher, dit Berart, c'est un bon sentiment, mais dont vous pourriez bien vous repentir. Tel rêve de vente ou d'échange qui finit souvent par perdre beaucoup du sien. Vous ne connaissez pas le brave Danois : il n'est point de meilleur chevalier chez les païens ni chez les chrétiens. — J'ai bien entendu parler de lui, dit Varocher, mais je ne l'en crains pas plus pour cela. Il faut que vous sachiez que depuis que mon seigneur m'a armé chevalier je suis devenu orgueilleux et fier, si bien que lorsqu'il m'arrive de penser à mon ancien métier de bûcheron et aux fardeaux dont je me chargeais comme une bête de somme, je ne me sens nulle envie de retourner au bois. En ce temps-là j'étais vêtu comme un truand et je n'avais pour arme qu'un bâton de pommier. Aujourd'hui, mes vêtements sont ceux d'un chevalier, et je porte au côté l'épée d'acier à la lame fourbie. Je vivais au milieu des bêtes fauves; maintenant j'habite une résidence impériale, et, quand je veux, des chambellans m'en ouvrent les portes. — Tu as si bon espoir, dit la reine, et tu parles si bien que je ne trouve plus rien à te dire ni à t'opposer. Je ne laisserai pas toutefois de prier pour toi Notre-Seigneur, le vrai justicier, de permettre que tu reviennes sain et sauf de cette bataille. — Assez de paroles, dit Varocher; faites-moi apporter mes armes. — Volontiers, » répond la reine. P. 245-251.

Elle fait apporter à Varocher les meilleures armes du monde. Il endosse le haubert, chausse l'éperon, ceint l'épée et lace le heaume, un heaume que porta jadis le roi Pharaon et qu'aucune lame ne peut entamer. Il monte sur un rapide destrier d'Aragon, pend à son cou un bon écu, et s'arme d'une lance au fer tranchant. » Dame, dit-il à Blanchefleur, je m'en vais à la grâce de Dieu. — Et suivi de mes vœux, dit la reine. » Varocher pique son destrier, court à l'empereur et lui dit : « Sire, je me rends au champ de bataille; j'espère en revenir vainqueur. — Que Dieu vous bénisse! dit l'empereur. S'il m'accorde de revenir à Constantinople, je vous donnerai de l'or et une bonne terre avec château et donjon, de façon à vous rendre riche pour le reste de vos jours. — J'accepterai, répond Varocher, à la charge de l'hommage, comme de droit. » L'empereur lui donne sa bénédiction, et Varocher, plus fier que lion ou léopard, enfonce les éperons dans les flancs de son cheval. Il arrive bientôt à la tente de Charlemagne et s'écrie à haute voix : « Roi de France et de Laon, où est votre champion? Est-il prêt à combattre, oui ou non? » Charles et le duc Naimes l'entendent : « Voyez, disent-ils, ce mauvais garçon! n'a-t-il pas le diable au corps? » — Ogier aussi l'a entendu, à sa grande confusion. Il court à sa tente, s'arme en toute hâte, monte à cheval et sans mot dire s'élance à la rencontre de Varocher. « Voyez, dit Charlemagne au duc Naimes, avec quelle ardeur le Danois court à la bataille! — Plaise à Dieu, ajoute le duc, qu'il en revienne vainqueur, et qu'il puisse rétablir la paix entre des parents désunis. » P. 251-257.

Ogier est en face de Varocher : « Sire chevalier, lui dit-il, je ne m'attendais pas à être devancé. Voulez-vous faire l'épreuve de votre valeur ou l'aveu de votre défaite? — Avez-vous perdu le sens? lui répond Varocher. Pensez-vous donc que je sois venu ici pour chanter des chansons, pour me divertir, et non pour mettre l'épée au vent? Allons, si vous êtes digne de votre renom, vous ne reculerez pas devant moi. — C'est entendu, » dit le Danois. A ces mots, ils se donnent du champ, puis s'élancent l'un contre l'autre en brandissant leurs lances. Ils s'entre-choquent si rudement que leurs écus volent en éclats ; mais leurs haubertsrésistent et les protégent. Les deux chevaux plient et fléchissent du genou ; les deux lances tombent à terre en tronçons.

Le combat recommence à l'épée. Varocher en frappe le premier. Il ne peut entamer le heaume d'Ogier, que Dieu protége ; mais il lui tranche le devant de son haubert. « Sainte Marie ! dit Ogier, quel fil a cette épée ! Il ne m'aimait guère celui qui en fit don. » A son tour, le Danois atteint Varocher sur la tête d'un coup si terrible qu'il le fait plier en avant sur l'arçon de sa selle. « Sainte Marie, refuge des pécheurs, s'écrie Varocher, défendez-moi contre la mort ! — Me reconnais-tu ? dit Ogier. Allons, rends-toi sans plus tarder ! — Vaines paroles ! répond Varocher ; je ne suis pas encore à ta discrétion. » Et tous deux reprennent la lutte avec une nouvelle ardeur. Bientôt leurs armures sont en pièces, hormis les heaumes. Ogier admire la vaillance de son adversaire : « Sire chevalier, lui dit-il, comment vous nomme-t-on à la cour de l'empereur que vous servez ? — J'ai nom Varocher. Il y a peu de temps que je suis chevalier ; je n'étais d'abord qu'un vilain vivant dans les bois. Mais l'empereur, en reconnaissance d'un service que je lui ai rendu, m'a conféré la chevalerie. Si le roi Charlemagne savait certain secret que je ne puis révéler, loin de t'envoyer ici pour me combattre et pour me tuer, il me prendrait en amitié, il me chérirait. — Noble chevalier, dit le Danois, s'il vous plaisait de me confier ce secret, peut-être pourrions-nous, vous et moi, mettre fin à ce combat et nous accorder tous deux sans coup férir ?

Macaire.

— Si je vous le confie, dit Varocher, me promettez-vous de le garder fidèlement et de n'en faire part à qui que ce soit? — Je vous le jure. — En ce cas, reprend Varocher, vous saurez tout. » Il lui raconte alors ce que devint la reine après la mort d'Aubri; comment il la rencontra et la conduisit en Hongrie, où elle accoucha d'un fils, et comment elle revint à la cour de l'empereur son père. « C'est pour la venger, ajoute-t-il, qu'il a réuni cette grande armée, et je puis vous donner l'assurance qu'elle est à cette heure saine et sauve dans la tente impériale, elle et son jeune enfant. » P. 257-267.

Quand le Danois entend Varocher parler ainsi, il en ressent plus de joie que si on lui donnait le royaume de Bavière. Il remet l'épée au fourreau et s'incline devant son adversaire : « Varocher, lui dit-il, vous m'êtes devenu bien cher. A Dieu ne plaise que je continue à jouter contre vous. Je vous aimerai désormais comme un frère, et je n'aurai rien que je ne partage avec vous. Je retourne près de Charlemagne. Il ne saura pas comment les choses se sont passées : je lui dirai que vous m'avez desarçonné, et la paix sera faite. — Grande charité! dit Varocher. Ne tardez donc pas davantage. » A ces mots, ils se séparent. Ogier revient au camp français, où il annonce sa prétendue défaite, puis il se dépouille de ses armes et court s'agenouiller devant le roi : « Bon roi, dit-il, il faut que j'en fasse l'aveu : je suis vaincu. J'ai été maté par le meilleur chevalier de la chrétienté. Je ne puis plus que vous prier de faire la paix avec l'empereur. — J'y serais tout disposé, dit Charlemagne, s'il voulait se laisser fléchir et me pardonner la mort de sa fille. — Envoyez-lui donc, dit le Danois, un habile messager, qui sache bien parler et qui réussisse à l'attendrir. — J'y songeais, reprend le roi; mais qui charger de ce message? — Qui? répond Ogier: le duc Naimes, et moi avec lui. — Volontiers, dit Charlemagne. Je n'en saurais choisir deux meilleurs. » P. 267-273.

Le duc Naimes et le Danois partent donc de compagnie pour se rendre au camp de l'empereur de Constantinople. C'est Varocher qu'ils rencontrent tout d'abord, comme il était convenu entre lui et Ogier. Le duc Naimes et le Danois le prennent chacun par la main et tous trois se présentent ainsi devant l'empereur, qui se lève pour les recevoir. Il fait asseoir Naimes à sa droite, Ogier à sa gauche. Varocher reste debout devant eux. Les deux messagers attirent les regards, et chacun admire leur bonne mine. C'est le duc Naimes qui prend la parole: « Juste empereur, dit-il, daignez m'écouter. Je ne vous dirai rien que de vrai. En ce monde, ce qui est fait est fait et ne saurait être effacé ni anéanti. Je ne puis donc que vous prier, au nom du Tout-Puissant, d'accorder un généreux pardon à Charlemagne votre allié, qui se mettra à vos ordres, lui et tous les siens. — Lorsque je mariai ma fille à votre seigneur, répond l'empereur, je n'avais ni parent ni ami qui me fût plus cher que lui. C'est Charles qui en a mal usé envers moi, envers ma fille; c'est lui qui nous a outragés tous deux en la condamnant à être brûlée vive. Une accusation honteuse a pesé injustement sur elle; mais je ne puis me défendre de vous tirer d'une erreur où vous êtes. Grâce à Dieu, ma fille n'est pas morte. Elle est en santé et en joie, et si vous en doutez, elle-même va vous détromper. » Puis, s'adressant à Varocher, il lui dit en riant : « Sage et vaillant chevalier, rendez-vous sans retard auprès de Blanchefleur et amenez-la en ma présence pour que Naimes et Ogier la puissent voir. » Varocher obéit. Il se rend près de la dame, qu'il trouve dans sa chambre avec le prisonnier Berart. « Dame, lui dit-il, je vous apporte une bonne nouvelle. L'empereur votre père vous mande de venir près de lui, et dans vos plus beaux atours, pour témoigner du soin qu'il a pris de vous. Deux de vos sujets français, Ogier et Naimes, désirent de vous voir. » La dame rend grâces à Dieu, se revêt de riches habits, rattache ses cheveux avec un fil d'or et se rend à la tente de son père. P. 273-279.

Dès que les deux barons l'aperçoivent, ils courent se jeter à ses genoux. Le duc Naimes lui fait part de sa mission; il la supplie de les aider à la conclusion de la paix, et de consentir à rentrer dans son royaume, où l'attendent les hommages de tous ses sujets. La reine hésite ou feint d'hésiter; elle rappelle au duc tout ce qu'elle a souffert depuis le jour où elle fut si honteusement jugée; elle lui apprend tout ce qu'elle doit à Varocher; enfin elle lui dit : « La paix dépend de mon père; il peut disposer de moi à son gré. Il m'a nourrie, moi et mon enfant, depuis que j'ai quitté la France; s'il consent à pardonner, j'en aurai grande joie. — C'est parler sagement, » dit le duc Naimes; puis, s'adressant à l'empereur et s'inclinant profondément devant lui : « Sire empereur, lui dit-il, je vous en conjure par le Dieu qui naquit à Bethléem, faites la paix avec Charlemagne et rendez-lui la reine !

elle est à lui, personne n'a droit de la lui enlever. —
Si j'acquiesce à la demande de Charles, répond l'empereur, sachez bien que ce n'est pas sans regret, lorsque je me rappelle l'opprobre qu'il a fait endurer à ma fille; et cependant j'y consens; terminez cette grande querelle à votre gré. » A ces mots, le duc Naimes s'incline et remercie humblement l'empereur. La reine laisse éclater sa joie : « Naimes, dit-elle, si Dieu me prête vie, vous serez bien récompensé de ce service; mais, avant tout, prenez avec vous mon enfant et menez-le devant son père, qui ne l'a jamais vu. — Dieu! s'écrie le Danois, quel riche présent! » La reine remet gracieusement son fils aux mains du duc Naimes. Les deux messagers prennent congé de l'empereur, et s'en vont avec l'enfant, que le fidèle Varocher ne laisse pas partir sans l'accompagner. P. 279-285.

Comme ils approchent du camp de Charlemagne, chevaliers et gens de pied accourent au-devant d'eux pour savoir s'ils auront la paix; ils voient l'enfant et s'émerveillent de sa beauté. Avec sa tête blonde surmontée d'une plume de paon, le petit damoiseau est le plus beau du monde, plus beau même qu'Absalon. Quand ils sont près du roi, Charles dit à ses deux barons : « Quel est cet enfant? où l'avez-vous trouvé? On n'en vit jamais un plus beau. — Quand vous saurez son nom, répond le duc Naimes, il vous sera plus cher que la prunelle de vos yeux. » Comme il dit ces mots, ô miracle! voici l'enfant qui quitte la main du duc Naimes, court près de Charlemagne, et le prenant par le menton : « Père, lui dit-il, je sais bien comment ma mère a quitté le royaume de France. Je suis votre fils, n'en doutez pas, et si vous ne me croyez point, regardez la croix blanche que je porte sur l'épaule droite. » Le roi l'entend, et, s'adressant au duc Naimes : « Que dit cet enfant, Naimes ? Je ne comprends rien à son langage. D'où est-il ? Qui est-il ? — Quand je vous l'aurai dit, répond Naimes, ce sera une joie pour tous comme jamais il n'y en aura eu en France. Ce jeune enfant que vous voyez, je puis vous assurer, je puis vous jurer qu'il est votre fils ; Blanchefleur sa mère n'est point morte ; je l'ai vue tout à l'heure. — Est-il bien vrai ? dit Charlemagne ; j'ai peine à le croire, car si elle vivait, aurait-elle pu voir ainsi succomber les siens ? — Je vous le jure, reprend Naimes ; je l'ai vue, je lui ai parlé, et la paix est faite si vous le voulez. — Nous ne l'aurons que trop tard ! » dit Charlemagne. Puis il se prend à regarder l'enfant : « Beau fils, lui demande-t-il, comment se nomme ta mère ? et ton père, comment l'appelle-t-on ? — Ma mère se nomme Blanchefleur, répond l'enfant, et elle m'a dit que Charlemagne était mon père. » Le roi le regarde encore, le baise et lui dit : « Beau fils, vous devez m'être cher ; après ma mort, vous régnerez sur la France, sur la Normandie, sur la Bavière. — Songeons avant tout à la paix, dit le duc Naimes, et que vous puissiez bientôt ramener la reine en France. — C'est vous, dit le roi, que je charge du soin de mettre fin à la guerre. — Sire, répond le duc Naimes, j'ai vu la reine, j'ai conféré avec elle, je connais ses intentions : c'est que vous ayez une entrevue, seul à seul, avec son père. Là, vous vous accorderez tous deux et conclurez la paix. » P. 285-293.

Charlemagne y consent ; l'entrevue a lieu. Pendant que les deux princes sont en pourparler, voici la reine qui vient tout à coup interrompre leur entretien. Charlemagne la voit et sourit doucement. Elle lui dit : « Noble et puissant roi, je veux tout oublier. Vous avez tiré vengeance de Macaire, du traître qui, après m'avoir accusée si honteusement, fut encore le meurtrier d'Aubri. Je suis votre femme, et ne connais point d'autre seigneur que vous. Faites la paix, j'y souscris pour ma part. — Sages paroles ! dit le duc Naimes. Arrière donc tous les mauvais souvenirs ! — Sire empereur, dit Charlemagne tout ému, notre conférence ne sera pas longue : si je vous ai offensé, je suis prêt à faire amende honorable. Que vous dirai-je? Je m'en remets à Dieu et à vous. J'étais de votre famille, et j'en serai encore si la reine y consent. — Avec une joie sans pareille, dit Blanchefleur. Mais, Sire, ajoute-t-elle, je vous le dis sans détour, gardez-vous de jamais recommencer. » P. 293-297.

La paix conclue, les princes entrent à Paris, et la reine au doux sourire revoit avec bonheur son palais. Après quinze jours de fêtes, l'empereur de Constantinople et le roi de Hongrie prennent congé de Charlemagne et s'en retournent dans leurs États. Charles demeure à Paris, sa cité, où il siége avec la reine à sa droite. P. 297-301.

Depuis le jour où Varocher avait quitté sa femme et ses enfants pour accompagner Blanchefleur, il ne les avait pas revus, et ce jour était déjà loin. Quand il voit la guerre finie, il dit à la reine : « Dame, il vous souvient que lorsque je me séparai de ma femme et de mes enfants, je les laissai dans une grande pauvreté ; mais aujourd'hui, grâce à Dieu et à vos bontés, j'ai de l'or, j'ai un palefroi, j'ai un destrier ; je suis à l'aise pour le reste de mes jours. Souffrez donc que je prenne congé de vous. » La reine y consent, le comble de présents à charger un char, et lui dit : « Allez, Varocher ; mais n'oubliez pas, dès que vous le pourrez, de revenir à la cour. » Varocher le promet, et part avec une suite peu nombreuse : quatorze compagnons seulement. Il n'a pas oublié le chemin de sa demeure. Sur le point d'y arriver, il aperçoit ses deux fils qui reviennent du bois avec une pesante charge, comme leur père les y avait accoutumés. Touché de pitié à cette vue, il s'approche d'eux et met à bas leurs fardeaux. Les deux garçons, ainsi rudoyés, se saisissent chacun d'un grand bâton et s'élancent sur leur père. Ils l'auraient frappé ; mais lui, faisant un mouvement de retraite, leur dit : « Vous serez braves, je le vois. Beaux fils, ajoute-t-il, ne reconnaissez-vous pas votre père ? Me voici de retour, et je reviens avec assez d'or pour vous rendre riches le reste de vos jours. Vous monterez de bons destriers et serez tous deux armés chevaliers. » A ces mots, les enfants l'ont reconnu, avec quelle joie, on le devine. P. 301-303.

Quand Varocher entra dans sa maison, il n'y trouva ni riches habits, ni pain, ni vin, ni chair, ni poisson ; sa femme n'avait point de pelisse, et était mal accoutrée, elle et ses deux garçons. Varocher, sans plus tarder, leur donna à tous des vêtements de soie et de coton ; il fit apporter chez lui tout ce qui est à l'usage d'une bonne maison, et se fit élever un palais avec donjon. Il fut institué champion à la cour de Charlemagne. P. 303-305.

Ici finit la chanson. Que Dieu vous bénisse !

MACAIRE

MACAIRE

Si conteron d'une mervile gran
Qe vene in França dapois por longo tan,
Pois qe fo mort Oliver e Rolan,
Li qual fi faire un de qui de Magan,
Dont manti çivaler mori di cristian;
E por Marchario fo tuto quelo engan.
Unde, segniur, de ço siés çertan
Qe dapois, e darer e davan,
En crestentés non fo hom si sovran
Como fu l'inperer K. el man,
Ne qe tanto durase pena e torman
Por asalter la loi di cristian.
Contra païn el fo tot li sovran,
E plus doté el fo da tota çan.
El non ouir mie le conseio d'infan,
E por ço duro le plus de docento an,

MACAIRE

Çi conterons d'une merveille grant
Qu'avint en France moult grant piece a de tens,
Puis que mort furent Oliviers et Rolans :
C'est de Maience d'un cuivert soduiant,
Dont en morurent maint chevalier vaillant ;
Li fel Macaires ceste oevre ala brassant.
Oiés, seignor, sachiés certainement
Que de pieça, et deriere et devant,
Hom si sovrains ne fu el mont vivant
Com Kallemaines, li riches rois puissans,
Ne qui autant soffrist peine et torment
Por essaucer la loi de crestiens.
Contre paiens fu toudis conquerans
Et plus dotés fu il de tote gent.
Conseil d'enfant n'aloit mie escoutant,
Et si dura le plus de deus cens ans,

Tanto que el vene e Guglemo e Beltran.
Una dama avoit d'un parenté gran,
Fila d'un enperer qe oit gran posan,
De Costantinopli, ensi l'apela la jan.
Blançiflor avoit nome cele dan,
Loial e bone, e de grand esian.
Or entenderés la fin d'es roman;
Qe Deo vos beneie e meser san Joan!

Coment K. tenoit grant corte entre Paris.

Gran cort manten K. l'inperaor
Entro Paris, son pales maior.
Ilec estoit mant filz de valvasor
E manti dux, prinçes e contor,
E le dux N. so bon conseleor.
Unqes el segle non estoit nul milor,
Ne qe de foi tant amase son segnor,
Ne qe tanto durase e pena e dolor.
Sor tot les autres estoit coreor,
Unde da Deo el n'ave gran restor,
Da Deo del celo, li maine criator.
Quatro filz oit de sa çentil uxor
Qe fo di doçe per e fo fin çostreor.
En Roncival fo morti à dolor,

Et tant que vinrent Guillames et Bertrans.
Kalles ot feme d'un parenté moult grant,
Fille à un roi d'une cité puissant,
Costantinoble, si l'apele la gent.
La dame ot nom Blancheflor, au cors gent,
Léal et boine et de grant esciant.
Or escoutés la fin cestui roman;
Dex vos garisse et li ber sains Jehans!

Coment Kalles tenoit grant cort a Paris.

*G*RANT *cort tint Kalles l'emperere Francor*
Droit à Paris, en son palais maior.
Illec estoient maint fil de vavasor,
Maint duc i furent, maint prince et maint contor,
Et li dus Naimes, ses boins conseléor.
Onques el siecle n'en vit nus hom meillor
Ne qui de foi tant amast son segnor,
Ne tant por lui soffrist peine et dolor.
Sor tos les autres avoit cil la valor,
Si que de Dieu il en ot grant restor,
De Dieu de glore, l'umainne criator.
Quatre fis ot de sa gentil oissor,
Qui des pers furent et hardi jostéor.
En Ronscivals mort furent à dolor,

Quando fo morto R. li contor,
Por li malves Gaino, li traïtor,
Quant li traï à li rois almansor,
A li rois Marsilio, dont pois n'ave desenor,
Dont fo çuçé à modo de traïtor.

COMENT MACARIO VOLSE VERGOGNER K.

GRAN cort manten K. man l'inperer
De gran baron, de conti e de prinçer;
Mais sor tot i fo dux N. de Bavier
E li Danois qe l'omo apela Oger.
Tant avoit fato li traïtor losençer,
Con son avoir e besant e diner,
Qe in la cort son ama e tenu çer :
E con li rois n'ont à boir e à mançer,
E un li est de lor plus ançoner.
Machario de Losane se fait apeler.
Or entendés del traïtor losençer
Como vose li rois onir e vergogner,
E por força avoir sa muler.
Qe una festa del baron san Riçer
La çentil dame estoit en son verçer,
Cun mante dame s'estoit à deporter;
Si se fasoit davanti soi violer,
E una cançon e dir e çanter.

Là ù fu mors Rolans, li boins contors,
Por Ganelon, le malvais traïtor,
Quant les traï al felon aumacor,
Al roi Marsile, dont puis ot desenor,
Dont fu jugiés à loi de traïtor.

COMENT MACAIRES VOUT VERGOIGNER KALLON.

GRANT cort tint Kalles l'emperere au vis fier
De haus barons, de contes, de princiers.
Sor toz i fu dus Naimes de Baivier
Et li Danois que l'en apele Ogier.
Tant avoit fait li cuivers losengiers
Par son avoir et besans et deniers
Qu'en la cort fu amés et tenus chiers :
O le roi siet au boire et au mangier,
Et s'est li uns de ses drus plus privés.
Se fait Macaire de Losane apeler.
Or entendés del cuivert losengier
Com vout le roi honir et vergoignier,
Par droite force et avoir sa moillier.
A une feste del baron saint Riquier,
La gentis dame estoit en son vergier
O mainte dame por son cors deporter ;
Si se fesoit devant soi vieler,
Une chançon et dire et chanter.

E Macharío entro en le verçer;
Avec lui avoit manti çivaler.
E començo la dama à d'onoier.
« Dama, fait il, ben vos poés vanter
« Sor tot dames qe se poust trover
« Plus bela dama hom non poust reçater;
« E ben estoit un gran pecé morter
« Quant un tel home v'oit à governer.
« Se moi e vos saumes acompagner,
« Plus bela compagne non se poust trover
« Por gran amor, estrençer e baser. »
La dama l'olde, si le prist à guarder
E en riando si le prist à parler :
« Aï ! sire Macharío, vu si e pro e ber,
« Queste parole qe vos oldo conter
« E so ben qe le dites por mon cors asaçer. »
Dist Macharío : « El vos fala li penser;
« El no e, dama, deça ni dela da mer,
« Qe sovra nos e digni de vos amer,
« Et no e pena qe poese endurer
« Qe o non fese por vo cors deliter. »
La dama l'olde q'el non dis por gaber;
Ça oldirés como li responde arer.
« Macharío, dist ela, tu non sai mon penser;
« Avanti me lairoie tot le menbre couper
« Et en un fois e arder e bruser,
« E in apreso la polvere à venter,

Ez vos Macaire entrant ens el vergier ;
Ensemble o lui avoit maint chevalier.
Et comença la dame à dosnoier.
« Dame, fait il, bien vos poés vanter
« Sor totes dames que on péust trover
« Nule plus bele ne péust on esmer ;
« Et ce est bien uns grans pechiés mortés
« Quant uns tés hom vos a à governer.
« Se je et vos fussiens acompaigné,
« Tel druerie ne péust on trover
« Por bien amer, acoler et baisier. »
La dame l'ot, si le vait esgarder
Et en riant si li prist à parler :
« Sire Macaires, tant estes preus et ber,
« Ceste parole que je vos oi conter
« Bien sai la dites por mon cors esprover. »
Et dist Macaires : « D'el vos covient penser ;
« Que nen est, dame, deçà ne delà mer,
« Nus hom qui puist miex de nos vos amer,
« Et si n'est peine que péusse endurer
« Que nel fesisse por vo cors deliter. »
La dame l'ot que nel dit por gaber,
Or orrés ja com li respont arrier.
Dist la roïne : « Tu ne sais mon penser ;
« Ains me lairoie tos les membres coper
« Et en un feu et ardoir et bruisier,
« Et en après la poriere à venter,

« Qe mais pensese mal de l'inperer.
« E se mais vers moi e v'oldo si parler
« E derier moi tel rason conter,
« A mon sire le diro senza entarder.
« Malvasio hom, con l'olsas tu penser
« De ton segnor tel parole parler?
« Se l'olsoit, no t'en poroit guarenter
« Toto l'avoir qe se poust trover
« Q'elo no te faïst à dos fors apiçer.
« Tosto da moi vos deça desevrer,
« E ben vos guardés de micha mais parler,
« De tes paroles à moi derasner. »
Machario l'olde, s'en pris à vergogner;
Da le se parte cum toto mal penser.

Coment la Rayne retorne dal çardin e coment oyt gran dollo.

Blanciflor la raine fu arere torné,
Sor son palès s'en fo reparié.
De dol et d'ire oit son cor abusmé,
E Macario se ne fo travalé;
S'el no la pit à soa volunté,
De son vita non cura anpelo pelé,
E die e noit por le stoit en pensé.

« Que ja dou roi osasse mal penser.
« Se mais vers moi vos en oi si parler
« Ou tel raison derriere moi conter,
« A mon segnor le dirai sans targier.
« Malvais ribaus, com l'osas tu penser
« De ton segnor tel parole parler?
« Se il l'oïst, ne t'en porroit garder
« Trestos l'avoirs que on péust trover
« Ne te fesist as forches encroer.
« Or tost de moi vos estuet desevrer,
« Et bien gardés uimais ne m'aparlés,
« Ne tés paroles vers moi ne deraisnés. »
Macaires l'ot, prist s'en à vergoignier;
D'ele se part à tout moult mal penser.

COMENT LA ROINE RETORNE DEL JARDIN
ET COMENT OT GRANT DUEL.

OR est arière la roïne torné,
En son palais si s'en est repairié,
De duel et d'ire ot son cuer abosmé.
Et s'est Macaires traveillié et peiné;
Se ne fait d'ele tote sa volenté,
Il ne se prise vaillant .I. ail pelé,
Et nuit et jor por ele ert en pensé.

Si se porpense por soa malvasité
Coment la poroit avoir ençegnié.
U nano estoit en la cort l'inperé,
Dal roi e da la raina estoit molto amé.
Machario ven à lui, si l'oit aderasné.
« Nan, fait il, en bon ora fusi né!
« Tanti te donaro de diner moené
« Qe richi fara tu tuto ton parenté,
« Se tu fara la moia volunté. »
E cil le dist : « Ora si comandé
« Ço qe vos plas, e son aparilé. »
Dist Machario : « Oés voio qe vu façé.
« Quando à la raina vu serés acosté,
« Vu le dirés de moia belté,
« E s'ela faist la moia volunté,
« Plus bela compagnia non seroit trové. »
Dist li nan : « Ora plus non parlé.
« Quando cum le eo sero acosté,
« Meio le diro qe no m'avés conté. »
Dist Machario : « In bona ora fust né!
« Tant avoir el te sera doné,
« Richo fara tuto to parenté. »
Dist li nan : « De nian vos doté. »
Da lu se parte tuto çoiant e lé.
E Machario fo à sa mason torné,
Çoiant fo e baldo e alé.
E à la cort fo li nan alé.

Si se porpense par sa grant malvaistié
Com la porroit deçoivre et engignier.
En la cort ert uns maus nains bocerés
De la roïne et dou roi moult amés.
Cil vint à lui, si l'en a araisné.
« Hé! nains, fait il, de bone ore fuis nés !
« Tant te donrai de deniers monéés
« Riche en feras tot le tien parenté,
« Se tu veus faire la moie volenté. »
Et cil li dist : « Or me soit comandé
« Ce que vos plaist, et sui aparilliés. »
Et dist Macaires : « Oés que vos ferés.
« Lez la roïne quant serés acostés,
« Vos li dirés de la moie belté,
« Et se fesist la moie volenté,
« Tel druerie ne poroit on trover. »
Et dist li nains : « Or n'en soit plus parlé.
« Lez la roïne quant serai acostés,
« Miex li dirai que ne m'avés conté. »
Et dist Macaires : « De bone ore fuis nés !
« Si grans avoirs te sera ja donés
« Riche en feras tot le tien parenté. »
Et dist li nains : « De rien ne vos dotés. »
De lui se part tos joians et tos liés.
Et rest Macaires à son ostel tornés,
Si s'en repaire baus et joians et liés.
Et à la cort s'en est li nains alés.

Coment li nam parole.

Or fu li nan retornéo arer.
Tuto quel çorno non fine de penser
Coment doit à la raina parler.
E Machario, quando li pot trover,
El non cesa da lui adester
Coment deça quel pla finer.
E una festa del baron san Riçer,
La raina estoit desor un so soler
Con altre dame por son cor deporter,
Si se fasoit davant soi violer
E mant si fasoit baler e caroer.
Le malvas nan si le vait aprosmer;
Apreso la raine si le vait acoster,
E in apreso soto son mantel colçer.
Como estoit uso la pris à donoier.
E la raine, qi non oit mal penser,
Si le prist belement carecer.
Et elo la prist malament parler.
« Dama, fait il, molto me poso merveler
« Como vos poés K. maino amer;
« Por dame donoier el non val un diner,
« E vos estes tanto bele e si avés le vis cler
« Qe vostra belté no se poroit esmer.

Coment li nains parole.

Or vait li nains, tornés s'en est arrier.
Tot icel jor ne fine de penser
À la roïne coment doie parler.
Et quant Macaires le nain puet encontrer,
Ne cesse mie de lui amonester
Coment le plait à chief doie mener.
A une feste del baron saint Riquier,
La roïne ert desor un suen solier
O d'autres dames por son cors deporter,
Si se fesoit devant soi vieler
Et si fesoit baler et caroler.
Et li maus nains la vait aproïsmer;
Lez la roïne se vait il acoster
Et en après sos son mantel couchier.
Si com soloit la prist à dosnoier.
Et la roïne, qui nen ot mal penser,
Tot belement le prist à aplaigner.
Et il li prist malement à parler.
« Dame, fait il, moult me puis merveiller
« De Kallemaine com le poés amer;
« Por dosnoier ne valt il .I. denier.
« Et tant bele estes et avés le vis cler
« Ne se poroit vostre beltés esmer.

« Se vu volés à mon conseil ovrer,
« E vos faro à tel homo acoster
« Plus bel çivaler no se poroit trover :
« E questo si e Macario li ardi et li fer.
« Se vu e lu ne poisi aconter,
« Uncha de lui no ve porisi saoler,
« E ben vos porisi entro vos vanter
« Del plus bel dru qe se poust trover. »
La dama l'olde, sil prist à guarder.
« Tasi, mato, fait ela, no me usar ste parler,
« Qe tosto le porisi cerament conprer.
— Dama, fait il, lasa ster quel penser;
« Se so un baso Machario v'avese doner,
« Por nul homo no l'averisi cançer. »
Tanto le dise li nan e davan e darer
Qe à la dama le prist si noier
Q'ela pois le prist contra le son voler,
Q'elo no se pote da le defenser.
Çoso de quel soler ela le fa verser,
Si le fa malament trabuçer
Qe la testa li fa in plusor lois froser.
« Va ne, dist la raina, malvasio liçer,
« E no cre qe un altra fois me vegni quest nonçer ! »
Quant le nan fo trabuçé çoso de li soler,
Machario fo desoto, q'era de mal penser.
Le nan el prist si se nel fe porter ;
Por mires mando, si le foit liger.

« Se vos volés par mon conseil ovrer,
« Vos ferai je à tel home acoster
« Plus bels de lui ne se poroit trover :
« Ce est Macaires, li hardis et li fiers.
« Se vos et lui en péusse acointer,
« Ne vos porriés onc de lui sooler,
« Et en vo cuer bien vos porriés vanter
« Del plus beau dru que l'en péust trover. »
La dame l'ot, si le prist à garder.
« Tais, fol, fait ele, ne m'user ce parler;
« Tost le porois chierement comperer.
— Dame, fait il, tot ce laissiés ester.
« Se vos éust sol un baisier doné,
« Por nesun home nel vorriés mais changer. »
Tant dist li nains et devant et derrier
Que à la dame si prist à anoier
Puis le saisit maugré sa volenté,
Que ne se pot encontre ele tenser.
Jus del solier l'a ele fait verser,
Et si le fait malement trebuchier
Li fait la teste en plusors leus froissier.
Dist la roïne : « Va t'en, fel pautoniers,
« Et autre fois ne me vien tel noncier ! »
Quant li nains fu trebuchiés del solier,
Là fu Macaires, qui ert de mal penser.
Le nain prist il si l'en a fait porter ;
Mires manda, si le fist il bender.

Macaire.

Plus de octo jorni stete ne se pote lever,
Donde la cort s'anoit à merveler.
Meesmo li rois li fasoit demander,
E tuta ora Machario li anoit scuser,
Qe caü ert à costé d'un piler,
Le çevo oit frosé, ma tosto anera lever,
Qe à la cort pora reparier.

Coment li nan fu durés.

Segnur, or entendés e siés certan
Qe la cha de Magançe, e darer e davan,
Ma non ceso de far risa e buban;
Senpre avoit guere cun Rainaldo da Mote Alban,
Et si traï Oliver e Rolan,
E li doçe pere e ses compagna gran.
Or de la raine vole far traïman;
Par son voloir elo non reman
Q'elo non onischa l'inperer K. man.
Oto jorni stete à lever cele nan;
E quando fo leve, si se fe en avan,
La testa oit enbindea stroitament d'un pan,
Dont ne parlent le petit e li gran.
Meesmo li rois s'en rise planeman.
E quello nan non fo mie enfant,
A nula persona qe estoit vivan

Plus de uit jors jut, ne se pot lever,
Dont en la cort se vont esmerveiller.
Li rois méismes le fesoit demander,
Et l'aloit sempres Macaires essoiner,
Que chéus ert encoste d'un piler,
Chief ot froissié, mais tost s'iroit lever,
Si qu'à la cort poroit il repairier.

Coment li nains fu durés.

Segnor, oiés, sachiés à escient
Que de Maience cele malvaise gent
Onc ne cessa mener noise et bobant;
Guerroia sempres Renaut de Montaubán,
Et si traï Olivier et Rolant,
Les .XII. pers et lor compaigne grant.
Or veut traïr la roïne au cors gent;
Par son voloir n'ira ja demorant
Que ne honisse Kallemaine le franc.
Uit jors malades fu li nains acouchans;
Quant levés fu, si se trait en avant,
Chief ot d'un paile bendé estroitement,
Dont chascuns parle, li petit et li grant.
Li rois méismes en a ri bonement.
Et li maus nains, qui n'ot pas sens d'enfant,
Ja à nului que fust el mont vivant

De la raine el non dise nian.
Cun le çivaler stete d'açel jor en avan,
Plus da la raina el non vait davan.
Por q'el conose sa ira e mal talan,
N'en fo pais olso da le çire davan.
E la raine le quer e sil deman;
E li nan fu sajes, si stoit pur da luntan.
Qi le donast tot l'avoir d'Orian,
No li aliroit da cele jor en avan
Plus aparler ne aler en ses man.
E li malvas home qi sta senpre en torman,
Senpre se porpense à far traïman.
Deo le confonde, le pere roi man!
Por lui fo la raine meso in gran torman,
Cun vos oldirés, se serés atendan.

COMENT MACARIO CONSEIA LI NAN.

Li mal Macario, li fel el seduant,
Ven à li nan si le dist en oiant :
« Nan, fait il, de toi se son dolant
« Se tu ai eu onta ni engobramant;
« Ma se volisi ovrer à mon talant,
« De la raine prenderese mo vençamant :
« Arsa seroit à li fois ardant. »
Dist li nan : « Et altro non demant.

De la roïne nen a mais dit noient.
O les barons se tint d'ore en avant,
A la roïne plus ne vait en present;
Quar il conoist s'ire et son mautalent,
Ne li osast aler séoir devant.
Et la roïne le quiert et sil demant;
Mais cil fu saiges, si se vait aloignant.
Qui li donast tot l'avoir d'Orient,
Ja ne l'iroit de cel jor en avant
Plus aparler ne faire son commant.
Et li cuivers est sempres en torment
Et traïson sempres vait porpensant.
Diex le confonde, li peres raemans!
Par lui fu mise la roine en grant torment,
Com vos orrés, se estes atendant.

COMENT MACAIRES CONSEILLE LE NAIN.

Li maus Macaires, li fel, li soduians,
Al nain s'en vient, si li dist en oiant :
« *Hé! nains, fait il, de toi sui je dolens*
« *Se as éu honte et encombrement;*
« *Mais se volsisses ovrer à mon talent,*
« *De la roïne prendroie vengement :*
« *Arse et bruïe seroit en feu ardent.* »
Et dist li nains : « Et autre ne demant.

« Se eo de lei me veist vençamant,
« Si çoiant non fu uncha à mon vivant.
« Quant me remembre cun me çito avant
« Çoso de li soler, oltra me mal talant;
« De moi vençer a ço molt gran talant. »
Dist Machario : « Vu si pro e valant,
« Et eo vos donaro tant oro e arçant
« Richi en sera tot li ves parant.
« Penseo m'ai tuto li traïmant
« Como d'ele se vençaren al presant. »
Dist li nan : « Dites le moi davant,
« Et eo li faro tuto li vestre comant;
« Mais de le parler no me deisi niant,
« Qe plus la doto non faroie un serpant. »
Dist Macario : « Nu faron saçemant.
« Usança est de l'inperer di Frant,
« Cascuna noit, avan l'aube aparisant,
« A le matin el se leva por tanp;
« Quant ele estoit çanté, si s'en torna eramant
« Entro son leito, en la çanbra colçant.
« Se tu vo far vendete, fa la ensemant
« Si saçement que nes un no te sant :
« Derer da l'uso t'alira acovotant
« Q'el no te veza nes un hom vivant.

« Se je peüsse d'ele avoir vengement,
« Onc si joians ne fusse en mon vivant.
« Quant me remembre com me geta avant
« Jus del solier, à poi d'ire ne fent;
« De moi vengier ai je moult grant talent. »
Et dist Macaires : « Soiés preus et vaillans,
« Et vos donrai tant or et tant argent
« Riche en seront tuit li vostre parent.
« Porpensé m'ai trestot l'engingement
« Com nos porrons vengier d'ele erranment. »
Et dist li nains : « Dites le moi devant,
« Et je ferai tot le vostre commant;
« Mais l'aparler ne me dites noiant,
« Que plus la dote ne feroie un serpent. »
Et dist Macaires : « Fesons le saigement.
« Il est costume l'empereor des Frans,
« Chascune nuit, ains l'aube aparissant,
« Que il se lieve à matines par tans;
« Quant sont chantées, si s'en torne erranment
« Dedens son lit, en la chambre couchant.
« Se quiers vengance, fai la par tel covent
« Si saigement nus ne te soit sentant :
« Deriere l'huis t'iras acovetant
« Que ne te voie nes uns el mont vivant.

DE ÇŒ MEESME PAROLE.

« Nan, dist Machario, se tu vo ben ovrer,
« De una colsa eo te voio conseler,
« Qe apreso la çanbre te dizi acovoter
« Qe nul homo te posa veoir ni esguarder.
« Quando li rois si s'aneroit lever,
« Por aler al maitin à so ora çanter,
« De mantenant tu t'anera lever,
« Davanti son leit tu t'anera despoiler,
« Apreso la raina tu t'anera colçer.
« Tu e petit, si t'anera convoter.
« Quando li rois reparira darer,
« Entro le leto el t'anera trover.
« Senpre di toi el avera mal sper,
« De toi ofendre li paroit vituper;
« El ne fara querir et demander.
« E quando li rois t'en ira à demander,
« Tu dira senpre, no te di car doter,
« Qe la raina t'ega fato aler,
« Sovente fois et aler et torner. »
Dist le nan : « Lasa à moi quel penser;
« Meio le faro nel savere deviser.
« Se me veese d'ele pur vençer,
« Ça maior don non voio ni non requer. »
Dist Macario : « No t'estove doter;

DE ÇOU MEESME PAROLE.

« Nains, dist Macaires, se tu vuels bien ovrer,
« Gentil conseil te saurai bien doner,
« Qu'emprès la chambre t'estuet acoveter
« Qu'on ne te puist ne véoir n'esgarder.
« Quant l'emperere si s'en ira lever,
« Por aler s'ore à matines chanter,
« De maintenant et t'en devras lever,
« Devant son lit t'en iras despoiller,
« Lez la roïne te covenra couchier;
« Tu ies petis, t'iras acoveter.
« Et quant li rois ert arrier repairés
« Et il t'aura ens el lit atrové,
« Ja n'aura il envers toi qu'aïrer.
« De t'adeser li sembleroit viltés;
« Il en fera et querir et mander.
« Et quant li rois t'en ira apeler,
« Ja li diras, ne te covient doter,
« Que la roïne t'ait fait laiens aler,
« Sovente fois et aler et torner. »
Et dist li nains : « Laisse moi ce penser;
« Miex le ferai nel saurois deviser.
« Se m'avenist ancor d'ele vengier,
« Ja maior don ne vuel ne ne requier. »
Et dist Macaires : « Ne t'estuet esmaier;

« Apreso sero por ton cor defenser. »
Dist li nan : « Vu farés como ber.
« Or vos tasés e lasés moi ovrer,
« Que je so ben ço que li ait mester. »
Dist Machario : « Tu n'atendi bon loer.
« Ça de ces ovra no t'en pora blasmer :
« Quando li rois t'en anera demander,
« Senpre dira, e no t'avera doter,
« Qe sovente fois ela t'ega fato aler.
« Unde li rois, s'el no se vora vergogner,
« Ad albe spine elo la fara bruxer. »
Dist le nan : « Et altro non requer. »
Li nan remis al palès droiturer,
E Macario s'en vait cum li altri çivaler
Entro sa çanbra à dormir et à polser.
Et li mal nan s'en vait acovoter
Derer da l'uso de la çanbra prinçer.
E al maitin, quando li rois se vait lever,
Si como el prist l'uso à trapaser,
Et cil nan ne se fe mie lanier :
Davanti le letto se vait aseter
Et se despoile, si se pris à deschalçer.
Desor la banca lasa so drape ester,
Entro le leto se vait acolçer.
Et [l]a raina se dorme, qe non a mal penser.
Nen cuidoit mie ço qu'ele poust encontrer :
De traïtor nul homo se poit guarder.

« Emprès serai por ta vie tenser. »
Et dist li nains : « Vos ferés come ber.
« Or vos taisiés et me laissiés ovrer,
« Que je sais bien ce qu'il i ait mestier. »
Et dist Macaires : « En aten bon loier.
« Ja de ceste oevre ne feras à blasmer :
« Quant l'emperere t'en ira apeler,
« Sempre diras, et ne t'estuet doter,
« Sovente fois o soi t'ai fait aler.
« Dont, se ne vuet li rois se vergoignier,
« A aube espine il la fera brusler. »
Et dist li nains : « Et autre ne requier. »
Li nains remest ens el palais plenier;
Vont s'en Macaires et l'autre chevalier
Ens en lor chambre dormir et reposer.
Et li maus nains s'en vait acoveter
Deriere l'uis de la chambre roiel.
Et le matin, quant s'est li rois levé,
Si come l'uis se prist à trespasser,
Et icil nains ne fu mie laniers :
Devant le lit si se vait asegier
Et se despoille et prent à deschaucier.
Desor la banque laisse ses dras ester
Et si se vait ens el lit acouchier.
Et la roïne se dort sans mal penser.
Ne cuidoit mie que péust encontrer :
De traïtor ne se puet nus garder.

Coment li rois se leve.

Li rois se leve quant le matin fo soné,
A sa çapela elo s'en fo alé;
De nula ren non ait mal pensé.
Et li mal nan fo en son leto colçé.
Et quant matin en fo dito e çanté,
Arer s'en torne como esteit usé.
E quant el fo en sa çanbra entré,
Davant son leto el oit reguardé,
Vi sor la banche qui pani soso esté.
Quando le vi, molto se n'e mervelé,
E pois en le leto vide del nan le çé :
Anq' el fust petit, groso l'oit e quaré.
Ne le dise ren, tuto fo trapensé.
Quando le vi, tuto fo trapensé.
Grant oit li dol par poi non fo raçés.
For de la çanbre, sença nul demoré,
S'en fo ensu sor la sala pavé.
Machario li trove, que ça estoit levé,
Qe de quel' ovra estoit ben doté.
Di altri civaler li furent plus de sé.
Li rois li apele, si li oit demandé :
« Segnur, fait il, avec moi vené,
« Se leverés mon dol et ma ferté.

Coment li rois se lieve.

Li rois se lieve as matines soner,
A sa chapele est maintenant alés ;
De nule rien n'est il en mal pensé.
Et li maus nains fu en son lit couchiés.
Et quant matines ot on dit et chanté,
Arrier s'en torne com ert acostumés.
Et quant est Kalles ens en sa chambre entrés,
Devers son lit se prist à resgarder,
Voit sor la banque ices dras sus ester,
Et quant les voit, moult s'en est merveillé.
Puis a véu el lit dou nain le chief :
Cil fu petis, mais l'ot gros et quarré.
Nostre emperere ne li a mot soné,
Quant l'a véu, ains est tos trespensés.
Grant duel en ot, par poi n'est esragiés.
Fors de la chambre, n'i a plus demoré,
S'en est issu en la sale el pavé ;
Macaire i trove qui ja estoit levés,
Qui de cele oevre bien se pooit doter.
D'autres barons i furent plus de set.
Li rois les voit, si les vait apeler.
« Segnor, fait il, or avec moi venés,
« Si leverés mon duel et ma fierté

« Qe me fa Blanciflor, qe tant avoit amé ;
« Qe por un nan ela m'a vergogné.
« Se non créés, venés, si la veré. »
Toti li ont en sa çanbra mené,
Le nan el goit tot primeran mostré.
Quant cil le veent, molto se n'e mervelé.
E la raine si se fo resveilé ;
Quando vi qui baron, tota fo spaventé.
De soi defendre nient en fust parlé.
« Segnur, dist li rois, qe conseil me doné ? »
Li primeran Machario oit parlé.
« Bon rois, fait il, nen vos sera celé,
« Se vos ne la brusés, vu serés desoré,
« Et nu con vos nu seri vitoperé
« Da tot li mondo e davant e daré. »
Volez oïr del traïtor renoié ?
Le nan el oit queri e demandé.
« Nan, fait il, di mo por ton verié
« Con fo tu olso eser ça entro entré ?
« Con le venis tu e por qual volunté ?
— Monsegnor, dist le nan, e voio qe vu saçé
« Nen seroie mie in sta çanbra entré,
« Ne in ste leto non seroie colçé,
« Se no le fose clamé et apelé
« Da la raine, por far sa volunté,
« E una fois e ben quaranta sé. »
Cosi dist li nan con li fo ordené

« De Blancheflor que tant avoie amé;
« Que por un nain ele m'a vergoigné.
« Se nel créés, venés, si la verrés. »
Trestos les a en sa chambre menés,
Le nain lor a tot primerain mostré.
Quant cil le voient, moult s'en sont merveillé.
Et la roïne si se vait esveiller,
Les barons voit, n'ot en soi qu'esfraer.
De soi desfendre noient n'en fu parlé.
« Segnor, dit Kalles, quel conseil me donés ? »
Tot primerains Macaires a parlé.
« Bons rois, fait il, ja ne vos ert celé,
« Se n'est bruïe, vos serés vergoignés,
« Et nos o vos en serons tuit blasmé
« De tote gent et devant et derrier. »
Volés oïr dou cuivert renoié?
Le nain ot il et quis et demandé.
« Hé ! nains, fait il, or me di par verté
« Com osas tu estre çaiens entrés ?
« Com i venis et par quel volenté ? »
Dist li nains : « Sire, par foi, vos le saurés :
« Ja ne seroie en ceste chambre entrés,
« Ni en cel lit ne seroie couchiés,
« Se je n'i fusse mandés et apelés
« Por la roïne faire sa volenté,
« Et une fois et bien quarante et set. »
Si dist li nains com li ot ordené

Da Machario, li falso renoié.
Quel le destrue c'a li mondo in posté!
E l'inperer oit plevi e çuré
Qe la raina sera arsa e brusé.
De escuser soi la raina non fo moto parlé;
Tal vergogna oit non oit le çevo levé,
Ela se clama dolenta, mal aguré.

COMENT FO PRESA LA RAINA.

QUANT la raine oit veçu quele jent
E vi li rois de tanto mal talent,
Machario vi apreso lui ensement
Qe l'acusa duro et asprament
Pur debruser e no d'altro torment,
Donde fo presa d'acelle male jent.
En une part la mene secretament
Li nan da une altre part, darai pendent
Que la novele s'esparse por la jent,
Porme Paris, e darer e davent.
Çascune la plure, d'ele furent dolent,
Porqe tanto estoit savia et avinent,
Del so donava à la povera çent,
A li poveri çivaler qi non avoit teniment,
A ses muler dava le vestiment.
Cascun pregava Deo dolçement

Li fel Macaires, li cuivers renoiés.
Cil le destruie qui tot a à jugier!
Et l'emperere ot plevi et juré
Ardoir fera la roïne et brusler.
De soi desfendre n'a ele mot soné;
Tel vergoigne ot n'en a le chief levé,
Maléurée, lasse se vait clamer.

Coment fu prise la Roine.

QUANT la roïne ot vëu cele gent
Et voit le roi qui tant a mautalent,
Macaire voit emprès lui ensement
Qui l'achoisonne et dure et asprement
D'estre bruïe et non d'autre torment,
Dont prise fu d'icele male gent.
A une part l'en menent coiement
Et le nain d'autre à celée, entretant
Que la novele s'espandoit par la gent,
Parmi Paris, et derrier et devant.
Chascuns la plore, d'ele furent dolent,
Que tant estoit saiges et avenans,
Dou suen donoit tant à la poure gent;
As chevaliers qui n'orent tenement,
A lor moilliers donoit le vestement.
Chascuns prioit Damedieu doucement

Qe la gardase d'aco si fer torment
Como estoit de le fogo ardent.
Meesmo l'inperer d'ele era dolent,
Q'elo l'amava de fe e dolçement;
Mais tanto temoit li blasmo de la jent
Qe de l'escanper el non po far nient
Q'ela non mora à dol e à torment.
E cil Macario, cun tuti ses parent,
Encontra le senpre stava vi atent
De condur le à le fogo ardent.
Conseil dona à li rois spese fois e sovent
Qe d'ele faça tosto le çuçement :
« E se nol faites, sacé ad esient
« Qe blasmé en serés entre tota la jent;
« Petit e grandi vos tira por nient. »

Coment Macario acusoit la Raine.

Quando li rois intende li baron,
Desovra tot li parent Gainelon,
Qe contra la raine furent si enpron
De le oncir sença reençon,
Le rois la plure et le duc Naimon.
Li enperere, quando vide la tençon
Qe altri plas e altri non sa bon,
De çuçer la raine fasoit mencion.

Que la garist de si très fier torment
Com d'estre vive getée en feu ardent.
Li rois méismes estoit d'ele dolens,
Que il l'aimoit de fi et tenrement;
Mais tant dotoit le blasme de la gent
De l'espargnier ne pot faire noient
Qu'ele ne muere à duel et à torment.
Et cil Macaires, o lui tuit si parent,
Sempres estoit encontre ele atendant
De la conduire et metre el feu ardent.
Le roi conseille mainte fois et sovent
Que d'ele tost face le jugement :
« Et se nel fetes, sachiés à escient
« Blasme en aurés entre tote la gent;
« Petit et grant vos tenront por noient. »

Coment Macaires acusoit la Roine.

Quant ot li rois entendu les barons,
Desore tos les parens Ganelon,
Vers la roïne que furent tant embronc
Que de l'ocire sans point de raençon,
Des iex la plore o le bon duc Naimon.
Quant l'emperere a véu la tenson
Que as uns plaist, n'est mie as autres bon,
De la roïne jugier fist mencion.

Li rois si fe à seno de saçes hon :
Li rois n'apela e Riçer e Naimon,
E des autres qe furent de gran renon.
Si le fo Machario, que le cor Deo mal don !
Cil le destrue qe sofri pasion,
Qe lui e qui de Magance son
Senpre in le mondo i ten risa e tençon !
Or fu asenble à far questa çuçeson.
Li mal Macario nen dist si mal non
Contra la raine c'oit clera façon ;
El dist al rois : « Entendés moi, K.
« Qui qi vos ame, si vos tent un bricon
« Quant la justisie vos en menés si lon,
« E se creeiés al duc Naimon,
« Vu serés desoré e vituperé el mon,
« Queste tal colse qe le petit garçon
« Si ne çanta de vu mala cançon. »
N. l'intent, si ten le çevo enbron ;
Tel dol en oit par poi d'ire non fon.
Ça parlera, oldando li rois K. :
« Çentil rois sire, intendés ma rason :
« Deo me confonda qe sofri pasion
« S'eo diro altro qe voir non.
« Vu demandés conseil, e tes le contradion
« Si cun çelor qe oit mal entencion
« De la raina qe Blanciflor oit non.
« D'ele i foit grande la çuçeson,

Li emperere si fist que sages hon :
Il en apele et Richier et Naimon ,
Et asés d'autres qui sont de grant renon.
S'i fu Macaires, cui li cors Deu mal don!
Cil le destruie qui sofri passion,
Que il et cil qui de Maience sont
Tot jor el mont murent noise et tenson!
Or sont ensemble au jugier li baron.
Li mals Macaires nen a dit se mal non
De la roïne qui clere ot la façon ;
Dist au roi : « Kalles, entendés ma raison.
« Qui qui vos aint, si vos tien à bricon
« Quant la joutice vos en menés si lonc ,
« Et se volés croire le duc Naimon ,
« Honte en aurés et reprovier el mont ,
« En tel maniere que li petit garçon
« En chanteront de vos male chançon. »
Naimes l'entent, si tint le chief embronc ;
Tel duel en ot par poi d'ire ne font.
Ja parlera , oiant le roi Kallon ;
« Gentis rois sire, entendés ma raison :
« Diex me confonde qui sofri passion
« Se je di chose qui ne soit se voir non.
« Conseil querés ; tel i contrediront
« Si come cil qu'ont male entencion
« Vers la roïne qui Blancheflor a non .
« Jugier la vuelent par grant aïrison,

« Ni no sa mie de qi fila ela son.
« Si saust ben qe avenir poron,
« I taseroit ni no la çuçeron,
« Trosqua i saveroit d'ele la çuçeson
« Se son per le volese o non.
« S'el a peçé, ensi cun nu trovon,
« Digna e de mort ; se proer se poron
« Colsa como no, nu la resplenteron. »

COMENT N. PAROLE.

« EMPERER sire, dist N. de Baiver,
« Non crés pais conseio de liçer.
« Grande est l'ovra qi la vol deviser ;
« Blanciflor la raine, c'oit le viso tant cler,
« Soa fila estoit qi e grant enperer,
« De Costantinopoli, ensi se fa clamer.
« Molto oit tere à tenir e guarder,
« Si poit de gent far asamiler.
« Quando oldira le novele conter
« De soa file si vilment çuçer,
« E no cre qe vos ami la monta d'un diner.
« Asa vos po far guere, onta e engonbrer.
« E vos dono conseilo que la deça conserver
« Tant qe à son per vu manda mesaçer
« Tot l'afaire e dire e rasner,

« *Et si n'ont cure quels est s'estracion.*
« *Se bien séussent com ehevir en porront,*
« *Ja ne fesissent del plait plus lonc sermon,*
« *Trosque séussent de cele amendison*
« *Li rois ses peres se la volsist o non.*
« *S'ele i a colpes, et s'ensi le trovons,*
« *A mort soit mise; mais se prover puet on*
« *Chose que non, nos la respiterons.* »

Coment Naimes parole.

« Sire *emperere, dist Naimes de Baivier,*
« *Ne créés pas conseil de pautonier.*
« *Grans est l'ovraigne qui la vuet deviser;*
« *Que Blancheflor, la roïne al vis cler,*
« *Fille est à roi qui tient moult grant regnier,*
« *Costantinoble, ensi se fait claimer.*
« *Moult a de terre à tenir et garder,*
« *Et si puet faire moult de gent asembler.*
« *Quant oïra les novéles conter*
« *De soe fille à tel vilté jugier,*
« *Ne croi vos aime la monte d'un denier.*
« *Asés vos puet honir et encombrer;*
« *Conseil vos doin que l'aliés espargnier*
« *Tant qu'à son pere vos mandiés mesagier*
« *Trestot l'afaire et dire et deraisnier,*

« E po no v'en pora reprender ni blasmer. »
Li rois l'intent, molto le pris à graer.
Otrié l'aust, quant Macharìo le leçer
Se le vait tot à contrarier.
E si le dist : « Çentil emperer,
« Con poés vos ces conseil ascolter
« Qe ces vos done qe ne vos ama un diner,
« Quant vol qe metés en resplaiter
« Questa justisie qu'e de tan vituper
« Qe no se poit par nesun hom çeler?
« Et s'el est nul que la voia contraster,
« Prenda ses arme e monti en destrier.. »
Quant cil l'entendent qe deveient conseler,
Quando oldent Macario si altement parler,
Mal aça quel qe voia sego tencer;
Ne le fo nul qe le responda arer.
Dont vi li rois n'en poit por altro aler
De la justisie no se faça sens tarder.
Quando vi N. li rois asoploier,
De ilec se parte et laso li parler;
De le palais quando se volse devaler,
Quant l'inperer no li consent aler.

Coment li Rois parole.

Quando N. oit la parola oie,
De çuçer la raine li paroit gran stoltie,

« *Ne vos en puist puis reprendre et blasmer.* »
Li rois l'entent, moult le prist à gréer;
Ja l'otriast, quant li fel pautoniers
Isnelement le vait contralier.
Et si li dist : « *Emperere, frans ber,*
« *Com poés vos tel conseil escouter*
« *Que cil te done qui ne t'aime un denier,*
« *Quant il vos loe de mettre en respitier*
« *Ceste joutice où tant a reprovier*
« *Que par nul home ne se puet ja celer?*
« *Et s'aucuns est qui ce voille noier,*
« *Prenge ses armes et si monte el destrier!* »
Quant cil l'entendent qui sont au conseiller,
Quant Macaire oient si hautement parler,
Mal de celui qu'osast vers lui tenser.
Nes uns n'en fu qui li responde arier.
Dont voit li rois n'en puet par el aler
Del jugement nel face sans targier.
Quant voit dus Naimes le roi asoploier,
D'illec se part si laisse le parler;
Ja del palais s'en voldra devaler,
Quant l'emperere ne le consent aler.

Coment li Rois parole.

Quant *li dus Naimes a la parole oïe,*
Et dou jugier li pert grans estoutie,

De contrarier Macario li paroit gran folie.
Voluntera s'en alast, quant li rois li contralie
Et li rois dolçement le preie
Qe cun Macario, non contrarij ne mie,
Stia à veoir cun l'ovra sera finie.
E quel Macario, c'oit le cor enbrasie
Contre la raina, qe peçé nen oit mie,
Por ço que far non volse la soa comandie,
Quant li rois l'intent, sa parola oit agraie,
De çuçer la raina s'encor il se plie.
Davant se la fa mener vestua de samie;
Le rois la guarda, le cor sego omilie,
Si la pluro, veçando la baronie.

COMENT PARLO LA DAME.

Davanti li rois fo la raina mené,
E fo vestua d'une porpora roé.
Sa faça qe sol eser bel e coloré
Or est venua palida e descoloré.
Li rois l'eguarda, por le n'oit pluré.
E quela li guarde, si le oit dito e parlé :
« O çentil rois, mal conseil a pié
« Quan tu me çuçi à torto e à peçé !
« Colu qe à toi a le conseil doné
« No t'ama ren d'un diner moené.

Et à Macaire contrester grans folie.
Ja s'en alast, ne fust le contralie
Et doucement l'emperere le prie
Que à Macaire il ne contreste mie,
Remaigne à l'oevre véoir com ert fenie.
Et cel Macaire, c'ot el cuer déablie
Vers la roïne, qui pechié nen ot mie,
Por ce que faire ne vout sa comandie,
Quant l'entent Kalles, sa parole a gréie,
De la roïne jugier si s'asoplie.
A lui l'amenent de samit revestie;
Li rois l'esgarde, ens el cuer s'umelie,
Si l'a plorée, voiant la baronie.

COMENT PARLA LA DAME.

DEVANT le roi la roïne ont mené,
Si fu vestue d'un chier paile roé.
Bel ot le vis come rose en esté;
Or l'a tot pale et tot descoloré.
Li rois l'esgarde, por ele en a ploré.
Cele le voit, sel prent à araisnier :
« Hé! gentis rois, com mal fuis consilliés
« Quant tu me juges à tort et à pechié!
« Cil qui vos a si fait conseil doné
« Ne t'aima mie un denier monéé.

« Deo sa li voir, la voira maesté,
« Se contra to honor eo fi uncha peçé
« Ne sa ma l'avi en cor ni en pensé. »
Dist li rois : « De nient parlé.
« Atrové estes in le mortel peçé
« Si que escuser de ço ne vos poé.
« De vestra arma or vos porpensé ;
« Vestra justisia est ça ordené.
« Qui fal à son segnor doit eser brusé. »
Dist la dama : « Vu fari gran peçé. »
Dist Machario : « El vos torna à vilté
« Quando cun le tanto derasné. »
N. l'oldi, si n'oit le çevo corlé
Et infra soi planero conselé :
« Questa justisia çer sera compré ;
« Mal vera K. de Gaino li parenté,
« Qe senpre l'oit traï et engané. »

COMENT K. OIT DOL.

Li enperer à cui França apant
De Blançiflor el fo gramo e dolant.
Plus la amoit de ren qe fust vivant ;
Mais por la justisie non poit aler avant
Qe de le non faça çuçement,
Tutol malgré, qi s'en rie ni çant.

« Diex sait le voir, la voire majesté,
« Contre t'onor se je fis onc pechié
« Ne se me vint en cuer ne en pensé. »
Et dist li rois : « Por noient en parlés.
« Atrovée estes ens el mortel pechié
« Si qu'escuser de ce ne vos poés.
« De la vostre arme or tost vos porpensés ;
« Vos jugemens est huimais ordenés.
« Qui son segnor faut doit estre bruslés ! »
Et dist la dame : « Vos feriés grant pechié. »
Et dist Macaires : « Ja vos torne à vilté
« Quant avec ele si lonc tens deraisniés. »
Naimes l'oï, s'en a le chief crollé ;
A soi méisme a dit sans delaier :
« Cil jugemens sera chier comperé ;
« Mar verra Kalles le felon parenté,
« Qui toz jors l'a traït et engané ! »

COMMENT KALLES OT DUEL.

Li emperere cui douce France apent
De Blancheflor fu et grains et dolens,
Que il l'amoit sor tote rien vivant ;
Mais por joutice ne pot aler avant
Ne face d'ele faire le jugement,
Tot maugré lui, qui qu'en rie o qu'en chant.

Li rois comande à li ses camerlant
Qe cela dame iroa davant,
De noir soia vestue e bindea ensemant,
Si como feme qi vait à tormant.
Desor la plaçe de li palès davant
Fo aporté legne, espine qe pongant,
Inluminer li fait un gran fogo ardant.
Pormi Paris et darer et davant
Fu la novela portea por la çant.
Ne remis dona qe fust de valimant,
Ne çivaler, péon ni merçaant,
Qe non vegna à la plaça veoir le çuçemant.
Çascun la plure de cor e de talant.
E Blanciflor si fo mené davant
Suso la plaçe, davant li fois ardant.
Quando la vi le fois, en çenolon se rant,
E dolçement prega Deo onipotant
Qe de quela justisie li soia remenbrant,
Si como mor sença nul falimant;
Ne mostri Deo vendeta in breve tanp
Si qe le saça le petit et li grant.
Or entandés, segnur e bona çant,
So qe fe Machario le seduant.
El fo venu da li fois davant,
Li nan el porte enbraçé solemant,
Et po après à domander li prant.
« Nan, nan, fait il, di m'o segurement,

Li rois commande à un suen chambrelenc
Menée soit la dame tot avant,
De noir vestue et bendée ensement,
Si come feme que l'en mene à torment.
Desor la place del palais là devant
Aportent bois et espine pongnant,
Si font esprendre un moult grant feu ardent.
Parmi Paris et derier et devant
Fu la novele portée par la gent.
N'i remest dame qui fust auques vallans,
Ne chevaliers ne péons ne marchans,
Illec ne viegne véoir le jugement.
Chascuns la plore de cuer et de talent.
Et Blancheflor menée est tot errant
Sus en la place devant le feu ardent.
Quant l'a véu, à genoillons se rent,
Et prie Dieu, le pere omnipotent,
Ceste joutice n'aille en obli mettant,
Si come muert sans pechié tant ne quant;
Venjance en monstre Damediex ains lonc tens,
Si que le saichent li petit et li grant.
Or entendés, segnor et boine gent,
Que fist Macaires, li cuivers soduians.
Devant le feu ez le vos acorant,
Entre sa brace le nain s'en vient portant,
Et puis tantost à demander li prent.
« Nains, nains, fait il, ne me le va celant,

« Fus tu cun la dame uncha à ton vivant?
— Oil voir, sire, una fois e sesant
« Son stat cun le in leto et altremant. »
Quando Machario l'olde, veçando tote jant,
En le fois le rue si dis : « Va, seduant,
« Honi a tu li rois, ne t'ençira vantant! »
Et ensi le fait arder in fois ardant.
Por ço le fi Machario que mais en son vivant
De quella colse ma non deise niant.
Or fo li nan arso, qe fe li tradimant;
Çascun qe le voit, e petiti e grant,
En laudent Deo e la majesté sant.
E la raina fo ilec davant,
E plura e plançe e ses man destant,
E prega Deo e la majesté sant
Merçe aça de sa arme à li son comant.

Coment li Rois apele la Raine.

La raina fo davanti l'inperaor,
Et ilec stoit à dol e à plor.
E prega Deo, li maine redentor,
Qe de soa arma faça li meior,
Qe aler posa à la gloria maior,
Li rois apele, si le dis por amor :
« Çentil rois sire, por Deo le creator,

« Avec la dame fuis onc en ton vivant?
— Oïl voir, sire, une fois et bien cent
« Fui avec ele el lit et autrement. »
Quant l'oit Macaires, voiant tote la gent,
El feu le rue si dist : « Va, soduians ;
« Le roi honnis, ne t'en iras vantant ! »
Ensi le fait ardoir el feu ardent.
Por ce le fist que ja en son vivant
De cele chose mais ne desist noient.
Or li nains art, li traïtre puslens ;
Chascuns le voit, li petit et li grant,
La maïsté de Dieu en vont loant.
Et la roïne remaint illec devant,
Et plore et plaint et ses poins vait tordant,
Et prie Dieu cui tos li mons apant
Qu'il ait de s'ame merci par son commant.

Comment li Rois apelle la Roine.

La roïne est devant l'emperéor ;
Illec se tient et à dol et à plor,
Et prie Dieu, l'umainne réentor,
Que voille faire de s'ame le meillor,
Que aler puist à la gloire maior.
Le roi apele, si li dist par amor :
« Gentis rois sire, por Dieu le criator,

« Faites à moi venir un saçes confesor
« Qe moi saça conseler de me peçé maior. »
Dist li rois : « Volunter, sens demor. »
L'abés de San Donis, e no so nul milor,
Tosto le fe venir, qi ne çanti ni plor.

Coment l'abes parole.

A gran mervele fu saces l'inperer :
L'abés de San Donis elo fa demander,
Davanti la raine elo fait à presenter.
« Dama, dist l'abes, volés vos confeser ? »
Dist la raina : « E vos e demando e quer. »
Davanti l'abés se vait ençenoler,
Tuti li so peçé li oit dito e conté ;
Ne pur un solo ela no li oit lasé,
Quanti se n'oit à son tempo remembré.
Et in apreso li oit aderasné
Como estoit ençinte d'un arité
Lequal estoit del rois de crestenté.
E l'abes fo saço e dotriné ;
Por rason la oit ademandé
De cella colsa dont estoit calonçé.
Dist la raina : « Diro vos verité ;
« Deo me confonde se diro falsité.
« Çentil abes, e voio qe vu saçé

« Fai moi venir un saige confessor,
« Qui me conseille de mes pechiés maiors. »
Et dist li rois : « Volentiers, sans demor. »
De Saint Denis l'abé, n'en sot meillor,
Fist tost venir, qui qu'en chant u en plort.

COMENT L'ABES PAROLE.

A grant merveille fu Kalles droituriers;
De Saint Denis a fait l'abé mander,
A la roïne si l'a fait presenter.
« Dame, dist l'abes, volés vos confesser? »
Dist la roïne : « Ce vos demant et quier. »
Devant l'abé se vait engenoiller,
Tos ses pechiés li a dit et conté,
Nes un tot sol nen ot ele laissié,
Quanque s'en ot à son tens remembré.
Et en après li prent à deraisnier
Si com ençainte de fil o de fille ert
Que Kallemaines ot en ele engenré.
Et l'abes fu saiges et dotrinés;
Si l'araisonne et li a demandé
De cele chose dont la vont encorper.
Dist la roïne : « Vos en dirai verté;
« Dex me confonde se je di fauseté.
« Gentis sire abes, ja ne vos quier celer

« Qe una fois qe eo estoia deporté
« En un çardin, çes me fo encontré.
« Li mal Macario si me fo acosté,
« De drueria m'avoit apelé
« Si como falso, malvasio renoié.
« Et eo da lui ben me fui defensé,
« E malament eo li resposi aré,
« E se mais m'aust ces rason conté,
« A mon segnor li averoie derasné.
« Or savés vos qe me fe cil malfé?
« A moi avoit li nano envoié
« Con ste parole q'il m'avoit conté.
« Et eo quel nan avi ben pagé,
« Donde le çevo el n'oit ensanglenté
« Et in apreso quel traito renoié
« Con quel nan el se fo conselé;
« Entro ma çanbre lo mis à la çelé.
« Quando li rois fo al matin alé,
« Et in mon leto fo cel nan colçé
« Si qe li rois li trovo quant fu reparié.
« Et eo me dormia, tuta fo spaventé
« Quant vi li rois e li altri çivalé.
« Adoncha fu e presa e ligé,
« E à li fois eo son como çucé,
« A gran torto e à mortel peçé.
« E vos o dito tuta la verité;
« Unde e vos, nobelme abé,

« Que une fois que j'iere à deporter,
« En un jardin, mal me fu encontré.
« Lifel Macaires si me vint acoster,
« De druerie me prist à apeler
« Si come faus et malvais renoiés.
« Et je vers lui me soi je bien tenser,
« Et malement li respondi arrier,
« Se tel raison me venist mais conter,
« A mon segnor l'iroie deraisnier.
« Or savés vos que me fist cil maufés ?
« Le nain me prist tantost à envoier
« O les paroles que ja me vout conter.
« Et je le nain oi je moult bien paié,
« Dont il en ot le chief ensanglenté.
« Et en après cil cuivers renoiés
« Avec le nain se prist à conseiller ;
« Ens en ma chambre le mist il à celé.
« Quant fu li rois à matines alés,
« S'en vint li nains ens en mon lit couchier
« Si que li rois l'i trove au repairier.
« Je me dormois, si n'oi qu'espoenter
« Quant le roi vi o d'autres chevaliers.
« Adont me vont et saisir et loier
« Et à morir en feu ardent jugier,
« A moult grant tort et à mortel pechié.
« Or vos ai dit tote la verité ;
« Dont vos pri je, sire abes, par pité,

« Qe tuti li altri peçé vu me perdoné;
« Ma de questo perdon no vos queroé. »
L'abes l'intent, ferament l'oit guardé.
Et olde la dama ço que l'oit parlé
A la justisie quant estoit çuçé.
Or voit il ben q'ela dise verité.
L'abes fu saçes e ben doté;
E dolçemant la oit reconforté,
Et si la oit benéi e sagré.
Si l'oit ascolta de tute li so peçé.
Quant a ço fato, si s'en retorna aré.
O vi li rois, cela part est alé;
Ça li sera mante rason conté.

Coment la Raine se confesse.

L'ABES fu sages e ben dotrinés;
E que la dame oit ben aderasnés,
Nesun peçé oit en le trovés
Dont posa eser de nient grauavés.
O vi li rois, cela part est alés,
E pois apela di baron plu privés :
N. li dux, li saço e li dotés,
E li Danois qe tant est prisés.
A un conseil n'oit manti menés,
De le milor et de meio enparentés ;

« Que mes pechiés trestos me pardonés ;
« Mais de cestui pardon ne vos requier. »
L'abes l'entent, si la vait esgarder,
Et ot la dame si com l'a aparlé
Quant à morir ert ja ses cors jugiés.
Or voit il bien qu'ele dist verité.
Saiges fu l'abes, et bien fu dotrinés ;
Et doucement la vait reconforter,
Et si la vait benéir et sacrer.
Si l'a oïe de trestos ses pechiés.
Quant à ce fait, si s'en retorne arrier.
Où voit le roi, cele part est alés ;
Ja li vorra mainte raison conter.

Coment la Roine se confesse.

Saiges fu l'abes et bien fu dotrinés ;
A ce que l'ot la dame deraisnié,
Nes un pechié n'ot en ele trové
Dont on la puist de noient agrever.
Où voit le roi, cele part est alés,
Et puis apele des barons plus privés :
Naimon le duc, le saige et le doté,
Et le Danois qui tant fait à proisier.
A un conseil en a plusors menés,
Tos des millors et miex emparentés ;

Mais de qui de Magençe no le fo un clamés.
« Segnor, dist l'abes, e voio qe vu saçés,
« Quant à la mort l'omo est aprosmés,
« Di so peçé nesun oit çelés
« Qe ni on die tot la verités.
« La raina est avec moi confesés ;
« Toti li so peçé m'a dito e palentés,
« Si ço trois ben ço qu'ela oit ovrés,
« Ela poit estre de tel colsa calonçés
« Qe ja mais por le non fo dito ni pensés.
« E de un altra ren m'oit apalentés
« Qe inçinta estoit de filz e d'arités.
« Unde, çentil rois, guarda que vu façés ;
« De le oncir seroit maior peçés
« Que non oit cil qe Deo oit acusés,
« Donde elo fo sor la cros encloés. »
N. l'oldi, si l'entendi asés.
A le parole qe l'abes oit contés,
El conoit tota la verités,
E de cella colsa qe la dama e calonçés
E calonçea à torto et à peçés.

COMENT N. PAROLE A K.

« ENPERER sire, dist N. de Baiver,
« Se vos volés à mon conseil ovrer,

Mais de Maience n'en fu nes uns claimés.
« Segnor, dist l'abes, ce sachiés de verté,
« Quant à la mort est l'hom aproïsmés,
« Des suens pechiés nes un ne vuelt celer,
« Que il n'en die tote la verité.
« J'ai la roïne oïe au confesser;
« Tos ses pechiés m'a gehis et contés,
« Si truis ge bien, à ce qu'ele ot ovré,
« De tel forfait la puet on encorper
« Si com par ele ne fu dis ne pensés.
« D'une autre rien m'a ele acertené,
« Si com enceinte de fil o de fille ert.
« Dont, gentis rois, gardés que vos ferés;
« Que d'ele ocire seroit plus grans pechiés
« Que n'en ot cil qui Dieu ot acusé,
« Dont il en fu sor la crois encloés. »
Naimes l'oï, si l'entendi asés.
A ces paroles qu'il oit l'abé conter
A conéu tote la verité,
Et que la dame, quant la vont encorper,
Encorpée est à tort et à pechié.

COMENT NAIMES PAROLE A KALLON.

« SIRE emperere, dist Naimes de Baivier,
« Se vos volés par mon conseil ovrer,

« Un tel conseil vos avero doner
« Qe da la jent vu n'averi bon loer,
« Ne nul sera qe vos posa blasmer.
« Se la dama est inçinta, grant seroit li danger
« De le malement çuçer.
« Ma, s'el vos plas e volez otrier,
« Vu la farés ad un di ves bailer
« Qe ne la deça e condur e mener
« Fora de tot li vestre regner.
« E à le averi dir e comander
« Q'ela no se lasi ni veoir ni guarder. »
Dist li rois : « Quest'e ben da graer ;
« Meltre conseil ne me porés doner.
« Da q'el vos plas, et eo li voio otrier. »
Adoncha fait la dama arer torner,
Et da li fois la fait desevrer.
Tota la jent en pris Deo adorer.
Li rois vi la raine, si le prist à conter :
« Çentil raina, molto v'avea çer ;
« Colsa avi fato d'onda ne vos poso amer,
« E vos voio la vita perdoner ;
« Mais el vos convent in tal part aler
« Qe mais no ve posa veoir ni esguarder.
« E vos faro très ben aconpagner
« Tant qe serés fora de mon terer. »
La dama l'olde, si comença à plurer.
Dist li rois : « Alez vo coroer,

« Un en aurés, sel vos donrai itel
« Que de la gent en aurés bon loier,
« Ne n'en ert nus qui vos en puist blasmer.
« S'ele est enceinte, grans seroit li dangiers
« De la roïne si malement jugier.
« Mais, se vos plaist et volés l'otrier,
« Vos la ferés à un des voz baillier
« Que il l'en doie et conduire et mener
« En terre estrange, fors de vostre regnier.
« Si li convient et dire et comander
« Que ne se laisse ne véoir n'esgarder. »
Et dist li rois : « Bien fait à otrier ;
« Meillor conseil ne me porriés doner.
« Dès que vos plaist, et je le vueil gréer. »
Adonc la dame fait ariere torner,
Del feu la fait partir et desevrer.
Tote la gent en prist Dieu aorer.
Li rois la voit, si li prent à conter :
« Gentis roïne, moult vos avoie chier ;
« Faite avés chose dont ne vos puis amer,
« Et je vos vueil la vie pardoner ;
« Mais vos covient en tel contrée aler
« Ne vous puist on ne véoir n'esgarder.
« Et vos ferai très bien acompaignier
« Tant que serés defors de mon terrier. »
La dame l'ot, si commence à plorer.
Et dist li rois : « Alés vos conréer,

« En vestra çanbre e vestir e çalçer,
« Et prendés de l'avoir qe aiés por spenser. »
Dist la raina : « Et eo li voio otrier ;
« Vostre voloir non voio stratorner. »
Entro sa çanbre se voit ad atorner.
E l'inperer non volse l'ovra oblier :
Un son donçel elo fe apeler,
Li qual estoit parant de Morant de River.
En tota la cort no se poroit trover
Nul damisel plus cortois e ber
Ne qe plus amase l'onor de l'inperer.
Albaris oit non, ensi se fait clamer.
Plus est loial de nul altro çivaler.
Le rois le vit, si le prist apeler :
« Albaris sire, alez vos pariler ;
« Cun la raine el vos convent aler,
« Et in tal lois nu la deça mener
« Tant q'ela soia fora de mon terer.
« E quant averi ço fato, si v'en tornez arer. »
Dist Albaris : « Ne le poso contraster ;
« Vestre voloir eo faro volunter. »
Adoncha Albaris no sen volse entarder ;
Son palafroi el se fe enseler
E çinse li brando, non oit altro corer ;
Et in man el porte un sparaver.
Tutor li vait darer un so livrer.
La dama fait sor un palafroi monter,

« En vostre chambre et vestir et chaucier,
« Et de l'avoir prendés por despenser. »
Dist la roïne : « Et vueil je l'otrier ;
« Vostre voloir ne vueil je trestorner. »
Ens en sa chambre se vait ad atorner.
Et l'emperere ne vout l'ovre oblier :
Un suen donsel a il fait apeler,
Parens fu il de Morant de Rivier.
En tote cort ne se péust trover
Nus damoisiax plus cortois ne plus ber,
Ne qui l'onor dou roi éust plus chier.
Aubri ot nom, ensi se fait claimer.
Plus est loiaus de nesun chevalier.
Li rois le voit, sel prist à apeler :
« Auberis sire, alés vos aprester ;
« O la roïne vos covient il aler,
« Et en tel lieu nos la devés mener
« Tant qu'ele soit defors de no terrier ;
« Et quant aurés ce fait, tornés arier. »
Dist Auberis : « Ne le puis contrester ;
« Vostre voloir ferai je volentiers. »
Donc Auberis ne se vout àtargier;
Son palefroi se fait il enseler
Et ceint le branc, sans plus, à son costé ;
Et sor son poing portoit un espervier.
Tosjors li vait deriere uns suens levriers.
Un palefroi fait la dame monter,

Via la mene, qi ne doia noier,
Por le çamin se mist ad erer.
Gran dol ne moine péon e çivaler,
Meesmo li rois cum N. de Baiver.

COMENT S'EN VAIT ALBARIS.

Quant Albaris s'en vait desevrant,
Gran dol ne mene le petit et li grant;
Meesmo li rois la plure tendrement.
Et cil s'en vait por le çamin erant.
Quant Machario veoit qe estoit en tant,
A son oster el s'en vent corant.
Cil le destrue qe formo Moïsant!
Por lui fo la raine mesa in gran tormant.
Elo s'armo d'arme e de guarnimant,
Et si monto sor un auferant.
Prist una tarçe, à li col se la pant,
Et in sa man una lança trençant.
De Paris ese soeve e belemant,
Rer Albaris el vait civalçant.
Et Albaris s'en vait cun la dama ensemant;
Ne se dotava de persona vivant.
Las! qe li rois no sa del traïmant
Qe li oit fato Machario le seduant.
Tant s'est Albaris alés avant

O lui l'en mene, cui qu'en doie anuier,
Par le chemin si se mist à l'errer.
Grant duel en menent péon et chevalier,
Li rois méismes o Naimon de Báivier.

Coment s'en vait Auberis.

Quant Auberis s'en vait si desevrant,
Grant duel en menent li petit et li grant;
Li rois méismes en plore tenrement.
Et cil s'en vait par le chemin errant.
Quant voit Macaires que il en estoit tens,
A son ostel il s'en vient tot corant.
Cil le destruie qui forma Moïsant!
Por lui fu mise la roine en grant torment.
D'armes se vest et d'autre garnement,
Si est monté desor un auferrant.
Prist une targe et al col se la pent,
Et en sa main une lance trenchant.
De Paris ist souef et belement,
Riere Auberi si vait il chevauchant.
Et cil s'en vait o la dame ensement;
Ne se dotoit de persone vivant.
Las! que li rois ne set l'encombrement
Que li ot fait li cuivers soduians.
Tant a erré Auberis en avant

Q'el çunse ad une fontane, à costé d'un pendant
De una selve mervilosa e grant.
La raina la vi, à covoter la prant;
Ela dist ad Albaris ennoiant :
« Albaris sire, e vos pre e demant
« Qe à la fontane me metés davant.
« Si son lasée de boir n'o talant. »
Dist Albaris : « Vu parlé saçemant. »
Elo desis del palafroi anblant,
Ven à la dame, en ses braçe la prant,
Del palafroi la desis mantenant,
Sor la fontane l'a mis en seant.
E la dama ne boit qi n'oit gran talant.
Si sa lava le man e le vis ensemant.
Pois si a levé le çevo, si s'a guardé davant
E vide Machario venir esperonant,
E si estoit armé d'arme e de guarnimant.
Quando le vi, nen fo mais si dolant;
Molto durament à lamenter se prant :
« Albaris, fait ela, el nos va malemant,
« Qe de ça ven li malvas seduant
« Par cui e son caçea del reame de Franc. »
Dist Albaris : « No vos doté niant ;
« Ben vo savero defendre à tuto me poant. »
Atant ecote vos li traitor seduant ;
Ad Albaris elo dist ennoiant :
« Tu no la po mener par nula ren vivant ;

Qu'une fontaine encontre à un pendant,
D'une forest et mervillose et grant.
Là voit la dame, à covoiter la prent,
A Auberi si a dit en oiant :
« Auberis sire, et vos pri et demant
« A la fontaine que me metiés devant.
« Tant sui lassée de boivre en ai talent. »
Dist Auberis : « Vos parlés saigement. »
A pié descent dou palefroi amblant,
Vient à la dame, en sa brace la prent,
Dou palefroi la descent maintenant,
Lez la fontaine mise l'a en séant.
La dame en boit qui en ot grant talent,
Les mains se lave et le vis ensement.
Puis le chief leve, si a gardé devant
Et voit Macaire venir esperonant,
Tot armé d'armes et d'autre garnement.
Quant l'a véu, ne fu mais si dolens ;
Moult durement à dementer se prent.
« Aubris, fait ele, il nos vait malement,
« Que deçà vient li malvais soduians
« Par qui sui fors dou réaume des Frans. »
Dist Auberis : « Ne vos dotés noient ;
« Bien vos serai à mon pooir garans. »
Atant es vos le cuivert soduiant ;
Ad Auberi si a dit en oiant :
« Tu ne l'en pues mener por rien vivant ;
 Macaire.

« D'ele faro tot li mon talant.
— Nen fari, dist Albaris, por lo men esiant,
« Ançi çerchares del trençer de mon brant ! »

COMENT MACARIO PAROLE ALBARIS.

« MACHARIO, dist Albaris, e no vos quer noier,
« Tu m'e por mal avenu darer,
« Por la raine qe m'e donea à guier.
« Quant li savera K. maino l'imperer,
« E li Danois, el dux N. de Baiver,
« Tot ton avoir no t'avera çoer
« Q'elo no te faça à dos fors apiçer.
« Torna arer, no ve dar engonbreir ;
« Ço qe tu pensi no te val un diner. »
Dist Macharío : « Tu no la po mener,
« E se de ren tu la vo defenser,
« El vos estoit à mala mort finer. »
Quant Macharío vi q'el no la vol bailer,
Decontra lui el ponçe son destrer.
E Albaris si fo pro e liçer ;
El tra la spea si le va calonçer.
Se Albaris aüst eu son corer,
Ben l'aüst defesa contra un çivaler.
L'un contra l'autre lasa le çival aler.
Albaris tent li brant forbi d'açer,

« D'ele ferai trestot le mien talent. »
Dist Auberis : « Non fras, mien ensient,
« Ains tasterés del trenchant de mon branc ! »

Coment Auberis parole a Macaire.

Dist Auberis : « Ja nel te quier noier,
« Tu m'es por mal avenus cà derrier,
« Por la roïne que je ai à guier.
« Quant le sara l'emperere au vis fier,
« Et li Danois, et Naimes de Baivier,
« Tos tes avoirs ne te porra garder
« Que ne te face as forches encroer.
« Arrier te trai, ne querir encombrier ;
« Ce que tu penses ne te vaut un denier. »
Et dist Macaires : « Tu ne l'en pues mener,
« Et se de rien tu veus son cors tenser,
« Ja t'estovra de male mort finer. »
Quant voit Macaires que ne la vuet baillier,
Encontre lui vait poignant son destrier.
Et Auberis si fu preus et legiers ;
Trait a s'espée, si la vait chalengier.
S'Auberis fust fervestus et armés,
Bien la tensast encontre un chevalier.
L'un envers l'autre lait le cheval aler.
Auberis tint le branc forbi d'acier,

Dever Macario s'en vait cun çengler.
E Macario ponçe e broça li destrer,
E brandist l'aste à li fer d'açer.
Macario est armé de arme e de corer,
E Albaris non ait se no li branc d'açer,
Si q'el po mal cun Machario plaider.
Grant fu la bataile d'anbes dos çivaler.
L'omo q'e desarmé non val un diner
Contre celu qe oit son corer.
Machario fer Albaris de la lança plener;
El non oit arme qel posa defenser,
Pormi le cors le mis l'espé d'açer,
Morto le çeta in le pré verdoier.
Quant la raina vi le pla si aler,
En tant como la vi la bataila durer,
Si durament se pris à spaventer
Entro le bois s'est alé afiçer
Q'el no la posa avoir ni reçater.
Tutora prega Deo, li vor justisier,
Qe guardi Albaris da mortel engonbrer.

Coment se conbate Macario con Albaris.

Quando la raina a veçu quelo stor,
A grant merveile ela oit gran paor,
Deo reclame, li maine criator,

Devers Macaire s'en vait come senglers.
Et point Macaires et broche le destrier,
Et brandist l'anste où ot bon fer d'acier.
Cil est dou tot fervestus et armés,
Et Auberis n'ot fors le branc d'acier,
Si que mal pot à Macaire plaidier.
Grans fu la joste d'ambedeus chevaliers.
Hom desarmés ne vaut mie un denier
Contre qui est armés et haubergiés.
Macaires fiert Aubri un cop plenier;
Et cil n'ot arme dont se péust tenser;
Parmi le cors li mist l'espié d'acier,
Mort l'abati en l'erbe vert del pré.
Quant la roïne voit le plait si aler,
Tant come voit la bataille durer,
Si durement se prist à esmaier
Que ens el bois s'est alée afichier,
Que ne la puist avoir ne recovrer.
Or prie Dieu, le voir jouticier,
Qu'Auberi gart de mortel encombrier.

COMENT SE COMBATI MACAIRES A AUBERI.

QUANT la roïne a véu cel estor,
A grant merveille ot ele grant paor.
Dont Dieu reclaime, l'umaine criator,

E la verçene polçele qi le faça secor.
En le gran boscho, en le maior erbor,
Ela se fiçe et à dol et à plor.
E quant Machario oit morto cil valvasor,
Elo reguarde environ et intor;
Quant no la trove, el oit gran tristor,
De ço q'el oit fato el oit gran dolor.
El laso Albaris çasando à l'arbor,
Pres la fontane de la verde color;
Arer retorne à la cort l'inperaor.
Ne cuita qe hom le saça ni grant ni menor.
E la raine s'en vait cun gran paor
Parme cel bois menando gran dolor.
Deo la condue qe fa naser le flor!
D'ele lairon trosqa un altro jor
Como en le bois duro gran langor.

COMENT FU MORTO ALBARIS.

ORf o Albaris en le préo versé,
E son levrer sor lui fo acosté.
Le palafroi manue de l'erba por li pré.
Trois jorni stete le livrer q'el non oit mançé;
Nen fo ma criatura in cesto mondo né
Qe son segnor aça meio pluré

Et sainte Vierge, que li face secors.
En la grant selve, ens el maior herbor
Ele se fiche et à dol et à plor.
Et quant Macaires ot mort le vavasor,
Il se resgarde environ et entor;
Quant ne la trove, il en ot grant tristor,
De ce qu'ot fait si ot il grant dolor.
Auberi laisse gisant emmi l'herbor,
Lez la fontaine dont vers est la colors;
Arier s'en torne à cort l'emperéor.
Séu n'ert cuide de grant ne de menor.
Et la roïne s'en vait à grant paor
Parmi le bois demenant grant dolor.
Diex la conduie qui fait naistre la flor!
D'ele lairons trosqu'à un autre jor
Si com el bois endura grant langor.

COMENT FU MORS AUBERIS.

OR est Aubris ens el prael versés,
Et ses levriers sor lui fu acostés.
Li palefrois paist l'herbe par le pré.
Trois jors i fu li levriers sans mangier;
El mont ne fu nus hom de mere nés
Qui son segnor ait onques miex ploré

Con cel levrer qe tant l'oit amé.
E quando tros jorni furent trapasé,
La fame fo si grande à le levrer monté
N'en pote plus ilec avoir duré.
Dever Paris elo fo açaminé.
Tant est alé q'el fo à la cité,
Ven al palès, monto sor le degré.
E fo à cel ore q'el estoit aparilé,
A le table erent le çivaler aseté.
Quant le levrer fo sor la sala monté,
Elo reguarda avanti et aré ;
O vi Machario, cela part est alé
O il estoit as tables aseté.
Sovra la table fo le levrer lançé,
Entro le vis li oit asaçé
Si le dono una gran morsegé.
E pois n'oit pris di pan quanti n'oit saçé,
Via s'en vait quant le cri fo levé.
A son segnor elo fo retorné,
O il estoit en le canpo versé.
Et Macario remis à la tabla navré.
Çascun qe le véoit se n'est amervelé,
E da plusur fo le levrer guardé,
Qe entro soi ont dito e parlé :
Se Albaris fust arer retorné
Qe cum la roine l'oit K. envoié ?
Al son levrer qu'el est asomilé.

Que cil levriers, qui tant l'avoit amé.
Et quant trois jor furent si trespassé,
Trop grans fains a le levrier sormonté
Que plus lonc tens ne pot illec durer.
Devers Paris s'est droit acheminé.
Tant a erré qu'il vint en la cité,
Al palais cort, si monte les degrés.
Et fu à l'ore qu'il ert aparillié,
Qu'as tables erent li baron asegié.
Quant li levriers en la sale est montés,
Il se resgarde et avant et arrier;
Où voit Macaire, cele part est alés
Où li traïtre ert assis au disner.
Li levriers s'est sor la table eslaissé,
Parmi le vis a Macaire adesé,
Et en la char forment l'a entamé.
Puis dou pain prist tant qu'il en ot asés,
Sa voie en vait quant li cris fu levés,
A son segnor si en est retornés
Là où il ert emmi le champ versés.
Et cil remest à la table navrés.
Nus ne le voit n'en soit esmerveillés,
Et des plusors fu li chiens esgardés,
Qui entre soi ont et dit et parlé :
Se Auberis fust ariere tornés
Qu'o la roïne ot Kalles envoié?
Qu'au suen levrier cil a moult resanlé.

E Macario fo à sa mason alé,
Por mires mande qe le ont bindé.
E Macario oit sa gent apelé.
« Segnur, fait il, se de nient m'amé,
« Quant eo sero à li palais alé
« Et à table eo sero aseté,
« Se quel levrer sera reparié,
« Çascun de vos aça un baston quaré;
« Faites qe à moi el non soia aprosmé. »
E cil le dient : « Volunter e de gré;
« Nu faron ben la vostra volunté. »
E li can oit de cel pan mangé
Qe il avoit de la tabla porté.
Terço çorno stete q'el non fo sevré,
E quant il oit la fame asa duré,
Dever la cort el fo açaminé
Pur à quel ore qu'il estoit parilé.
Et Macario estoit à le table aseté;
Ancora avoit le viso inbindé.
Venu estoit à la cort e si se fo mostré
Por qe la gent n'aust mal pensé.
E le livrer fo sor li palès monté,
Tosto el fust à Macario alé,
Quant cele jent da li baston quaré
Le escrient, si le done de gran colé.
E li can fu à la tabla alé,
Prende di pan, si fo via scanpé,

Et fu Macaires à son ostel alés ;
Mires manda, qui sa plaie ont bendé.
Et a Macaires sa gent si apelé.
« Segnor, fait il, se de noient m'amés,
« Quant au palais je serai retornés
« Et que serai as tables asegiés,
« Se ancor fust cil levriers repairiés,
« Chascuns de vos ait un baston quarré ;
« Faites qu'à moi ne soit aproïsmés. »
Et cil li dient : « Volentiers et de gré ;
« Bien ferons nos la vostre volenté. »
Et li chiens ot de celui pain mengié
Qu'il en avoit de la table porté.
Trois jors remest, que n'en est desevrés,
Et quant il ot la fain assés duré,
Devers la cort se rest acheminé
Droit à cele ore qu'il ert aparillié.
Et ert Macaires à la table asegiés ;
Ancor avoit le vis enmalolé.
A la cort ert venus, si s'ert mostré
Por que la gent nen éust mal pensé.
Et est li chiens sus el palais montés,
Et vers Macaire se fust tost eslaissié,
Quant cele gent o lor bastons quarrés
Forment le hue et de grans cops le fiert.
Et à la table s'en est li chiens alés,
Dou pain a pris, si s'en est eschampé,

Dont tot jent en fo amervellé.
A son segnor el fo reparié.

COMENT N. PARLO A K.

NAIMES apella l'inperaor Karlon.
« Mon sir, fait il, entendés ma rason :
« Questa mervil jamais non vi nul hon.
« Se m'en créés, nu si en la faron :
« Nu seren parilés çivaler e peon ,
« Quant le livrer vira, qe nu le seguiron.
« Non e sença mervile de ço qe nu veon. »
Dist l'inperer : « A Deo beneçion. »
E le levrer non fi arestason ;
Quant avoit fame, non fe demorason,
A Paris vene, como auseson.
Quant fo al palès, sor le mastre doion,
Le levrer guarde entor et environ,
Por veoir Macario se el poust o non.
E qui qi aient en ses man li baston
Feru li aust, sel non fu Naimon
Qe le contrarie si le crie ad alto ton :
« No le toçés por li oeli del fron. »
Cil le lasent, o il volist o non.
E l'inperer el duc Naimon,
E li Danois cun molti altri baron,

Dont tote gent se prist à merveiller.
A son segnor est li chiens repairiés.

COMENT NAIMES PAROLE A KALLON.

NAIMES apele l'emperéor Kallon.
« *Sire, fait il, entendés ma raison :*
« *Itel merveille ja ne vist mais nus hon.*
« *Se m'en créés, nos ensi la ferons :*
« *Nos serons prest, chevalier et péon,*
« *Quant li levriers venra, que le sivrons.*
« *N'est sans merveille de ce que nos véons.* »
Dist l'emperere : « *A Dieu benéiçon.* »
Et li levriers ne fist arrestison ;
Quant il ot fain, ne fist demorison,
A Paris vint, si com oï avons.
Quant au palais fu, el maistre donjon,
Li chiens esgarde entor et environ
Se il péust véoir Macaire o non.
Et cil qui ont en lor mains le baston
Ja le ferissent, quant Naimes li preudon
Les contralie, si lor crie à haut ton :
« *Ne le touchiés por les .II. iex dou front.* »
Et cil le laissent, o volsissent o non.
Et l'emperere o le bon duc Naimon,
Et li Danois o moult d'autres barons,

A çival montarent qi tot meio poon,
E seguent li cam à força et à bandon.
Tant alirent, q'i no demoron,
Qe à li bois li s'aprosmon
Unde gran fle de lo morto venon,
E voit le can qe sor lui s'areston.
Quant i le voit, arer se traon.
Porme li pré i guardent e veon,
Li palafroi d'Albaris coneon ;
Quant i le voit, grant dol en demenon.

COMENT ATROVENT ALBRAIS MORT.

Quant l'inperer oit pris à guarder,
Conoit li palafroi d'Albaris en primer,
Et in apreso conoit li levrer,
Çascun començe altament à crier :
« Questo e gran dalmaço, nobel enperer ! »
K. apela dux N. de Baiver :
« Conselés moi, je vos voio en proier. »
E dist N. : « Questo no se po çeler
« Qe la justisie si fait li levrer ;
« Colu q'el plu ait sa tot le mester :
« Ora faites Macario pier,
« Q'el vos savera tot li voir conter.
« E à Paris faron li corpo aporter

Es chevaus montent qui miex miex, à tenson,
Et le chien sivent à force et à bandon.
Tant sont alé, n'i font demorison,
Que au bois sont arivé de randon,
Dont flairors ist dou mort à grant fuison,
Et le chien voient ester sor lui amont.
Quant l'ont véu, ariere trait se sont.
Parmi le pré esgardent environ,
Le palefroi d'Aubri conéu ont;
Quant l'ont véu, en font grant plorison.

COMENT AUBERI ATROVENT MORT.

QUANT *l'emperere se prent à esgarder,*
Le palefroi d'Aubri conoist premier,
Et en après si conoist le levrier.
Chascuns comence hautement à crier :
« *Hé! gentis rois, ci a grant encombrier!* »
Kalles apele duc Naimon de Baivier :
« *Conseillés moi, je vos en voil proier.* »
Et dist dus Naimes : « Ja ne se puet celer
« *Que la joutice si a fait li levriers;*
« *Cil que plus het en sait tot le mestier :*
« *Macaire faites de maintenant cobrer,*
« *Que tot le voir vos en saura conter.*
« *Et à Paris ferons le cors porter*

« E altament li faron enterer,
« De la justisie pois averon demander. »
Dist l'inperer : « Vu parlés como ber ;
« Ço qe vos plait non voio contraster. »
Adoncha fait Machario pier,
A soa jent ben le fait guarder.
Li corpo e fraido, nul homo li voit toçer ;
Erbe prendent oliose e cler,
Al meio qe il poit le fi à Paris porter,
Con gran honor le font enterer.
Do ! cun le plure peon e çivaler,
Dame e polçele e petit baçaler !
Quando fo seveli, li rois retorna arer.
Et avec lui dux N. de Baiver.
Tota la jent comencent à crier,
Pur de justisia prendent à roier.
E li rois se fait Macario amener.
« Machario, fait il, molto me poso merveler
« Quando eo t'oldo à tota jent acuser
« De la mort d'Albaris qe era pro e ber ;
« Droit al can te veço calonçer.
« Se tu as morto Albaris, qe est de ma muler
« Qe Albaris eo la dea mener
« En estranço païs por mon cor vençer ? »
Dist Macario : « Bon rois, lasez ester ;
« Queste parole à moi aderasner.
« Mais no le fi ne no l'avi enpenser ;

« Et hautement le ferons enterrer,
« De la joutice puis vorrons demander. »
Dist l'emperere : « Vos parlés come ber ;
« Ce que vos plaist ne voil je contrester. »
Adont Macaire fait maintenant cobrer,
Et à sa gent si l'a fait bien garder.
Li cors est frois que nus n'i vait toucher ;
Herbes ont pris qui moult flairent souef,
Au miex que poent l'ont à Paris porté,
A grant honor le font il enterrer.
Diex ! com le plorent péon et chevalier,
Dames, pucelles et petit bachelier !
Quant fu en terre, li rois retorne arier,
Ensamble o lui dus Naimes de Baivier.
Tote la gent comencent à crier,
Por Dieu joutice se prenent à rover.
Et se fait Kalles Macaire amener,
Et si li dist : « Moult me puis merveiller
« A tote gent quant je t'oi demander
« La mort Aubri qui tant ert preus et ber,
« Et droit au chien te voi je encorper.
« S'Aubri as mort, que est de ma moillier
« Que li donnai à conduire et mener
« En terre estrange por nostre cors vengier ? »
Et dist Macaires : « Boins rois, laissiés ester ;
« Ceste parole me laissiés deraisnier.
« Mais ne le fi ne ne l'oi en pensé ;

« E qi de ço me vole calonçer
« Apresté sui por bataia proer. »
A ste parole vint N. de Baiver,
Oldi li traito si altament parler
Por li so parenté no le olsa nul contraster.
N. le guarda, n'ait en lui qe irer,
El dist al roi : « Or le lasez aler,
« E prendés conseil da li ves çivaler.
« De le çuçer fari à son loer
« E se por paure vu ve retra arer,
« Nen seri degno d'eser mai enperer. »

COMENT LI ROIS PRIST CONSIL.

Li enperer nen demoro ne mie;
Fe asenbler tota sa baronie,
E furent plus de cento de gran çivalerie;
Sor li palès de la sala antie
Fu asenblés, qi ne plançe ne rie.
« Segnur, dist li rois, nen lairo nen vo die
« Fato m'estoit una gran stoltie :
« Calonçé m'estoit ma muler donde son vergognie,
« Ne morto Albaris, don son gramo e irie.
« Concelés moi, e vos demando e prie,
« Ne non guardés por paure d'omo qe sie. »
Quant li baron ont la parola oïe,

« Et qui de ce me vorra encorper,
« Vez moi tot prest par bataille prover. »
A ces paroles vint Naimes de Baivier ;
Le gloton ot si hautement parler
Por son lignage nus n'ose i contrester.
Naismes l'esgarde, n'ot en lui qu'aïrer,
Et dist au roi : « Or le laissiés aler ;
« Conseil prenés des vostres chevaliers.
« De lui jugier feriés à son loier ;
« Se por paor vos retraiés arier,
« N'estes mais dignes de corone porter. »

Coment li Rois prist conseil.

Li emperere nen a demoré mie ;
Fist asenbler tote sa baronie.
Plus de cent furent de grant chevalerie ;
Sus el palais, en la sale votie
Asenblé furent, qui qu'en plort o en rie.
« Segnor, dist Kalles, ne lairai ne vos die
« Faite me fu une grans estoutie :
« A grant vergoigne ma moillier chalengie,
« Mors Auberis, dont en ai l'ame irie.
« Conseillés moi, si vos demant et prie
« N'aiés paor d'ome qui soit en vie. »
Quant li baron ont la parole oïe,

Mal aça quel qe un moto en die.
Por li traitor çascun si s'omilie,
Tant dotent la soa segnorie.

COMENT N. PAROLE.

Tot primeran N. oit parlé :
« Çentil rois sire, e voio que vu saçé
« De li baron qi son qui asenblé
« E veço ben tuta sa volunté,
« Qe por paure cascun se trait aré,
« Tant dotent di traiti la poesté ;
« Mais eo diro un poi de mon pensé.
« Qui de Magançe son grandi e honoré ;
« En Alamagne non e meio enparenté,
« Ne non est homo en la crestaneté
« Qe sego volust faire bataia en pré ;
« Et laser la justice seroit gran peçé.
« Un conseilo eo donaro segondo ma volunté,
« E non cre qe da nul eo en sia blasmé.
« Q'el se prenda Macario qi n'est calonçé,
« E in guarnelo elo sia despoilé,
« E in man aça un baston d'un braço smesuré,
« E sor la plaça soia fato un astelé ;
« Macharío e li can soia dentro mené,
« Co est li can d'Albaris, qe fo morto trové,

Mal de celui qui un sol mot en die.
Por le cuivert chascuns si s'umelie,
Tant ont doté la siene segnorie.

COMENT NAIMES PAROLOIT.

Tot *primerains a dus Naimes parlé:*
« *Gentis rois sire, ne le vos quier celer,*
« *De ces barons qui sont ci assemblé*
« *Et voi je bien tote lor volenté;*
« *Que por paor chascuns se trait arier,*
« *Des traïtors tant dotent la posté;*
« *Mais je dirai un poi de mon pensé.*
« *Cil de Maience sont grant et honeré;*
« *En Alemaigne n'est miex enparentés,*
« *Ne nen est hom en la crestienté*
« *Qu'à eus volsist faire bataille en pré;*
« *Et de laissier joutice, ert grans pechiés.*
« *Conseil donrai selonc ma volenté,*
« *Et ne croi mie de nul en sois blasmés.*
« *Pris soit Macaires qui en est apelés,*
« *Et en bliaut si soit il despoilliés,*
« *Et d'une brace ait baston mesuré,*
« *Et sor la place si soit fais uns plaissiés;*
« *Il et li chiens soient dedens mené,*
« *Li chiens Aubri, qui fu mors atrovés,*

« Donde Macario n'estoit calonçé,
« Si cum li can li oit au en aé.
« Se li can est vinto, el soia delivré.
« E se Machario e por lui afolé,
« De mantenent el soia çuçé
« Como traites e malvasio renoié. »
Quant qi qe erent à li conseil privé
Oldent N. coment ont parlé,
Çascun li oit molto ben agraé,
Ne le fo nul qe se traïst aré.
Meesmo li rois li oit otrié.
Li parenti de Machario en fon çoiant e lé;
N'en cuitoit mie le fato fose si alé
Qe por un can fose vinto ni maté.

Coment Macario fe li bataille com li cam.

Çoiant fo li parenti Gainelon
Del çuçement c'oit dito Naimon;
N'en cuitoit mie si alast la rason
Qe por un can fose vinto un tel baron.
E l'inperer qe K. oit non
N'en volse fare nula demorason.
Desor la place, davanti li dojon,
Una gran stele a fait lever en son,
Molto ben sera entorno et environ.

« Dont puis en fu Macaires encorpés,
« Si com li chiens l'éust coilli en hé.
« S'il vainc le chien, si soit il deslivrés;
« Et si Macaires est dou chien afolés,
« De maintenant à mort soit il jugiés
« Come traïtre et malvais renoiés. »
Quant cil qui là sont al conseil privé
De Naimon oient coment il ot parlé,
Chascuns li ot sa parole gréé,
Ne nus n'en fu qui se traïst arier.
Li rois méismes bien li ot otrié.
Et de Macaire li parent en sont lié;
Ne cuident mie li plais si fust alés
Que par un chien fust vaincus ne matés.

Coment Macaires fist la bataille avec le chien.

Joiant en sont li parent Ganelon
Quant oï ont le jugement Naimon;
Ne cuident mie si alast la raisons
Qu'uns chiens péust mater un tel baron.
Et l'emperere qui Kallon ot à non
Ja n'en vout faire nule demorison.
Emmi la place, par devant le donjon,
Un grant plaissié a fait lever en son,
Moult bien serré entor et environ.

Pois fa crier un bando, qe, s'el fose nul hon
Qe la pasese, sença redencion
Apendu ert à fors como laron ;
Çascun guardi la bataile in pax, sença tençon.
Adoncha li rois non fe arestason :
Tot primeran Machario prendon,
En guarnelo i le despoleron
E in sa main li dono un baston
Qe de un braço estoit voire lon ;
Elo no li n'oit nul autre guarison.
Quant a ço fato, in la stalea li meton,
E pois le mis le levrer, qi ne pisi o non.
Quant le levres fo dens, el se guarda environ ;
O vi Machario, el se core à randon.

COMENT LI CAN VAIT SOVRA MACARIO.

Quando li can oit Machario véu,
Sovra li cor cun li denti agu
E por li flanco elo l'oit prendu.
E cil li oit cun li baston feru
Una gran bote e por flanco e por bu.
E cil a lu fer cun li denti agu.
Si grande fo la bataile, n'en fo maior véu.
Tota la jent qe in Paris fu
Por véoir la justisie sont à la plaça venu.

Puis fait crier un ban : que, se nus hon
Le trespassast, sans nule raençon
A forches ert apendus com larron ;
En pais, sans noise, la bataille esgart on.
Adonc li rois ne fist arrestison :
Tot primerains Macaire cobré ont,
Sol en bliaut si despoiller le font
Et en sa main li donent un baston
Qui une brace avoit sans plus de lonc ;
Si nen ot il nule autre garison.
Quant ont ce fait, ens el plaissié mis l'ont,
Puis le levrier, qui qu'en poist o qui non.
Quant furent ens, li chiens garde environ ;
Où voit Macaire, là cort il de randon.

COMENT LI CHIENS VAIT SUS A MACAIRE.

Quant ot li chiens Macaire apercéu,
Des dens agües li est sore coru
Et par le flanc si l'a aconséu.
Et cil li ot dou baton reféru
Une grant bote et par flanc et par bu.
Et cil des dens agües l'a mordu.
Grans fu l'estors, n'en fu maior véus.
Tote la gent qui dedens Paris fu
Por la joutice véoir i sont venu.

Qe tot quant ont levé li u,
E braent e crient : « Santa Maria, aiu !
« Ancoi ne soia la verité véu ;
« Por Albaris mostrez vestra vertu. »
Si grant fu la bataile, n'en fo tel véu
Como en quel çorno en furent mantenu.
Quant li parenti Macario se ne aperçéu,
Dient ensenbre : « Cun nu son decéu !
« Par un can demo eser confondu ? »
Un de lor fu sor la stalea salu ;
Dentro fust alé, quant esclamé li fu
Qe mantenent elo sia pendu
Entro quel lois o il estoit salu.
Quant cil l'intent, en fua fo metu.

Coment fu grant la bataille.

Va s'en li traito, no se volse entarder.
Quando li rois fait un bando crier
Çascun de qui qi le pora pier
Li rois li fara mile livre doner.
Quant un vilan oldi li banoier
Qe venoit da la vile à comparer,
A la cité por comparer soler ;
En sa man oit un baston de pomer ;
Elo l'intopo al pasar d'un plaçer,

A une vois tuit ont levé le hu,
Braient et crient : « Sainte Marie, aiu !
« Ancui en soit li voirs aperceüs ;
« Por Auberi mostrés vostre vertu ! »
Grans fu l'estors, n'en fu mais tés veüs
Si come l'orent celui jor maintenu.
Quant li parent Macaire l'ont veü,
Dient ensemble : « Com sommes deceü !
« Deüssions estre par un chien confondu ? »
Sor le plaissié uns des lor saillis fu;
Ens fust alés, quant escrié li fu
Que maintenant soit il pris et pendus
En celui lieu où il s'ert embatu.
Et cil s'en fuit, quant il l'ot entendu.

COMENT FU GRANS LA BATAILLE.

VAIT s'en li glous, ne se vout atargier.
Atant li rois a fait un ban crier
Chascun de cels qui le porra cobrer,
Il li fera mile livres doner.
Quant uns vilains oï le banoier
Qui de la vile venoit à comperer,
A la cité por soliers achater;
En sa main ot un baston de pomier;
Il l'en arreste au passer d'un placer,

Sovra li cor si le voit à pier,
Por li avoir de voire guaagner.
Davant li rois li vait à presenter.
Li rois le vi, molto li parse agraer;
Le mile livre li fait doner.
Pois fait celu e prender e liger;
En cele lois o il volse paser
Por la gorça elo li fe apiçer,
E pois apreso et arder e bruser.
Gran dol n'oit qui del so parenter;
Mais por li rois i no olsa mostrer.
Que la bataile fo tanto dura e fer
Non est nul homo qe le poust conter.
A l'ademan apreso li vesprer
Si ne duro la meslea e li çostrer.

Coment fu grant la bataille tra M. e li can.

Gran fu la meslée entro Machario e li can;
Major non vi nesun homo vivan.
Lo can li morde por costes e por flan,
E cil le done de li baston sovan
Porme la teste, si qe n'ese li san.
Qui de Magance ne fo en gran torman;
Voluntera atrovast paro qe fust avenan

Sore li cort et si le vait cobrer,
Tot por l'avoir et deniers gaagner.
Devant le roi l'a en present mené.
Li rois le voit, moult li fait à gréer;
Les mile livres li a fait deslivrer.
Puis fait celui et prendre et loier;
En celui lieu où il vout trespasser
Si le fait il par la gueule encroer,
Et en après et ardoir et brusler.
Grant duel en ont cil de son parenté;
Mais por le roi ne l'osassent mostrer.
Et fu l'estors et si durs et si fiers
Nen est nus hom qui le péust conter.
A l'endemain dusques à l'avesprer
Si en dura l'estris et li josters.

COMENT FU GRANS LA BATAILLE D'ENTRE MACAIRE ET LE CHIEN.

ENTRE ambedeus fu la bataille grans;
Maior ne vi nus hom el mont vivant.
Li chiens le mort par costés et par flans,
Et cil li done del baston moult sovent
Parmi la teste, si que en ist li sans.
Cil de Maience en sont en grant torment;
Bien atrovassent pais que fust avenans

Por oro et avoir e diner e besan ;
E li rois çura Deo e meser san Jouan
Qe no li valira tuto l'or qe fu an
Q'el non sia çuçés, sel vinçe li can,
Arso en fois o apendu al van,
Al plasir son baron fara li çuçeman.
Grande fo la bataile tuto jor man à man ;
Et li levrer li va si adestan
Qe Macario è si laso estan
No se po aider ni de pe ni de man.
Por ira e maltalent li va sovra li can,
Entro le viso le mordi si fereman
Le pomel de la golta li tole toto quan.
E Macario si brait e crie alteman :
« O estes vos alé, tot li me paran,
« Qe no me secorés encontre da un can ? »
Dist l'inperer : « I te son da luntan.
« Mal veisi Albaris e madama enseman,
« Qe onceisi à dol e à torman. »
Volez oïr, segnur, coment l'a fe li can ?
Sovra Machario el va por maltalan,
A la gola le prist sil ten si fereman
Qu'elo l'abati en tera à li plan.
E cil cria merci por Deo e por li san :
« O çentil rois, nobele e sovran,
« No me lasar morir à tel torman !
« Fa moi venir un qualche çapelan,

Por or, avoir, et deniers et besans ;
Mais li rois jure et Dieu et saint Jehan
Ne li vaura tos l'ors qui fu antan
Ne soit jugiés, sel chiens le vait vaincant,
Et ars en feu ou apendus au vent,
Com si baron feront le jugement.
Tote jor fu main à main l'estors grans ;
Et li levriers le vait si adesant
Que est Macaires si las en son estant
Ne puet s'aider ne de pié ne de main.
Vait sus li chiens par ire et mautalent,
Parmi le vis le mort si fierement
Que de la joue le pom li taut tot quant.
Et brait Macaires et crie hautement :
« *Où estes vos alé, tuit mi parent,*
« *Qu'encontre un chien ne m'estes secorant ?* »
Dist l'emperere : « *De toi sont il lointain.*
« *Mar vis Aubri et ma dame ensement,*
« *Que as ocis à duel et à torment.* »
Oés dou chien com se va combatant :
Sore à Macaire cort il par mautalent,
Au col le prent sil tient si fierement
Que à la terre le vait jus abatant.
Et cil por Dieu en vait merci criant :
« *Hé ! gentis rois qui sor tos es poissans,*
« *Ne me laisser morir à tel torment !*
« *Un confessor me mandés maintenant,*

« Qe voio conter tot li mon engan. »
Li rois l'intende sin fo legro e çoian.
L'abés da San Donis fa apeler mantenan ;
Et cil le vene voluntera por talan.

Coment K. fa apeler l'abés.

Le enperer nen fo pais demoré ;
L'abés da San Donis el oit demandé,
E cil li vent voluntera et de gré.
Li rois li oit in la stelea mandé,
O li can tent Macario seré
N'en poit mover ne le man ni le pé.
Cun bocha avoit molto planeto parlé.
E l'abes quant li fo acosté,
Elo l'oit por rason demandé
S'elo vole dire la verité,
Q'elo soit ben cun l'ovra est alé
Segondo cun la raina li avoit conté.
Dist Machario : « Orà me confesé
« Si me asolveri de tot li me peçé,
« Qe je so ben qe son à mort çuçé
« E poco me vara toto me parenté. »
Dist l'abes : « Si grant e li peçé
« E cuito ben qe dites verité ;
« Ma no por tanto, se le vor contaré

« *Conter li voil tot mon engignement.* »
Li rois l'entent, s'en fu liés et joians.
De Saint Denis l'abé mande à itant;
Et cil i vient volentiers, tot errant.

Coment Kalles fait apeler l'abé.

Nostre emperere ne s'est mie atargié;
De Saint Denis l'abé a tost mandé,
Et cil i vient volentiers et de gré.
Et l'ot li rois ens el plaissié mandé,
Là où li chiens tient Macaire serré
N'en puet movoir ne la main ne le pié.
De la bouche a bassement parlé.
Et quant li abes fu lez lui acostés,
Il l'araisonne si li vait demander
S'el a voloir de dire verité,
Que bien sait il com de l'oevre est alé
A ce que l'ot la roïne conté.
Et dist Macaires : « Ore me confessés
« Si m'asoilliés de tos les miens pechiés,
« Que je sai bien que à mort sui jugiés
« Et poi me valt tos li miens parentés. »
Et dist li abes : « Si grans est li pechiés
« Et cuit je bien que dites verité;
« Mais neporquant, se le voir en contés,

« Por amor de la vestra nobilité
« Li rois avera de vos merçe e piaté.
« E da moi meesme el ne sera proié.
« Ma e voio, quant vos li contaré,
« Qe li roi soia qui aloga acosté
« Et le dux N. e des autres asé,
« Ni altrement n'en serisi amendé,
« Ni an li can no t'averoit lasé ;
« Qe questo e un miracolo de Dé :
« Quando un can a un tel homo afolé,
« Donqua volt il qu'el se saça li peçé
« Da tota jent, e da bon e da ré. »
Dist Machario : « Faites ves volunté. »
Adoncha l'abes oit li rois clamé
E le dux N. del ducha de Baivé
Si le fe venir totes, e boni e ré,
Por de Machario oldir li peçé.
Ça oldirés coment il oit ovré
Celle malvès qe in mal ora fu né.
Dist l'abes : « Ora si comencé,
« Dites le voir e no mel çelé,
« Qe je so ben cun l'ovra est alé,
« Qe la raine ben me l'avoit conté
« Ço qe tu fisi e davant e daré. »
Dist Macario : « Non diro falsité,
« Ma faites tanto qel can m'aça lasé. »
Dist li rois : « Vu avi ben falé,

« Tot por l'amor de vo nobilité
« Aura de vos l'emperere pité.
« De moi méisme en sera il proié.
« Mais si voil je, quant vos le conterés,
« Li rois soit ci orendroit acostés
« Et li dus Naimes et des autres asés,
« Que autrement n'en seriés amendés
« N'onques li chiens ne vos auroit laissié,
« Que ci a voir un miracle de Dé :
« Quant par un chien fu tés hom afolés,
« Donques vuet il séus soit li pechiés
« De tote gent, et des boins et des mels. »
Et dist Macaires : « Faites vo volenté. »
Donc a le roi li abes apelé
Et duc Naimon dou duché de Baivier,
Ses fist venir trestos, et boins et mels,
Por de Macaire entendre le pechié.
Or orrés ja coment il ot ovré
Li fel traïtre qu'en male ore fu nés.
Et dist li abes : « Ore si comencés,
« Dites le voir, et ne me soit celés,
« Que je sai bien com de l'oevre est alé,
« Que la roïne bien me l'avoit conté
« Ce que fesis et devant et derrier. »
Et dist Macaires : « Ne dirai fauseté,
« Mais faites tant que m'ait li chiens laissié. »
Et dist li rois : « Tu as bien meserré ;

« Nen seri lasé si diri verité. »
Adonqua Macario avoit comencé
A dire tot li so peçé
Coment oit ovré avant et aré.

Coment M. se confese da l'abés.

Adoncha Machario començo primemant
A dire de la raine o fi li parlament
Tot en primera en le çardin verdoiant,
Como d'amor li aloit derasnant
E como à lui respose vilanement.
Si le dist del nan tot li covenant :
Como li mando à parler primemant,
Et in apreso le dise ensemant
De la çanbre, et cum per li so comant
Entro en le leto por maltalant,
Por acuser la raine e far li noiamant;
E como en le fois le çito voiremant
A ço qe de l'ovre no s'en saüst niant.
E quant la raine vide aler avant,
Qe Albaris li menoit, n'en fo ma si dolant
Q'ela non fo brusea à li fois ardant.
E, quando vide ce, prise son guarnimant,
Arer li alo', armé sor l'auferant,

« *Ne te laira, si diras verité.* »
Adonques a Macaires comencé
Si a gehi trestot le suen pechié
Com ovré ot et avant et arier.

Coment Macaires se confesse a l'abé.

Adonc *Macaires començа erranment*
De la roïne où fist le parlement
Tot primerains el jardin verdoiant,
Si com d'amor l'en aloit requerant
Et com à lui respondi laidement.
Si dist del nain trestot le covenant :
Com li manda parler premierement,
Et en après si a dit ensement
Et de la chambre, et com par son comant
Dedens le lit entra par mautalent
A la roïne por faire nuisement ;
Et com el feu le jeta voirement
Por que de l'oevre séu ne fust noient.
Et quant aler vit la roïne avant,
Que l'en menoit Aubris, plus fu dolens
Qu'ele ne fust bruïe el feu ardent.
Et quant ce vit, il prist son garnement,
Si l'enchauça, armés sor l'auferrant,

Por avoir la raine à lı so comant,
Quando Albaris la defese çentilmant,
Unde l'oncis à l'espea trençant.
« De la raine ne vos so dir niant,
« Q'ela à moi despari si davant
« Ne la poti veoir ni trover de niant.
« En cele bois se fico merviloso e grant,
« Et eo m'en retorne, non fe arestamant.
« De ço qe avea fato, en fu gramo e dolant;
« Deo no me perdoni se lo fo altremant. »
Dist li rois : « Tu m'a fato dolant,
« Caloncé ma muler c'amava dolçemant :
« Uncha non sie rois ni corone portant,
« Nen mançaro unqes à mon vivant
« Si veroie de lu le çuçemant !
« N., dist li rois, queste mal seduant
« Traï a ma muler par son inçantemant.
« Morto m'oit Albaris qe eo amava cotant;
« De le çuçement m'alez conseiant. »
E dist N. : « Nu faron saçemant.
« Nul faron prendre à grant çival corant,
« Por Paris li faron trainer inprimemant
« E pois li faron arder à fois ardant;
« E de ses parentés nesun dira niant.
« De lor meesme nu faron altretant. »
Cascun escrie : « El parla çentilment. »
Ancora li can lo ten si stroitemant

Por la roïne avoir à son talent,
Quant Auberis la tensa gentement,
Dont il l'ocist à l'espée trenchant :
« De la roïne, n'en sai dire noient
« Que si s'en ert fuïe de moi devant
« Ne la poi voir ne trover tant ne quant.
« El bois se fiche et merveillos et grant,
« Et je m'en torne, n'i fis arestement.
« De ce qu'oi fait, en fui grains et dolens ;
« Diex ne m'absoille se le fis autrement. »
Et dist li rois : « Tant m'as tu fait dolent,
« Reté m'oissor qu'amoie dolcement,
« Ne soie onc rois ne corone portant,
« Ne mengerai onques à mon vivant
« S'aurai de toi véu le jugement !
« Naimes, dist Kalles, cil malvais soduians
« Traï m'oissor par son enchantement,
« Mort m'a Aubri que paramoie tant ;
« Dou jugement alés moi conseillant. »
Et dist dus Naimes : « Fesons le sagement.
« Fesons le prendre à grant cheval corant,
« Parmi Paris trainer premierement
« Et en après ardoir en feu ardent ;
« Des suens parens nus n'en dira noient.
« Méisme d'eus ferions nos autretant. »
Chascuns s'escrie : « Il parle gentement. »
Encor le tient li chiens estroitement

El no s'en poit corler de niant,
Quant li enperer li proie dolçemant
Por son amor elo li vada lasant.
E cil le fe à li ses comant.
Cun faroit criature qe aüst esiant,
Si se fe li can toto li so comant.
E quant li oit delivré voiremant,
Avanti que l'abe faist desevramant,
Si le segno si le dono penetant.

Coment fu çuçé Machario.

Segnur, or entendés como ovro l'inperer
Por li conseil dux N. de Baiver :
Machario fait pier tot en primer
E à çivals elo lo fait trainer
Par tot Paris e davant e darer.
Darer lui vait péon e çivaler,
Piçoli e grandi, garçon e baçaler,
Si grandement e uçer e crier.
Çascun disea : « Mora, mora le liçer
« Qe de la raina volse far vituper,
« E que ancis Albaris, li meltre baçaler
« Qe se poust en Paris atrover ! »
Ensi le moine e davant e darer.

Si que croler ne s'en puet tant ne quant,
Quant l'emperere le proie doucement
Que por s'amor il l'en voise laissant.
Et cil le fist tantost, al suen commant.
Com criature qui éust escient,
Si fist li chiens trestot le suen commant.
Et puis que l'ot deslivré voirement,
Ainçois que l'abes fesist desevrement,
Il le seigna si le fist penéant.

COMENT FU JUGIÉS MACAIRES.

Oiés, segnor, que fist Kalles li ber
Par le conseil duc Naimon de Baivier :
Macaire fait cobrer tot en premier
Et à roncins le fait il traïner
Par tot Paris, et devant et derier.
Après lui vont péon et chevalier,
Petit et grant, garçon et bachelier,
Moult hautement et huchier et crier.
Chascuns disoit : « Muere li pautonniers
« Qui la roïne vout honnir et grever
« S'ocist Aubri, le meillor bachelier
« Que se péust en Paris atrover ! »
Ainsi le menent et devant et derier.

Quant a ço fato, retorna à li plaçer;
Ilec fait un gran fois alumer.
Ilec le fi e arder e bruxer.
Parenté q'el aust ne le pote contraster.
Quant a ço fato, si le fe enterer.
Qui de Magance n'avoit grant vituper.
Or laseron de lui qui loga ster;
Segondo l'ovre n'oit eu son loer.
A Paris remist K. maino l'inperer,
Dolent fu [de] Blanciflor sa muler,
E d'Albaris q'il avoit molto çer,
E de Macario q'era so çivaler.
A la raine nu devon retorner.
Quant ela vi l'ovra afiner,
E vide Albaris del çival verser,
Cun per li bois se mis ad erer.
Avanti que la trovase li bon Varocher,
Gran pena e tormant li convene durer.
Grosa et inçinta estoit d'un baçaler,
Qe à grant pene ela pooit aler.

COMENT VAIT LA RAINA PER LI BOIS.

VIA vait la raine à dolo et à torment
A gran mervile ela estoit dolent

Quant ont ce fait, retornent al placer;
Illec ont fait un grant feu alumer,
Illec le font et ardoir et brusler.
Parent qu'éust n'i purent contrester.
Quant ont ce fait, si l'ont fait enterrer.
Cil de Maience en ont grant reprovier.
Or lairons ci dou traïtor ester;
Si com ovra ot éu son loier.
A Paris est remés Kalles li ber,
Si fu dolens de sa franche moillier,
Et d'Auberi que il avoit moult chier,
Et de Macaire qui ert ses chevaliers.
A la roïne nos covient retorner.
Quant a véu l'oevre si afiner,
Et Auberi jus del cheval verser,
Parmi le bois si se mist ad errer.
Ains que trovast là le bon Varocher,
Tormens et peines li covint endurer.
Enceinte et grosse estoit d'un bachelier,
Si qu'à grant peine ele pooit aler.

COMENT VAIT LA ROINE PAR LE BOIS.

VAIT s'ent la roine à duel et à torment;
A grant merveille estoit ele dolens

De Albaris dont vi le finemant;
Ma la no soit mie de le gran çucement
Qe estoit fato del traïto puelent,
Qe au n'aüst qualqe restoramant.
Tant est alea por li bois en avent
A l'ensua del bois, en un pré verdoient,
Ela vide un hom venir erament,
De li gran bois un faso portant
De legne por soi noirisiment,
Por noïr sa feme e ses petit enfent.
Quando vi la raine, à demander la prent.
« Dama, fait il, vu alé malement.
« Cosi sole, sença homo vivent.
« Semblai moi la raina, se eo no ment.
« Como alez vos? v'e fato noiament?
« Dites le moi, si ne prendro vençament.
— Ami, dit la raina, tu parli de nient;
« De mon afaire te dirai le covent.
« E son ben la raine, e de ço no te ment.
« Acusea son à li rois durement
« Por un traites, qe li cor Deo crevent,
« Qe me fait aler si malement.
« Unde eo te prego, çentil homo valent,
« Qe tu me façi qualche restorament,
« Qe aler poust par toi segurement
« En Costantinopoli, o son li me parent.
« E se tu le fa, bon guierdon n'atent :

Por Auberi dont vist le finement;
Mès ne set mie dou mortel jugement
Qu'a esté fait dou traïtor puslent,
Qu'ele en éust aucun restorement.
Tant est alée par le bois en avant
Que à l'issir, en un pré verdoiant,
Un homme voit qui venoit erranment.
De la grant selve un fais aloit portant
De bois copé por son norissement
Et de sa feme et ses petis enfans.
Voit la roïne, à demander li prent.
« *Dame, fait il, vos alés malement*
« *Ensi solette et sans home vivant.*
« *Vos la roïne me sanlés, se ne ment.*
« *Coment le faites? avés encombrement?*
« *Dites le moi, s'en prendrai vengement.*
— *Amis, dist ele, tu parles de noient;*
« *De mon affaire orras le covenant.*
« *Et la roïne bien sui, et ne t'en ment.*
« *Au roi m'ala durement acusant*
« *Uns fel traïtre, cui li cors Dieu cravent,*
« *Qui me fait estre en si mal errement.*
« *Dont je te pri, gentis hom et vallans,*
« *Que tu me faces aucun restorement,*
« *Que véoir puisse par toi séurement*
« *Costantinoble, où sont li mien parent.*
« *Et se le fais, boin loier en atent:*

« Ancora por moi sera rico e manent. »
Dist Varoche : « Vu parla de nient;
« Ne vos o abandoner à tot mon vivent.
« Venez rer moi, eo aliro avent
« Trosqua à ma mason qe est qui davent,
« O aço ma muler e dos beli enfent.
« Conçé eo demandro, pois aliren avent. »
Dist la raine : « Soia à li ves coment. »
Adoncha s'en vait anbes comunelment,
Tant qe à sa mason i se vait aprosment.

Coment Varocher demande cogé da sa dama.

Quant Varocher fu à sa mason venu,
El entra en la mason, la soma deponu.
« Dama, fait il, no m'atendez plus,
« Si seroit ben tot li mois conplu. »
E quela li demande : « Mon sir, o alez vu ? »
E cil le dit : « Or sta al Deo salu,
« Del revenir eo no te so dir plu. »
En soa man oit un gran baston prendu.
Grant fu e groso e quaré e menbru;
La teste oit grose, le çavi borfolu :
Si stranços hon no fo unches veu.

« Par moi seras et riches et manans. »
Dist Varochers : « Vos parlés de noient ;
« Ne vos lairai à trestot mon vivant.
« Venés ariere, et je irai avant
« A mon ostel qui est illec devant,
« Où ma moillier ai et dous bels enfans.
« Congié prendrai, puis en irons avant. »
Dist la roïne : « Tot soit à vo comant. »
Adonc s'en vont andui communaument
Tant qu'à l'ostel se vont aproïsmant.

Coment Varochers prent congé de sa dame.

Varochers est à son ostel venus,
Laiens entra, la some a deponu.
« Dame, fait il, ne m'atendés ja plus,
« Si sera bien tos li mois trescorus. »
Et li dist cele : « Mes sire, et où vas tu ? »
Et cil li dist : « Or est au Dieu salut ;
« Dou revenir ne te sai dire plus. »
En sa main prist un grant baston costu.
Grans fu et gros, et quarrés et membrus ;
Grosse ot la teste, les cheveus borſolus ;
Hom si estranges onques ne fu véus.

Via s'en vait à força et à vertu,
Et la raine si vait derer lu.
I pase France, qe aresté non fu,
E la Proence, qi no fo conoü,
E Lonbardie tota quanta por menu,
Tant sont alé q'i no sont arestu
Qe à Veneze i se sont venu.
En neve entrent, oltra forent metu.
Çascun qe Varocher avoient véu,
Çascun li guarde si s'en rise rer lu.
Tant alirent por cel poi agu,
Pasent ces porti, le vals e le erbu,
En Ongarie i se sont venu.
A cha d'un bon oster i sonto desendu,
Qe avoit dos files, uncha plu bele non fu,
E una sa dame qe fo de gran vertu,
Qe molto amoit li poure e la çent menu.
E li oster fu saçes e menbru ;
Et oit nome Primeran, molto en fu coneu
Da tota jent, e grandi e menu.
Çascun qe le voit croit qe soia deceu
E q'elo soia de lo seno ensu,
Por li baston qu'el oit groso e quaru
E por li çevo q'el oit si velu.
E li oster li oit por rason metu
Donde il est e donde ii est venu.
Dist Varocher : « D'oltra li po agu

Cil s'achemine à force et à vertu,
Et la roïne si vait deriere lui.
Trespassent France, que aresté n'i fu,
Et la Proense, que nen ont connéu,
Et Lombardie trestote par menu.
Tant sont alé, ne sont arrestéu,
Que à Venice à la fin sont venu.
En nef entrerent, outre mer ont coru.
Et trestuit cil qu'ont Varocher véu,
Chascuns l'esgarde, si s'en rit riere lui.
Tant ont erré parmi ces puis agus,
Passent ces pors, et vaus et prés herbus,
Qu'en Honguerie à la fin sont venu.
Chiés un boin oste là sont il descendu.
Deus filles ot, onc plus beles ne fu,
Et sa moillier si fu de grant vertu,
Qui moult amoit povres gens, et menus.
Et fu li ostes et sages et membrus;
Primerain ot à nom, moult connéus
De tote gent, des grans et des menus.
Et Varocher cuide, qui l'a véu,
Que soit issus dou sens et decéus
Por le baston qu'il ot gros et costu,
Et por le chief que il ot si velu.
Et quiert li ostes li soit amentéu
De quel tere est et d'ont il est venus.
Dist Varochers : « D'outre les puis agus

« E quest'e ma muler qi m'est rer venu. »
Quant li oster li oit entendu,
El dist à sa muler qe ben soia servu
Quella dame, e ad asio metu.
E quella le fait, qe ben ovrea fu.

COMENT LA RAINA ESTOIT INN ONGARIE.

ORA fu la raine molto ben ostalé ;
De tuto ço qe li estoit à gré
Quelle dame li donó à sa volunté,
Por q'ela li pardona de gran bonté.
Quando la guarda por flans e por costé,
Graveda la voit, si le pris piaté.
Ele l'ademande qe est quel malfé
Qe senpre porta quel gran bastun quaré,
Ait il nul seno o est desvé ?
Dist la raine : « Cosi e costumé.
« No la adastés ne no lo coroçé,
« Que de seno non est ben tenpré.
« Mon segnor est, in guarda m'oit mené. »
Diste le dame : « Soia à li honor de Dé !
« A nostro poer seri servi e honoré. »
A Varocher donent ço qe il oit comandé
Plu per paura ca per bona volunté.

« Et c'est m'oissors qui m'est riere venu. »
Quant ot li ostes Varocher entendu,
A sa moillier dist que bien ait péu
Et aaisié la dame sus et jus;
Et le fait cele, qui bien membrée fu.

Coment la Roine estoit en Honguerie.

Or vont moult bien la roïne osteler;
De tot ice que li venist à gré
Li a l'ostesse à son voloir doné,
Por quoi l'en rent mercis de grant bonté.
Cele l'esgarde par flans et par costés,
Grosse la voit, si l'en a pris pité.
Or li demande que est icil maufés
Qui tot jor porte ce grant baston quarré,
S'il a nul sens o se il est desvés.
Dist la roïne : « Ensi l'a il usé.
« Ne l'adesés ne ne le corrocés,
« Que de son sens n'est mie bien temprés.
« Ce est mes sire, cil qui m'a à garder. »
Et dist l'ostesse : « A li soit l'honors Dé!
« No pooir ert servis et honorés. »
Varocher donent ce qu'il ot comandé
Plus par paor que par boine amisté.

Cuitent pur q'el soia desvé.
A la terça noit qu'i furent alberçé,
Cella dame partori una bel arité.
E la ostera si le oit alevé,
E si le oit e bagné e fasé.
De celle colse qe le venent à gré
A quela dame cele ont doné.
Ne plus ne men le servont à gré
Como ela fu de li so parenté.
E la raine li oit ben à gré.
E Varocher vait e avant e aré
Con li baston e groso e quaré,
E guarda ben l'infant q'elo non fose anblé
Ne de ilec eser via porté.
La dama stete in leto oto jorni pasé
Con fa le altre dame fora por le çité ;
E posa fo levea à li fois colçé,
Con cele dame s'estoit à parlé,
Et li oster si fo alé à lé.
« Dama, fait il, nu avon ben ovré
« Quant à nu avez bel filz aporté;
« Quando ve plasera q'el sia batezé,
« E voro eser vestre conper clamé. »
Dist la raine : « Mile marçé n'açé ;
« De mun enfant farés la vestra volunté :
« Clamer le farés con vos vent à gré. »
Dist Primeran : « E l'o ben porpensé;

*Bien cuident il que il soit forsenés.
La tierce nuit que furent hebergié,
S'agiut la dame d'un moult bel iretier.
Et l'a l'ostesse en ses bras alevé,
Et si l'a bien et baignié et faissié.
De tote chose que li venist à gré
A son voloir a la dame aaisié.
Servie l'a ne plus ne moins à gré,
Come se fust de son droit parenté.
Et la roïne si li en sot boin gré.
Et Varochers vait avant et arier,
O le baston qu'il ot gros et quarré,
Et l'enfant guarde que il ne soit emblés
Ne que il soit fors d'illec emportés.
La dame jut el lit uit jors pasés
Com autres dames seulent par les cités ;
Puis quant ce vint qu'ele dust relever,
Avec l'ostesse si estoit à parler,
Et li boins ostes s'en est vers ele alés.
« Dame, fait il, bien avés esploitié
« Quant nos avés un bel fil aporté ;
« Quant vos plaira que il soit bautisiés,
« Je vorroie estre vos comperes claimés. »
Dist la roïne : « Cent mercis en aiés ;
« De mon enfant ferés vo volenté :
« Nomer le faites com vos venra à gré. »
Dist Primerains : « Et l'ai bien porpensé;*

« Quant el sera en fonte batiçé,
« E d'olio santo benéi e sagré,
« Par so droit nome elo sera clamé
« Primeran como eo sonto é. »

Coment Primiran demande l'infant a la dame.

Quando vene li terme di oto jorni pasant,
Primeran ven à la dame e si la demant
Q'ela le die e baili quel enfant,
Q'elo lo porti à li batezamant.
E qela li dono e ben e dolçemant.
Donde Primeran in ses braçe li prant,
E in son mantel li vait envolupant,
Verso li monester el s'en vait erant.
Nen fo cun lui nula persona vivant,
Sel non fu Varocher qe va dre planemant.
En son col porte li grant baston pesant.
Avant qe in le monester el vait entrant,
E li rois d'Ongarie çivalça li davant,
Con molti çivaler de li son tenimant.
El vi Primeran, à demander li prant.
« Primeran, fait il, o alez si erant?
« Qe avez vos en ves mantel pendant?

« *Quant il sera bautisiés et levés,*
« *Et d'oile sainte benéis et sacrés,*
« *Et sera il Primerains apelés*
« *Par son droit nom, si com je l'ai esté.* »

Coment Primerains demande l'enfant a la dame.

Quant de uit jors vint li termes passant,
Vient Primerains à la dame et demant
Qu'ele li doint et li baille l'enfant,
Que il l'en porte à son bapteiement.
Et le fait cele et bien et doucement.
Donc Primerains en sa brace le prent,
En son mantel le vait envolepant,
Vers le mostier si s'en vait tot errant.
O lui ne fu nus hom el mont vivant,
Fors Varocher, qui derier vait trotant.
En son col porte le grant baston pesant.
Ains que il voisent ens el mostier entrant,
De Honguerie es le roi chevauchant,
O chevaliers moult dou suen tenement.
Primerain voit, à demander li prent :
« *Où alés vos, Primerains, si errant,*
« *Et qu'avés vos en vo mantel pendant ?*

— Mon sir, fait il, un molto bel enfant
« De una dame bela et avenant.
« A mon albergo desis por arse ostalant;
« Ces enfans a partori qe porto à l'olio sant,
« E questo e son per qe darer ven erant. »
Li çivaler li guarde, si s'en rise belemant,
Q'elo li par un homo de niant.
Dist l'un à l'altro : « El me par un troant,
« Homo salvaço, el n'oit li semblant. »
E cil rois si se fe in avant,
Le mant le prist si levo atant
Por q'elo volt veoir cele enfant.
Quando le vit, que li voit reguardant,
Desor la spala droit le vis una cros blanc.
Quando la vit, molto s'en vait mervilant;
Or voit il ben non e filz de truant.
El dist à Primeran : « Aler planemant,
« E voio eser à batezer l'infant. »
Dist Primera : « Soia à li Deo comant;
« Molto me plas, se Deo ben me rant. »

Coment Leoys li rois fit batezer l'infant.

Adoncha li rois n'en volse demorer,
Cun Primeran el vait à li monster,

— Sire, fait il, un moult très bel enfant
« De une dame et bele et avenant.
« A mon ostel vint l'autrier descendant;
« D'un fil s'agiut qu'au mostier vais portant,
« Et c'est ses peres qui derier vient errant. »
Li baron gardent, s'en ont ri belement,
Que bien lor pert estre uns hom de noient.
Dist l'uns à l'autre : « Cist me pert uns truans,
« Uns hom sauvaiges ; il en a le semblant. »
A ces paroles, se trait li rois avant,
Le mantel prent si le soslieve atant
Por ce qu'il velt véoir celui enfant.
Et si li voit, quant le vait esgardant,
Sor destre espaule une crois blanchoiant.
Quant l'a véu, moult s'en vait merveillant ;
Or voit il bien n'est pas fis à truant.
A Primerain dist : « Alés belement,
« Que je voil estre à bautisier l'enfant. »
Dist Primerains : « Tot soit al Dieu commant ;
« Moult par me plaist, se Diex me soit aidant. »

COMENT LOÉIS LI ROIS FIST BAUTISIER L'ENFANT.

ADONC li rois ne se vout atargier,
O Primerain si s'en vait au mostier,

Li rois si fait quel abés demander.
« Abes, fait il, e vos voio enproier,
« Se vu m'amés et tenés ponto çer,
« Qe ces infant vu deça batiçer
« Como elo fust filo d'un enperer
« E filo de rois et de per e de mer,
« E si altament li oficio çanter
« Como el se poit fare par nul mester. »
Dist l'abes : « Ben vos do otrier. »
Adoncha jos desis del destrer,
Et avec lui tuti lo çivaler.
Tuti ensenbre entrent il monster.
L'abes prist l'infant quant li volse sagrer
E primament l'olio santo doner;
Et in apreso, quando vene al bateçer,
Dist l'abes : « Com le volés nomer ?
— Leoys, dist li rois, como me faço clamer. »
Dist l'abes : « Ben est da otrier. »
Le infant fait Leoys apeler.
Quando el fo batiçés, q'el s'en voloit aler,
E li rois si apelo l'oster.
« Primeran, fait il, vos voio enproier
« Qe cella dame ben diça honorer
« De tuto ço qe li ait mester. »
Et à Varocher, qe dist q'e son per,
El fit doner una borsa de diner,
A ço qi abia molto ben da spenser.

Et si fait il tantost l'abé mander.
« *Abes, fait il, de tant vos voil proier,*
« *Se vos m'amés et me tenés point chier,*
« *Que cest enfant vos m'aliés bautisier*
« *D'emperéor com se fust iretiers*
« *Et fils à roi de pere et mere nés,*
« *Et à l'office si hautement chanter*
« *Com se poroit faire por nul mestier.* »
Et dist li abes : « *Bien fait à otrier.* »
Atant descent li rois jus del destrier,
Et avec lui trestuit li chevalier.
Ensemble tuit s'en entrent el mostier.
Prist l'enfant l'abes quant il le vout sacrer
Et d'oile sainte premier rengenerer;
Et quant ce vint après al bautisier
Ce dist li abes : « *Com le volés nomer?* »
Et dist li rois : « *Sicom me fais claimer.* »
Et respont l'abes : « *Bien fait à otrier.* »
L'enfant a fait Loéis apeler.
Puis le bautesme, qu'il s'en voloit aler,
Maintenant a li rois l'oste apelé.
« *Oste, fait il, de tant vos voil proier*
« *Que aiés cure de la dame aaisier*
« *De trestot ce que li aura mestier.* »
Si fist deniers à Varocher donner,
Qui de l'enfant se fait pere claimer,
A ce qu'il ait moult bien à despenser.

Quant Varocher va l'avoir à bailer,
Se il oit çoie non e da demander;
Çoian s'en vait con le visaço cler.
Quant fo à la raine qe li parlo l'oster :
« Dama, fait il, ben vos poés priser
« Quant vestre filz a fato batiçer
« Li rois d'Ongarie, qi tant e pro e ber,
« E vestre fil el a fato nomer
« Le ses nome, ne li so milor cançer,
« Leoys oit nome li vestre baçaler.
« E à çestu qe dis qi e son per
« Oit doné dineri por spenser. »
La dama l'olde, molto le prist à graer.
Ora li fa l'osto, ses filz et sa muler
Maior honor qe non fasoit enprimer,
Por qi avoit meio avoir da spenser.
Ensi remis tros le quinçe çorner
Qe li rois envoie por Primeran l'oster.
E cil le vait de grez e volunter.
« Primeran, dist li rois, vu averés aler
« A la dame e dire e conter
« Qe son conper li voroit parler. »
Dist l'oster : « Ben est da otrier. »
Da li rois se parti, n'en vose entarder,
Ven à la dama sta novela nonçer,
Quando li plait dover se pariler,
Qe li rois, liqual e son conper,

Quant Varochers ot l'avoir à bailler,
Se il ot joie ne l'estuet demander;
Joians s'en vait o le visaige cler.
Et revait l'ostes la roïne aparler.
« Dame, fait il, bien vos poés prisier
« Le vostre fil quant a fait bautisier
« Li rois d'Ongrie, qui tant est preus et ber;
« Et si a fait le bachelier nomer
« De son droit nom, n'en sot millor trover.
« Loéys a à nom vos iretiers.
« Et à son pere, si se fait il claimer,
« Dona li rois deniers por despenser. »
La dame l'ot, moult li prist à gréer.
Or li font l'ostes, ses filles, sa moillier,
Plus grant honor ne fesoient en premier,
Por ce qu'avoir ot miex à despenser.
Ensi remest quinze jors ajornés
Quant Primerain a fait li rois mander.
Et cil i vint de gré et volentiers.
Et dist li rois : « Il vos estuet aler
« Vers cele dame, et li dire et conter
« Que ses comperes la vorroit aparler. »
Et dist li ostes : « Bien fait à otrier. »
Del roi se part, ne se vout atargier,
Vient à la dame la novele conter,
Quant li plaira se doie aparillier,
Que li frans rois, qui ses comperes ert

Si vol venir à le à parler.
Dist la raine : « E li voio vonter ;
« Ço qe li plait non voio contraster. »
Adoncha la raine se vait adorner
A meio qu'ela poit cun fema strainer.
E Primeran va li rois nonçer
Parilé est la dame d'oldir lo volonter
Et avec lui stare e conseler.
Adoncha li rois nen volse entarder ;
El est monté cun pochi çivaler,
Cun Primeran le venu à l'oster.
La dama, quant le vi in le oster entrer,
Contra lui se leve si le vait à incliner
E si le dist : « Ben venez, meser ! »
E li rois le dist : « Ben stia, ma comer ! »
Desor un banco i se vont aseter
Planetament anbes ad un celer,
E pois se prist anbes à conseler.
« Dama, fait il, molto me poso merviler
« De ves enfant, quant le fi bateçer,
« De un signo qe le vi sor la spala droiturer
« Qe non ait nul seno filz d'inperer.
« Unde, çentil dame, e vos voio enproier
« Por amor de Deo, li voir justisier,
« Si cun comadre qe non doit boser
« Par nul ren a li soe conper,
« Donde estes vos e qi vos fait erer,

Si vuet venir à son gent cors parler.
Dist la roïne : « Et ne le voil véer ;
« Ce que li plaist ne voil je contrester. »
Adonc se vait la roïne atorner
Al miex que pot en estrange regnier.
Et Primerains s'en vait al roi noncer
Preste est la dame de l'oïr volentiers
Et avec lui parler et conseillier.
Adonc li rois ne se vout atargier ;
Il est montés à poi de chevaliers
O Primerain est venus à l'ostel.
Quant l'a véu léans la dame entrer,
Contre se lieve si le vait encliner
Et si li dist : « Mes sire, bien veigniés ! »
Et dist li rois : « Commere, bien soiés ! »
Desor un banc se vont il asegier
Tot coiement andui ad un celier,
Et si se prenent ensemble à conseillier.
« Dame, fait il, moult me puis mervillier
« De vostre enfant, quant le fi bautisier,
« Que sor l'espaule un signe li vi tel
« Que nus ne puet, fors fils à roi, mostrer.
« Dont, gentis dame, de tant vos vueil proier,
« Por amor Dieu, le voir justicier,
« Si com commere qui pas ne doit boisier
« A son compere mentir ne losengier,
« D'ont estes vos et qui vos fait errer,

« Cun çeste hon straine tere çercher ? »
La raina l'olde, comença de plurer ;
Ça li dira un poi de son penser.

Coment la Raine parloit a li Roys.

A rois sire la raina oit parlé :
« O çentil rois, e voio qe vu saçé
« E vos diro li voir, se oïr lo voré.
« Moier sui de K. l'inperé,
« Le meltre rois qe posa eser trové ;
« Par un malvas hon e son sta condané,
« E de mon reame e son sta caçé,
« Malvasement e cun grande peçé.
« Deo soit ben tota la verité
« Se unche mais eo l'avi pensé.
« Si cun li rois m'avit çuçé,
« Ça estoit li fois preso et alumé,
« Quando un abes m'avoit confesé,
« E quando oldi toti li me peçé ;
« Adoncha fui de la mort deliberé.
« E mon segnor, si cun fo conselé,
« Ad un çivaler el m'avoit doné
« Qe mener me devoie in estrançe contré.
« Quando da Paris eo fu delunçé,

« *Avec cestui terre estrange cercher?* »
La dame l'ot, si comence à plorer ;
Ja li dira un poi de son penser.

Coment la Roine parloit au Roi.

Si a le roi la roïne aresné :
« *Gentis rois sire, ja ne vos ert celé;*
« *Le voir orrés, se oïr le volés.*
« *La moïllier sui Kallemaine au vis fier,*
« *Le meillor roi qui se péust trover.*
« *Un maus traïtre me fist à mort jugier,*
« *De mon réaume si me fist il geter,*
« *Malvaisement, à grant tort et pechié.*
« *Diex en set bien tote la verité*
« *Se onques mais je pensai malvaistié.*
« *Si com li rois m'ot à morir jugié,*
« *Ja ert li feus espris et alumés,*
« *Atant me vint uns abes confesser;*
« *Et quant il ot oï tos mes pechiés,*
« *Adonc me fist de la mort deslivrer.*
« *Et si com fu mes sire conseilliés,*
« *Il me bailla ad un suen chevalier*
« *Por me mener en estrange regné.*
« *Quant de Paris je m'alai eslonger,*

« Quelo traitor qi m'avoie acusé
« Moi vene arer, molto ben armé,
« Cun quel çivaler qi m'avoia amené,
« Si me l'oncis cun li dardo amolé.
« Quando ço vi, tuta fu spaventé,
« Si m'en foçi in la selva ramé,
« E questo hom liqual me ven daré
« A l'insua del bois eo si l'atrové,
« Unde el m'oit trosqua qui compagné.
« Et in tal lois eo sonto arivé
« Donde eo son servia e honoré,
« E questo est por la vestra bonté.
« Unde çentil rois, e vos prego por Dé,
« Qe je non sia par vos abandoné
« Tant qe à mon per elo soia mandé,
« Qe à grant honor m'avoia marié.
« Par moi mandera çivaler aprisé.
« E v'o dito de moi tota la verité. »
Quando li rois l'intende, tuto fo trapensé,
El voit ben q'ela dis verité,
E soit qe est raina de la cresteneté,
De Costantinopoli fila de l'inperé.
Molto altament li avoit encliné.
« Dama, fait il, vu siés ben trové !
« Vu ne serés in tel lois ostalé
« O vu serés servia e honoré
« Tanto qe à vestre per el sera envoié ;
« De ves afaire ben li sera conté. »

« Icil traïtre qui me vout acuser
« Arier me vint, moult par ert bien armés ;
« Cel chevalier qui m'avoit à guier
« Si me l'ocist à l'espié amolé.
« Quant je le vi, n'oi en moi qu'esfréer,
« Si m'enfuï ens el grant bois ramé,
« Et celui homme qui si me vient derier
« Ai à l'issir de la selve atrové,
« Dont m'a il puis trosque ci compaignié.
« Et en tel lieu somes nos arivé
« Où somes bien servi et honoré,
« Et tot ice par la vostre bonté,
« Dont, gentis rois, et vos pri, en nom Dé,
« Ne me voilliés ainçois abandoner
« Que à mon pere soit mes estres mandés,
« Qu'à grant honor m'avoit mari doné.
« Por moi vorra chevaliers envoier.
« Et vos ai dit tote la verité. »
Li rois l'entent, tos en fu trespensés,
Et voit il bien qu'ele dit verité,
Que roïne est de la crestienté,
Et que ses peres Costantinoble tient.
Moult hautement la vait il encliner.
« Dame, fait il, bien trovée soiés !
« Vos vorrai je en tel lieu osteler
« Où vos ferai servir et honorer
« Tant qu'à vo pere uns mes soit envoiés ;
« De vostre affaire bien li sera conté. »

COMENT LI ROYS FAIT GRANT HONOR A LA DAME.

Li rois d'Ongarie si fo saço e valant;
A cele dame elo fe honor tant
Cun se poroit penser par nul semblant.
Ne la laso en oster da cil jor en avant;
Robe le fi fare de diversi semblant
Como à raine se convant.
Et à Varocher ne fe far ensemant.
Et pois à son palès li meno al presant,
Cun sa muler in compagna la rant.
Non e nul cose, se ela li demant,
Q'ela non açe tot son talant.
Qi donc veist Varocher aler aroiement
El non senbloie eser mie truant.
Quando se vi vesti si richamant,
Cun li çivaler vait et arer et avant.
Adoncha li rois non demoro niant;
Una galée fe pariler mantinant,
Quatro anbasaor, di meltri de sa jant,
En Costantinopoli l'invoio al presant
Conter à l'inper tuto çertanement
Como sa file Blançiflor la valant

Coment li Rois fait grant honor a la dame.

Li rois d'Ongrie fu saiges et vaillans;
A la moillier Kallon fist honor tant
Com se poroit penser par nul semblant.
Ne la laissa en ostel maintenant;
Robes et dras de moult divers semblant
Li fist il faire, com à roïne apent.
A Varocher s'en fist faire ensement.
A son palais puis l'en mene à itant,
A sa moillier en compaigne la rent.
N'est chose nule, se ele li demant,
Que ele n'ait trestot à son talent.
Qui donc véist Varocher s'arréant
Ja nen ot mie le semblant d'un truant.
Quant il se voit vestu si richement,
O les barons vait arier et avant.
Adonc li rois ne s'atarge noient;
Une nef fait pareiller maintenant,
Quatre mesages, des meillors de sa gent,
L'emperéor envoie tot errant
Dire et conter trestot le covenant
Si com sa fille Blancheflor la vaillans

En Ongarie vene poveremant,
Blasmea fu à grando traïmant,
Donde li rois à qi França apant
De son reame l'a caçea vilanemant :
« Venua e in Ongaria et ilec vos atant,
« Qe le mandés à dire de le vestre talant. »
Va s'en li mesaçer por la mer naçant ;
Tant alirent, nen fi arestamant,
Qe al porto de Costantinopoli desant.
Quant furent desendu, i s'en vait avant,
Ad un albergo i s'en vait ostalant.
Quant l'inperer sait li convenant,
Donde venent e qi von querant,
Elo li reçoit e ben e çentilmant,
Si le convie à son palès grant,
Por oldir novelle li quer e demant.

COMENT LI MESAGE PARLE ALLI ROIS.

QUANDO li rois vide li meçager,
Elo li demande e pois si le requer
Que ambasea i le doit nonçer.
E cil tosto li prendent à conter :
« Emperer sire, nu vo devon conter
« Qe vestra file, Blançiflor al vis cler,

En Honguerie venue est povrement,
Blasmée fu à tort, traïtrement,
Dont l'emperere cui France est apendant
L'a de son regne getée laidement:
« *Vint en Hongrie et illec vos atent,*
« *Que li mandés à dire vo talent.* »
Vont s'ent li mes parmi la mer najant;
Tant ont erré, n'ont fait arrestement,
Costantinoble au port vont descendant.
Quant sont à terre, il se traient avant,
Ad un ostel si s'en vont ostelant.
Quant l'emperere en set le covenant,
Et d'ont il vienent et que il vont querant,
Il les aquieut et bien et gentement,
En son palais les mande à parlement,
D'oïr noveles lor enquiert et demant.

COMENT LI MESAGE PAROLENT AU ROI.

QUANT *a véu li rois les mesagiers,*
Il lor demande et puis si les requiert
Que lor mesage li voillent tost noncer.
Et cil errant li prenent à conter:
« *Sire emperere, ne vos devons celer*
« *Que vostre fille, Blancheflor al vis cler,*

« Calonçea est par un malvasio liçer,
« Donde K. maino, l'inperer,
« De son reame l'avoit fato sbanoier,
« Si la dono in guarda ad un çivaler
« Qi la devoia e condur e mener
« Fora de son reame e tot son terer,
« Quant cil traites qe l'ave acasoner
« Armé de totes armes si le vene darer
« E si l'oncis al brant forbi d'açer,
« Donde por li bois s'en convene aler.
« Venua est en Ongarie, desis ad un oster,
« Et ilec partori dun petit baçaler.
« E quando l'infant s'aloit à batiçer,
« Si le portava Primeran son oster,
« Quando li rois si se le fe moster,
« Una cros le vi sor la pala droiturer,
« Dont il conoit non estoit filz de paltroner.
« Donde l'infant el vose batiçer
« Si altament como se poit deviser.
« E quant el vene à sa mer parler,
« Ela le prist toto quant à conter
« Ço que le vene e davant e darer.
« Onde elo la fe mener à son oster
« E richament vestir e calçer.
« Si grant honor le fi toti le çivaler
« Con se poroit ne dire ne parler.
« Li rois vos mande cum vos volez ovrer;

« Retée fu d'un malvais pautonier,
« Dont Kallemaines, l'emperere al vis fier,
« La fist banir de son regne et geter,
« Si l'enchargea ad un suen chevalier
« Qui la devoit et conduire et mener
« Fors de son regne et de tot son terier,
« Quant cil traître qui l'ot achoisoné
« De totes armes armés li vint arier
« Et si l'ocist al branc forbi d'acier,
« Dont li covint par le bois s'en aler.
« Ele s'en vint en Hongrie osteler,
« Illec s'agiut d'un petit bachelier.
« Et quant ce vint à l'enfant bautisier,
« Que le portoit ses ostes au moustier,
« Atant li rois si se le fait mostrer,
« Voit sor s'espaule une crois blanchoier,
« Dont conoist il n'est fis à pautonier.
« Por ce l'enfant vout faire bautisier
« Si hautement com se puet deviser.
« Et quant il vint à sa mere parler,
« Ele li prist dou tot à raconter
« Ce que l'avint et devant et derier,
« Dont la fist il mener à son ostel
« Et richement et vestir et chaucier.
« Tant l'honererent trestuit li chevalier
« C'on nel porroit dire ne deviser.
« Li rois vos mande com en volés ovrer ;

« Parilé est de tot otrier.
« E vestra fila si vos manda proier
« Qe no la deça par nula ren abandoner. »
Quant l'inperer li oldi si parler,
E de sa file la novela conter,
S'el oit dol non e da merviler.
Qui anbasaor qi li vene anonçer,
Altament elo le fe onorer,
E li rois d'Ongarie altament gracier.

Coment li Rois fi apelere oto de ses baron.

Quant quela novela oldi quel inperaor
De soa file c'oit fresco li color,
A gran mervile n'avoit gran dolor,
Si qe por le non pote ester non plor.
Dist à li anbasaor : « Nu faren li milor,
« Qe eo prendero di me anbasor
« E por ma file mandero ad estor,
« Si me la faro venir à gran onor ;
« Mais non fala guera à K. l'inperaor
« Quan à ma file fato oit tel desenor. »
Adoncha li rois n'en volse far sejor ;
Fe apeler ses çilvaler mior.

« Aprestés est del tot de l'otrier.
« Et vostre fille si vos prie et requiert
« Ne la voillés por rien abandoner. »
Quant l'emperere les oï si parler
Et de sa fille les noveles conter,
S'il en ot duel n'est mie à merveiller.
Les messagiers qui li vienent noncer,
Moult richement les a fait honorer,
Le roi d'Ongrie hautement mercier.

COMENT LI ROIS FIST APELER UIT DE SES BARONS.

QUANT la novele vint à l'emperèor
De soe fille qu'ot fresche la color,
A grant merveille en ot il grant dolor,
Si que por ele ne puet ester ne plort.
Dist as mesages : « Nos ferons le meillor,
« Que je penrai de mes ambaxèors
« Et por ma fille manderai à estros,
« Si la ferai venir à grant honor ;
« Mais ne faura guerre à l'emperèor
« Quant à ma fille a fait tel desonor. »
Adonc li rois ne vout faire sejor;
Fist apeler ses chevaliers meillors.

Octo n'apele de li sọ parentor,
Liqual erent de lor tọta la flor.
« Segnur, fait il, or non farés demor,
« Alez m'amener ma fila Blançiflor,
« Qe m'avoit sbanoïe K. l'inperaor
« De son reame e de sa tera ancor.
« Uncha non açe mai de inperio honor
« Se çer no li vendo Blançiflor sa uxor
« Q'el oit caça à cotanto desenor,
« Quant venua est in cotanto tenebror. »

COMENT LI ROIS MANDE PER LA FILLE.

Li enperer nen fo mie enfant;
Dolent fo de sa file bela e avenant
Nen fo uncha plus à tuto son vivant.
El si l'amava de cor lialmant
Nen vos mervelés s'elo ne fo dolant.
Oto n'apele di ses milor parant,
Por sa file envoie en un legno corant.
E à li quatro anbasaor qe li vene en avant
Qe li rois d'Ongarie l'invoio al presant,
Molto li onoro si le dono vestimant
E à çascun un palafroi anblant,

Uit en apele, tos del sien parentor,
Et si estoient des lor tote la flor.
« Segnor, fait il, or ne faites demor,
« Si m'alés querre ma fille Blancheflor,
« Que m'ot bannie Kalles l'emperéor
« De son réaume et de sa terre encor.
« Onques mais n'aie de l'empire l'honor
« Se ne li vent chier Blancheflor s'oissor
« Qu'il a chacie à si grant desonor,
« Quant venue est en si grant tenebror. »

COMENT LI ROIS MANDE POR SA FILLE.

Li emperere n'ot mie cuer d'enfant;
Si fu dolens de sa fille au cors gent
Qu'onc plus ne fu en trestot son vivant.
Tant l'amoit il de cuer et léaument
N'est pas merveille se il en fu dolens.
Uit en apele de ses meillors parens,
Que por sa fille envoie en nef corant.
As quatre mes qui li vinrent avant
De par le roi de Hongrie en present,
Grant honor fist, si dona vestemens
Et à chascun un palefroi amblant,

E li rois d'Ongarie altament regraciant;
E proferando à lui son oro e son arçant
E son reame e darer e davant.
Va s'en li anbasaor e legri e çoiant,
E qui de l'inperer s'en vait ensemant.
Tant sont alé por la mer naçant
Venent en Ongarie et ilec desant.
Li rois quando le vi, le reçoit çentilmant,
Honor le fait merviloso e grant.
E cil le vait molto regraciant
De ço qe oit fato à sa fila valant.
Li rois d'Ongarie li reçoit si çentilmant
Con se poroit conter par nul senblant.
E Blançiflor la raine dè Françe
Quando le voit, contre lor li vait corant;
Ben li conoit, qe i son so parant.
De son per demande primemant
E de sa mer q'ela perame tant.
« Dama, fait il, de vos i son dolant;
« Par nos i mande si vos atant.
« Or li verés, ma dame, e vos e ves enfant. »
Ela le dist : « Voluntera por talant. »

*Le roi d'Ongrie hautement merciant;
Et si li offre son or et son argent.
Et son réaume et derier et devant.
Vont s'ent li mes baut et lié et joiant,
Et cil s'en vont qu'au roi mande ensement.
Tant sont alé parmi la mer najant
Que en Hongrie là vienent descendant.
Voit les li rois, ses aquieut gentement,
Honor lor fait et merveillos et grant.
Et cil le vont moult par regraciant
De ce qu'ot fait à lor dame vaillant.
Li rois d'Ongrie les aquieut richement
Com se porroit conter par nul semblant.
Et Blancheflor, la roïne des Frans,
Quant les avise, contre lor vait corant;
Bien les conoist, que il sont si parent.
De son pere a demandé erranment
Et de sa mere qu'ele paraime tant.
« Dame, font cil, de vos sont il dolent;
« Par nos vos mandent il vos sont atendant.
« Or i venés, dame, atout vostre enfant. »
Et dist la dame : « Si me vient à talent. »*

[COMENT LI ROIS DE HONGUERIE AQUIEUT
LES MESAGIERS.]

Li rois d'Ongarie, li saço e li ber,
A li anbasaor el vait aincliner.
Tanto honor li fait como i fose son frer.
E à quela raine el fi robe taler
Como se convent, de palio e de çender,
Et ensement le fait à Varocher
Qe oit la dame à son justisier.
E li rois d'Ongarie, quando se vene à sevrer,
Tota soa galea el fait apariler
De tote quelle colse qe li avoit mester :
De pan e de vin, de carne da mançer.
Et in apreso quatro de ses çivaler
Elo fait richament coroer,
Qe quela dame ale à convoier.
En nave entrent quando volent naçer.
E cela dame, q'e tanto pro e ber,
Ven à li rois conçé à demander,
E à la raine, la bela al vis cler.
Non oblio mie Primeran son oster;
Gran don li fe à lui et à sa muler.
Una colsa fe dont fo molto à loer :

[COMENT LI ROIS DE HONGUERIE AQUIEUT LES MESAGIERS.]

LI rois d'Ongrie, li saiges et li ber,
Les mesagiers vait adès incliner.
Si com ses freres les fait il honorer.
A la roïne a fait robes tailler
Com il afiert, de paille et de cendel,
Et ensement le fait à Varocher
Qu'en sa baillie ot la dame à garder.
Et fait li rois, quant vint au desevrer,
Tote sa nef garnir et estorer
De totes choses que li feront mestier :
De pain, de vin, et de chair à mangier.
Et en après quatre suens chevaliers
A fait li rois richement conréer,
Qui cele dame voisent à convoier.
En la nef entrent quant tens est de nagier.
Et Blancheflor, où il n'ot qu'ensegner,
Au roi d'Ongrie vient congié demander,
Et à la roine, à la bele au vis cler.
Primerain l'oste ne vout mie oblier;
Grant don li fist, si fist à sa moillier.
Une rien fist dont moult fist à loer,

Qe una de ses file volse sego mener,
Qe pois le fe richament marier,
E grant avoir li fe doner à son ser.
Quant a ço fato, se metent à naçer ;
Via s'en vait con toto Varocher.
Or un petit averon qui laser,
Si contaron de K. l'inperer
E del dux N. del ducha de Baiver.

   Le primer jorno q'el trovo sa muler
Entro li leto cun li nano ester,
Avanti qe del toto la volese çuçer,
Le conselo le dux N. de Baiver
Qe in Costantinopoli envoiase mesaçer
Tuto l'afaire por rason conter :
Ço qe de lui a fato sa muler,
Como co li nan la trovo in avolter ;
Ben li poit de ces ovra noier.
E questo fu qe alo por mesaçer
Un conte do France e nobel e ber
Qe oit nome Bernardo da Mondiser.
« Bernardo, dist li rois, tu t'en avera aler
« En Costantinopoli parler à l'inperer.
« Da la ma part tu le devera nonçer
« Qe soa file trova o in avolter
« No pais mie cun dux ni cun prinçer,
« Mais cun un nan, dont m'e gran vituper.
« No s'en merveli se m'en voio vençer,

Que de ses filles une o soi vout mener,
Que puis la fist richement marier,
Et grant avoir à son seignor doner.
Quant a ce fait, se metent au nagier;
Vait s'en la dame, ensemble Varochers.
Or un petit lairons ci d'eus ester,
Si conterons de Kallon au vis fier
Et de Naimon dou duché de Baivier.

  A icel jor que avec sa moillier
Trova le nain ens el lit acouchié,
Ains que del tot il la volsist jugier,
Le conseilla dus Naimes de Baivier
Que à son pere envoiast mesagier
Trestot l'affaire et dire et deraisnier:
Si com l'avoit vergoignié sa moillier,
Qu'avec le nain trovée ot en pechié;
Bien li pooit de ceste oevre anuier.
Et por itant fu pris à mesagier
Uns quens de France et nobiles et ber
Qui ot à nom Berart de Mondidier.
« *Berars, dist Kalles, il t'en estuet aler*
« *L'emperéor en sa cité parler.*
« *De moie part tu li iras noncer*
« *Que soe fille ai trovée en pechié*
« *Non mie avec un duc o un princier,*
« *Ains od un nain, dont m'est grans reproviers.*
« *Ne s'en merveille se je m'en vueil vengier,*

« Qe tel colse non e da loer
« Ne li baron de France nel poroit conporter. »
Dist Bernardo : « Ben li avero nonçer,
« Se Dé me dona in Costantinopoli aler. »
Al çamin se mist e prende soi aler,
Tros en Costantinopoli non volse seçorner.
Li rois trova e soa çentil muler
E sa baronie, conti e çivaler;
Par una festa fato li oit asenbler.
Ça olderés la novela del cortos mesaçer.

COMENT BERNARDO PAROLE.

« ENPERER sire, Bernardo oit parlé,
« K. li rois, le maine encoroné
« Qe soit en tot le mondo de la crestenneté,
« A vos m'oit por mesaçer mandé,
« E de quela anbasea non son mie alé.
« Quando vu le saurés, ne seri coruçé.
« De una ren e voio qe vu saçé :
« Nen fo ma raina ni dama coroné
« Da nu baron eser tanto honoré
« Cun vestra file dal rois de crestenneté;
« Mais ela est dever lui mal porté,
« Qe cun un nan l'oit atrové en peçé;

« Que itel choses ne font mie à loer
« Ne mi baron nel porroient durer. »
Et dist Berars : « Bien li saurai noncer,
« Se Dex me doint en sa cité aler. »
Adonc s'aroute que n'i vout sojorner
Costantinoble tant que pot encontrer.
Le roi i trove o sa gentil moillier
Et son barnage, contes et chevaliers ;
Por une feste les ot fait asembler.
Huimais orrés dou cortois mesagier,

Coment Berars parole.

« Sire emperere, dist Berars, entendés :
« Kalles li rois, li mieudre coronés
« Qui soit el mont n'en la crestienté,
« M'a devers vos à mesagier mandé,
« Et dou mesage ne sui joians ne liés.
« Quant le saurés, s'en serés corrocés.
« Ja d'une rien vos vueil acréanter :
« Nen fu mais dame qui corone ait el chief
« A cui nus ber tant honor ait porté
« Com à vo fille Kalles li rois membrés ;
« Mais ele a moult envers lui meserré,
« Qu'avec un nain l'a trovée en pechié ;

« En avolterio ela s'est atrové.
« Unde à vos elo m'oit envoié
« Qe vos de ren no ve mervelé
« Se por justisia ela sera çuçé. »
Quando li rois l'oit oldi e ascolté,
A gran mervile en fu amervilé.
Mais sor tot la raina qe l'avoit alevé,
Qe conose de sa file son cor e son pensé,
Nen pote ester al mesaço oït parlé :
« Mesaçer frer, le seno aves çançé ;
« Ben conosco ma file qe in mon ventre porté :
« Ço que vos dites tot est falsité,
« Ne non poroit estre per toto l'or de Dé
« Qe mia file en fust tanto olsé
« Qe à son segnor aüst fato falsité.
« Ben post ester à torto calonçé,
« Mais à droiture el no e verité.
« Plus loial dame non e en crestenté ;
« Mal fa li rois quando de ço l'a blasmé. »
Dist imperer : « Mal avoit porpensé
« K. li rois, quant ma fila oit calonçé
« De un nan, donde sui si abosmé
« Par un petit non ai li seno cançé.
« A vestre rois, quan tornarez aré,
« Da la ma parte vu si le conté
« Qe ben se guardi et avant et aré
« Qe à ma fila non faça nul engonbré ;

« *En avoutire l'a li rois atrové.*
« *Dont à vos, sire, me vout il envoier*
« *Que vos de rien ne vos esmerveillés*
« *Se il la fait par jugement mener.* »
Quant l'a li rois oï et escouté,
A grant merveille en fu esmerveillés.
Mais la roïne qui la nori souef,
Qui de sa fille conoist cuer et pensé,
Nen pot ester au message ait parlé :
« *Mesagiers freres, le sens avés changié ;*
« *Bien conois cele qu'en mon ventre ai porté :*
« *Ce que vos dites est trestot fausetés.*
« *Nen porroit estre por trestot l'or de Dé*
« *Que moie fille tant osée ait esté*
« *Qu'à son segnor éust fait mauvaistié.*
« *Bien la puet on à grant tort encorper,*
« *Mais à droiture, n'est mie verités.*
« *Plus loiaus dame n'est en crestienté ;*
« *Mal fait li rois, quant la blasme, et pechié.* »
Dist l'emperere : « *Mal avoit porpensé*
« *Quant vout ma fille rois Kalles encorper*
« *Tot por un nain, dont sui si abosmés*
« *Par un petit n'en ai le sens mué.*
« *A vostre roi, quant tornerés arier,*
« *De moie part vos si li conterés*
« *Que bien se gart et avant et arier*
« *Que à ma fille face nul encombrier ;*

« E s'elo l'oit trové en nul peçé,
« A moi l'envoi, e non soia entardé,
« Savoir e voio da le la verité.
« S'ela s'er avoué, in mal ora fo né !
« Colsa como no or no me la blasmé,
« Qe de ma file non o nul mal pensé,
« Et s'el e calonçea, el est à falsité
« Da malvasio hom e pesimo eré.
« Ço qe vos di or ne le oblié. »

Coment li Rois parlle alli mesancer.

« Mesaçer frer, non avoir nul dotançe ;
« Da la ma part dira à l'inperer de Françe
« Qe de ma fila non o mal entendançe.
« Onde eo le prego q'el aça pietançe,
« Envoi à moi ma fila, si savro l'açertançe,
« Se voir sera, metero la en balançe,
« Çuçea sera sança nul demorançe ;
« E de questa colse non aça dubitançe.
« E s'elo la çuça sença moi entendançe,
« Qe da le non saça l'açertançe,
« Eo n'avero al cor gran tristançe,
« Si le metero tota la mia posançe
« De le prender gran vengançe. »

« *Et se il l'a trovée en nul pechié,*
« *A moi l'envoit, et ne soit atargié,*
« *Que savoir vueil d'ele la verité.*
« *S'ele gehist, mar fu ses gens cors nés!*
« *Et nonporquant or ne me la blasmés,*
« *Que de ma fille je n'ai nul mal pensé,*
« *Et encorpée est ele à fauseté*
« *D'un malvais home et pesme renoié.*
« *Ce que vos di, ore ne l'obliés.* »

COMENT LI ROIS PAROLE AU MESAGIER.

« MESSAGIERS *freres, n'aiés nule dotance;*
« *De moie part dirés au roi de France*
« *Que de ma fille je n'ai male entendance.*
« *Dont je le pri que il ait pietance,*
« *A moi l'envoit, s'en saurai l'acertance,*
« *Et, se voirs est, la metrai en balance,*
« *Si ert jugiée sans nule demorance;*
« *De ceste chose et ne soit en dotance.*
« *Et se la juge sans la moie entendance,*
« *Que de sa bouche n'en saiche l'acertance,*
« *Tot jor au cuer en aurai grant tristance,*
« *Si meterai trestote ma poissance*
« *A prendre d'ele dolereuse vengeance.* »

Dist li mesaçer : « Loial e li rois de France ;
« Non fara ren sença gran conseiançe.
« Vestra anbasea faro sença nul demorançe. »

Coment li mesancer demander congé.

« Emperer sire, ço dist li mesaçer,
« Ben diro vestra anbasea à K. l'inperer. »
Conçé demande, si s'en torno arer ;
Mès avanti q'el poust en França entrer,
Elo oldi de Macario la novela conter
E d'Albaris, li cortois e li ber.
Quant le oldi, molto s'en pris merveler.
Tanto çamine et avant et arer
Ven à Paris, si se vait ostaler,
E pois, sença nul demorer,
Va à la cort à l'inperer parler
Por son mesaço dire e retorner.
« Enperer sire, ço dist li mesaçer,
« En Costantinopoli à cele enperer
« Vestra anbasea e dire e conter.
« Saçé por voir, quando m'oldi parler,
« Presente estoit ilec sa mulier.
« Molto s'oit de ço amerviler
« E por nul ren ne le poit créenter

Et dist li mes : « *Preus est li rois de France ;*
« *Rien ne fera que n'ait grant conseillance.*
« *Vostre mesage ferai sans demorance.* »

Coment li mesagers demande congé.

« Sire emperere, ce dist li mesagiers,
« Bien ert Kallon vos mesaiges contés. »
Congié demande et si s'en torne arier ;
Mais ains qu'en France il peust repairer,
De Macaire ot les noveles conter
Et d'Auberi, qui ert cortois et ber.
Quant l'ot oï, moult s'en est merveillé.
Tant a erré et avant et arier
A Paris vint, si se vait osteler,
Et tost après, que n'i vout demorer,
A la cort vait l'emperéor parler
Por son mesaige et dire et retorner.
« Sire emperere, ce dist li mesagiers,
« L'emperéor alai en sa cité
« Vostre mesaige et dire et conter.
« Sachiés por voir, quant il m'oï parler,
« Ensemble o lui fu illec sa moillier.
« Moult par se prist de ce à merveiller,
« Et por noient ne li voi créanter

« De soa file nesun mal penser.
« E ben guardés d'ele à çuçer;
« Mais el vo proie que la deça envoier
« Qe avec le elo ne vol rasner,
« Savoir s'el est voir, o falsa calonçer.
« S'el sera voir q'el se posa proer,
« Si asprament elo la fara çuçer
« Qe toto le mondo s'en aura merveler;
« Sel no e voir, no la vol calonçer.
« E ben guardés por dito de liçer
« Ne le faisés onta ni engonbrer. »
Li rois l'intent, molto li parse noier.
Elo reguarde dux N. de Baiver.
« N., dist il, grant est li destorber
« Qe m'oit fato le traito losençer
« Qe à torto me calonço ma muler.
« Conselés moi, e vos voio en proier,
« Como me poroie da cele enperer
« De soa file dire e escuser. »
E dist N. : « Vu farés como ber;
« Vu le farés dire e créenter
« Qe vestre dame l'invoiesi l'autrer
« Par un çivaler cortois e ber;
« Mais un Macario malvasio e lanier
« Contra vos voloir si le aloit arer,
« Si le oncis al brant forbi d'açer.
« Qe devenise de la raine, quel no le savés conter,

« Que de sa file éust nul mal penser.
« Et bien gardés, ce dist, d'ele jugier;
« Mais il vos prie li voilliés envoier
« Que avec ele en vuet il raisoner,
« Savoir s'a colpe, o se c'est fausetés.
« Se ce est voir, que se puisse prover,
« Si asprement la fera il jugier
« Que tos li mons s'en porra merveiller;
« Se voir n'est mie, ne la vuet encorper.
« Et bien gardés por dit de pautonier
« Ne li faciés ne honte n'encombrier. »
Li rois l'entent, moult li pot anuier.
Esgardé a duc Naimon de Baivier.
« Naimes, dist il, grans est li destourbiers
« Que fait nos a li cuivers losengiers
« Qui encorpée m'a à tort ma moillier.
« Conseillés moi, je vos en vueil proier,
« Com me poroie vers cel roi escuser,
« De soe fille et dire et conter. »
Et dist dus Naimes : « Vos ferés come ber;
« Vos li ferés et dire et créanter
« Que vostre dame, l'enchargastes l'autrier
« Un chevalier, qui fu cortois et ber;
« Mais uns Macaires, et malvais et laniers,
« Contre vo gré alés li fu arrier,
« Si l'ot ocis au branc forbi d'acier.
« De la roïne ne li savés conter,

« Qe quel Macario, quando se vene à çuçer,
« D'ele non soit nula rason mostrer
« Qe la ast lasé in boscho ni in river. »
Dist l'inperer : « E si le voio otrier
« Qe lo sege diça dire e derasner. »

Coment Namo parlloe.

Naimes parole, qe no fo pais vilan :
« Entendés moi, çentil rois sevran.
« De la raine estoit molto gran dan
« Sença peçé sia morta, ad ingan,
« Por cil malvès traitor seduan.
« Cil le confonde liqual formo Adan !
« Jamès non fo veu un si pesimo tiran.
« E vos estes rois tros en Jerusalan,
« Sor tote rois estes li sovran ;
« A quele rois q'era vestre paran
« Excuser vos estoit qe non savés nian
« Dapo qe fo parti da vos por çuçemant.
« Donde al traitor en desi tel torman
« Qe arso fo in le fois ardan
« Contra voloir d'amisi e de paran. »
Dist l'inperer : « Vos estes li sovran
« Qe se trovase tros en Jerusalan.

« Que cil Macaires, quant ce vint au jugier,
« D'ele ne sot nule raison mostrer
« Se l'ot laissie en bois o en rivier. »
Dist l'emperere : « Et si vueil l'otrier
« Que li mes doie et dire et deraisnier. »

Coment Naimes parloit.

Naimes parole, qui pas ne fu vilains :
« Entendés moi, gentis rois soverains.
« De la roïne ci auroit moult grans dans
« Que morte soit à tort, vilainement,
« Por cel malvais traïtor soduiant.
« Cil le confonde liquiex forma Adan !
« Ja ne fu mais uns si pesmes tirans.
« Vos estes rois trosqu'en Jerusalan,
« Et sor tos rois si estes soverains;
« A celui roi qu'est li vostres parens
« Vos covient dire que n'en savés noient
« Puis que de vos parti par jugement.
« Dont li traïtre en soffri tel torment
« Que pris en fu et ars en feu ardent
« Contre voloir d'amis et de parens. »
Dist l'emperere : « Hom de conseil plus grant
« Ne se trovast trosqu'en Jerusalan.

« Qe en vos se fie po ben eser certan
« Non avoir mal la sira ni l'ademan.
« Sovra tot li saçes estes li capitan ;
« Vu serisi estei eser bon çapelan
« Por conseler tot le cristian. »

Coment anchor parlle N.

« Çentil mon sire, ço dist li cont Naimon,
« Sentencia qe se dait contre rason
« Molto desplait à tota çente del mon ;
« E quel qi la da n'atende bon guierdon
« D'acelle qi sostene li tron.
« Çuçe fo la raine sença cason,
« La plus bela dame de tot li mon
« E la plu saçe e de milor rason
« Qe uncha mès en fose Salomon.
« Como l'aust mais pensea nesun hon
« Qe Macario, qe i avés conpagnon,
« Aust pensé vers vos tel traïson
« Ne aust morto Albaris, sença cason,
« Por avoir la raine à soa sobecion.
« De cella raine non saven si ne non
« Qe n'est devenue dapois q'ela s'en alon ;
« Mais mon cor me dist si n'esto en sospiçion

« Qui en vos se fie bien puet estre certains
« De n'avoir mal ne au soir ne au main.
« Sor tos les saiges estes li chievetains ;
« En vos auroit éu boins chapelains
« Por conseiller trestos les crestiens.

Coment encore parole Naimes.

« MES gentis sire, ce dist li dus Naimon,
« Jugemens fais contre droit et raison
« Moult puet desplaire à tote gent del mont ;
« Et qui le fait en atent bon guierdon
« Dou roi de gloire, cil qui sostient le tron.
« Jugiée fu à tort, sans achoison,
« Cele qui ert la plus bele dou mont
« Et la plus saige et de meillor raison
« Qui onques fuist puis le tens Salemon.
« Com l'éust mais pensé nus hom del mont
« Que cist Macaires, qu'avois à compaignon,
« Eust vers vos pensé tel traïson
« Ne éust mort Aubri sans achoison
« Por la roïne, por en faire son bon.
« De cele dame ne savons o ne non
« Qu'est devenue puis sa desevroison ;
« Mais dist mes cuers si sui en sospeçon
  Macaire.

« Qe sana e vive ancora la veron.
« Mais, sel vos plait, tenpo nu atenderon
« Tanto qe altre novelle oldiron
« De la raine, s'ele e morta o non. »
Dist l'inperer : « A Deo benecion. »

COMENT PARLLOE N.

« ENPERER sire, ço dist N. de Baiver,
« Se à mon conseil vos volez ovrer,
« Tel vos donaro non ert da oblier :
« Ancora en Costantinopoli envoiaria mesaçer
« A celle rois dire e conter
« Cun la justisie avés fata si fer
« De Macharie, li traito lesençer,
« Qe soa file aloit acuser,
« Sença colpe me la fe sbanoier.
« Ne se poroit de la justise dire ne rasner,
« De soa file ren ne le pois derasner ;
« Ne le so pais dire ni conter
« Coment se posa avoir ni trover,
« Qe in le bois se aloit afiçer.
« E se de le vole medança demander,
« Parilé estes de à lui delivrer
« D'or e d'avoir, e de besant e de diner. »

« Que saine et vive encore la verrons.
« Mais, se vos plaist, un tens nos atendrons
« Entresi que noveles oïrons
« De la roïne, se ele est morte o non. »
Dist l'emperere : « A Dieu benéiçon. »

COMENT PARLOIT NAIMES.

« Sire emperere, dist Naimes de Baivier,
« Se vos volés par mon conseil ovrer,
« Tel vos donrai n'ert mie à oblier :
« Je manderoie un autre mesagier
« L'emperéor et dire et conter
« Com la joutice si fiere faite avés
« Envers Macaire, le cuivert losengier,
« Qui soe fille à tort vint acuser,
« Et me l'a fait de la terre geter.
« De la joutice ne se porroit parler,
« Rien de sa fille ne li puis deraisnier ;
« Ne lui sai mie ne dire ne conter
« Com se porroit ravoir ne atrover,
« Que ens el bois s'ala ele afichier.
« Et s'amendise vuet d'ele demander,
« Vos estes prest de la lui deslivrer
« D'or et d'avoir, de besans et deniers. »

Dist li rois : « Ben est da otrier.
« Qi le poren ancora envoier ? »
Dist dux N. : « Bernard da Mondiser,
« Qe li alo autre fois l'autrer. »
Adoncha li rois fe por lui envoier.
E cil le vene de grez e volunter.
« Bernard, fait il, el vos convent aler
« En Costantinopoli ancor à l'inperer,
« E si le averi e dire e conter
« Qe de sa file e non so nul sper,
« Ma quel qi l'acuso n'oit aü son loer :
« Arso fo in fois, la polvere à venter.
« Unde o le prego q'el me diça perdoner,
« Qe parilé soi de le amender
« D'oro e d'avoir, de besant e de diner. »
Dist Bernard : « Ben le voio otrier.
« Donez moi li conçé, qe eo m'en voio aler. »
Dist li rois : « Alez e non tarder. »
E cil Bernardo si ven à son oster,
Parilé fu de ço qe li oit mester,
Por le çamin s'en prist ad aler.
Et avant q'el poust en Costantinople entrer,
Estoit la raine venua à son per
E tot le dit, non laso qe conter
De le rois, cum la fe sbanoier
E for de son reame e la fe envoier,
E por Machario li vene quel inoier

Et dist li rois : « Bien fait à otrier.
« Qui porriens encore i envoier ? »
Et dist dus Naimes : « Berart de Mondidier,
« Qui autre fois i est alés l'autrier. »
Adonc li rois le fist querre et mander.
Et cil i vint de gré et volentiers.
« Berars, fait il, il vos covient aler
« L'empereor une autre fois parler,
« Et si l'aurés à dire et à conter
« Que de sa fille ne sai rien esperer,
« Mais l'acusere ot éu son loier :
« En feu fu ars et la poudre à venter.
« Dont le pri s'ire me voille pardoner,
« Qu'aprestés sui d'amendise baillier
« D'or et d'avoir, de besans et deniers. »
Et dist Berars : « Bien fait à otrier.
« Congié vos ruis, que je m'en voil aler. »
Et dist li rois : « Alés et ne targier. »
Et cil Berars s'en vint à son ostel,
Aprestés fu de ce que l'ot mestiers,
Par le chemin si se prist à l'errer.
Costantinoble ains que péust trover,
Ja la roïne à son pere alée ert
Et tot li dist, n'i laissa que conter
Dou roi Kallon, si com la fist geter
Fors de son regne et la fist convoier,
Et par Macaire li vint cil encombriers

Qe li rois volse onir e vergogner.
De Albaris non laso qe conter,
Como le oncis quel malvasio liçer,
E como en le bois s'aloit afiçer,
E coment l'avoit convoié Varocher
En Ongarie et davant et darer.
E si le conte de li cortois oster
E de ses fille e de sa muler :
« De li rois d'Ongarie ne vos poria conter,
« Qe mon filz el me fe batiçer ;
« Tant honor m'a fato nel devez oblier,
« En vestra vie le devés gracier. »
Qui doncha veist la mer la fia baser !
A tanto ecote vos de França li mesaçer.
Avanti q'el poüst in la cité entrer,
A l'inperer el fo fato nonçer.
E quant le rois le soit, elo fe sbanoier
Qe de sa file nu hom déust parler.
Nen vol pais mie qe quelo mesaçer
D'ele ne saça novela aporter.

COMENT BERRADO ARIVE EN IN COSTANTINOPOLLE.

QUANDO Bernard fo en Costantinople entré
E qe à l'albergo elo fo ostalé,

Qui le roi vout honir et vergonder.
De Auberi ne laissa que conter,
Si com l'ocist cil malvais pautoniers,
Et com el bois s'ert alée afichier,
Et convoiée coment l'ot Varochers
En Honguerie et devant et derier.
Le courtois oste ne vout entroblier
Ne ses deus filles ne sa franche moillier :
« Dou roi d'Ongrie ne vos porrois conter,
« Que mon enfant me fist il bautisier ;
« Tant m'onora nel devés oblier,
« A vostre vie le devés mercier. »
Qui donc la mere vist la fille baisier !
Atant es vos le Kallon mesagier.
Ains que peust en la cité entrer,
L'empereor l'est on alé noncer.
Et quant le sot, un ban a fait crier
Que de sa fille ne deust on parler.
Ja ne vuet mie que icil mesagiers
Nule novele d'ele en saiche porter.

COMENT BERARS ARIVE ENS EN COSTANTINOBLE.

QUANT Berars fu en la cité entrés
Et qu'à l'ostel il se fu ostelés,

A le palès elo s'en fo alé.
Davanti li rois se fo presenté,
La novela li conte qe li oit aporté.
Quando li rois l'intende, elo li responde aré :
« Mesaçer sire, or tornarez aré;
« Vestra anbasea no m'e pais à gré.
« Al rois de França direz e conté
« Sovente qe ma file por muler li doné,
« Et ensement me la retorni aré.
« Doncha cuita de França l'inperé
« Qe, s'el me donast tuto l'or de crestenté,
« Por moia file non seroit moto parlé.
« Avoir ma file del reame sbanoié,
« Donde morta est e da bestie devoré,
« Ora me demande merçe e pieté!
« Coment me poroit il avoir amendé
« No por tot l'avoir de la crestenté?
« Unde eo vos di qe tosto tornez aré.
« E quando serés in França reparié,
« Direz al roi de França l'aloé
« Qe da ma part el est desfié.
« S'el no me rende ma file q' eo li doné,
« Veio Paris avanti tros mois pasé. »
Bernardo l'olde, no l'a pais agraé,
De maltalent el pris li conçé.
De la filla li rois no li fo moto parlé,
Donde Blançiflor ne fo çoiant e lé.

Vers le palais s'en est acheminés,
Devant le roi est en present alés,
Dist la novele que li ot aporté.
Li rois l'entent, sel prent à apeler :
« *Mesagiers sire, or tornerés arier ;*
« *Vostres mesages ne me vient mie à gré.*
« *Au roi de France diré et conterés*
« *Jadis ma fille li donnai à moillier,*
« *Et ensement me la retorne arier.*
« *Vostre emperere et com le pot cuidier,*
« *Que por tot l'or de la crestienté*
« *De moie fille ne seroit mot soné.*
« *Ma fille a il de sa terre chacié,*
« *A mort la fist et aus bestes livrer,*
« *Et or me quiert et merci et pitié !*
« *Com le porroit avoir ja amendé*
« *Nes por tot l'or de la crestienté ?*
« *Dont vos di je tost en tornés arier.*
« *Et quant serés en France repairiés,*
« *Dirés au roi de France l'alosé*
« *De moie part que il est desfiés.*
« *Se ne me rent cele que l'ai doné,*
« *Je voi Paris ainçois trois mois pasés.* »
Berars l'entent, ne lui vient mie à gré,
De mautalent en a pris le congié.
De la roïne ne li fu mos sonés,
Dont Blancheflor en ot joie mené.

El mesaçer s'en torne tot abusmé.
Quant à Paris el fo reparié,
Li rois trova et N. l'insené;
La novela li conte qe cil li oit mandé.
Quando li rois l'intende, tuto fo trapensé.
Et dist N. : « Mal avon esploité,
« Qe cil rois oit grant poesté
« De çivaler, de conti e de casé,
« Ben estoit guarni de riçe parenté.
« De soa file mal vos avez porté,
« En strançe part l'avez envoié.
« Ne savon d'ele novele por verité
« S'ela est viva o morta delivré.
« S'el ne fa guera, nu sen desarité :
« N'en lasera castel ni fermité,
« El n'ardera le vile e le cité. »
Dist li rois : « Soia al voloir de Dé ! »

COMENT N. PAROLLE.

« EMPERER sire, ço le dis Naimon,
« Da vestra part est venu la cason
« De la raine, sens mal contençon,
« D'ele non avés fato se mal non.
« Senpre avez créu li parant Gainelon

Li mes s'en torne, si est tos abosmés.
Quant à Paris fu Berars repairiés,
Le roi i trove o Naimon le sené,
Dist la novele que cil li ot mandé.
Li rois l'entent, tos en fu trespensés.
Et dist dus Naimes : « Mal avons esploitié,
« Que cil rois a si très grant poesté
« De chevaliers, de contes, de chasés,
« Bien est garnis de riche parenté.
« Vers soe fille mal vos estes porté
« Quant l'envoiastes en estrange regné.
« Ne savons d'ele noveles par verté
« Se ele est morte o vive et en santé.
« Se guerre en fait, serons deserité :
« Ja n'en laira chastel ne fermeté,
« Ains en ardra et viles et cités. »
Et dist li rois : « Tot soit al voloir Dé! »

COMENT NAIMES PAROLE.

« SIRE emperere, dist Naimes à Kallon,
« De vostre part venue est l'achoison
« De la roïne, sans male contenson,
« Que envers ele n'avés fait se mal non.
« Tot jor créistes les parens Ganelon

« Qe vos ont fato cotante mespeson.
« Se l'inperer n'asalt, nu si defenderon;
« El a li droito, e nu torto avon.
« Deo ne conseili qe sofri passion,
« Qe no li so dire altra rason. »
Or lasaren de l'inperer K.
E de Bernardo e de le dux N.;
De l'inperer nu si ve contaron
Qe sir estoit de Costantinople entorno e inviron.
De soa filla q'el n'oit estoit en grant fricon;
S'el no la vençe, no s'apresia un boton.
E quando ela li conte soa menespreson,
Si grant oit li dol par poi d'ire non fon.
Elo apelle ses conti, e ses baron.
« Segnur, fait il, oés qe mespreson
« M'avoit fato l'inperaor K.
« De mia file da la cler façon.
« Sbanoie la oit cun se fait li laron,
« Sor le oit atrové blaximo e cason;
« Se no m'en vençó, no varo un boton.
« Concelés moi coment nu la faron. »
Le primeran qe parle oit nome Floriamon,
E cil fu sajes e de bona rason.
Elo parole, non senblo à bricon :
« Droit enperer, por qe vos çeleron ?
« Grand e toa tera e grande reençon
« E toa çent sont de grant renon;

« Qui vos ont fait mainte grant mesprison.
« Se nos assaut li rois, nos defendrons;
« Il a le droit, et nos le tort avons.
« Diex en conseut qui sofri passion.
« Que je ne sai vos dire autre raison. »
Or lairons ci dou riche roi Kallon
Et de Berart et del bon duc Naimon;
Si conterons dou roi qu'ot à roion
Costantinoble entor et environ.
De soe fille ot au cuer grant friçon;
Se ne la venge, ne se prise un boton.
Et quant li conte la soe mesprison,
Tel duel en ot par poi d'ire ne font.
Il en apele ses contes, ses barons.
« Segnor, fait il, oés la mesprison
« Que faite m'a l'emperere Kallon
« De moie fille à la clere façon.
« Chacie l'ot com on fait le larron,
« Sore li mist et blasme et achoison;
« Se ne m'en venge, ne me prise un boton.
« Conseillés moi, segnor, quel la ferons. »
Tot primerains a parlé Florimons,
Et cil fu saiges et de bone raison.
En haut parole, ne sembla pas bricon:
« Drois emperere, por quoi le celerons?
« Grans est ta terre et grant ta regions,
« Et vostre gent si est de grant renon;

« Asa avés çivaler e peon.
« Or envoiés à l'inperer K.
« Qe vestra file, ç'avoit le çevo blon,
« Ello v'envoi, sença nula cason,
« Colsa como no, qe nu le deffion. »
Dist l'inperer : « A Deo benecion. »

Coment Salladin parlle.

Apres Floriamon parole un çivaler,
Saladin oit nome, molt se fait priser.
En alto parole cun homo pro e ber :
« Enperer sire, li vestre çivaler
« Vos doit à dritura conseler,
« Ne por paure ne por nesun engonbrer
« L'omo no se doit retrar arer.
« Or aprendés di vestre çivaler
« Qe soia saçes de dir e de parler ;
« Si le envoiés à K. l'inperer
« Qe vestra file ve diça envoier,
« E s'elo ne la poit avoir ni reçater,
« Por le vos diça tant avoir doner
« Como ella poroit por nula ren peser,
« E quel oro sia de le plu çer,
« De quel de Rabie, qe plu se fait à priser.

« *Asés avés chevaliers et péons.*
« *Ores mandés l'empereor Kallon*
« *Que vostre fille, Blancheflor au chief blont,*
« *Il vos envoit, que n'i quiere achoison,*
« *O se ce non, que nos le desfions.* »
Dist *l'emperere :* « *A Dieu benéiçon.* »

COMENT SALADINS PAROLE.

APRÈS *parole uns gentis chevaliers,*
Saladin ot à non, moult fu prisiés.
En haut parole com hom preus et com ber :
« *Sire emperere, li vostre chevalier*
« *Tot par droiture vos doivent conseiller,*
« *Ne por paor ne por nul encombrier*
« *Ne se doit on onques retraire arier.*
« *Or prenés un des vostres chevaliers*
« *Qui saiges soit de dire et de parler ;*
« *Par lui mandés à Kallon au vis fier*
« *Que vostre fille vos voille renvoier,*
« *Se ne la puet avoir ne recovrer,*
« *Que il vos doie por ele tant doner*
« *Com ele puet de tot en tot peser,*
« *Et cil avoirs soit de l'or le plus chier,*
« *De l'or d'Arage, qui plus fait à prisier.*

« E s'el non vol faire, mandés le desfier,
« Qe da vos el se deça guarder.
« E posa faites vestra jent asenbler
« Tant qe n'aiés plus de cinquanta miler. »
Dist li rois : « Ben est da otrier ;
« Qi li poron nos envoier ?
— Floriamont, sire, cil li respont arer,
« Et avec lui Çirardo e Rainer,
« E Gondifroi, li ardi e li fer.
— Par foi, dist l'inperer, ça milor no le requer.
« Or le faites mantenant atorner,
« E no voio pais qi diça demorer. »
Si altament elo le fi atorner
Con se convent à droito enperer.
E cil s'en vait fora por la river ;
Tant alirent, nen volent seçorner,
I vent en France, si se font ostaler.
A Paris trove K. l'inperer,
Et avec lui dux N. de Baiver
E li Danois, Ansois e Guarner,
E mant des autres, qi fo bon çivaler.
I se desent ad un bon oster,
E quant furent repolsé, si se vait à monter
Sor li palès à li rois parler.

« Se nel consent, sel faites desfier,
« Que il de vos bien se doie garder.
« Et après faites vostre gent asembler
« Tant qu'en aiés bien cinquante milliers. »
Et dist li rois : « Bien fait à otrier ;
« Mais qui porrons à Kallon envoier ?
— Florimont, sire, cil li respont arrier,
« Ensemble o lui et Gerart et Renier,
« Et Godefroi, le hardi et le fier.
— Par foi, dist il, ja meillors ne requier.
« Or me les faites maintenant atorner,
« Que je n'ai cure orendroit dou targier. »
Si hautement les fist il atorner
Com à droit roi il apente et afiert ;
Et cil s'en vont tot le chemin plenier.
Tant sont alé, nen vuelent sojorner,
En France vienent, si se font osteler.
A Paris trovent Kallemaine au vis fier,
Ensemble o lui duc Naimon de Baivier
Et le Danois, Anséis et Garnier,
Et asés d'autres, qu'erent boin chevalier.
Descendu sont à un moult boin ostel,
Et quant un poi sont laiens sojorné,
Al palais montent, si vont au roi parler.

COMENT LI MESANÇER SALUIRENT LI ROIS.

Quant qui baron fo à Paris venu,
Sor le palès montent quant repolsé fu.
Li rois trovent dolent et irascu
Por sa muler qe il avoit perdu,
Qe à gran torto calonçea li fu.
Li mesaçer ne fo mie esperdu ;
Quant davant lui i furent venu,
I le salue da la part de Jesu :
« Cil Damenedé qi ait la gran vertu
« Ve salvi, rois, e vu e vestri dru ! »
Dist li rois : « Vu siez ben venu !
« D'ont estes vos e qi vos oit trametu ? »
E cil le dient : « Ves amigo e ves dru,
« Ço est l'inperer qe oit la grant vertu,
« Sire est de Costantinople si le oit eu,
« Si le obedient li grandi e li menu. »
Dist l'inperer : « Vu siez ben venu ! »

COMENT LI MESANÇER PARLERENT A K.

« Emperer sire, ço dist li mesaçer,
« A vos n'oit envoié li nostro enperer

Coment li mesagier saluerent le Roi.

Or à Paris sont li baron venu;
Al palais montent quant sojor ont éu.
Trovent le roi dolent et irascu
Por sa moillier que il avoit perdu,
Qui à grant tort encorpée li fu.
Li mesagier ne sont mie esperdu;
Devant Kallon quant furent parvenu,
Il le saluent en nom dou roi Jesu :
« Cil Damediex qui tant a de vertu
« Il saut le roi, et lui et tos ses drus !
— Bien viegnés vos, li rois a respondu,
« D'ont estes vos et de quel part venu ? »
Et cil li dient : « De vostre ami et dru,
« C'est l'emperere qui tant a de vertu,
« Costantinobles à cui rent le tréu,
« Si li soploient li grant et li menu. »
Dist l'emperere : « Bien soiés vos venu ! »

Coment li mesagier parlerent a Kallon.

« Sire emperere, dient li mesagier,
« Par nos vos mande noz emperere ber

« Qe soa file le diça envoier
« Qe elo à vos en dono à muler ;
« Por grant amor nos fa noncier.
« E se vos no la poez envoier,
« Tanto esmés quanto la poit peser,
« A fin oro vos la convent loier,
« De le milor qe se pora trover,
« De quel de Rabie, del milor e del plu cler. »
Dist li rois : « Duro est da otrier.
« De la dame e non o nul sper,
« E de l'oro, no se vol ren parler,
« Briga seroit tanto oro à trover. »
Dist li mesaçi : « El vos cunven penser
« De vos guarnir e pariler,
« E vos so ben dire sença boser
« Qe mon segnor, q'e orgoloso e fer,
« Vos en mande par nos à desfier. »
Dist li rois : « Deo soia nostra sper !
« A nos poir saveron defenser. »
A le parole dist N. de Baiver :
« Mesaçer frer, e no vos voio çeler,
« Gran torto oit li vestre enperer.
« Da pois qe l'omo a prendu sa muler,
« Ne le doit d'ele à faire ni son per ni sa mer ;
« Colu qe l'oit presa à nocier
« N'en poit fare d'ele le son voler,
« E tant qe vivo estoit ne se po desevrer,

« Que soe fille li voillés envoier
« Que il pieça vos dona à moillier;
« Par grant amor le vos fait il noncier.
« Et se à vos ne la loist envoier,
« Ja tant esmés quant ele puet peser
« Et à fin or vos l'estuet rachater,
« Del millor or qui se porra trover,
« De cil d'Arage, del plus fin et plus cler.
Et dist li rois : « Grief est à otrier.
« Noient ne sui de la dame esperés,
« Et de l'avoir, ja n'en soit mos sonés,
« Que à grant peine seroit tant ors trovés. »
Dist li mesages : « Donc vos estuet penser
« De vos garnir et de vos conréer,
« Que bien vos di por voir et sans boisier
« Mes sire, qu'est et orgueillos et fiers,
« A vos nos mande por vo cors desfier. »
Et dist li rois : « Tot soit en Damedé!
« A no pooir saurons nos cors tenser. »
A ces paroles dist Naimes de Baivier :
« Mesagiers freres, ne vos le quier celer,
« Grant tort en ot vostre emperere ber.
« Depuis que prise a li hom sa moillier
« Ja d'ele à pere ne à mere n'afiert;
« Cil qu'à espose l'a prise au noçoier
« En puet bien faire tote sa volenté,
« Et tant qu'est vive ne s'en puet desevrer,

« S'ela no fese ver de lui avolter ;
« E por celle la poit à martirio livrer.
« Unde vos en dirés à li ves enperer
« Q'elo lasi soa fila ester,
« Viva o morte ne la po recovrer.
« Nian por ço no meta quel penser
« Q'elo n'açe ne or coito ne diner.
« S'elo ven in França à gueroier,
« Elo li trovara tanti bon çivaler
« Qe in toto li mondo non ait son per
« Por ben ferir et in stormeno çostrer. »

COMENT LI MESANÇER DEFFIENT K.

Li mesaçer si fo saçi e valent ;
De l'inperer à cui França apent
Oit entendu son cor e son talent,
E del dux N. oï le convenent :
De son avoir no le daria nient,
Ni de la dame no soit li convenent
Se viva soit o morta ensement.
Conçé demande, ma prima li content
Como son segno loro se desfient.
E dist K. : « E mi lui ensement,
« Anche ne sia e gramo e dolent.

« Se d'avoutire n'a vers lui meserré;
« Por ce la puet à martire livrer.
« Dont à vo roi de par le mien dirés
« Que de sa fille orendroit lait ester,
« Que vive ou morte ne la puet recovrer.
« Et neporquant ja nen ost il penser
« Que il en ait ne or cuit ne deniers.
« S'en France vient por Kallon gueroier,
« Là trovera tant vaillant chevalier
« Qu'en tot le mont n'en a nesuns son per
« Por bien ferir et en estor joster. »

COMENT LI MESAGIER DESFIENT KALLON.

Li mesagier furent saige et vaillant;
De Kallemaine cui tote France apent
Entendu ont son cuer et son talent,
Et de Naimon oï le covenant :
Que de l'avoir ja ne donra noient,
Et de la dame, n'en sait le covenant
Se ele est vive o s'est morte ensement.
Congié demandent, mais ains li vont contant
Si com lor sire le vait or desfiant.
Et dist li rois : « Et je lui ensement,
« Maugré qu'en ait, qu'en soit grains et dolens.

« Ben so qe vestre sire oit grant ardiment,
« Dolent sui quant à lui ofent,
« Mais à çeste fois no alo altrement. »
Dist li mesaçe : « A Damenedé vos rent. »
Conçé demande, al çamin se metent;
Via s'en vait, non fait arestament.
Tant sont alé por poi et por pendent,
Asa duro pena e torment,
Ven à Costantinopoli et ilec desent.
Li roi trovon ad un son parlement
O il avoit de baron plus de çent,
Qe tot erent e saçi e valent.

Coment li mesacer parlent a l'i[n]perere.

Li mesaçer no fo mie vilan;
Tant çerchent li mont e li plan
Qe in Costantinopoli venent une deman.
Li enperer trovent ilec davan.
De soa file molto estoit çoian,
Qe avec lui l'avoit viva e san.
Se lol saüst l'inperer K. el man,
En soa vite n'en fust si çoian,
Qe plu l'amava de ren qe fust vivan.
Dist li mesajes : « Çentil rois sovran,

« Bien sai vos sire est de grant hardement,
« Si sui dolens quant li vais contrestant,
« Mais ceste fois n'en ira autrement. »
Dist li mesages : « A Damedé vos rent. »
Congié demandent, si se vont aroutant;
Prise ont lor voie, n'i font arrestement.
Tant sont alé par puis et par pendans,
Asés durerent et peines et tormens,
En lor cit vienent, illec vont descendant.
Trovent le roi ad un suen parlement
Où il avoit de barons plus de cent,
Dont ert chascuns et saiges et vaillans.

COMENT LI MESAGIER PAROLENT A L'EMPERÉOR.

Li mesagier pas ne furent vilain;
Tant ont cerché et les mons et les plains
Qu'en lor cité venu sont à un main.
L'emperéor trovent illec devant.
De soe fille moult ert liés et joians,
Que l'ot o lui en santé et vivant.
Se le séust Kalles, li rois poissans,
Ja à nul jor ne fust mais si joians,
Que il l'amoit sor tote rien vivant.
Dist li mesages : « Gentis rois soverains,

« Parlé avon cun li rois K. el man
« E cun le dux N., le conseler altan
« Qe soia en crestenté e darer e davan.
« Par nos vos mande ne vos dote nian,
« De darve avoir non ait nul talan.
« Se vu le deffiés, e i vu enseman :
« Asa avoit de çivaler valan,
« Qe li vestri non dota un diner valisan. »
Dist l'inper à cui Costantinople apan :
« Questo savera li rois in breve tan;
« Se in questo mondo eo sero vivan,
« O mo o lui seremo à nian. »

Coment l'imperaere fi asenbler sa jent.

Quant l'inperer olde li mesaçer,
Qe K. el maine de França e de Baiver
Ne le dote valisant un diner,
Por li conseil de li ses çivaler
Fe bandir oste par tot son terer.
Nen laso villa, ne borgo, ni docler,
Qe no li faça li banior aler.
Avant un mois tant ne fait asenbler
Q'elo n'avoit ben .LX. miler.
Or defenda Deo K. maino l'inperer !

« Le roi Kallon fumes nos aresnant
« Et duc Naimon, le conseiller plus grant
« Qui soit el mont et derier et devant.
« Par nos vos mande ne vos dote noient,
« D'avoir baillier à vos n'a nul talent.
« Sel desfiés, et il vos ensement :
« Asés a il de chevaliers vaillans,
« Les vos ne dotent un denier valissant. »
Dist l'emperere qui les vait escotant :
« Bien le saura Kalles ainçois lonc tans ;
« Se ancor sui en cestui mont vivans,
« O je o il seromes à noient. »

COMENT L'EMPERERE FIST ASEMBLER SA GENT.

L'EMPERERE a oï les mesagiers :
Que Kallemaines de France et de Baivier
Ja ne le dote valissant un denier.
Par le conseil de tos ses chevaliers
Fist s'ost bannir de par tot son terrier.
Nen laissa vile, ne borc, ne fermeté,
Qu'aler n'i face les baniers de toz lez.
Ainçois un mois tant en fait asembler
Que il en ot bien soissante milliers.
Or aït Diex Kallemaine au vis fier !

Coment li Rois fi atorner sa fille.

L'INPERER de Costantinople n'en demoro niant;
El oit mandé par tot son tenimant
A burs, à vile, à çasté et à pendant,
Por tota sa jent, e amisi e parant.
Quant il oit asenblé tote la soe jant,
.LX. milia furent à verdi elmi lusant,
A palafroi et à destrer corant.
Li enperer non fait arestamant;
Elo fe sa file adorner riçemant,
Et ensement ses petit enfant.
E Varocher, li pros e li valant,
Non seçorno mie longamant;
Elo pris arme e guarnimant
Lequal furent tot à son talant.
Un gran baston q'era quarés davant
S'avoit fato, e groso e tenant,
E sença quello non vait tant ni quant.
Or oit l'inperer asenblé sa oste grant,
Dever França çivalçe iréamant.
Ora conseili Deo K. maino li posant,
Por un traitor fo mis en tormant.

Coment li Rois fist atorner sa fille.

Li emperere ne s'atarge noient;
Il a semons par tot son tenement
A bors, à viles, à chastels, à pendans,
Trestos ses homes et amis et parens.
Asemblé furent entre tote sa gent
Soissante mile, à vers elmes luisans,
A palefrois et à destriers corans.
Li emperere n'i fait arrestement;
Sa fille fait atorner richement,
Et ensement le suen petit enfant.
Et Varochers, li preus et li vaillans,
Ja nen a mie sojorné longement;
Armes a pris et autres garnemens
Li quiex estoient trestot à son talent.
Un grant baston qui ert quarrés devant
S'avoit il fait, qui gros ert et tenant,
Et sans celui ne vait ne tant ne quant.
Or l'emperere asemblé a s'ost grant
Et devers France chevauche iréement.
Or Diex conseut Kallon le roi poissant,
Qu'uns maus traïtre l'a mis en grant torment.

Coment l'iperere çivalçe vers Paris.

Via çivalçe quel grant enperaor
Qe de Costantinople estoit enperaor.
E mena sa fille la belle Blançiflor,
Et ses petit enfant avoit avec lor,
E Varocher, qi non fu li peior.
Plus'en fe guere de nul altre pugneor.
Tant alent, qe non farent demoror,
Qe viene in France, et ilec farent sejor.
Quant forent à Paris fora por quel erbor,
Tende e pavilon fait tendre entor.
Quando le voit K. l'inperaor,
Nen pote muer qe des oili non plor.
N. apelle ses bon conseleor.
« N., fait il, ben poso avoir dolor
« Quando me voi intrer in tel freor.
« Mal avero veçu ma muler Blançiflor !
« Ai ! Machario, malvasio peçeor,
« Mal o veçu aver te nul amor,
« Qe por celle amor tu me fusi traitor,
« Et Albaris m'onceisti à dol e à freor,
« Dont ma muler m'est alea à desonor ! »
E dist N. : « Por qe faites vos plor ?
« S'el vos remenbra del tenpo ancienor,

COMENT L'EMPERERE CHEVAUCHE VERS PARIS.

Adont chevauchent les oz l'emperéor
Costantinoble qui tient et tot l'onor.
Sa fille en mene la bele Blancheflor,
Ensemble od ele son petit enfançon,
Et Varocher, qui nen ert dels peiors,
Qu'asés vaut plus d'un autre poignéor.
Tant sont alé, que n'i firent demor,
Qu'en France vienent; illec firent sojor.
Quant à Paris sont, fors par cel erbor,
Trefs et aucubes font tendre là entor.
Quant l'a véu Kalles l'emperéor,
Ne puet muer des iex dou front n'en plort.
Naimon apele, son boin conseléor:
« Naimes, fait il, bien puis avoir dolor
« Quant je me voi entrer en tel fréor.
« Mar ai véu ma moillier Blancheflor!
« Ahi! Macaires, fel cuivers lechéor,
« Mar ai éu envers toi nule amor,
« Que por loier me fustes traïtor,
« Aubri m'ocistes à duel et à fréor,
« Dont ma moillier m'ala à desonor. »
Et dist dus Naimes: « Por quoi faites tel plor?
« Se vos remembre del tens ancianor,

« Qui de Magançe v'a mis en tel iror,
« Traï vos ont desa cha li plusor.
« Déo li confonde, li maine criator !

Coment N. parolle.

Naimes parole, n'i a talent q'en rie :
« Droit enperer, nen lairo nen vos die
« Qui de Magançe e soa segnorie
« Nos oit metu en si malvasia vie
« Qe je non sai qe de lor com en die.
« Traï nos oit Macario e fato tel vilanie
« De Blanciflor, qe non so qe vi en die.
« Or n'e sovra venu una tel çivalerie
« Qe deveroit eser nos privé et amie,
« Et i seroit mortel enemie.
« A nos en croit e bataila e brie
« Qe mais in França non vene tel stoltie.
« Or ne secora la Santa Mere pie,
« Qe da moi en avant e no so qe vi en die.
« Quant me remenbra de ma ancesorie
« Qe por traitor ne sen toti finie,
« S'en o dolor e tristeça e irie.
« De çela colse no m'en demandés mie ;
« Ne sa qe dire, se Deo me beneie. »

« Cil de Maience vos ont mis en iror,
« Traï vos ont de pieça li plusor.
« Dex les confonde, l'altismes criator! »

Coment Naimes parole.

Naimes parole, mais n'a talent qu'il rie:
« Drois emperere, ne lairai ne vos die
« Cil de Maience et de la segnorie
« Nos ont or mis en si mauvaise vie
« Que je ne sai por voir que vos en die.
« Nos a Macaires fait itel vilenie
« De Blancheflor, ne sai que vos en die.
« Or vient sor nos une chevalerie
« Qui nos déust privée estre et amie
« Et si sera nos mortés enemie.
« A nos en croist et bataille et haschie
« Que mais en France ne vint tés estoutie.
« Or nos aït Dex et sainte Marie,
« Que je ne sai uimais que vos en die!
« Quant me remembre de ma ancesserie
« Qui tote fu par traïtors fenie,
« Dolor en ai et mautalent et ire.
« De cele chose ne me demandés mie;
« N'en sai que dire, se Dex me benéie. »

Coment anchor parloit N.

« Emperer sire, ço dist li cont Naimon,
« E no so pais coment nu la faron,
« Ni bon conseil doner non poit hon,
« Quant l'on porpense la gran menespreson
« E li gran dol e la confosion
« Qe vos avés fato de sa fila Blançiflon.
« Le milor conseil qe prender poson
« Estoit, rois, qe nu se parilon
« Et ensemo fora à la defension.
« Qe meio est morir qe star qui en preson,
« Pois q'el non vole merçe ni perdon,
« De soa file avoir la reençon. »
Dist l'inperer : « E nu si le faron. »
Adoncha fait asenbler ses baron;
Ben furent .xxx. mile quant furent en arçon.
A Ysoler dono ses confalon,
E li Danois e li cont Fagon;
E Beliant le fu de Besençon.
Quist guient l'insegna li rois K.
Ver l'inperer qe de Costantinople son.

Coment ancore parloit Naimes.

NAIMES parole, si a dit sa raison :
« Sire emperere, ne sai quel la ferons,
« Ne boin conseil doner n'en puet nus hom,
« Quant me porpense de la grant mesprison
« Et del grant duel, de la confusion
« Que fait avés sa fille Blancheflor.
« Meillor conseil ja prendre ne poons
« Se ce n'est, sire, que nos aparillions
« Et issons fors à no defension.
« Miex ert morir qu'ester ci en prison,
« Puis que ne vuet ne merci ne pardon,
« Ne de sa fille avoir la reençon. »
Dist l'emperere : « Et nos si le ferons. »
A itant fait asembler ses barons ;
Bien trente mile furent il es arçons.
A Ysoré baille son gonfanon,
Et au Danois et au conte Fagon ;
Et Belians i fu, de Besançon.
Cil ont guié l'enseigne roi Kallon
Costantinoble envers l'emperëor.

COMENT K. FI APARILERE SA GENT.

Li emperer K. n'en volse demorer;
Fe sa çent guarnir e pariler :
.XXX. milia forent à corant destrer.
Li bon Danois e N. de Baiver
E Ysoler fo li confaloner.
La porta font ovrir e despaser,
Fora ensent, qe ne doia noier.
Quant la novela alo à l'inperer
De Costantinople e à so çivaler,
De mantenent elo le fait monter.
E forent .XL. mile ad arme e à corer.
Volez vos oldir cun la fe Varocher ?
El non fe mie à mo de paltroner.
Nen oit çival, palafroi ne destrer ;
Arer vait cun li altri peoner,
So gran baston non volse oblier.
Quando vi l'oste de K. l'inperer,
El se porpense de sa çentil muler,
E de ses enfant qu'el se laso darer,
Quant la raine el oit à convoier
Quant in le bois ello l'ani trover.
Qi le véist son baston palmoier,

Coment Kalles fist aparillier sa gent.

Kalles li rois ne se vout atargier ;
Sa gent a fait garnir et conréer :
Bien trente mile sont à corans destriers.
Li boins Danois et Naimes de Baivier
Et Isorés sont si gonfanonier.
La porte font ovrir et desbarrer,
Là fors en issent, cui qu'en doie anoier.
Quant ot li rois la novele conter
Costantinoble qui tient et le regnier,
Maintenant fait monter ses chevaliers,
Et furent bien quarante mile armé.
Volés oïr com le fist Varochers ?
Ne le fist mie à loi de pautonier.
Nen ot cheval, palefroi ne destrier ;
Arriere vait avec les paoniers,
Son grant baston ne vout mie oblier.
Quant a véu l'ost Kallon au vis fier,
Il se porpense de sa gentil moillier,
De ses enfans que il laissa derier,
Quant la roïne se prist à convoier
Que trovée ot ens el grant bois ramé.
Qui le véist son baston paumoier,

Ben cuitaret qe fust un averser.
Non va in rote cum altri çivaler,
Ançi vait darer cum li scuer,
E si se fe de lor ses avoer.
Qe vos diroie de le pro Varocher ?
Elo savoit le vie e li senter,
E de Paris e l'insir et l'inter,
E le mason di alti çivaler.
Elo aloit la noit, avanti l'aube cler,
E si se ficoit en l'oste l'inperer.
E si aloit à modo d'escuer,
Si se ficoit in la tenda l'inperer,
Là o il savoit qe estoit li bon destrer.
Tot le milor elo se fe enseler,
Via le moine, qui ne doia noier.
E, quando fo à l'oste de li ses çivaler,
Elo comença : « Monçoia, çivaler ! »
Altament e braïr e crier :
« Leveze vos, ne vos aça entarder,
« Que l'oste K. el maine venemo da preider,
« Tot li avon li ses milor destier ;
« I non avera sor qi posa monter. »
Quant cil l'intent, se prendent à merveler
De la parole qe dist Varocher.
Qi doncha véist cella jent monter,
Le arme prendre e montar en destrer,
E l'ost K. el maine venir asalter !

Bien cuideroit que just uns aversiers.
Ne vait en rote avec les chevaliers,
Ains vait deriere avec les escuiers,
Et si se fait lor sire et avoé.
Que vos diroie del prodon Varocher?
Bien conoist il la voie et les sentiers,
Et de Paris et l'issir et l'entrer,
Et les ostels des riches chevaliers.
De nuit s'en vait, ains qu'il soit esclairié,
En l'ost s'afiche de Kallon au vis fier.
Laiens s'en vait à guise d'escuier,
Et si s'afiche ens el demainne tref,
Là où savoit qu'erent li bon destrier.
Tot le meillor se fait il enseler,
O soi l'en mene, qui qu'en doie anuier.
Et quant s'en est à l'ost des suens tornés,
En haut s'escrie : « *Monjoie, chevalier!* »
Et si comence à braire et à crier :
« *Sus levés vos, et ne vos atargier,*
« *Qu'en l'ost Kallon venons nos de préer,*
« *Si avons nos tot son meillor destrier;*
« *Ja nen aura sor quoi il puist monter.* »
Quant cil l'entendent, se vont esmerveiller
De la parole que dite a Varochers.
Qui donc véist icele gent monter,
Les armes prendre et salir es destriers,
Vers l'ost Kallon et poindre et chevaucher!

Meesmo li rois, quando volse monter,
Entro le stale non trovo son destrer
Ne de les autres qe estoit plus da priser.
Adoncha parole dux N. de Baiver :
« Je vos le disi ben, nobel enperer,
« Qe qui de Magançe vos faroit mal ariver.
« Nu n'avon guere c'un pere e c'un frer
« Colu qe est de Costantinople emperer.
« Sa fila vos demanda Blançiflor al vis cler ;
« Saçès por como la li porisés bailer,
« Nu l'averon si cer à conprer
« En nostra vite no le veron oblier. »
E dist K. : « Como la poon ovrer
« Qe pax e concordia poümes reçater ? »
E dist N. : « Si grant e li danger
« Qe bon conseil e no ve so doner. »

Coment fu grant la bataielle.

L'INPERER à qi França apent
A gran mervile il estoit dolent;
Elo oit pris arme e guarniment.
E le dux N. e tota sa jent
Da l'altra part s'arment ensement.
Qui de l'inperer à qi Costantinople apent

Et quant cil rois vout es arçons monter,
Ens en l'estable ne trova son destrier
Ne nul des autres qui plus font à prisier.
Adonc parole dus Naimes de Baivier :
« *Bien vos l'ai dit, drois emperere ber,*
« *Cil de Maience moult font à resoignier.*
« *Pere ne frere n'avons nos à amer*
« *Fors cel roi qui Costantinoble tient.*
« *Vos quiert sa fille, Blancheflor al vis cler;*
« *Porpensés vos com li poriés bailler,*
« *O se ce non, le comperrons tant chier*
« *A no vivant nel vorrons oblier.* »
Et dist li rois : « Com en porrons ovrer
« *Que pais puissons et amor recovrer?* »
Et dist dus Naimes : « Si grans est li dongiers
« *Que boin conseil ne vos en sai doner.* »

COMENT FU GRANS LA BATAILLE.

Li emperere cui douce France apent
A grant merveille ert et grains et dolens ;
Armes a pris et autres garnemens.
Et li dus Naimes et trestote sa gent
Armé se sont d'autre part ensement.
Cil dou roi cui Costantinoble apent

Montent à destrer isneli e corent.
Gran fu la nose à quel comançament.
Qi donc véist qi çivaler valent
Ferir de lançes e d'espée trençent!
Qi de Costantinople nen furent mie lent;
E l'imperer de France le foit ensement,
El dux N. e Oger li valent.
Por la gran presie vent isnelement
Un çivaler ardio e posent :
Cil avoit nome li pros. Floriadent.
Plus valent hom non est in Orient;
Nevo ert e prosman parent
De l'inperer à qi Costantinople apent,
E Blanciflor el l'ama dolcement.
En la bataile se mis iréement,
Fer un Fraçeis por tel envasament
La tarça li speçe e l'aubergo li fent,
Al cors le mis le glavio trençent,
Morto l'abate, dont K. en fo dolent,
El s'apeloit ses proçan parent.

COMENT FU GRAN LA MELLÉ.

A gran mervile fo Floriamont orgolos
Fort e ardi e de malin artos,

Es destriers montent et isnels et corans.
Grans fu la noise à cel commencement.
Qui donc véist ces chevaliers vaillans
Ferir de lances et d'espées trenchans!
Cil de là outre ne furent mie lent;
Li rois de France bien le fait ensement,
O lui dus Naimes et Ogiers li vaillans.
Par la grant presse s'en vient isnellement
Uns chevaliers et hardis et puissans :
Cil ot à non li preus Floriadens.
Plus vaillans hom n'ert en tot Orient,
Et si ert niés et des prochains parens
Dou roi à qui Costantinoble apent;
Et Blancheflor si l'aime dolcement.
En la bataille se mist iréement,
Fiert un François isi très durement
Li ront la targe et le haubert li fent,
Ou cors li mist le roit espié trenchant,
Mort l'abati, dont fu Kalles dolens
Por ce que fu de ses prochains parens.

COMENT FU GRANS LA MESLÉE.

A grant merveille fu li Griés orguillos
Fors et hardis, et fiers et malartos,

E de bataile estoit molto ençegnos.
Quant il oit mort cil çivaler de Blos,
Elo dist à sa gent : « Segnur, qe faites vos ?
« Car or me vençés la bela Blanciflors,
« Qe K. el maine n'oit fato tel desenors. »
E cil le font quant oent li contors.
Doncha oisés di colpi gran sons.
E qui de França le ferent ad estros ;
Doncha verisés un stormeno dolors ;
Mant çivaler fürent del çevo blos.
Mal vide K. li culverti traitors
En cui senpre a metu son amors,
Ço fo qui de Magance e de ses parentors,
Que senpre fe à K. onta e desenors.
Mes Damenedé, li pere glorios,
Le fi asa avoir onta e desenors,
E à mala mort çuçés li ses milors
Le primer fu dan Gaines li contors
Qe traï in Spagne li doçe compagnos,
Rolant e Oliver, Belençer e Ontos,
E li vinte mille qe oncis Marsilions.
Mais por Machario vene tel tençons
Qe cristian cun cristian avoit tel pardons
Qe non fu estoré por nesun hon del mons.

Et de bataille estoit moult engignos.
Quant il ot mort cel chevalier de Blois,
A sa gent dist : « Segnor, que faites vos ?
« Car me vengiés la bele Blancheflor
« Cui Kallemaines ot fait tel desonor ! »
Et cil le font, quant oent le contor.
Donc oïssiés des cous moult grant tabor.
Et cil de France les fierent à estros ;
Donc véissiés un doleros estor ;
Maint chevalier en furent dou chief blos.
Mar vist rois Kalles les cuivers traïtors
En cui tot jor mist son cuer et s'amor.
Cil de Maience et de lor parentor
Sempres li firent et honte et desonor.
Mais Damediex, li peres glorios,
Asés lor fist et honte et desonor
Qu'à male mort fist morir les meillors.
Li premiers fu dans Guenes li contors,
Cil qui traï les doze compaignons,
Rolant vendi, Berengier et Oton,
Et les vint mile qu'ocist Marsilions.
Mais por Macaire venue est tés tençons
Que crestien ont entr'eus tel pardon
Estorés n'ert par nesun home el mont.

Coment Danois se feri con Floriamont in l'estorta.

Grande fu la bataile e li stormeno fu fer.
Qi donc veist qui çivaler
Qe de Costantinople venent por çostrer
Cun le espée e ferir e capler
E qui gran colpi doner e enploier !
A qi dona uno colpo n'i a mestier proier
Qi non oncie loro, o son destrer.
Floriamont vent por li estor plener,
Enme la voie s'incontro cun Uger,
Le bon Danois qe tant se fa pro e fer.
Anbi dos se ferirent quant se vene à incontrer,
Fendent soi le targes trosqua li aubergi cler;
E qui son bon, nen po maie falser.
Le aste se ronpent d'anbes le çivaler,
Oltra le porte li corant destrer.
Quant a ço fait, s'en retornent arer
L'un contra l'autre, cun fust dos çengler.
E trait le spée c'oit li pomo dorer,
E si gran colpi i se voit à doner
Desor li eumes, qe fois en fait voler;
De qi non trençe, qe Deo li volse aider.
Tot le targe e li scu à quarter

Coment li Danois se fiert a Floriadent en l'estor.

Grans fu l'estors et li chapléis fiers.
Qui donc véist tant nobles chevaliers
Costantinoble qu'ont laissié por joster
O les espées et ferir et chapler
Et ces grans cous doner et asener !
Cui un cop donent n'i a mestier proier
Que ne l'ocient, o lui o son destrier.
Floriadens vint par l'estor plenier,
Emmi la voie s'encontre avec Ogier,
Le bon Danois qui tant est preus et fiers.
Andui se fierent quant vient à l'encontrer,
Les targes fendent desi qu'as blans haubers;
Mais cil sont boin, n'en vont maille fauser.
Les lances rompent d'ambedeus chevaliers,
Outre s'en passent sor les corans destriers.
Quant ont ce fait, s'en retornent arier
L'uns contre l'autre, irié come saingler.
Traite ont l'espée dont li pons fu dorés,
Et si grans cops se vont entredoner
Desor les elmes le feu en font voler ;
Mais nes empirent, que Diex lor vout aidier.
Totes les targes, les escus de quartier

Font à la tera caïr e trabuçer.
Si grant fu la bataile d'anbes li çivaler
Nen est nul homo qe le saust conter.
Ça un de loro fust morto sença sper
Quant li sorvene K. maino l'inperer
E le dux N. del ducha de Baiver.
Da l'altra part venent altri çivaler
Por Floriamont secorer et aider.
Adonc le fait anbidos desevrer.
Si grant fu la bataile e si dura e fer
Ne vos la poroit ne dire ni conter.
E Blançiflor, la raine al vis cler,
Estoit al pavilon de l'inperer son per
E plançe e plure e fait grant danger,
Quant ela voit oncir son civaler
Donde raina ela se fa clamer.
O ella vi son per, si le prist à parler :
« Pere, fait ela, molt e grant li danger
« De questa jent qe faites à tuer,
« Si sont de moi tuti amisi e frer.
— Filla, fait il, non poit por altro aler,
« Questo si fato à onta l'inperer
« A cui primament e vos de à muler
« Ne vos doit pais de ceste ovre graver
« Quant el vos fi si vilment onober,
« Quando de Françe el vos fe desariter.
« Ça no me poso quela ovra oblier. »

Font à la terre chéoir et trebuchier.
Grans fu la joste d'ambedeus chevaliers
Si que nus hom ne la séust conter.
Ja fust uns d'eus mors sans nul recovrier
Quant li sorvient Kallemaines li ber
Et li dus Naimes del duché de Baivier.
D'autre part vienent maint autre chevalier
Floriadent et socorre et aidier.
Adonc les font ambedeus desevrer.
Grans fu l'estors et si durs et si fiers
Nel vos porroie ne dire ne conter.
Et Blancheflor, la roïne al vis cler,
Ert de son pere ens el demainé tref
Et plaint et plore et fait moult grant dongier,
Quant voit ocirre maint des suens chevaliers
Dont roïne ert et si se fait claimer.
Où voit son pere, le prent à apeler.
« *Peres, fait ele, moult est grans li dongiers*
« *De ceste gent qu'à mort faites livrer,*
« *Si sont de moi tuit ami et privé.*
— *Fille, dist il, ne puet par el aler ;*
« *C'est por le roi honir et vergoigner*
« *A cui pieça vos donai à moillier.*
« *Ne vos doit mie de ceste oevre peser*
« *Quant il vos fist si vieument malmener,*
« *Et quant de France vos fist deseriter.*
« *Tel mesprison ne puis mais oblier.*

Coment l'Iperere parloit a sa fille.

« Filla, dist li rois, ne me oblia mie
« Quant li rois de France oit fato tel stoltie
« Qe vos oit caçé per la landa hermie
« Como vos fustes esté una soa amie.
« No le poso oblier tot li tenpo de ma vie. »
Dist la dama : « Nen lairo nen vos die,
« Pere, fait ela, elo non sa ne mie
« Qe eo soia in la vestra bailie ;
« Se lol saust, forsi seroit repentie
« De ço qu'elo m'aust fato en sa vie
« Si vos clamaroit perdon e mercie. »
Dist li rois : « Questo non voie mie,
« Se primament no me son vençie. »
E la dama l'olde, no sa q'ela se die.

Coment Varocher meinoit dos civals alli Rois.

Endementir cun tenent la tençon,
Atant vene Varocher sovra un aragon

Coment l'Emperere parloit a sa fille.

Dist li rois : « Fille, oblier ne puis mie
« Li rois de France vos fist tel estoutie
« Que vos chaça parmi la lande ermie
« Com s'éussiés esté une s'amie.
« M'en sovenra tot le tens de ma vie. »
Et dist la dame : « Ne lairai ne vos die,
« Peres, fait ele, mes sire ne set mie
« Que je soie or en la vostre baillie;
« Se le séust, ja tenroit à folie
« Ce que vers moi a mesfait en sa vie
« Si vos querroit li pardoner vostre ire. »
Et dist li rois : « Ce ne consent je mie
« Se tot premier n'en ai vengance prise. »
Ot le la dame, ne set que ele en die.

Coment Varochers menoit dous chevals au Roi.

Endementiers com menent la tençon,
Es vos à vient Varochers de randon

E si menoit dos destrer aragon
Tot di milor que avoit li rois K.
O vide l'inperer, si le fait delivrason.
« Mon sir, fait il, de ces vos faço li don ;
« Eo fu à la tende de K. e de Naimon.
« E no son çivaler, ançi son un poltron ;
« Ma s'el vos plai çençer moi al galon
« Le brant d'açer, que me claim per ves non
« Çivaler adobés, como li altri son,
« Eo faro la bataile cun li meltri canpion
« Qe soia in l'oste de l'inperer K. »
Dist l'inperer : « E nu li otrion. »
Dist la raine : « Ben li avés rason ;
« Plus loial homo non e in tot li mon,
« Quant me porpenso de la soa mason
« Qe par moi laso sa muler e ses garçon,
« Si me cunvoio cun loial e drito hon
« Trosqua en Ongaria, à moia guarison. »
Dist l'inperer : « E nu ben li savon ;
« No li doit falir non aça le guierdon. »
Adonc fait apeler ses dux e ses baron.
E la raine à la cler façon
Nen volse faire longa demorason :
Molto richament, cun altre dame q'i son,
Varocher fa despoler tot nu environ,
Pois le fi revestir de riçes siglaton.
Quant a ço fato, l'inperer Cleramon

Et si menoit dous destriers aragons
Tot des meillors de cels dou roi Kallon.
Où voit le roi, si l'en fait livroison.
« *Sire, fait il, de cels vos fai le don*
« *Qu'ai pris ou tref de Kallon et Naimon.*
« *En moi n'avés chevalier, ains garçon ;*
« *Mais se vos plaist me ceindre au lez selonc*
« *Le branc d'acier, qu'on m'apele par nom*
« *Vo chevalier, come li autre sont,*
« *Me combatrai au meillor champion*
« *Qui soit en l'ost l'emperëor Kallon.* »
Dist l'empererë : « Et nos si l'otrions. »
Dist la roïne : « Bien en avés raison ;
« *Plus loiaus hom n'est en trestot le mont,*
« *Quant me porpense que por moi sa maison*
« *Et sa moillier laissa et ses garçons,*
« *Si m'avoia com drois et loiaus hom*
« *Trosqu'en Hongrie, à moie garison.* »
Dist l'empererë : « Et nos bien le savons ;
« *Ne li faurra n'en ait le guerredon.* »
Adonc apele ses ducs et ses barons.
Et la roïne à la clere façon
Ja n'en vout faire longue demoroison :
Moult richement, o les dames qu'i sont,
Varocher fait despoillier environ,
Puis revestir d'un riche siglaton.
Quant a ce fait, l'empererë Clermons

Si le çinse li brando al galon,
E le dux P. si le calço li speron.
E Varocher çura san Simon
Qe al rois K. sera mal compagnon.

COMENT VAROCHER FO FA CIVALER.

QUANT Varocher fo fato çivaler,
Que soloit vivre in bois et en river,
Quando s'e cinto li brant d'açer,
A gra[n] mervile el se fait priser.
E la raine, qe oit le vis cler,
Si le dono un bon auberg dopler
E un bon eume, da le çercle dorer.
Quant Varocher se vi si atorner,
El fo monta sor un corant destrer,
E prist un aster à li fero d'açer
E una tarçe d'un olinfant cler.
Qi le véist corer e stratorner
Nen senblaroit mie eser paltoner,
Senblant oit de nobel çivaler.
Dist l'un à l'altro : « Véez Varocher
« Como soit ben stratorner quel destrer !
« A gran mervile resenbla bon guerer. »
Tel mil de lor qe volent guagner
Se vont à lui acoster

Le branc d'acier li ceint au lez selonc,
Et li dus Pons li chauce l'esperon.
Et Varochers jure saint Siméon
Qu'en lui rois Kalles aura mau compaignon.

COMENT VAROCHERS FU FAIS CHEVALIERS.

QUANT *ensi fu adobés Varochers*
Qui soloit vivre en bois et en rivier,
Quant au costé ot ceint le branc d'acier,
A grant merveille fesoit il à proisier.
Et la roïne, qui tant ot le vis cler,
Si li dona un bon hauberc doblier
Et un bon elme, au cercle cler doré.
Quant Varochers se vist si atorner,
Il est montés sor un corant destrier,
Prist une lance dont li fers est d'acier
Et une targe d'un olifant moult cler.
Qui le véist corir et trestorner
Ne perroit mie uns truans pautoniers,
Ains ot semblant de gentil chevalier.
Dist l'uns à l'autre : « Véés de Varocher
« Come bien set trestorner cel destrier !
« A grant merveille resanle bon guerrier. »
Tel mil d'entre eus qui vuelent gaaingnier
En sa compaigne vont à lui s'ajoster

Qe le çurent ne lui avoir faler.
E Varocher le prist volunter.
Dist Varocher : « E no vos voio çeler
« Qui qi vera cum moi à beroier
« De li guadagno no li quer un diner;
« Mais el vos estoit eser pro e fer,
« Qe in tel lois vos avero mener
« O nu trovaron tante arme e destrer
« E tant avoir d'oro et d'arçento cler,
« Çascun n'avera plus n'en saura demander. »
Quant cil l'intendent si altament parler,
Çascun le vait parfont ad incliner.
Dist Varocher : « Or v'alez à polser,
« Et al matin, avant l'aube cler,
« Nu averon ensenble çivalçer. »
E qui le font sença nul entarder.

COMENT VAROCHER AMONISOIT SA CIANT.

A gran mervele fo Varocher valant;
Nen senbloit mie eser truant,
E quant il oit asenbléa sa jant,
Elo li parole altament en oiant.
« Segnur, fait il, entendés mon talant.
« De una ren vos ro à mo inschant,

Et si li jurent l'aideront sans fauser.
Et Varochers les a pris volentiers.
Dist Varochers : « Ne le vos quier celer,
« Cil qui venront o moi à guerroier
« Ja del gaaing ne lor quier un denier;
« Mais vos estuet estre vaillant et fier,
« Que en tel lieu vos vorrai je mener
« Où troverons tante arme et tant destrier
« Et tant avoir, que d'or que d'argent cler,
« Plus en aurés n'en saurés demander. »
Quant cil l'entendent si hautement parler,
Chascuns l'en vait moult parfont encliner.
Dist Varochers : « Or alés reposer,
« Et le matin, ains qu'il soit esclairié,
« Nos covenra ensemble chevauchier. »
Et cil le font sans point de l'atargier.

COMENT VAROCHERS AMONESTOIT SA GENT.

A grant merveille fu Varochers vaillans;
Ne se contint à guise de truant,
Et quant il ot asemblée sa gent,
Il l'araisone hautement en oiant.
« Segnor, fait il, entendés mon talent.
« De une rien vos ruis mien escient

« Qe çascun de vos soia pros e valant.
« Se vos serés ardi et conosant,
« Tant averon or coit et arçant
« Qe tot en farés richi vestri parant.
« Venerés après moi, non alirés avant,
« E voz avero mener à la tenda l'amirant
« De K. el maine lo rice sorpoiant.
« Là trovaron li bon destrer corant,
« Li palafroi e li moliti anblant;
« S'el ge avoir, nesun no ne demant. »
E cil le dient : « Faren li ves talant. »
E Varocher non demoro nient;
Quando el fu monté en auferant,
E tota sa jent avec lui ensemant,
E çivalçent secreta e bellamant,
Fora de l'oste, sença nosa e bubant.
Ne non apelle amigo ni parant,
E çivalçent da la part d'Oriant,
Par un çamin à costa d'un pendant,
Pres de Paris li trato d'un arpant.
En l'oste entre de l'inperer de Franç,
Tros à la tente no vait rene tirant,
Et vait criando altament en oiant
Cum fait le guaite que vait çerchant li chant.
Françeis l'oent, ne le dient niant,
Cuitent qu'el soia de li ses voiremant.
E in tel mo i vont pur avant,

« *Que soit chascuns de vos preus et vaillans.*
« *Se vos mostrés hardis et conoissans,*
« *Tant averons et or cuit et argent*
« *Qu'en seront riche tuit li vostre parent.*
« *Deriere moi venrés, n'irés avant,*
« *Et vos menrai au tref à l'amirant,*
« *A Kallemaine, le riche roi poissant.*
« *Là troverons les bons destriers corans,*
« *Les palefrois et les mulés amblans;*
« *S'avoir i a, nesuns ne le demant.* »
Et cil li dient : « *Tot soit à vo talent.* »
Et Varochers ne demora noient;
Il est montés desor son auferant,
Ensemble o lui sa gent tot ensement,
Et si chevauchent en recoi, belement,
Defors de l'ost sans noise et sans bobant.
Il nen apelent ne amis ne parens,
Et si chevauchent de la part d'Orient
Par un chemin par delez un pendant,
Près de Paris le trait à un arpent.
En l'ost s'en entrent l'emperéor des Frans;
Trosqu'à sa tente ne vont resne tirant,
Et vont criant hautement en oiant
Com fait la guette qui les chans vait cerchant.
François les oent, ne lor dient noient,
Cuident que soient de lor gent voirement.
Et par ensi cil se traient avant,

En l'estable entrarent o son li auferant.
Çascun ne prende qi li vent à talant;
E qi ait mal çival si le vait cançant.
A K. maine tole son auferant
Q'elo çivalçe à stormeno en cant.
Et al dux N. font lo somiant
Et à li altres qe son plus en avant.
Li ses lasarent qe non valent niant,
E meinent qui qi son bon e grant;
Ne s'en perçoit escuer ni sarçant.
E quando i trovent le çivaler en dormant,
I le tolent le arme e li guarnimant
E le espée cun tot le vestimant.
Ne le lasent or coito ni arçant.
Tel fu la soire richo e manant
Qe à la deman, à l'aube aparisant,
No s'atrovo un diner valisant.
Robé furent d'avoir et d'arçant.

Còment Varocher se retorne.

Varocher s'en torne, quando il oit robé
Tota la tende de K. l'inperé;
E si ne moine son corant destré,
E si le oit en so çanço lasé.

En l'estable entrent où sont li auferant.
Chascuns en prent que li vient à talent;
Qui mau cheval a, si le vait changeant.
A Kallemaine tolent son auferant
Que il chevauche à estros par les chans.
Au duc Naimon si en font autretant
Et ensement as autres plus avant.
Lor chevaus laissent qui ne valent noient,
Et cels en menent qui sont et bon et grant;
Ne s'en perçoivent escuier ne sergent.
Quant ont trové les chevaliers dormans,
Armes lor tolent et autres garnemens
Et les espées à tous les vestemens.
Ne lor laissierent ne or cuit ne argent.
Tés fu au soir et riches et manans
Qui l'endemain, à l'aube aparissant,
Ne s'atrova un denier valissant.
Tuit robé furent et d'avoir et d'argent.

COMENT VAROCHERS S'EN TORNE.

LORS Varochers s'en est errant tornés
Quant de Kallon tot le tref ot robé;
Et son corant destrier en a mené
Et le sien l'ot en eschange laissié.

Et in apreso, ançi q'el fust sevré,
Tot le cope c'avoit Salamoné,
E l'arçentere de gran nobelité,
Le armaure cun li branc amolé
Via la oit tota quanta porté.
No s'en perçoit homo de mere né.
De cella colse no s'avoit doté,
Nen cuitoit qe lairon fust la dens entré
Por la paure d'eser apiçé.
E Varocher, cun tota sa masné,
S'en retorno tuti çoiant e lé
A la soa oste, avanti li jor sclaré.
Quando celli le vent cosi ben atorné,
Qe de avoir erent tot carçé,
E li destrer mener si abrivé,
Dist l'un à l'altro : « O son costor alé
« Qe tant avoir avont guaagné ? »
Dist Varocher : « Or n'en vos mervelé,
« Qe de tel lois l'avemo aporté
« Là o de l'altro estoit à gran planté. »
Dist l'uno à l'altro : « E non sero daré. »
Plus de doa mile li sont avoé
Cun Varocher aler à la çelé;
Mais Varocher no li oit pais refusé.
Davanti son sir elo est alé,
Le bon çival de K. l'inperé
Tot primament elo li oit doné,

Et en après, ains que fust desevrés,
Totes les copes qu'ot Salemons arier,
Et les hanas de grant nobilité,
Les arméures, les brans forbis d'acier,
Quanque en i ot, en a o soi porté.
Ne s'en perçoit nus hom de mere nés.
De cele chose nus ne se fust doté
Ne que léans uns lerre fust entrés
Por la paor d'estre au vent encroés.
Et Varochers, il et tos ses barnés,
S'en sont torné trestuit joiant et lié
A la lor ost, ains que fust esclairié.
Quant cil les voient ensi bien atornés,
De grant avoir que tuit erent chargié,
Et les destriers mener si abrivés,
Dist l'uns à l'autre : « Où sont cestui alé
« Que tant avoir ont ensi gaagnié ? »
Dist Varochers : « Ne vos en merveillés,
« Que de tel lieu l'avons nos aporté
« Là où de l'autre estoit à grant plenté. »
Dist l'uns à l'autre : « Et ne serai derier. »
Plus de deus mile adonc l'ont avoé
D'aler o lui coiement, à celé ;
Et Varochers pas ne l'ot refusé.
A son segnor il est devant alés,
Le bon cheval Kallemaine au vis fier
Tot premerains li a en don baillé,

Et de l'avoir q'i ont guaagné
Qe le fu en sa part toçé
A la raine li oit delivré,
E à Leoys, sa petit' arité.
E Blançiflor si n'avoit larmoié
Quando son avoir vi de si mal mené,
Et à tel gent le voit despensé
Qe no l'oit mie par nul tempo guaagné.
E K. Maine fu por tenpo levé,
Vide de sa çanbre li avoir anblé,
E son çival estoit via mené.
Quando ço vi, molto se n'e mervilé;
N. apele del ducha de Baivé.
« N. fait il, qi oit questo ovré ?
— Mon sir, dist il, or ne vos lamenté;
« Se vu avés perdu, nient ai guaagné,
« Qe mon çival m'estoit via amené. »
E tel s'en rist, quando oit ben çerché,
Qe non trovo li brandi amolé
Ne le aubérgi, ne le tarçe roé,
Qe Varocher ne le avoit aporté
Cun sa masnea, planeto, à la çelé.
Ne s'en pensoit li rois que si fust alé,
Ançi cuitoit qe fust de qui de sa contré,
Dont plus de mil en fu pris e ligé.

Et de l'avoir que il ont gaagnié
Quanque li fu en sa part alloé
A la roïne l'a trestot deslivré,
A Loéis, son petit iretier.
Et Blancheflor en ot des iex lermé
Quant son avoir voit ensi malmener
Et à tel gent si le voit despenser
Qui ne l'ot mie à nul fuer gaagnié.
Et s'est par tens Kallemaines levé,
Voit de sa chambre que l'avoirs est emblés
Et ses chevaus de l'estable en menés.
Quant l'a vëu, moult s'en est merveillé;
Naimon apele dou duché de Baivier.
« Naimes, fait il, qui a ensi ovré ?
— Sire, dist il, or ne vos dementés ;
« Se vos perdistes, noient n'ai gaagné,
« Que mes chevaus m'en a esté menés. »
Tel en gaberent, quant orent bien cerché,
Qui ne troverent les bons brans acerés
Ne les haubers ne les escus bouclés,
Que Varochers les en avoit portés
O sa maisnie, coiement, à celé.
Ne se pensoit li rois si fust alé,
Ains cuidoit fust de cels de son regné;
Dont pris en furent plus de mil et loié.

Coment l'Inperere fiste apariler sa jent.

Varocher s'en torne, cun li ses compagnon;
Aporté n'avoit l'avoir de l'inperer K.
E si n'amenoit son destrer aragon,
Donde ne fu in gran sospicion.
E l'inperer de Costantinople non fait arestason,
El fa monter ses çivaler baron;
E prender arme e monter in aragon
Por asalir l'inperaor K.
E furent .xxx. mile quant furent en arçon;
E quisti çivalçent sens nosa e tençon.
Blanciflor la raine à la cler façon
Si se remis plurando al pavilon,
Dolente estoit de l'inperer K.
E de son pere c'avoit cun lui tençon.
E qui çivalçe à força e à bandon,
L'oste asali, qi ni pisi o non.
Gran fu la nose quant levent li ton,
E K. Maine e le dux N.,
Bernardo da Mondiser e le dux Sanson,
E Ysoler et le dux Folcon,
Prendent les armes, montent en aragon
L'oriaflame desploiarent amon.

Coment l'Emperere fist aparillier sa gent.

Or cil s'en torne, o lui si compaignon ;
L'avoir en portent l'emperéor Kallon
Et si en menent son destrier aragon,
Dont nostres rois fu en grant sospeçon.
Et l'autres rois ne fist arrestison,
Si fist armer ses chevaliers barons,
Et si les fist monter es aragons
Por asalir l'emperéor Kallon.
Trente mil furent quant furent es arçons ;
Et cil chevauchent sans noise et sans tenson.
Et Blancheflor à la clere façon
Si est remese plorant el pavillon,
Que dolens ert de Kallon, son baron,
Et de son pere qu'avoit o lui tenson.
Et cil chevauchent à force et à bandon,
L'ost asalirent, qui qu'en poist o qui non.
Grans fu la noise quant leverent li ton,
Et Kallemaines o le bon duc Naimon,
De Mondisdier Berars o duc Sanson,
Et Ysorés o le bon duc Folcon,
Les armes prenent, montent es aragons
Et l'oriflambe ont desploïe amont.

L'una gent cun l'autre se ferirent à bandon ;
Ne le fo cil, ni veilard ni garçon,
N'aust sanglent le vermio siglaton.
Gran fu la nose, le cri e la tençon
E li daumaçe, qi ni pisi o non.
E tuti son cristian qe in Deo creon !
Mal fo celle hore e celle pon
Qe Machario naque in le mon,
Qe por soe ovre e soa rason
Si ne mori à gran destruçion
Plus de mil, qi ne pisi o non.
Donde Damenedé li fe remision
De ses peçé, si oit confession.

Coment fu grant la bataille.

Grande fu la bataile mervilosa e fer,
L'un enperer cun l'autre quant se vait encontrer.
Doncha verisés caïr qui çivaler,
L'un morto sor l'autre caïr e trabuçer.
Davant les autres s'en vait Varocher ;
Ben fu armés sor un corant destrer.
Ne sembloit mie quel che fo inprimer,
Quant in le bois aloit à converser,
Qe cun laserrel menoit li somer

D'ambedeus pars se fierent à bandon ;
N'en i ot nus, ne viels ne jones hon,
N'éust sanglent le vermeil siglaton.
Grans fu la noise, li cris et la tensons
Et li damages, qui qu'en poist o qui non.
Et crestien tuit, en Dieu créant, sont !
Male fu l'ore et maléis li pons
Que cil Macaires onques nasqui el mont,
Que par soe oevre et sa fausse raison
Si en morurent à grant destrucion
Plus d'un millier, qui qu'en poist o qui non.
Dont Damediex li fist remission
De ses pechés, si ot confession.

COMENT FU GRANS LA BATAILLE.

GRANS fu l'estors et merveillos et fiers,
L'uns rois o l'autre quant se vait encontrer.
Donc véissiés chéoir ces chevaliers,
L'un mort sor l'autre verser et trebuchier.
Devant les autres chevauche Varochers ;
Bien fu armés sor un corant destrier.
Ne sanloit mie ce que il fu premier,
Quant ens el bois aloit à converser,
Qu'à la cordelle en menoit le sommier

Dentro li bois por sa vie salver,
E vesti estoit à lo de paltoner.
Ora se voit sor un corant destrer
E ben armés à lo de çivaler.
Sel oit proeçe, non e da demander.
En man el tent un aste d'un pomer
E à son col un escu de quarter.
Unches Rolant ne le dux Oliver
Tant no se fe de proeze à priser
Como se fait por li canpo Varocher.
En me la voie, delez un senter,
El s'encontro en le dux de Baiver.
Por gran efforço le feri Varocher,
L'escu li speçe, ne le valse un diner.
Le auberg fu bon, ne le pote daner.
Si gran colpo li dono Varocher
Desor l'arçon de la sella darer
Fait le dux N. tot quant ploier;
Mais ne le poit del çival deroçer.
« Sante Marie ! dit N. de Baiver,
« Questo no e hon, ançe li vor malfer.
« Jamais tel colpo n'avi da çivaler. »
El ten la spea, si se vora vençer;
Varocher, quant le vi, ne le vose aspeter.
Ben le conoit q'el non e baçaler,
Son çival retorne, lasa N. ester.
Atant ecote vos K. Maino l'inperer.

El gaut ramé por sa vie sauver,
Et vestus ert à loi de pautonier.
Ores s'en vait sor un corant destrier
Et bien armés à loi de chevalier.
S'il ot proece, ne fait à demander.
En sa main tint une anste de pomier
Et à son col un escu de quartier.
Onques Rolans ne li dus Oliviers
Tant ne féirent de proece à prisier
Come le fait par le champ Varochers.
Emmi la voie, par delez un sentier,
Encontré a duc Naimon de Baivier,
Par grant vertu l'a feru Varochers,
L'escu li trenche, ne li vaut un denier.
L'aubers fu bons, que nel pot empirer.
Si très grant cop li done Varochers
Desor l'arçon de la sele derier
Le duc Naimon fait dou tot soploier;
Mais del cheval ne le puet derocher.
« *Sainte Marie! dist Naimes de Baivier,*
« *Cil n'est mie hom, ains est li voirs maufés.*
« *Ja itel cop n'oi mais de chevalier.* »
L'espée sache, si se vorra vengier;
Mais ne le vout atendre Varochers.
Bien conoist il que pas n'est bacheliers,
Son cheval torne, laisse Naimon ester.
Atant es vos Kallemaine au vis fier.

Dist dux N. : « Vaez quel mal fer!
« Le ver diable le fe ençendrer.
« Tel colpo me dono del brando d'açer
« Desor mon elme q'el me fe enbronçer
« Desor l'arçon de la sela darer.
« Deo me guari in carne no me pote bailer. »
Dist l'inperer : « De lui me poso blasmer,
« E cre par voir, s'il e o que la sper,
« Q'el ert cil malvasio liçer
« Qe l'altro jor me furo mon destrer.
« A moi resenble qe eo le voi çivalçer.
« Ma, se à lui eo me poso aprosmer,
« Çer li vendero à mon brando d'açer. »
E Varocher non cura de so tençer ;
Tutora vait et avant et arer.
En me la voie, delez un senter,
Oit encontré Bernard da Mondiser.
Tel li dona de li brando d'açer
Desor li elme, qi fo lusant e cler,
[Que flors et pieres en fait jus craventer] ;
De quel non trançe la monta d'un diner.
Si gran colpo li dono Varocher
Q'elo l'abate dal corant destrer ;
O voia o non, li ait par presoner,
Via l'en mene sens nosa e tençer,
Tros à la tente de li so enperer.
A Blançiflor li dono à guarder.

Et dist dus Naimes : « Véés de cel maufé !
« *Li vif diable l'ont por voir engenré.*
« *Dou branc d'acier tel cop me vint doner*
« *Desor mon elme que me fist embronchier*
« *Desor l'arçon de la sele derier.*
« *Diex me gari qu'en char nel pot fichier.* »
Dist l'emperere : « Bien le puis je blasmer,
« *Et croi por voir, se ne faut mes cuidiers,*
« *Cil soit li glous, li malvais pautoniers,*
« *Qui vint l'autrier me rober mon destrier.*
« *Me le resanle quant le voi chevaucher.*
« *Mais, se me puis à lui aproïsmer,*
« *Chier li ferai à mon branc comperer !* »
Et Varocher ne chaut de son tenser;
Tote ore vait et avant et arier.
Emmi la voie, par delez un sentier,
Encontré a Berart de Mondisdier.
Et cil li done tel cop dou branc d'acier
Amont sor l'elme, qui luisans fu et clers,
[Que flors et pieres en fait jus craventer];
Mais ne l'empire la monte d'un denier.
Et li redone si grant cop Varochers
Que il l'abat jus del corant destrier;
O vueille o non, si l'a à prisonier,
O soi l'en mene, sans noise et sans tenser,
L'empereor trosqu'el demaine tref.
A Blancheflor l'a doné à garder.

E quant la dama li poit aviser,
Ben li conoit q'el e so çivaler.
De mantenant le fait desarmer
E pois le fait vestir et coroer
De riche robe de palio e de çender.
E Bernardo prist la dama à guarder;
Quant la conoist, qe la poit aviser,
Nen fust si legro par tot l'or de Baiver,
Davanti da le se vait à ençenoler.
E Blançiflor le fi su lever,
Apreso le le fait aseter,
Et si le prist por rason demander
Como se mant K. Maino l'inperer.
« Dama, fait il, par vu est en perser;
« De vu jamès non ait nul sper,
« Cre qe siés morte sença nul recovrer. »

COMENT BERARDO PAROLLE A LA DAMA.

BERNARDO parole que oit çoie grant
De la raine à la çera riant.
Qi le donast tot l'or d'Oriant,
El non seroit si legro e çoiant.
« Dama, fait il, molto me vo mervelant
« De questa ovre como soferés tant :

Et quant le puet la dame raviser,
Bien conoist ele qu'il est ses chevaliers.
Li fait ses armes de maintenant oster
Et puis le fait vestir et conréer
De riches dras de paile et de cendel.
Et Berars prist la dame à esgarder;
Quant la conoist, que la puet raviser,
Nen fust si liés por tot l'or de Baivier,
Et devant ele se vait engenoillier.
Et Blancheflor l'en a fait sus lever;
La dame l'a delez ele asegié,
Et si li prist par raison demander
Coment le fait Kallemaines li ber.
« Dame, dist il, por vos est en penser;
« Ja n'ose mais de vos rien esperer,
« Croit qu'estes morte sans point de recovrier.»

COMENT BERARS PAROLE A LA DAME.

BERARS parole qui ot joie moult grant
De la roïne à la chere riant.
Qui li donàst trestot l'or d'Oriant,
Ja ne seroit si liés ne si joians.
« Dame, fait il, moult me vais merveillant
« Com de ceste oevre en poés sofrir tant :

« Qual qe se more son ves apertinant.
« Nen fust Damenedé qe me fo in guarant,
« Morto m'averoit à la spea quel truant. »
Dist Blançiflor : « El e pro e valant,
« Non e in ste mundo nesun hom vivant
« Qe à mon segnor aça servi cotant.
« Quando fu morto Albaris l'infant,
« Qe Machario l'oncis, li traito seduant,
« Parme li bois eo m'en foçi erant,
« Eo atrové Varocher primemant.
« Par moi lasa muler e enfant,
« Ja mai da moi el no fo desevrant.
« Tant fu loial e ben reconosant
« Par moi duro gran poine e tormant.
« Quant le trove in le bois primemant,
« Non avoit mie arme ni guarnimant,
« Ançi estoit à modo de truant.
« Entro le bois stava par tot tanp,
« E fasoit legne por noïr ses enfant. »
Dist Bernardo : « Mué oit senblant;
« Meltre çivaler non porta guarnimant.
« Or plaist à Deo, li pere roimant,
« Questa novella saust li rois de Franç
« Qe vos soiés vive e legra e çoiant;
« Nen fust si legro in tuto son vivant.
Dist la raine : « Or lasez atant,
« Q'el se repente de l'ovra en oiant.

« Tel qui se muerent sont vostre apartenant.
« Se Damediex ne me fust à garant,
« Ja de s'espée m'éust mort cil truans. »
Dist Blancheflor : « Il est preus et vaillans,
« Ne nen est hom en cest siecle vivans
« Qu'à mon segnor servi ait autretant.
« Quant vi n'a guere morir Aubri l'enfant,
« Qu'ocist Macaires, li cuivers soduians,
« Par mi le bois m'en fuïs tot errant,
« Là Varocher alai premier trovant.
« Por moi laissa et moillier et enfans,
« Ja mais de moi ne fu il desevrans.
« Tant fu loiaus et de boin escient
« Por moi sofri grant peine et grant ahan.
« Quant ens el bois l'alai premier trovant,
« N'avoit il mie armes ne garnemens,
« Ains ert vestus à guise de truant.
« El gaut ramé conversoit par tos tens,
« Et faisoit laigne por norir ses enfans. »
Et dist Berars : « Tot autre a le semblant ;
« Mieudre de lui ne porte garnement.
« Or pléust Dieu, le pere raemant,
« Ceste novelle séust li rois des Frans
« Que ancor estes vive et lie et joians ;
« Nen fust si liés en trestot son vivant. »
Dist la roïne : « Or le laissiés atant
« Qu'il espenisse le mesfait en oiant.

« Çuçer me volse à torto, vilanemant,
« Si m'envoio çativa e poveramant
« Por altru tere alere mendigant
« Tota solete, cun un de soa çant ;
« Ma noportant e son grama e dolant
« Quando sa jent a nul ennoiamant.
« Mon pere le fait ne no altro hom vivant
« Par soi vençer de l'ovre aparisant
« Q'elo de moi en fe vilanemant. »
E Varocher si s'en retorna atant,
Lasa la dame e Bernard ensemant,
A la bataile s'en vait apertemant.

Coment fu grande la ba[ta]ille.

Grande fu la bataile forte et aduré ;
L'un emperer cun l'autre mostre sa poesté,
Donde dux N. en fo gramo et iré,
Por Bernardo, qe fo pris, en fo tot abosmé.
E K. Maine tant fu avant alé
Qe cun l'autre enperer el se fo encontré.
Cun K. estoit N. et Salatré,
Morando li pros e li cont Salatré ;
Çascun tenoit in man li bon brando litré.
Sor qui de Costantinople menoit gran ferté.

« Jugier me vout à tort, vilainement,
« Si m'envoia chetive et pourement
« Par autrui terre ma vie aler querant
« Tote solette, avec un de sa gent;
« Mais neporquant sui et grains et dolens
« Quant ont si home aucun encombrement.
« Ce fait mes peres ne nus autres vivans
« Por soi vengier de l'oevre aparissant
« Que de moi fist à tort, vilainement. »
Et Varochers s'en retorne à itant,
La dame lait et Berart ensement,
A la bataille s'en vait apertement.

Coment fu grans la bataille.

Grans fu l'estors et fors et adurés;
L'uns rois à l'autre mostre sa poesté,
Dont li dus Naimes en fu grains et iriés,
Et, por Berart qu'ert pris, tos abosmés.
Et Kallemaines tant fu avant alés
Qu'o l'autre roi se sont entrencontré.
O Kallon furent Naimes et Isorés,
Morans li preus et li quens Salatrés;
Chascuns en main tient le bon branc letré.
La gent averse menent à grant fierté.

Ça fust son enperer recreant clamé
Quant li rois d'Ongarie li oit secorso doné
A x. mile Ongari de sa contré.
E Varocher no fo pais daré.
D'anbes dos pars fo si grant la meslé
Dir ne se poroit in carta ni in bré.
Tuto quel çorno, tant q'el fo vespro soné,
D'anbes dos part ela estoit duré,
Quant K. Maines li avoit escrié,
L'inperer de Costantinople oit demandé.
E cil à lui vene tot coroé.
Par lui parler çascun se fait aré.
« Enperer sire, ço dist K. l'insené,
« De una ren molto me son mervelé,
« Quando avés soferto et enduré
« Venir en France asidier ma cité.
« De vestra file e son gramo e iré.
« S'ela est morte, vengança v'o pié
« De le traitor qe me l'a acusé;
« Ma noportant s'emendança en volé,
« E vos la faro à vestre volunté
« D'oro e d'avoir e de diner moené. »
E cel le dist : « Mal en fu porpensé
« Quant por ma file fo li fois alumé.
« Nen fust l'abes donde fo confesé,
« Q'el da le soit tota la verité
« E qe ençinta estoit de filo e d'erité,

Ja fust lor rois recréans apelés
Quant cil d'Ongrie li a socors doné
A tout dis mile Ongrois de son regné.
Et Varochers ne se tint pas derier.
D'ambedeus pars si forment sont meslé
Nel porroit on dire en chartre n'en bref.
Tot icel jor, tant que fu avespré,
A la bataille d'ambedeus pars duré,
Quant Kallémaines s'est en haut escrié,
L'emperéor se prist à apeler.
Et cil à lui s'en vient tot conréés.
A parlement chascuns se trait arier.
« *Sire emperere, dist Kalles li senés,*
« *De une rien moult me puis merveiller,*
« *Quant vos avés sofert et enduré*
« *Venir en France asegier ma cité.*
« *De vostre fille sui et grains et iriés;*
« *Se ele est morte, bien vos ai je vengié*
« *Dou traïtor qui me l'ot acusé;*
« *Mais neporquant s'amendise en volés,*
« *Si l'aurés vos tot à vo volenté*
« *D'or et d'avoir, de deniers monéés.* »
Et cil li dist : « Mar l'avés porpensé
« *Quant por ma fille fu li feus alumés.*
« *Ne fust li abes qui l'ala confesser,*
« *Qui d'ele sot tote la verité*
« *Et que grosse ert de fil et d'iretier,*

« De mantenant ela fose bruxé,
« D'ele non fust merçe ni piaté.
« E posa fo de França sbanoié,
« A un sol çivaler ela fo delivré,
« Qe por Machario fo morto et afolé.
« Ça çeste pla non sera aquité
« Se por bataile el non e afiné
« Un çivaler contro un autre, in bataia de pré. »
E dist K. : « El soia otrié.
« Vu romarés et eo tornaro aré,
« A le matin, quant l'aube ert levé,
« Un de ves çivaler en sera adobé,
« E un di mes en sera, da l'altro lé.
« S'el meo estoit e vinto e maté,
« Decliner m'avero à vestra volunté ;
« De vestra file tel vengança ne prenderé
« Come vos n'ira en voler e in gré.
« E s'el vostro sera e vinto e maté,
« De bon voloir en tornarez aré,
« Si sera entro nos pax e bona volunté. »
E cil le dist : « El soia otrié. »
Dont K. maine l'oit parfont encliné.
Cascun de lor s'oit molto onoré.
Arer s'en torne, e fo l'oste sevré.
E K. maine oit N. apelé
E li Danois et des autres asé ;
Tot l'afaire li oit dito e conté

« De maintenant fust ses gens cors bruslés,
« D'ele ne fust ne mercis ne pitiés.
« Et puis de France la féistes geter,
« La delivrastes à un seul chevalier
« Qui par Macaire fu mors et afolés.
« Ja icist plais nen ert mais aquités
« Se par bataille il nen est afinés
« De deus vassals, sol à sol, en un pré. »
Et respont Kalles : « Bien fait à otrier.
« Vos remanrés et je m'en torne arier,
« Et par matin, quant ert solaus levés,
« Uns de vos homes en sera adobés,
« Et uns des miens ensement, d'autre lez.
« Se li miens est et vaincus et matés,
« Declinerai à vostre volenté ;
« De vostre fille tel vengance en penrés
« Com vos venra en voloir et en gré.
« Et se li vostres est vaincus et matés,
« De bon voloir en tornerés arier,
« S'ert entre nos et pais et amistés. »
Et cil li dist : « Bien fait à otrier. »
Dont Kallemaines l'ot parfont encliné.
Andui li roi se sont moult honeré.
Arier s'en tornent et li ost sont sevré.
Et Kallemaines a Naimon apelé
Et le Danois et des autres asés ;
Trestot l'afaire lor a dit et conté

De la bataile como ert devisé.
Casçun la oit graé et otrié.
E li Danois primeran fus vanté
Q'el fara la bataile, se a li rois en es gré.
De mantenant n'en fo conseil pié ;
Li rois demanes li oit li guanto doné.
Da l'autre part si fu l'autre amiré
Qe de Costantinople est enperer clamé.
Dist à sa çent ço q'el oit devisé
Cun K. maine li rois de crestenté :
La bataila ert da dos sol al pré.
« Qi li alira ? » li rois li oit parlé.
Casçun escrie : « Varocher l'aduré. »
E cil respont : « Et el soia otrié. »
Gran çoia oit li rois e li bé.
A la raina fu la nova conté
Qe Varocher oit la bataila enguaçé,
Ver li Danois oit li guanto pié.
Quant ela li soit, ela fo porpensé,
Q'ela soit ben tota la verité,
Qe in crestenté e davant et daré
Meltre çivaler nen seroit trové
De li Danois e de plu poesté.
Saçés par voir sença nul falsité
Qe Varocher oit loialment amé :
Par lui parler oit un mesaço mandé ;
E cil le vene, ne l'oit pais contrasté.

De la bataille com il ert devisé.
Et chascuns l'ot otrié et gréé.
Et li Danois s'est premerains vanté
D'aler ou champ, se l'a li rois en gré.
De maintenant en ont il conseillié;
Li rois li a errant le gant doné.
De l'autre part si fu li amirés
Costantinoble qui tient et le regné.
A sa gent dist ce qu'il ot devisé
Avec le roi de crestieneté :
La bataille ert de dous sans plus el pré.
« Qui la fera ? » li rois a demandé.
Chascuns escrie : « Varochers l'adurés. »
Et cil respont : « Bien fait à otrier. »
Grant joie en ot li rois et ses barnés.
La roïne ot la novele conter
Que la bataille gaigiée a Varochers,
S'a le gant pris vers le Danois Ogier.
Quant l'a séu, prist soi à porpenser,
Qu'ele en set bien tote la verité,
Qu'en tot le mont et devant et derier
Mieudre nen ert dou Danois atrovés
Ne plus hardis et de plus grant posté.
Sachiés por voir sans nule fauseté
Que Varocher ot loiaument amé :
Por l'aparler un mesage a mandé;
Et cil i vient, ne l'ot pas trestorné.

Coment la Raina apeloit Varocher.

Quant davant la raine fo venu Varocher,
La çentil dame le prist à apeler.
« Varocher, dist ela, vu si un forsoner
« Quant, contra mon voloir, vos faite à nomer.
« Nen conosés mie li nome del çivaler.
« Qi çerchese França tota quanta por inter
« N'en trovaroit plus orgolos ni fer
« Cun li Danois qi s'apela Oger.
« Meltre çivaler ne se poroit trover
« Ne qe li rois plus ami e tegna çer. »
Dist Varocher : « Ne le doto un diner,
« Et d'una ren vos voio emproier,
« Se vos m'amés e de ren m'avés çer,
« Qe vos de mi lasez quel penser.
« S'el fose vivo Rolando et Oliver,
« N'i dotaria la monta d'un diner. »
Dist Bernardo qe estoit presoner :
« Dama, fait il, el est pro e ber ;
« Jamais tel colpo non avi da çivaler.
« Mais de una ren e vos voio enproier
« Qe de bone arme le faça adober,
« Qe li Danois qe s'apella Oger

Coment la Roine apeloit Varocher.

Devant la roine est venus Varochers.
La gentis dame le prist à apeler :
« Par foi, dist ele, vos estes fos provés,
« Qui si vos fetes, contre mon gré, nomer :
« Ne savés mie le nom dou chevalier.
« Qui cerchast France trestote par entier,
« Ja ne trovast plus orgoillos ne fier
« Dou bon Danois que l'en apele Ogier.
« Meillor vasal ne poroit on trover,
« Ne que li rois plus aint et tiegne chier. »
Dist Varochers : « Ne le dote un denier,
« Et d'une rien vos vorrai je proier,
« Se vos m'amés et me tenés point chier,
« Que ce penser de moi laissiés ester.
« Se fussent vif Rolans et Oliviers,
« Nes doteroie la monte d'un denier. »
Et dist Berars, qui estoit prisoniers :
« Dame, fait il, cil est et preus et ber;
« Ja itel cop n'oi mais de chevalier.
« Mais d'une rien vos vorrai je proier
« De bones armes le faciés adober,
« Que li Danois que l'en apele Ogier

« Oit una spea qe trença volunter :
« Curtana l'apelent Alemant et Baiver.
« Plu trença fer, rubi o açer
« Qe nula falçe la erba del verçer. »
Dist la raine : « E l'o ben en penser. »
Dist Varocher : « Pensés de l'esploiter,
« Qe primamant voio à li canpo entrer. »
Dist Bernardo, le sir de Mondiser :
« Sire Varocher, vu avés bon penser,
« Non aça l'ovre si forte ad aster,
« Qe tel se cuita vendere e cançer
« Qe à la fin si le compra molto çer.
« Mal conosés li Danois Oger ;
« En tot le mondo e davant e darer,
« En paganie e por li batister,
« Ne se trovaria un milor çivaler. »
Dist Varocher : « Ben l'o oldu nomer,
« Ma no por tant e nol doto un diner,
« E d'una ren vos voio creenter :
« Pois qe mon sir me dono li corer,
« Eo devente si argolos e fer,
« Quando de le bois me ven à remenbrer
« Qe sor li doso portava tel somer
« Como faroit un corant destrer,
« De retorner plus à quel mester,
« Sacés par voir, se Deo vole aider,
« De retorner al bois e non faço penser.

« *Une espée a qui trenche volontiers :*
« *Courtain l'apelent Alemant et Baivier.*
« *Plus trenche fer ou rubis ou acier*
« *Que nule faus ne fait l'erbe el vergier.* »
Dist la roïne : « *Et l'ai bien enpensé.* »
Dist Varochers : « *Pensés de l'esploitier,*
« *Que sans targier vorrai ou champ entrer.* »
Et dist Berars, icil de Mondisdier :
« *Varochers sire, vos avés bon penser,*
« *Mais bien porriés cele oevre trop haster,*
« *Que tés se cuide et vendre et eschangier*
« *Qui à la fin le compere moult chier.*
« *Mal conoissés le bon Danois Ogier;*
« *En tot le mont et devant et derier*
« *En paienie et par crestienté*
« *Ne troveriés un meillor chevalier.* »
Dist Varochers : « *Bien l'ai oï nomer,*
« *Mais neporquant ne le dote un denier,*
« *Et d'une rien vos voil acréanter :*
« *Puis que mes sire m'adoba chevalier,*
« *Sui devenus si orgoillos et fiers*
« *Que, quant dou bois me vient à remembrer*
« *Où sor le dos tel fais oi à porter*
« *Come poroit faire uns corans destriers,*
« *Plus ne vorroie à cel mestier torner.*
« *Sachiés por voir, se Diex me vuet aidier,*
« *De retorner au bois n'ai nul penser.*

« Soloia aler vesti de pani de paltoner
« Et in man portoie un baston de pomer;
« E uio si son vesti à lo de çivaler
« E a mon la li brando forbi d'acer.
« Quando ço voi, et mon cor son si fer
« Qe non redoto homo nuio de mer.
« Converser soloie cun bestie averser;
« Ora demoro en çambra d'inperer,
« E quando voio s'ovro so camarler. »
Dist la raine : « Tu a molt bona sper;
« Nen so q'en die ne responder darer.
« Tant e tu saço en dir e en parler
« Le to parole e non voio amender;
« Ma tota fois avero par toi proier
« Jesu de glorie, li vor justisier,
« Qe de la bataile te lasi arer torner
« E sano e salvo dever le dux Oger. »
Dist Varocher : « Or lason li parler
« E si me faites le arme aporter. »
Dist la raine : « De grez e volunter. »

Coment la Raine fait armer Varocher.

Blançiflor la raine à la clera façon
De Varocher oit gran doteson.

« Aler soloie vestus com pautoniers,
« En main portoie un baston de pomier;
« Hui sui vestus à loi de chevalier
« Et à mon lez le branc forbi d'acier.
« Quant ice voi, en mon cuer sui si fier
« Que je ne dote home de mere né.
« O males bestes soloie converser;
« Ore demor en chambre emperiel,
« Et quant le vueil m'ovrent si camerier. »
Dist la roïne : « Moult es bien esperés;
« Ne sai qu'en dire ne qu'en respondre arier.
« Tant es tu saiges en dire et en parler
« Que je ne voil ta parole amender;
« Mais tote voie vorrai por toi proier
« Jesu de gloire, le verai jouticier,
« De la bataille te lait arier torner,
« Et sain et sauf de vers le duc Ogier. »
Dist Varochers : « Or laissons le parler
« Et si me fetes mes armes aporter. »
Dist la roïne : « Volentiers et de gré. »

COMENT LA ROINE FIST ARMER VAROCHER.

NOSTRE roïne à la clere façon
Por Varocher est en gran sospeçon.

Arme li fa aporter le meltre de li mon.
E cil vesti l'auberg flamiron,
Mis le ganbere, e calço li speron,
E posa çinse lo brando al galon.
Un elmo a laçé qe fu rois Faraon;
Nen fo ma spée q'en trençase un boton.
Monto à çival corant e aragon.
E la raine à la clera façon
Le fe aporter una tarça reon.
Al col se la mist Varocher li prodon,
E posa prist un aste cun un penon,
Li fer trençant si le sont en son.
« Dama, dist Varocher, e vo à li Deo non. »
Dist la raine : « A ma beneçion. »
E Varocher punçe li aragon,
A l'inperer vene sença tençon :
« Enperer sire, e vo al canpion
« A fornir la bataile, se vinçer la poron. »
Dist l'inperer : « Soia à li Deo non.
« Se Deo me done de la retornason,
« Tant vos donaro or coito e macon,
« E bona tere con castel e doion,
« Qe in vestra vite en serés riçes hon. »
Dist Varocher : « E nu li prenderon,
« Si vos faremo homaço cun fare se devon. »
Li rois le segne de le beneçion,
E cil s'en voit à cuite d'esperon;

Les meillors armes li fait porter dou mont.
Et cil vesti le hauberc fremillon
Et le gambais, et chauça l'esperon,
Et le bon branc a ceint au lez selonc.
Un elme lace qui fu roi Faraon ;
Ne fu mais brans qu'en trenchast un boton.
El cheval monte corant et aragon.
Et la roïne à la clere façon
Porter li fist un bon escu réon.
Au col sel mist Varocher li prodon,
Puis prist une anste à tout le gonfanon
Dont li fers trenche moult durement en son.
« Dame, dist il, je m'en vai au Dieu nom. »
Dist la roïne : « A ma benéiçon. »
Et Varochers broche son aragon,
Devant le roi est venus sans tenson.
« Gentis rois sire, ou champ nos en alons
« Por la bataille, se vaintre la poons. »
Et dist li rois : « A Dieu benéiçon.
« Se Diex me doint que torne en ma maison,
« Tant vos donrai et or cuit et mangons,
« Et bone terre o castel et donjon,
« Que en vo vie en serés riches hon. »
Dist Varochers : « Et nos le prenderons
« O tel homage que faire vos devrons. »
Li rois le seigne de la benéiçon.
Et cil s'en vait à coite d'esperons ;

Plu se ten fer qe liopart ne lion.
Tanto çivalçe, non fait arestason,
Ven à la tende de l'imperer K.
Ad alta vos elo mis un ton :
« Enperer sire de França e de Lion,
« O avés vos li vestre canpion?
« Vol il conbatre ? dites moi si o non. »
K. l'oï e le dux Naimon,
Dist l'un à l'autre : « Cil est un mal garçon !
« Meltre diable non e in ste mon. »
Atant li Danois venoit por li pavilon.
De Varocher el oldi la tençon,
Quando l'oldi, el se tene à briçon.
Ven à sa tende o le ses omi son,
Queri ses arme si vesti li braçon,
So blano aubers, si calço li speron.
Çinse Curtane al senestre galon,
Alaça l'eume à guise de baron,
Monta à çival corant et aragon,
Al col la tarçe o e pinto li schalon.
Una asta pris o li fer son in son,
El non fi moto nen dist autre sermon,
Ver Varocher s'en vait à speron.
K. le vit, si n'apello Naimon :
« Veez li Danois cun s'en vait à bandon !
« Ça sera la bataile, qe ne pisi o non. »
E dist N. : « Deo vinçer ne la don,

Plus fier se tient que leupars ne lions.
Tant a erré, n'i fait arrestison,
Vient à la tente l'emperéor Kallon,
A sa vois clere si s'escrie à haut ton :
« *Sire emperere de France et de Loon ,*
« *Où avés vos le vostre champion ?*
« *Vuet il combatre ? dites moi si o non.* »
Kalles l'oï o le bon duc Naimon ;
Dist l'uns à l'autre : « *Vez dou malvais garçon !*
« *Mieudre diables nen est en cestui mont.* »
Atant Ogiers vient par le pavillon.
De Varocher a oï la tenson,
Et quant l'entent, il se tient à bricon.
A son tref vient où li sien home sont,
Ses armes quiert, si vest le haubergeon,
Le blanc hauberc, si chauce l'esperon.
Ceinte a Courtain au lez senestre en son,
Le hiaume lace à guise de baron,
El cheval monte corant et aragon,
Au col l'escu qu'ert peint à eschelons.
Une anste prist à tout le fer en son,
Mot ne sona ne dist autre sermon,
Vers Varocher s'en vait à esperons.
Kalles le voit, s'en apele Naimon :
« *Vez dou Danois com s'en vait à bandon !*
« *Ja bataille ert, qui qu'en poist o qui non.* »
Et dist dus Naimes : « *Diex vaintre nos la doint,*

« E si metese pax et acordason
« Entro color qe un parenteson ! »

COMENT LI DANOIS APELOIT VAROCHER.

Quant li Danois fo à Varocher venu,
Elo l'apelle si l'oit à rason metu :
« Çivaler sire, vu m'avés deçéu
« Quant avant moi estes à li campo venu.
« Volez contra moi mostrer vestra vertu,
« O dever moi clamar ve recréu ? »
Dist Varocher : « Avez li seno perdu ?
« Créez qe soia qui a loga venu
« Por dir çanson ne faire nul desdu,
« Se no por conbatre à li brandi nu ?
« Se tel serés como avés li nome éu,
« Ça ver de moi non serés recréu. »
Dist li Danois : « E v'o ben entendu. »
Del canpo se donent una arçea e plu,
L'un cuntra l'autre ponçe li destrer crenu
E brandise le lance à li feri agu.
Comunelment i se sont feru,
Frosent le tarçe tote quant por menu,
Li fer trençant ont in le auberg metu ;
E qui son bon, de mort li oit defendu.

« Et si méist pais et acordison
« Entre parens qui ont desputoison ! »

Coment li Danois apeloit Varocher.

Quant Ogiers fu à Varocher venus,
Il l'en apele, ne se contint pas mu :
« Chevaliers sire, vos m'avés decéu
« Quant avant moi estes ou champ venus.
« Volés mostrer contre moi vo vertu
« O envers moi vos claimer recréu ? »
Dist Varochers : « Avés le sens perdu ?
« Cuidés que soie ci orendroit venus
« Por chanson dire ou faire aucun deduit,
« Non por combatre o le branc d'acier nu ?
« Se estes tés com avés nom éu,
« Ja ne serés envers moi recréus. »
Dist li Danois : « Bien vos ai entendu. »
De champ se donent une archée et plus.
L'uns contre l'autre point le destrier crenu
Et brandist l'anste dont li fers est agus.
Comunaument se sont entreferu,
Froisent les targes trestotes par menu,
Des fers trenchans ont les haubers ferus ;
Mais cil les ont de morir defendus.

Le aste e grose e li fer trençant en fu,
Anbi li baron sonto de gran vertu.
E si gran força i le ont metu
Qe inçenoclé son le çivali anbidu.
E qi le pinse ben qe ont gran vertu,
Si qe le aste son in tronçon caü.
Oltra s'en pase li bon çival crenu ;
Ne l'un ni l'autre no li a ren perdu.

Coment fu grande la meslé tra li dos campion.

Le çivaler si son pro e valant ;
Oltra l'inporte anbes li auferant,
Ne l'un por l'autre ne se ploia niant.
Li destrer torne, çascun trait li brant
L'un dever l'autre, à guise d'olifant.
Ma Varocher se trait plus avant
E fer Oger desor l'eume lusant ;
Gran colpo li done, ma no l'inpena niant,
Qe Damenedé li estoit en guarant.
La spée torne sor la tarça davant,
Toto ne trença quant ela ne prant,
E de l'aubergo la gironée davant.
« Santa Marie, dist Oçer li valant,

Fort sont les anstes, li fers trenchans en fu,
Li dui baron si sont de grant vertu.
A si grant force se sont aconséus
Qu'engenoillié sont li cheval andui.
Là pert il bien que il ont grant vertu,
Que de lor anstes sont li tronçon chéu.
Outre s'en passent li bon cheval crenu;
Ne l'uns ne l'autres nen i a rien perdu.

COMENT FU GRANS LA MESLÉE D'ENTRE LES DOUS CHAMPIONS.

Li chevalier sont et preu et vaillant;
Outre les portent andui li auferrant,
Ne l'uns por l'autre ne soploie noient.
Lor destriers tornent, chascuns a trait le branc
L'uns devers l'autre, à guise d'olifant.
Mais Varochers se trait plus en avant
Et fiert Ogier desor l'elme luisant,
Grant cop li done, mais ne l'empoint noient,
Que Damediex li estoit à garant.
L'espée torne sor la targe devant,
Si en detrenche tot quanques ele en prent,
Et de l'auberc la gironée avant.
« Sainte Marie, dist Ogiers li vaillans,

« Cun quella spée trençe teneremant !
« E cil qi l'a doné si ne m'ama niant. »
Ver Varocher il ven iréemant,
Gran colpo li done desor l'eume lusant,
N'en po trençer un dener valisant,
Car cel heume fu e forte e tenant.
La spea torne qe la tarça porprant
Cun tota la guinche el la çeta à li canp,
E de l'aubergo cento maie in avant.
Tros in l'erbete va la spea clinant.
Si grande fo li colpo de Oger li valant
Qe sor l'arçon de la selle davant
Varocher se vait toto quanto ploiant,
Par un petit non cade en avant.
Reclama Deo, li pere onipotant :
« Sante Marie, raine roimant,
« Anco si me siés de la morte guarant ! »
Dist Oger : « Me va tu reconosant ?
« Rende te à moi, non aler plu avant ! »
Dist Varocher : « Vu parlé de niant ;
« Ancor no suie vinto ne recreant. »
A questo moto anbi li conbatant
Se requerent à li brandi trençant ;
L'un dever l'autre no s'apresia un guant,
De ben ferir çascu se fa avant.

« Com tenrement cele espée est trenchans !
« Qui l'a donée, cil ne m'ama noient. »
Vers Varochers s'en vient iréement,
Grant cop li done desor l'elme luisant,
N'en puet trencher un denier valissant,
Car fu cil elmes et moult fors et tenans.
L'espée torne qui la targe porprent
Atout la guige l'avale jus ou champ,
Et de l'auberc cent mailles en avant.
Trosqu'en l'erbete vait l'espée clinant.
Dou bon Danois fu li cops si très grans
Que sor l'arçon de la sele devant
Se vait trestos Varochers embronchant,
Par un petit ne chaï en avant.
Dieu en reclaime, le pere omnipotent :
« Sainte Marie, roïne raemans,
« Ancui me soies contre la mort garans ! »
Et dist Ogiers : « Me vais tu conoissant ?
« A moi te rent, nen aler plus avant ! »
Dist Varochers : « Vos parlés de noient ;
« Ancor ne sui vaincus ne recréans. »
A icel mot andui li combatant
Se vont requerre atout les brans trenchans ;
L'uns envers l'autre ne se prisent un gant,
Dou bien ferir chascuns se vait aidant.

Coment fu grande la bataille.

Á gran mervile fo pro li çivaler;
L'un no presia l'autre la monta d'un diner.
A li brandi d'açer anbi dos se requer.
Se l'un e pro, li autre e liçer.
Le armaure, for li heume d'açer,
Sont trençé tros à la çarne cler.
« Sante Marie, dist li Danois Oger,
« A grand mervile e fer ste malfer;
« Jamai non vi homo de tel aiter.
« A gram mervile e pro çivaler. »
Elo l'apelle sil prist à derasner.
« Çivaler sire, dist li Danois Oger,
« En la corte de le vestre enperer
« Par nome cum vos faites clamer? »
E cil le dist : « E o nome Varocher.
« Petit el termen qe eo fu çivaler;
« Eser soloia prima un paltoner
« E in foreste senpre à converser.
« Par un servise qe fi à l'inperer
« El m'a doné le arme e li corer
« E de novel m'a fato çivaler.
« De quella cosa qe mo sta à çeler

Coment fu grans la bataille.

A grant merveille sont preu li chevalier;
Ne s'entreprisent la monte d'un denier.
Au branc d'acier chascuns l'autre requiert.
Se l'uns est preus, li autres est legiers.
Les arméures, fors les elmes d'acier,
Trosqu'en la chair n'ont failli à trenchier.
« Sainte Marie, dist li Danois Ogiers,
« A grant merveille est fiers icil maufés;
« Ja ne vi mais home de tel fierté.
« A grant merveille est preus li chevaliers. »
Il l'en apele sel prent à aresner.
« Chevaliers sire, dist li danois Ogiers,
« En cort le roi où vos estes sougiés
« Par vo droit nom com vos faites claimer? »
Et cil li dist : « J'ai à nom Varocher.
« Poi de tens a que fui fais chevaliers;
« Estre soloie premier uns pautoniers
« Et en forest sempres à converser.
« Por un service oi del roi tel loier
« Que il me fist fervestir et armer
« Et de novel m'adoba chevalier.
« De cele chose que me covient celer

« S'el la saüst K. maino l'inperer,
« No t'averoie mandé qui à çostrer
« Par moi oncire, confondre e mater,
« Ançi m'averoit amer e tenu çer. »
Dist li Danois : « Noble çivaler,
« Se à vos plaist à moi çel deviser
« E la creence dire e palenter,
« E moi e vos, sença nosa e tençer,
« E sença colpo ferire ni capler,
« E moi e vos s'averesemo acorder. »
Dist Varocher : « Me le poso enfier
« Qe ço qe vos diro vu si diça çeler
« Ne à nul persone dire ni aconter ? »
Dist li Danois : « E vos l'avero çurer. »
Dist Varocher : « Et eo meio non requer,
« Et eo vos contaro le fato tot enter,
« Si cun l'ovre fo fata da primer.
« Nen vos remenbre de li tenpe ancioner,
« Quant Albaris fo morto à li verçer,
« A la fontane por la dama mener,
« Donde Machario si n'ave son loer ?
« La dama s'en foçi por li bois dur e fer,
« Et eo si l'encontre ad un terter paser.
« A moi se rende, eo l'avi à convoier
« Trosqu'à en Ongaria, ilec fi la repolser,
« Si la desis à cha d'un bon oster.
« La prima noit qe l'avi ostaler,

« Se séust Kalles, l'emperere au vis fier,
« Ne t'averoit ci mandé à joster,
« Por moi confondre et ocire et mater,
« Ains me vorroit amer et tenir chier. »
Dist li Danois : « Nobiles chevaliers,
« S'à vos pléust ice me deviser
« Et la raison en dire et créanter,
« Et moi et vos, sans noise et sans tencer,
« Sans cop ferir ne sans autre chapler,
« Bien nos porrions ambedui acorder. »
Dist Varochers : « Me poés afier,
« Se jel vos di, que le vorrés celer
« Et à nului ne dire n'aconter ? »
Dist li Danois : « Et le vos puis jurer. »
Dist Varochers : « Et je miels ne requier,
« Et vos dirai l'afaire tot entier,
« Si com ala l'oevre de chief en chief.
« Dou tens passé vous puet il remembrer,
« Quant Auberis fu mors ens el vergier
« Lez la fontaine, por la dame mener,
« Dont si en ot Macaires son loier ?
« Fuit s'en la dame par le bois aspre et fier,
« Et je l'encontre à un tertre passer.
« A moi se rent, si l'oi à convoier
« Trosqu'en Ongrie, où la fis reposer,
« Chez un bon oste si la fis hebergier.
« La nuit méisme que vint en cel ostel,

« Un enfant partori ; quant le fi bateçer,
« Li rois d'Ongarie le vene ad alever,
« Son nome le mist ; si se fa apeler.
« Quant conoue la dame, molto l'avoit çer,
« Grant honor le fi, si mando à son per.
« E son pere mando por lei de nobeli çivaler ;
« En Costantinople el se la fe mener.
« E por le a fato questa oste asenbler.
« E si te poso par droito non conter
« Qe quella dame cun tot li baçaler
« Si est en l'oste de l'inperer son per,
« E qi la volt, là la pora trover
« E sana e salva, sença nul engonbrer. »
Quant li Danois li oldi si parler
E tel rason dire e deviser,
Qi le donast li honor de Baiver,
Nen seria si çoiant par nula ren de mer.
El se decline enverso Varocher,
Entro le fro mis le brando d'açer.
« Varocher, dist il, e vos o molto çer ;
« Non plasa Deo, li vor justisier,
« Qe contra vos e voia plu çostrer.
« Çer vos tiro cun vos fustes mon frer
« Nen avero ren, ni avoir ni diner,
« Avec vos ne sero parçoner. »
E Varocher l'en pris à mercier.

« D'un fil s'agiut ; quant le fis bautisier,
« Li rois d'Ongrie le vint en fons lever,
« Son nom li mist ; si se fait apeler.
« La dame vist, si l'ot en grant chierté,
« Et à son pere fist mesages mander.
« Et cil refist por sa fille envoier ;
« En sa cité se la fist amener.
« Por ele a fait cel grant ost asembler.
« Et si te puis par droit nom créanter
« Que cele dame à tout le bachelier
« De son pere est ens el demaine tref,
« Et qui la vuet, là la porra trover
« Et saine et sauve, sans point de l'encombrier. »
Quant li Danois l'a oï si parler
Et tel raison et dire et deviser,
Qui li donast tot l'onor de Baivier,
Plus liés ne fust à jor de son aé.
Vers Varocher se vait il encliner,
Dedens le fuerre a mis le branc d'acier.
« Moult vos ai chier, ce dist il, Varochers ;
« Ne plaise Dieu, le verai jouticier,
« Que contre vos je vueille plus joster.
« Si com mon frere uimais vos tenrai chier
« Ne rien n'aurai, ne avoir ne deniers,
« Que avec vos n'en soie parsoniers. »
Et Varochers l'en prist à mercier.

Coment li Danois apelloit Varocher.

Quant li Danois oit oldu la novelle,
A gran mervile ela li paroit belle.
De çoia qe il tot li cor li saltelle,
Deo mercie e la Verçen polçelle,
O el vi Varocher dolçement l'apelle,
« Varocher, fait il, dito m'avés tel novelle
« Plus me l'a chara qe l'onor de Bordelle,
« De vos amer tot li cor me renovelle.
« A K. m'en çiro, q'e segnor de Bordelle,
« Diro qe m'avés et abatu de selle. »

Coment li Danois parolle.

« Varocher, dist li Danois, nen vos ert cellé,
« Tel colsa m'avés dito e conté
« Plus n'oe çoia qe se aust guaagné
« Eser segnor de Roma la cité,
« De la raine qe viva est trové.
« A K. maine e tornaro aré ;
« Ça questa colse no le sera conté,
« Mes altrament le sera devisé,

Coment li Danois apeloit Varocher.

Quant oïe ot li Danois la novele,
A grant merveille ele li paroit bele.
Tel joie en ot tos li cuers li sautele,
Dieu en mercie et la Vierge pucelle,
Et Varocher belement en apele.
« Vos m'avés dit, fait il, itel novele
« Que plus ai chiere de l'onor de Bordele.
« De vos amer li cuers me renovele.
« A Kallon vai, le segnor de Bordele,
« Si li dirai m'avés rué de selle.

Coment li Danois parole.

Dist li Danois : « Ne le vos quier celer,
« Itel novele m'avés dit et conté
« Plus en ai joie que s'éusse acquesté
« D'estre li sire de Rome la cité,
« Por la roïne qu'est vive et en santé.
« A Kallemaine m'en tornerai arier;
« De cele chose ne li sera conté,
« Mais autrement li sera devisé,

« Donde la pax en sera fata de anbi lé. »
Dist Varocher : « Vu fari gran bonté ;
« Or vos alez e plus non demoré. »
Et li Danois si oit preso concé,
Da Varocher e parti e sevré.
A l'oste K. el fu reparié.
E quant el fo queri e demandé
De la bataile coment estoit ovré,
Elo le dist qe vinto e e maté.
E quant el fo del çival desmonté
E de ses armes el fo desarmé,
Elo si vent davanti l'inperé.
« Bon roi, fait il, e voio qe vu saçé
« Conbatu son e vinto e maté
« Dal milor çivaler de la crestenté.
« Unde e vos pri par droita verité
« Qe vu tratés pais e bona volunté
« Cun l'inperer qe est de Costantinople clamé,
« E se vos le faites, vu farés gran bonté. »
Dist K. maine : « Ben me veroit à gré
« Se envers lui atrovase piaté,
« Qe de soa file qe morta est trové
« Elo me fist perdon de tot son gré. »
Dist li Danois : « Ora li envoié
« Un ves mesajo qe soia de bonté,
« Qe ben saça parler e querir pieté. »
Dist l'inperer : « E l'o ben porpensé ;

« Dont ert la païs faite d'ambedeus lez. »
Dist Varochers : « Vos feriés grant bonté ;
« Or en tornés et plus ne demorés. »
Et li Danois a congié demandé,
De Varocher s'est parti et sevré.
A l'ost Kallon il s'en est repairiés.
Et quant li vont enquerre et demander
De la bataille coment il ot ovré,
Il lor respont vaincus est et matés.
Et quant il fu del cheval desmontés
Et de ses armes quant il s'est despoillié,
Devant le roi se vint engenoiller.
« Boins rois, fait il, ne le vos quier celer,
« Combatus sui et vaincus et matés
« Par le meillor de la crestienté.
« Dont je vos pri par droite verité
« Que païs traitiés et bonne volenté
« Avec le roi dont es genres claimés,
« Et se le faites, vos ferés grant bonté. »
Dist Kallemaines : « Bien me venroit à gré
« Se envers lui atrovasse pité,
« Que de sa fille qu'ai fait à mort livrer
« Me volsist faire pardon de tot son gré. »
Dist li Danois : « Ores li envoiés
« Un vo mesage qui soit de grant bonté,
« Qui bien parler saiche et querir pité. »
Dist l'emperere : « Et l'ai bien porpensé ;

« Qi li alira ? » dist K. l'inperé.
Dist li Danois : « Eo li o ben trové :
« N. li dux e eo da l'altro lé. »
Dist l'inperer : « Et el soia otrié.
« Ça dos milor non e in crestenté. »
Adoncha N. si se fo coroé,
De riche robe vesti e adorné.
E li Danois non oit l'ovra oblié,
Qe ben savoit tota la verité,
Si cun Varocher li avoit conté,
E por qela chason li vait çoiant e lé.
Anbidos se partent qant pris ont conçé.
Por li çamin tanto sonto alé
Le primer homo qi ont trové
Cil fu Varocher, cun avoit ordené
Cun li Danois, quant da lui fo sevré.
Quant elo le vi, gran çoia oit mené,
Le dux N. oit por man gonbré,
E li Danois prist da l'altro lé.
Davanti l'inperer li oit amené.
Li rois le vi, por lor se fo levé ;
N. asist à son destro costé.
Da l'autre part, da le senestre lé,
Sest li Danois de bona volunté,
E Varocher davanti lor en pé.
Molto furent da li baron guardé,
Laudé furent e da boni e da ré.

« Mais qui porrons, fait il, i envoier ? »
Dist li Danois : « Bien le sai je trover :
« Naimes li dus et je de l'autre lez. »
Dist l'empérere : « Si soit il otrié.
« Ja dous meillors ne porroit on trover. »
Adonc se vait dus Naimes conréer,
De riches dras vestir et atorner.
Et li Danois ne s'est mie oblié,
Qui bien savoit tote la vérité
Com l'ot oï à Varocher conter,
Et por ice s'en vait joians et liés.
Andui se partent quant pris ont le congié.
Tant ont erré par le chemin plenier
Li premiers hom que il ont encontré
Varochers fu, com l'avoit ordené
O le Danois, quant de lui fu sevrés.
Quant l'ont véu, grant joie en ont mené,
Et li dus Naimes l'a par la main cobré,
Et li Danois le prist de l'autre lez.
Devant Kallon issi l'ont amené.
Li rois les voit, si s'est por eus levés ;
Naimon asist à son destre costé.
De l'autre part, à son senestre lez,
Sist li Danois de bone volenté,
Et Varochers devant eus este en piés.
Des barons furent andui moult esgardé,
Loé en furent et des bons et des mels.

Coment N. parolle.

Naimes parole toto primerement.
« Droit enperer, dist il, à moi entent ;
« Voir vos diro por lo men esient.
« Non est nul colse in ste segol vivent,
« Pois q'el e fato et oit pris feniment,
« De retorner arere de le en nient.
« Unde eo pri, por Deo onipotent,
« Qe à K. maine, qe fu vestre parent,
« Li perdonés de cor e de talent,
« Et el sera à ves comandament
« D'obéir vos, e lui e sa çent. »
Dist l'inperer : « Vu parlés saçement,
« E vos voio dire à vos apertament
« Quando ma file marié primement
« E non avoie amigo ni parent
« Ke tant amoie cum K. loialment.
« Oro it il fato ver moi desloialment,
« De ma file fato desloialment
« Si la çuçoit à li fois ardent.
« Calonçea fo à torto vilment ;
« De quela colsa qe estoit falsament
« Nen poso ester qe à vos non palent.

Coment Naimes parole.

Naimes parole trestot premierement.
« Drois emperere, dist il, à moi enten ;
« Voir vos dirai par le mien escient.
« Nule riens n'est en cest siecle vivant,
« Puis que faite est et a pris finement
« Qui retorner puist ariere en noient.
« Dont vos pri je, por Dieu l'omnipotent,
« Que à Kallon, qui est vostres parens,
« Li pardonés de cuer et de talent,
« Et sera il a vo comandement
« De vos servir, il et tote sa gens. »
Dist l'emperere : « Vos parlés saigement,
« Et vos vueil dire trestot apertement
« Quant alai primes ma fille mariant
« Je nen avoie ne ami ne parent
« Que tant amasse com Kallon loiaument.
« Or a ovré vers moi vilainement
« Et vers ma fille esploitié laidement
« Quant l'a jugée à mettre el feu ardent.
« A grant tort fu encorpée et vieument ;
« Mais de tel chose que créés fausement
« Ne puis muer ne vos face saichant.

« Se Deo m'oit ameo loialment,
« De ma fille vos diro li convent :
« Non est morte, ançi e viva e çoient.
« E se de ço vu fosi descreent,
« Veri li voir à le à mantinent. »
Alora dist à Varocher en rient :
« Varocher, dist il, vu si saço e valent ;
« Alez à Blançiflor, non demorés nient,
« Davant moi la menez al present,
« Si qe N. la voie e Oger ensement. »
Dist Varocher : « Vu parlé saçement. »
El se departe, non fait demorament,
Ven à la çanbre o ela estoit çeleament
Avec Bernard, de soto un paviment.
Dist Varocher : « Dama, ad esient
« E vos aporto un noble present.
« Vestre per v'invoie sençe demorament
« Venez à lui si açesmeament
« Qe de vos non açe blasmo de nient
« Qe avez eu nesun enoiament.
« Véoir vos vol de la françescha jent
« Uçer e Naimes, qe son vestre servent »
La dama l'olde, à Deo merçe ne rent.
Gran çoia n'oit, se vesti riçement,
Ad un fil d'oro sua crena destent.
Ela e Bernardo se parti mantenent,
E fo venua da la tenda davent

« Se Damediex me fust onques aidans,
« Ja de ma fille sarés le covenant :
« Morte n'est mie, ains est vive et joians.
« De cest afaire se nen estes créans,
« D'ele en saurés le voir de maintenant. »
A Varocher lors a dit en riant :
« Tu ies, fait il, et saiges et vaillans ;
« A Blancheflor va sans targer noient
« Et devant moi si la mene en present,
« Qu'Ogiers la voie et Naimes ensement. »
Dist Varochers : « Vos parlés saigement. »
Atant se part, n'i fist arrestement,
Vient à la chambre où ert celéement
Avec Berart, desor un pavement.
Dist Varochers : « Dame, à mon escient,
« Je vos aporte un moult riche present.
« Li rois vos peres vos mande qu'erranment
« A lui veigniés si acesméement
« Que n'ait de vos nul blasme de noient
« Qu'aiés éu nesun encombrement.
« Véoir vos vuelent de la françoise gent
« Ogiers et Naimes, qui sont vostre sergent. »
La dame l'ot, à Dieu mercis en rent.
Grant joie en ot, si se vest richement,
Ad un fil d'or sa crigne vait nouant.
Ele et Berars se partent maintenant,
Au tref son pere venue est là devant.

Davant son pere, o Naimes la atent.
Quant N. la vi, li cor si le sorprent
Parler non poroit par tot l'or d'Orient.

Coment N. parolle a la Raina.

Gran çoia ont le çivaler
Quant verent la raine qe oit le vis cler;
I se partent davant l'inperer,
O verent la raine, se vont à ençenoler
E çentilment la vont à saluer.
« Dama, dist N., se l'olsase parler,
« Eo vos diroe un poi de mon penser :
« Qe l'inperer liqual e vestre per
« Plus saçes rois no se poroit trover
« Quando ces ovre a saçé si mener;
« Ma, se li plais, e li vol otrier,
« Quel qe diro non voia devéer,
« Entro lui et K. e le voio apaser.
« E vos, raine, s'el vu est agraer,
« Si tornarés ves réame à guarder.
« A vos declinaroit Alemans e Baiver
« Et tota jent q'e soto l'inperer. »
Dist la raine : « Ne m'en so conseler,
« Quando me poso li jor à remembrer

Où li dus Naimes l'atent à parlement.
Quant il la voit, li cuers si li sozprent
Mot ne sonast por tot l'or d'Oriant.

Coment Naimes parole a la Roine.

Grant joie en ont li baron chevalier
Quant vêue ont la roïne au vis cler;
Dou tref le roi se partent sans targier,
Où il la voient se vont engenoillier
Et si la vont belement saluer.
« Dame, dist Naimes, se fuisse tant osés,
« Je vos diroie un poi de mon penser:
« Dou roi vo pere qui vos a engenré
« Plus saiges hom ne se porroit trover,
« Quant cest afaire a séu si mener;
« Mais, se li plaist et il vuet l'otrier,
« Que il mes dis ne voille devéer,
« Avec Kallon le vorrai acorder.
« Et vos, roïne, sel volés agréer,
« Si tornerés vo réaume à garder.
« Aclin vos erent Alemant et Baivier
« Et tote gent qu'a Kalles à bailler. »
Dist la roïne: « Ne m'en sai conseiller,
« Quant de cel jor m'avient à remembrer

« Qe si vilment elo me fe mener,
« E quando vi le fogo alumer
« O dedens me voloia ruer.
« Se eo avi paure, non e da demander.
« Quando le bon abes m'avi à confeser,
« De quela poine el me fe resploiter.
« Quando mon segnor me fe via mener
« Ad Albaris, li cortois et li ber.
« De le traites qe li vene darer
« Par mon cors onir e vergogner,
« Par moi defendre, le vi morto çiter.
« E quant ço vi, si m'alé afiçer
« En le gran bois por ma vita salver.
« Asa m'aloit çerchando quel liçer ;
« Ne me pote avoir, si s'en torno arer.
« Nen véez vos cestui Varocher ?
« A gran mervile le dovez amer,
« Sor tot ren amer e tenir çer.
« Par moi laso e fio e muler,
« Ne ma da moi ne se volse sevrer.
« Prima estoit un truant à guarder ;
« Ma mo oit lasé quel mester,
« Dapois qe mon per si le fe çivaler.
« Da ora avanti el s'a fato à priser. »
Dist li Danois : « Al mondo non ait son per ;
« Por ben ferir e gran colpi doner
« Meltre de lui non pote mais trover.

« Où il me fist à tel vieuté mener,
« Et por m'ardoir vi le feu alumer
« Où me voloit tote vive ruer.
« Se j'oi paor, ne fait à demander.
« Quant li bons abes me vint à confesser,
« De cele peine me fist il respitier.
« Atant mes sire me fist fors enmener
« A Auberi, qui ert cortois et ber.
« Dou traïtor qui li sorvint derrier
« Por me honir et mon cors vergoignier,
« Le vi, por moi defendre, mort jeter.
« Et quant ce vi, si m'alai afichier
« Ens el grant bois por ma vie sauver.
« Asés m'ala cerchant cil pautoniers;
« Ne me trova, si s'en torna arier.
« Nen véez vos icestui Varocher?
« A grant merveille le devés vos proisier,
« Sor tote rien amer et tenir chier.
« Por moi laissa ses fils et sa moillier,
« Ne mais de moi ne se vout desevrer.
« Primes sanloit truant à l'esgarder;
« Mais plus ne vuelt de cel mestier ovrer,
« Puis que mes peres l'adoba chevalier.
« D'ore en avant moult fait il à proisier. »
Dist li Danois : « El mont nen a son per;
« Por bien ferir et por grans cops doner
« Mieudre de lui ne se puet mais trover. »

Coment la Raina parolle al civaler.

« Segnur, dist la raine, entendés mon talant;
« Ço qe diro saçés ad esiant.
« En mon per est tot l'acordamant,
« E quel po faire de moi li son talant.
« Nori el m'oit e moi e mon enfant,
« Dapois qe de Françe en fi desevremant;
« S'elo l'otrie, sero molto çoiant. »
Dist le dux N. : « Vu parlé saçemant. »
A l'inperer i se vait declinant.
« Enperer sire, dist N. li valant,
« Por Deo vos pri qe naque in Bemant
« Qe avec K. faites acordamant.
« Sa dama li rendés, qe droit est voiremant,
« Qe partir ne le poit homo qe soia vivant. »
Dist l'inperer : « Vu parlés saçemant;
« Mais d'une ren saçés ad esiant
« Par un petit qe eo no me repant,
« Quant me porpenso de l'inçuria grant
« Qe à ma file el fi malvasiemant;
« E ben savés se digo voir o mant.
« Mais noportant eo vos dono li guant
« Qe de çes ovre façé li ves comant. »

Coment la Roine parole as chevaliers.

Dist la roïne : « Entendés mon talent ;
« Ce que dirai sachiés à escient.
« En mon pere est trestos l'acordemens ,
« Et cil puet faire de moi le suen talent.
« Norrie m'a, et moi et mon enfant ,
« Puis que de France ai fait desevrement ;
« Se il l'otrie, moult en serai joians. »
Dist li dus Naimes : « Vos parlés saigement. »
L'emperèor vait parfont enclinant.
« Sire emperere, dist Naimes li vaillans ,
« Par cel Dieu qui nasqui en Belléant,
« Avec Kallon faites acordement.
« Sa dame rait, que drois est voirement
« Que ne les puet partir nus hom vivans. »
Dist l'emperere : « Vos parlés sagement ;
« Mais d'une rien sachiés à escient
« Par un petit que je ne m'en repent,
« Quant me porpense de la mesprison grant
« Que à ma fille fist il mauvaisement ;
« Et bien savés se je di voir o ment.
« Mais neporquant je vos en doins le gant,
« Que de ceste oevre faciés vostre commant. »

Quant li baron oldé li convenant,
I le merçie, clina le perfondamant
Si l'en mercie e ben e dolçemant.
Se la raine oit çoie, nesun no ne demant ;
A le dux N. ela dist en riant :
« N., fait ela, se vivo longemant,
« De questa pais n'atendés gran presant ;
« Ma, sel ve plas, prendés mon enfant,
« A son per li menés tot inprimeremant
« Q'elo li voie, qe mais no li fo davant.
— Deo! dist Oçer, molto e richo li presant. »
Adoncha la dame non demoro niant,
O vi son fil, porme la main li prant,
A N. le delivre e ben e çentilmant.
E qui prende conçé dal roi e da sa çant
E mena Varocher avec l'infant.
De lui non se fioit en nesun hom vivant ;
Dapo q'el fo nasu sil nori ben e çant.

Coment li mesacer s'en vait a l'ost K.

Va s'en li mesaçer, nen fait demorason,
Emena avec lor le petit garçon,
E Varocher li saçes e li bon.
Quant s'aprosment à l'oste K.,

Quant li ber a oï le covenant,
L'emperéor vait parfont enclinant
Si l'en mercie et bien et doucement.
Se la roïne ot joie, nus nel demant;
Au duc Naimon ele dist en riant :
« Naimes, fait ele, se je vif longuement,
« De ceste païs atendés grant present;
« Mais, se vos plaist, me prendés mon enfant
« Et à son pere le menés maintenant
« Que il le voie, que mais n'i fu devant.
— Dex! dist Ogiers, ci a riche present. »
Adonc la dame ne s'atarge noient,
Où voit son fil parmi la main le prent,
Naimon le livre, et bien et gentement.
Cil prent congié dou roi et de sa gent
Et Varocher en mene à tout l'enfant.
Cist ne s'en fie à nul home vivant;
Puis que nés fu sel norri bien et gent.

COMENT LI MESAGIER S'EN VONT A L'OST KALLON.

VONT s'ent li mes, n'i font arrestison,
Avec eus menent le petit enfançon
Et Varocher qui fu saiges et bons.
Quant aprismé se sont à l'ost Kallon.

Contra li vent çivaler e peon,
Per oldir novelle se la pas averon.
Virent Varocher e le petit garçon
Qe plu fu bel qe non fu Ansalon.
Le çevo blondo, cun pene de paon;
Plu bel damisel uncha non vi nul hon.
Quant i furent davant li rois K.,
Li rois li apelle, si le mis por rason :
« Or dites moi qi est quel garçon ?
« L'avi trové en via o in boschon ?
« Un plu bel damisel uncha non vi nul hon. »
E dist N. : « Quan saverés ses non,
« Plu l'amarés qe li oeli del fron. »
Oldés miracle de Deo qe manten li tron !
L'enfant se parti de braçe de N.,
E ven à K., sil prist al menton.
« Pere, fait il, ben so la leçion
« De moia mere coment s'en alon.
« Vestre fil son par droita nasion,
« E se nol créés, q'en fosi en sospicion,
« Trover me poés le segno qe avon,
« Desor la spala la crox droita son. »
Li rois l'olde, si n'apella N.
« N., fait il, qe dist ste garçon ?
« Ne poso entendre niente de sa rason.
« Donde l'avés ? dites moi qe il son. »
E dist N. : « Vu le saverés par non.

Contre lor vienent chevalier et péon
Savoir noveles s'auront la pais o non.
Varocher voient et o lui l'enfançon
Qui plus biaus ert onc ne fu Asalons.
Le chief ot blont o penne de poon;
Plus bel dansel onques ne vi nus hon.
Quant sont venu devant le roi Kallon,
Cil les apele, ses a mis à raison :
« Or dites moi de celui enfançon,
« L'avés trové en voie o en boisson ?
« Onc ne vist hom nul plus bel dansillon. »
Et dist dus Naimes : « Quant saurés de son nom,
« Plus l'amerés que les deus iex dou front. »
Oés miracle de Dieu qui fist le tron !
L'enfes se part des bras dou duc Naimon,
A Kallon vient, sel prent par le menton.
« Peres, fait il, je sai bien la leçon,
« Com s'en ala ma mere dou roion.
« Vos fils sui je par droite nation,
« Et se nel crois, qu'en aies sospeçon,
« Véoir poés le signe que portons,
« Sor destre espaule, la blanche crois en son. »
Ot le li rois, s'en apele Naimon :
« Naimes, fait il, oés de l'enfançon.
« Ne puis entendre noient de sa raison.
« Qui est me dites ne de quel region. »
Et dist dus Naimes : « Ja le saurés par nom,

« Tel colsa vos diro dont gran çoia n'averon
« Tota la cort, çivaler e peon.
« Çama in France tel çoia non veron
« Cun vu averés por le petit garçon. »

Coment N. parolle.

« Enperer sire, dist N. de Baiver,
« Tel novela vos avero conter
« Donde n'averés forment à merveler.
« Nen véés vos ste petit baçaler?
« Por voir vos di, si ve le poso çurer,
« Qe por ves filz le poez clamer.
« Si o veçu Blançiflor sa mer
« Q'ella estoit en la cort de son per ;
« Non e pais morte, ançi e sana e cler. »
Quant sta novela oï l'inperer,
Sor tot ren s'en pris à merviler.
El dist à N. : « Questo non poso creenter,
« Qe, sa fose vive, nen poroit endurer
« De veoir sa çent oncir e detrençer. »
E dist N. : « E vos li poso çurer
« Qe l'o veçue e parlé al çeler.
« La pax e fata, se la volés otrier. »
Dist l'imperer : « Tropo longo el vi tarder. »

« Tel vos dirai dont grant joie en auront
« Tote la cort, chevalier et péon.
« Jamais en France tel joie ne vist on
« Com vos aurés por le jouene enfançon. »

Coment Naimes parole.

« Sire emperere, dist Naimes de Baivier,
« Bien vos porrai tel novele conter
« Dont en aurés forment à merveiller.
« Véés vos point ce petit bachelier ?
« Por voir vos di, si le vos puis jurer,
« Que por vo fil bien le poez claimer.
« Si ai véu sa mere Blanchefier
« Avec son pere ù ele ert en son tref.
« N'est mie morte, ains vive et en santé. »
Quant li rois ot la novele conter,
Sor tote rien s'en prist à merveiller :
Dist à Naimon : « Ce ne puis créanter,
« Que, se fust vive, ne poroit endurer
« Sa gent véoir ocire et detrenchier. »
Et dist dus Naimes : « Et vos le puis jurer,
« Que l'ai véue, si me li lut parler.
« La pais est faite, sel volés otrier. »
Dist l'empereres : « Trop longues a targié. »

K. li rois prist l'infant à guarder
E si le prist querir e demander.
« Bel filz, fait il, come a nome ton mer?
« E di à moi li nome de ton per. »
Dist l'infant : « Ne vos li o çeler,
« Dama Blanciflor oï à nomer ma mer,
« Mon per oï nomer K. maino l'inperer,
« Cun ma mer me conte quando me ven parler. »
Li rois si le reguarda si le prist à baser.
« Bel filz, fait il, vu me si molto çer;
« De pos ma mort ve fari rois clamer
« De França belle, Normandie e Baiver. »
Or dist N. : « Lasez li parler,
« Qe de l'acordo ora se vol penser,
« Si qe aiez emena ves muler. »
Dist li rois : « A vos ven quel plaider
« De far la pais e la guera laser. »

COMENT ANCOR PARLOIT N.

« EMPERER sire, ço dist le duc Naimon,
« Cun la raine sonto ste à tençon;
« Tot m'a conté de soa entencion.
« Un parlamento vo fare, qe ne pisi o non;
« Un e l'altro enperer serez à un bolçon :

Kalles li rois prist l'enfant à garder
Et si li prist et querre et demander :
« *Bel fil , ta mere com se fait apeler?* »
« *Et de ton pere di com l'oïs nomer.* »
L'enfes respont : « *Ne vos le quier celer,* »
« *Ma mere oï Blancheflor apeler,* »
« *Mes peres est Kallemaines li ber,* »
« *Si com l'oï à ma mere conter.* »
Li rois l'esgarde si le prist à baiser :
« *Bel fil , fait il, moult vos doi avoir chier;* »
« *Après ma mort vos ferai roi claimer* »
« *De dulce France, Normandie et Baivier.* »
Et dist dus Naimes : « *Or laissiés ce parler,* »
« *Que de l'acorde huimais estuet penser,* »
« *Si que menée en aiés vo moillier.* »
Et dist li rois : « *A vos vient cil plaidiers* »
« *De la pais faire et la guerre laissier.* »

COMENT ENCORE PAROLE NAIMES.

« SIRE *emperere, ce dist li dus Naimon,* »
« *O la roïne ai esté à tençon;* »
« *Tot m'a conté de soe entencion.* »
« *A parlement, cui qu'en poist o cui non,* »
« *Venrés andui le trait à un bouzon :* »

« L'acordo farés per bona entencion,
« Prenderés la raine à la clera façon. »
Dist l'inperer : « E nu li otrion. »
Adoncha N. et Oçer li baron
Se departent sens noça e tençon,
A l'oste de Costantinople s'en vent à bandon.
O vi li rois, sil mist por rason :
« Emperer sire, ço dist le duc N.,
« Salu vos mande l'inperaor K.,
« Qe à vos vol parler par bona entencion,
« S'el v'a mesfait, en vol fare amendason.
« Sa dama li donés, qe droit est e rason. »
E cil le dist : « E nu li otrion ;
« Ren qe vo plaçe nen sera se ben non. »
Adoncha N. mis Oçer por K.
Qe à lu vegne por far acordason
Cum l'inperer qe de Costantinople son.
Quan la novela oï li rois K.,
El çura Deo, san Polo et san Simon,
Qe mais non fu ni sera in ste mon
De seno e de savoir e de bona rason
Qe somiler se posa à N.

« Ferés l'acorde par bone entencion
« De la roïne à la clere façon. »
Dist l'emperere : « Et nos si l'otrions. »
Atant dus Naimes et Ogiers, li baron,
D'illec se partent sans noise et sans tençon,
Desci à l'ost l'emperéor s'en vont.
Là où le voient si l'ont mis à raison.
« Sire emperere, ce dist li dus Naimon,
« Salus vos porte de part le roi Kallon,
« Parler vos vuet par bone entencion,
« Se vos mesfist, por faire amendison.
« Sa dame rait, que drois est et raisons. »
Et cil li dist : « Et nos si l'otrions ;
« Dès que vos plaist, ne sera se bien non. »
Adonc dus Naimes envoie por Kallon,
Que à lui viegne por faire acordison,
Avec le roi d'outremer le roion.
Quant la novele est venue à Kallon
Il jure Dieu, saint Pol et saint Simon,
Que mais ne fu ni nen ert en cest mont
Qui de savoir de sens et de raison
Acomparer se puist au duc Naimon.

Coment K. vait a l'ost de li roy de Costantinopueple.

Quant l'inperer à cui França apent
Vi le mesaje, molto s'en fa çoient.
Adoncha apelle li meltri de sa jent,
Si fo vesti d'un palio d'Orient,
E fo monté sor un palafroi anblent.
A l'oste l'inperer à cui Costantinople apent
Est venu tosto et isnellement.
Li rois le vi venu, non fait arestament,
Contre li vait, cum di ses plus de çent.
L'un ver l'autre se mostra bel senblent,
De pax faire entro lor a content.
Atant ven la raine qe parti li parlament.
K. quando la vi, s'en rise bellement.
Et ella li dist : « Çentil rois posent,
« Non voio recorder la ira el maltalent.
« A vu fu calonçea à torto, vilment ;
« Machario de Losana, le traitor seduent,
« Onir vos volse à torto, falsament,
« Albaris oncis à la spea trençent :
« Vengança ne prendisi, cun di sa tota la jent.
« E son vestra muler, altro segnor non atent ;

Coment Kalles vait a l'ost dou roi de Costantinoble.

Quant l'emperere cui tote France apent
Vist le mesage, moult par en est joians.
Adonc apele les meillors de sa gent,
Si se vesti d'un paile d'Orient,
Et s'est montés el palefroi amblant.
Au roi à qui Costantinoble apent
S'en est venus tost et isnellement.
Li rois le voit, n'i fist arrestement,
Contre li vait, et des siens plus de cent.
L'uns envers l'autre se mostrent bel semblant,
De la pais faire entr'eus tienent content.
Es la roïne qui part le parlement.
Kalles la voit, s'en a ri belement.
Ele li dist : « Gentis rois sorpoissans,
« Ne me sovient d'ire et de mautalent.
« Fui encorpée à vos à tort, vieument ;
« Li fel Macaires, li cuivers soduians,
« Onir vos vout à tort et fausement,
« Aubri ocist à l'espée trenchant :
« Vengeance en pristes, véant tote la gent.
« Vos moilliers sui, autre segnor n'atent ;

« Da moia part fate l'acordament.
E dist N. : « Vu parlé saçement ;
« L'ira el maltalent nu meten por nient. »
Li rois si la guarda, tot li cor li sorprent ;
Ça parlira à lo d'omo valent.
« Enperer sire, dist K. li posent,
« Non voio avec vos tençere lungement ;
« Se o fato nul ren à vestre noiament,
« Parilé sui à far ne mendament.
« Nen so qe dire : à Deo et à vos me rent.
« En primement eo fu vestre parent,
« Apreso sui, se la dama li consent. »
Dist la raine : « Nen fu ma si çoient ;
« Mais d'une ren vos di apertement :
« De plus en faire ne vos vegna en talent.

Coment K. oit acordamant con l'Enpriere.

Segnur, or entendés e si siés çertan,
En tote rois, prinçes et amiran
K. maine estoit li plus sovran.
Jamais non amo traïtor ne tiran,
Justisia amoit e droiture clian.
Cun l'inperer fato oit acordaman,
Toto soit perdoné la ire el maltalan.

« *De moie part faites l'acordement.*»
Et dist dus Naimes : « *Vos parlés saigement ;*
« *A noient soit l'ire et li mautalens.* »
Li rois l'esgarde, tos li cuers li sosprent ;
Ja parlera à loi d'ome vaillant.
« *Sire emperere, dist Kalles li poissans,*
« *Ne tancerai avec vos longuement ;*
« *Se faite ai chose qui à vos soit pesans*
« *Aparilliés sui de l'amendement.*
« *Ne sai que dire : Dieu et à vos me rent.*
« *En par avant fui je vostres parens,*
« *Si l'er après, se la dame i consent.* »
Dist la roïne : « *Mais ne fui si joians ;*
« *Mais d'une rien vos di apertement :*
« *De plus en faire ne vos viegne à talent.* »

Coment Kalles ot acordement a l'Emperéor.

Oiés, *segnor, sachiés certainement,*
Desor tos rois, princes et amirans
Fu Kallemaines, li riches rois, sovrains.
Ja n'ama mais traïtor ne tirant,
Joutice ama si fu droit maintenant.
O l'autre roi a fait acordement,
Tot se pardonent l'ire et le mautalent.

Gran fu la çoie, mervilosa e gran.
En Paris entrarent totes comunelman,
E la raine à la çera rian
Sor son palés ela monte çoian.
Gran fu la feste en Paris ladan ;
Dame e polçelle s'en vait caroiant.
La festa dure .XV. jor en avan.
E l'inperer qe Costantinople destran
Conçé demande à l'inperer di Fran ,
E li rois d'Ongarie avec lui enseman.
I se departe baldi, legri e çoiant.
E lasa la raine à la çera riant
Avec K. le riçe sorpoiant.
Da lor avanti fo pax tot tan,
Ne no le fo ni nosa ni buban.

Coment s'en torn l'Enperere in Constantinople.

L'IMPERERE fo en Costantinople torné,
Et avec lui el meno son berné.
E Leoys, le bon rois coroné,
En Ongarie s'en fo reparié.
Gran çoia moine tot qui de le contré.
K. remist à Paris, sa cité,

Grans fu la joie et mervillose et grans.
En Paris entrent trestuit comunaument,
Et la roïne à la chere riant
A son palais monte lie et joians.
Grans fu la feste à Paris là dedens;
Dames, pucelles, s'en i vont carolant.
La feste dure .XV. jors en avant.
Li rois à qui Costantinoble apent
Congié demande l'emperéor des Frans,
Cil de Hongrie avec lui ensement.
Il se departent baut et lié et joiant,
Et la roïne laissent au vis riant
Avec Kallon le riche roi poissant.
Tos jors fu pais entre eus d'ore en avant,
Ne mais n'i fu ne noise ne bobans.

COMENT S'EN TORNE L'EMPERERE EN COSTANTINOBLE.

L'EMPERERE est en sa cité tornés;
Ensemble o lui a mené son barné.
Et Loéis, li boins rois coronés,
Est en Hongrie ariere repairés.
Cil de la terre grant joie en ont mené.
Kalles remest à Paris, sa cité,

E la raine à son destro costé.
Jamais de ren nen fu tel çoia mené
Cun de la raine qe viva fu trové.
De Varocher e voio qe vu saçé
Ancor non est à sa muler alé,
Ne mais non vi ne fio n'erité
Dapois qe da lor el se fo desevré,
E si estoit un gran termen pasé.
Quando quel ovre el vi si atorné,
Et vi la pax e la guera finé,
A la raine el demando conçé.
« Dama, fait il, vu savés ben asé
« Li jor e li termen q'eo me fu sevré
« Da ma muler e mes petit rité,
« Si le lase in grande poverté ;
« Mais, la marçe de Deo e de vestra bonté,
« Asa o avoir e diner moené
« E bon çivail, palafroi e destré,
« Si qe in ma vie ne sero asié,
« Unde vos pri le conçé me doné. »
Dist la raine : « Eo ne son çoiant e lé. »
Ela li done d'avoir una charé.
« Varocher, dist la dama, or vos en alé ;
« Quant vu averés vestra ovra devisé,
« Venerés à la cort, q'el non soia oblié. »
Dist Varocher : « E l'o ben porpensé. »
A çival monte cun petita masné,

Et la roïne à son destre costé.
Grans fu la joie, tel n'en vist on mener;
Por la roïne qu'est vive et en santé.
Et Varochers, ne le vos quier celer,
A sa moillier ancor nen est ralés,
Ne onc ne vist ne fil ne iretier
Depuis que d'eus il se fu desevré,
Et si estoit uns grans termes passés.
Quant à véu l'oevre si atorner,
Et la pais faire et la guerre finer,
A la roïne a congié demandé.
« *Dame, fait il, bien le savés asés,*
« *A icel jor que me fui desevrés*
« *De ma moillier et de mes iretiers,*
« *Je les laissai en moult grant povreté;*
« *Mais, Dieu merci et la vostre bonté,*
« *Or ai avoir et deniers monéés*
« *Et bon cheval, palefroi et destrier,*
« *Si qu'à ma vie en serai aaisiés;*
« *Dont je vos pri le congié me donés.* »
Dist la roïne : « Volentiers et de gré. »
Une charée d'avoir li a doné.
Et dist la dame : « Varochers, or alés,
« *Et quant aurés vostre oevre devisé,*
« *Tornés à cort, ne soit mie oblié. »*
Dist Varochers : « Et l'ai bien porpensé. »
A poi de gent à cheval est montés,

For qe quatorçe oit sego mené.
Ben soit la vie, qe no s'oit oblié.
Quant à sa mason el se fo aprosmé,
En me la voie oit du ses filz trové
Qé venoit del bois cun legne ben cargé,
Si cun son per li avoit costumé.
Varocher quan le vi, si le parse piaté.
A lor s'aprosme, de doso li oit rué;
Quando li enfant se vi si mal mené,
Çascun de lor oit gran baston pilé,
Verso son per s'en vont aïré.
Feru l'averoit, quant se retrase aré
E si le dist : « Ancora averi bonté !
« Bel filz, fait il, vu no me conosé ?
« Vestre per sui qe à vos son torné,
« Grant avoir vos dono amasé;
« Richi en serés en vestra viveté,
« Si çivalçari bon destrer seçorné;
« Çascun sera çivaler adobé. »
E quant li enfant li ont avisé,
Poés savoir gran çoia a demené.

COMENT VAROCHER FOIT VESTIR SA DAMA
ET SES ENFAN.

Quant Varocher entra en sa maison,
Ne le trova palio ne siglaton,

Fors que quatorze n'en a o soi menés.
Bien set la voie, ne s'est mie oblié.
A sa maison quant se fu aprismés,
Emmi la voie a ses deus fils trovés
Qui du bois viennent de laigne bien chargé,
Si com lor peres les ot acostumés.
Et quant les voit si l'en a pris pités.
A eus s'aprisme, del dos lor a rué;
Quant li enfant se voient mal menés,
Chascuns de lor a grant baston cobré,
Contre lor pere s'en vont tot aïré.
Feru l'éussent, quant se retrait arier
Et si lor dist : « Encor aurés bonté!
« *Bel fil, fait il, donc ne me conoissés?*
« *Vos peres sui qui à vos sui tornés*
« *A grant avoir que jou ai amassé;*
« *Riche en serés en trestot vostre aé,*
« *Et si aurés bons destriers sojornés;*
« *Chascuns serà chevaliers adobés.* »
Quant ont lor pere li enfant ravisé,
Poés savoir grant joie en ont mené.

COMENT VAROCHERS FAIT VESTIR SA DAME ET SES ENFANS.

QUANT *Varochers entra en sa maison,*
Là ne trova paile ne siglaton,

Ne pan, ne vin, ne carne, ne peson.
E sa muler non avoit peliçon ;
Mal vestia estoit cun anbes ses garçon.
E Varocher non fi arestason,
Tot le vesti de palii, da quinton ;
De tot quel colse qe perten à prodon
Fe aporter dentro da sa mason,
Si fe levar palasii e doion.
En la corte K. fo tenu canpion.
D'aqui avanti se noua la cançon ;
E Deo vos beneie qe sofri pasion.

EXPLICIT LIBER.
DEO GRACIAS. AMEN. AMEN.

Ne pain, ne vin, ne mais char ne poisson.
Et sa moillier nen avoit peliçon ;
Mal vestie ert et andui si garçon.
Et Varochers n'i fist arrestison,
Tos les vesti de paile, d'auqueton ;
De totes choses tels com use prodon
Fist aporter laiens en sa maison,
Si fist lever et palais et donjon.
En cort le roi fu tenus champions.
D'or en avant faut ici la chansons ;
Dex vos garisse qui sofri passion !

EXPLICIT LIBER.
DEO GRATIAS. AMEN. AMEN.

APPENDICE

I

FRAGMENTS
D'UNE VERSION EN VERS ALEXANDRINS
DE LA CHANSON DE MACAIRE
OU DE LA REINE SIBILE.

RICHIERS a non cis rois, com si j'oï conter,
« .II. anfans a moult gens, qu'on ne por-
       roit trouver
« Plus biax an nule tere, si l'ai oï conter.
« Li uns est chevaliers, bien set armes porter ;
« L'autres est une fille, Sebile o le vis cler :
« Il n'a plus bele dame jusqu'à la rouge mer.
« Richiers li empereres la fist bien marier,
« Car li rois l'a de France, Challemaine li ber.
« Il la prist à mouillier, à oissor et à per. »
Quant Varochers oï de l'hermite parler
Et du roi Challemaine qui tant fist à douter,
La dame regarda si l'a véu plorer.

« Dame, dist Varochers, por Dieu lessiez ester ;
« Por amor Looys le vos convient celer.
« Encui verrez vostre oncle, or pansons de l'errer (1). »

Looys et sa mere n'i ont plus arestu,
Varochers li vieillars qui ot le poil chanu.
Li lerres (2) les conduist parmi le bois follu.
Il ont tant esploitié et alé et venu
Que la maison l'ermite ont devant els véu.
Petite estoit l'entrée devant le most.....
A une fenestrele ot un maillet pandu.
Varochers vint avant s'a du maillet feru.
Li hermites l'oï, qui disoit son salu,
Et devant son autel gisoit tos estandu.

Li hermites se lieve tot droit en son [estant] (3)
Qant il ot l'uis ouvert, si regarda avant ;
Il a choisi la dame et Loï (4) son enfant.

. . . .

Li fardiax fu pesans à poi qu'i n'est crevet.
Un vilain encontra à l'entrée d'uns prés,
.I. asne devant lui qui de busse ert trossés.
« Sire, dist Grimoars, cest asne me vendés. »
Et cil li respondi : « Por noient en parlés ;
« Je n'a[n] prandroie mie tot quanque vos avés. »
Quant Grimoars l'oï, qu'il n'est à poi desvés,
Envers l'asne s'an vait, de lui est acolés,
An l'oreille li dist .II. enchantemens tés

---

1. *De l'errer* est manifestement la bonne leçon. M. de Reiffenberg, remplissant une lacune de son texte, a lu *deléier*, qui ne signifie rien ici. *Pensons à nous mettre en route* est indiqué par le sens du passage.
2. Leçon de M. de Reiffenberg : *Lilerres*, expliqué ainsi en note : *incontinent*. Lisez : *le voleur*.
3. Laissé en blanc par M. de Reiffenberg.
4. Leçon de M. de Reiffenberg : *et l'oï son enfant*, qui n'offre pas de sens.

Que li asnes s'andort, à la terre est versés.
Grimoars prant son asne, n'i est plus arestés.
Le pain mist de desus et les poissons delés,
Et les baris de vin dont il estoit troussés,
Puis sesi l'aguillon, .III. fois s'est escriés :
« Het avant, Diex aïe! » atant s'en est tornés,
Desci que l'ermitage n'est il pas arestés.
Varochers et la dame furent au main levé,
Et Looys, li enfes, qui tant avoit biautés.
Pour vooir Grimoart est chascuns à baer.
Looys l'aperçoit, si s'est haut escriés :
« Je voi là Grimoart où vient tos abrievés ;
« Un asne devant lui de vitaille est trossés. »
Encontre lui s'an vont, moult fu biau salués :
« Bien veigniés, bien veigniés ! (1) » hautement escriés.
— Seigneur, dist Grimoars, Diex vous tiegne en bontés. »

. . . .

MOULT par fu Grimoars acolés doucement.
Les poissons destroussa et le pain de froment,
Et les bariux de vin, dont il furent joiant.
Les coupes d'or reluisent el fardel duremant;
Looys les presente li lerres meintenant.
« Amis, dit Looys, .C. mercis vos an rant.
— Sire, dit Varochers, por Dieu omnipotant,
« D'ont [vos vient cil avoirs] (2) que voi ci en present ?
« Tu en as tué home, jel sai certainemant.
— Sire, dist Grimoars, vos parlés malemant ;
« Onques ome n'ocis, Dieu en trai à garant ;
« Mais Diex le vous envoie, à cui li mons depant (3) :

---

1. M. de Reiffenberg : *Bien veignor !* Leçon impossible.
2. M. de Reiffenberg : *D'ont mes signes à voirs*, leçon inintelligible. Il faut lire *avoirs*, employé substantivement et avec l's marque du sujet. Le sens est à n'en pas douter : « D'où te vient cet avoir ? »
3. M. de Reiffenberg : *à cui li mors depant*. Mauvaise lecture ; il faut *li mons*, le monde.

« Ce que Diex vous anvoie nel refusés néant.
— Amis, dit li hermites, sachiez tot vraiemant.

. . . .

« Si com je cuit et croi et me fet antandant. »
Varocher regarda li rois an sorriant ;
Por ce qu'il le vit nice et de si fet semblant (1),
Bien sot que li vallés ne li estoit noiant.
« Joscerant, dist li rois, .C. mercis vos en rant,
« Car mon filluel m'avés gardé si longuemant. »
.I. serjant apela qui ot non Elinant,
Et cil s'agenoilla devant lui meintenant.
« Sés tu, ce dit li rois, que te vois commandant ?
« Si d'eschés et de tables apren bien cest enfant
« Et de tos les mestiers qu'à chevalier apant. »
Et cil li respondit : « Tout à vostre commant. »
Sa mere aloit vooir et. . . . .
Et li borjois son oste qui ot bon esciant.
Li borjois ot .II. filles moult beles et plesant ;
L'aisnée vint à lui, si le vet acolant :
« Sire frans damoiseax, entendez mon semblant :
« Alevé vous avons et norri, bel enfant.
« Quant venistes céans vos n'aviés noiant ;
« Varochers vostre peres, qui a le poil ferrant,
« Amena vostre dame, sachois, moult povrement.
« Nos vous avons servi moult [amiablement] (2)
« S'or voliés estre sages, mar irois en avant ,
« Mès prenés moi à feme, je le voil et demant. »

« LOOYS, biaus dous frere, entendés ma proiere ;
« Aiés merci de moi, ne sui pas losengiere.

. . . .

« Paris n'ama Eleine que il avoit tant chiere. »

---

1. M. de Reiffenberg : *desci fet femblant*. Leçon impossible *De si fait semblant* est, au contraire, une locution bien connue, qui s'adapte parfaitement au sens.
2. Conjecture. M. de Reiffenberg : *Encéablement*, qui n'a point de sens.

— Bele, dit Looys, je ne vois mie arriere :
« Bele estes de façon et de cors et de chiere,
« Et je sui povres enfes, si n'ai bois ne riviere,
« N'ai terre ne avoir qui vaille une estriviere,
« Et ma dame est malade ausi com fust en biere,
« Et Varochers, mes peres, qui a la brace fiere,
« Ma dame sert moult bien et de bone maniere.
« Vos peres m'a norri et mostré bele chiere,
« Et si n'ot onc du mien vaillant une lasniere ;
« Mès se Diex m'amendoit qui fist ciel et lumiere,
« Je li randrai à double, trop me fet bele chiere.
« Ralés vos an pucele, ne soiés pas laniere,
« Gardés vo pucelage, trop me semblés legere,
« Que ne vos ameroie por tot l'or de Baviere. »
Quant l'antant la pucele, si fist si mate chiere
Q'ele n'i volsist estre por tot l'or de Baviere.

LA pucele fu moult corrociée et marrie
De ce que Looys ne la volt amer mie ;
Tel duel ot et tel honte tote fu enpalie.
Mès Looys n'ot cure d'amor ne druerie.

. . . .

« D'ONT estes, de qeu terre ? ne me devés noier.
— Sire, dist la roïne, à celer ne vos qier,
« Droit de Costentinople qui tant fet à prisier,
« Richiers li emperere qui le reine à baillier (1)
« Certes, il m'engendra en sa franche mouillier.
« Challemaine de France fist por moi envoier ;
« Droitement à Paris, an son palès plenier,
« Là si me prist à feme à per et à moilier.
« Un an fui avec lui, à celer ne vos qier ;

1. Vers faux. Il faut lire, selon moi :

> Richiers li emperere le regne a à baillier,
> *Certes, il m'engendra*, etc.

« Or m'en a fors gitée par dit de losengier,
« Par les maus traitors cui Diex doinst encombrier !
« Les parens Guenelon, que Dieu n'orent ains chier. »

―――

II

Histoire du Lévrier d'Aubri de Mondidier
racontée par Gace de la Buigne.

Se on disoit que chiens de France
Ne sont pas de si grant vaillance
Comme les chiens dont j'ay parlé,
Qui sont d'estrange pays né,
Je monstreray bien le contraire ;
Car je n'ouys oncques retraire
De chien nulle si grant merveille
Comme du levrier d'Aubery
De Montdidier, pour voir le dy.
L'histoire trop longue seroit
Qui toute la reciteroit ;
Aussi est elle aux paroiz paincte :
Pour ce la scaivent des gens mainte.
Si vous diray par briefz mots
Ce que myeulx en fait au propos.
Ledit Aubery chevauchoit,
Avec lui son levrier menoit,
Tant qu'il vint au bois de Bondis,
A trois lieuves près de Paris.
Là convint qu'il éust à faire ;
Car ung hom de mauvaise affaire,
Qui Macaire estoit appellé,

APPENDICE. 313

Si l'aconsuivy tout armé,
Et le tua mauvaisement
Sans qu'il y eust defiement.
Mais quant le chien vit qu'estoit mors,
Tout de fueilles couvrit le corps.
Là se tint jusqu'à l'endemain,
Et adonques lui print la fain.
A la court du roy s'enfuy,
Où il avoit esté nourry
Avecques Aubery son maistre,
Qui en la court avoit bon estre;
Car il y estoit moult aymé.
Le chien a Macaire trouvé
Séant à la table du roy;
Car estoit hom de grant arroy,
Et avoit grant auctorité
Envers la royal majesté.
Si l'aperceut ens emmy l'heure,
Pour le mordre lui courut seure,
Si que tantost l'eust affolé,
Se illecq n'éussent esté
Les escuiers qui là trenchoient
Devant les seigneurs qu'i estoient (1),
Qui le reboutterent arriere,
Si regarderent la maniere
Que le levrier ung pain happa
Sur la table, qu'il emporta
Tout droit à son maistre Aubery,
Qui gisoit mort au bois fueilly.
Et l'endemain, et le tiers jour,
Le levrier fit icellui tour
En venant querir à manger,
Aussi pour son maistre venger,
Car là où il trouva Macaire
Toudis lui voulut il mal faire.
A la bouche Aubery mectoit

1. Ms.: *qui là estoient*. Vers faux.

De la viande qu'il emportoit.
Pour scavoir ce que povoit estre,
Le roy suyvir jusqu' à son maistre
Le fit : si fut le corps trouvé
D'Aubery qui estoit tué ;
Puis fit le roy commandement
Qu'enterré fut solempnelment.
Et Macaire par suspeçon
Fit prendre et mener en prison,
Puis fit assembler son conseil.
Dit l'un des saiges : « Je conseil
« Que Macaire et le levrier
« Soient mis en ung champ plainier,
« Et se combatent bien et fort :
« Là verra on qui aura tort ;
« Et cellui qui sera vaincu,
« Si soit trayné et pendu. »
Ceste deliberacion
Fut du conseil conclusion.
Et fut à Macaire assignée,
Pour combattre au levrier, journée
A Paris, la noble cité.
Bien en voulsist estre acquicté
Macaire, car a acceptée
Malgré lui ladicte journée ;
Car bien scavoit qu'avoit mis mort
Auberi son maistre à grant tort.
Le jour de la bataille vint,
Qu'un des amys Auberi tint
Le levrier au boult de la lice.
Celui ne fut ne fol ne nyce,
Car l'avoit amené devant
Pour ce qu'il estoit appellant.
Macaire assez tost vint après
En l'Ille Notre Dame ez prez,
Où le peuple estoit si très grant
Qu'en lieu on n'en vit oncques tant.
Là se combatit le levrier

A Macaire le chevalier,
Qui fut tellement desconfit
Que de sa bouche regehit
Qu'avoit voulu le roy trahir
Et avec la royne gesir,
Qui estoit si très preude femme
Qu'on ne vit oncques meilleur dame,
Et qu'Auberi de Montdidier
Qui estoit maistre du levrier
Avoit par trayson occis
Aux bois qui sont près de Bondis.
Si fut pendu en ung gibet
Pour la trayson qu'avoit fait.
De preuve n'a mestier l'histoire,
Car en France est toute notoire.

(Ms. de la Bibl. imp., Moreau, 1685. Coll. Mouchet, 9; volume intitulé : *Sur la chasse avant* 1400 [1].)

III

Extrait d'un Manuscrit de la Bibliothèque Impériale, intitulé au dos :

CHRONIQUES DE FRANCE.

Il est de coustume que envieux ont volontiers envie sur ceulx qui ont en eulx plus de graces et vertus.

1. Le poëme de Gace de la Buigne a été imprimé, notamment par Antoine Verard à la suite de l'ouvrage en prose de Gaston Phébus, et confondu pendant quelque temps avec cet ouvrage. J'ai préféré aux textes imprimés celui que me fournissait la collection Mouchet.

Ung traittre avoit en la cort, appelé Maquaire, qui estant bien en grace du roy, requist la royne Sebille de deshonneur, laquelle l'en escondit (1) et debouta du tout d'entour elle. Quant le traittre se vit en ce point, pour doubte que le roy n'en oyst parler, pensa qu'il feroit sa planche (2) au roy à la confusion de la royne. Et prist le roy une fois à privé, et luy remonstra qu'il estoit moult tenu (3) à luy garder son honneur par maintes raisons (4) qu'il luy dist. Et tant dist au roy que le roy entra en soubpesson de jalousie, et haioit le roy de ces chevaliers plusieurs. Et dit l'istoire qu'il coucha ung nain ou lit la royne, dont elle ne sot riens.... Le roy bouta hors sa femme toute grosse d'enfant. Et fut baillée à mener et conduire à ung moult nobles homs chevalier, nommé Auberi de Mondidier, lequel en la menant fut occis en ung bois en l'Ille de France, ou boys de Bondis; et encore y est la fontaine Aubery. Et la royne s'eschappa pendant le debat, et s'adressa en la maison d'un posvre bocheron appelé Verroquier, où elle fut depuis longuement sans estre congneue de personne, et y enfanta ung filz nommé Loys. Le traittre qui occist Auberi fut moult dolant d'avoir perdue la royne et s'en retourna à la court, et dist bien à ces gens qu'ilz tenissent la chose celée.

Iceluy Aubery qui fut occis avoit ung moult biau levrier qui adès le suivoit partout, lequel levrier demoura sur la fosse où Auberi fut enterré ou bois, n'onques n'en bouja jusquez la fain l'en fist aller; et ala droit à la cour du roy. Le levrier où qu'il trouvoit le traistre luy couroit tousjours sus. Les gens de la cour, qui bien congnoissoient Aubery et son levrier, luy donnoient à menger; puis retournoit le le-

---

1. Ms. *estendit*, faute évidente.
2. Sans doute pour *plainte*.
3. Ms. *tenir*.
4. Ms. *faisons*.

vrier sur la fosse son maistre Aubery. Or vint que pour ce que l'en n'oyoit point de nouvelles de Auberi ne de la royne, et c'on véoit le levrier venir souvant à court, aucuns des amis Auberi, qui estoit moult nobles homs, firent suivre le levrier, lequel les mena jusques sus la fosse où estoit Aubery, lequel fut congneu après ce qu'il fut desterré.

Ceulx qui trouverent Aubery par le levrier vindrent le dire au roy, et luy compterent comment il couroit sus à Maquaire. Le roy enquist deligemmant de la chose, et finablement fut dit par le conseil d'aucuns que le traistre combatroit le levrier (1). Et fut ordonnée place, et n'avoit le levrier pour toutes armeures que une queue ou [tonnel, trouée] par les deux bouts (2) et [le traitre] (3) estoit armé. Mais du gré de Nostre Seigneur, qui est le vray juge contre lequel nul ne peult resister par force, le levrier mena le traitre à desconfiture, et tant qu'il confessa sa traïson, et en fist le roy fere justice. L'istoire en est belle à oyr là où elle est au lonc (4); sy nous fault l'abreger pour cause de briefté.

(Manuscrit fr. 5003, fol. 96.)

1. On lit à la marge cette rectification écrite par une main contemporaine :

La cronique ne dit pas qu'il combatist le levrier. Il fut pris par souspeçon, pour ce que le levrier luy couroit sus, et fu jehainé et confessa la traïson et fut decapité.

2. Le manuscrit porte une *queue ou trouuel par les deux bouts*, leçon inintelligible parce qu'elle est fautive et incomplète. Le scribe a réuni en un seul mot : *trouuel*, la fin du mot *tonnel*, synonyme de *queue*, et le commencement du mot *trouée*, nécessaire pour donner un sens aux mots suivants.

3. Ms. *lermt* avec un signe d'abréviation. Faute évidente.

4. Ms. *lent*.

IV

Extrait du Livre de la Chasse de Gaston Phébus, comte de Foix.

Encore pour mielx affermer les noblesces des chiens, feray ore un conte d'un levrier qui fu d'Auberi de Montdidier, lequel vous trouverez en France paint en moult de lieux. Auberi si estoit serviteur du roy de France, si s'en aloit un jour de la cour vers son ostel. Ainsi qu'il s'en aloit et passoit par les boys de Bondis, qui sont emprès Paris, et menoit un très biau et bon levrier qu'il avoit, un homme qui le héoit par envie, senz autre raison, qui estoit appelé Machaire, si li courut sus dedanz le boys, et le tua senz deffier et senz qu'il s'en gardast. Et quant le levrier vit son maistre mort, si le couvri de terre et de fueilles, au mielx qu'il pot, aux ongles et au musel. Et quant ce vint au tiers jour, pour la grant fain qu'il avoit, il s'en revinst à l'ostel du roy, et là trouva Machaire, qui estoit grant gentilz homs. Et tantost que le levrier l'apperçut, si li courut sus, et l'eust afolé se on ne li eust deffendu. Le roy de France, qui saiges et appercevans estoit, demanda que ce estoit, et l'en li dist toute la verité. Le levrier prenoit tout ce qu'il povoit des tables, si le portoit à son maistre et li mettoit en sa bouche. Et ainsi fist le levrier par trois ou par quatre jours. Dont le fist suivir le roy pour véoir où il portoit ce qu'il povoit avoir de l'ostel. Si trouverent Auberi qui estoit encore là où le levrier lui portoit sa viande. Adonc le roy, comme j'ay dit que saiges estoit, fist venir pluseurs des gens de son hostel, et fist applainnier et grater et tirer le levrier par le colier aval l'ostel; mais il ne se bouga. Et puis fist prendre à Machaire une piesce de char et la li fist donner au levrier. Et tantost que le levrier vit Machaire, il laissa la char et courut sus à Machaire. Et quant le roy vit cela, il ot grant souspeçon sus lui, si li dist qu'il li convenoit combatre encontre le levrier. Et Machaire si commença à rire. Maiz le roy le fist de fait. Un des parenz d'Auberi vint à la journée, et pour ce qu'il vit la grant merveille du levrier, il dist qu'il vouloit jurer le serment qui est acoustumé, pour le levrier. Et Machaire jura de l'autre part. Si furent menez en l'Isle Nostre Dame à Paris; et là se combatirent le levrier et Machaire, qui avoit un grant baston à deux mains, et tant que Machaire fut desconfit. Donc manda le roy que le levrier feust retrait arriere, qui le tenoit dessoubz soy. Si fist demander la verité à Machaire, lequel recognut comment il avoit tué Auberi en trahyson et fut pendu et trahyné.

(Ms. de la Bibl. imp., Moreau, 1685, coll. Mouchet, 9. Volume intitulé : *Sur la chasse avant 1400.*)

V

EXTRAIT DU LIVRE DES DUELS, D'OLIVIER DE LA MARCHE.

Si trouverez es anciennes Cronicques comme par un levrier fut accusé un Chevalier, non par paroles mais par fait, et dont le cas du meurtre qui ne pouvoit estre atteint ne prouvé, fut par le levrier aidé à la grace de Dieu, tellement que le cas meurtrier vint à la cognoissance de justice, et dont la punition fut faite telle qu'il appartenoit.

Et dit la Cronicque qu'un Chevalier avoit un autre Chevalier à compaignon, et pour ce que le compaignon estoit homme de verité, et de grande vaillance, et de grande renommée, et estoit estimé, aimé et honoré du Roy et des Seigneurs, et avoit avancement devant le Chevalier, ledit Chevalier print telle envie et hayne sur son compaignon, que malicieusement et par orgueil, eux estans en un bois, le Chevalier frappa son compaignon d'une espée par derriere, et l'occit; et ne se pouvoit ceste chose preuver, car nul ne l'avoit veu que le levrier, qui par paroles ne le pouvoit descouvrir. Le Chevalier meurtry s'appeloit Messire Aubery de Mondidier, et le Chevalier qui le meurtrit s'appelloit Messire Machaire; et le meurtrit és bois de Bondis pres Paris. Et advint que le meurtrier avoit couvert le Chevalier meurtry de fueilles d'arbres en telle maniere qu'on ne se pouvoit appercevoir de mort. Mais le levrier, qui aimoit son maistre Aubery, demeura aupres du corps, jusques à ce que destresse de faim le fit partir, et venir à la cour du Roy querre sa vie: et si tost qu'il vid marcher le meurtrier de son maistre, il luy courut sus, et ne le pouvoit on recourre qu'il ne l'estranglast; et tant de fois fit le semblant qu'il mit en suspection le Roy et la Noblesse, que le levrier ne le faisoit pas sans cause et sans aucune signifiance. Et pour ce que le levrier, si tost qu'il avoit mangé son repas, il s'en retournoit vers son maistre trespassé, le Roy le fit suivre par aucun de ses familiers, et trouverent Aubery gisant mort au bois, navré en plusieurs lieux, ramenerent le levrier et firent le rapport au Roy. Le Roy fit prestement assembler son Conseil, et fut determiné que pour approuver le meurtre et ceste trahison, Machaire combattroit le levrier, qui tant de fois l'avoit assailly;

et fut baillé jour pour faire la bataille en l'isle Nostre Dame. Es prez fut Machaire enfouy jusques au fau du corps, en telle maniere qu'il ne se pouvoit tourner ne virer tout à sa guise ; luy fut baillé un escu et un baston pour toutes deffences et sans autres armures. L'amy de Aubery de Montdidier tenoit le levrier qui fut laissé aller et prestement courut sus Machaire, si aigrement et de tel courage qu'il le print aux dents, par la gorge, et recognut la trahison qu'il avoit faite : et le leal levrier, un chien, une beste, eut la grace et l'aide de Dieu, et approuva la verité de ceste matiere. Et semble par cest exemple que Dieu veut et permet que tels insults et faits en trahison soient prouvez pour en faire la punition. Car ledit Machaire fut pendu et estranglé au gibet de Montfaucon ; et le corps d'Aubery allé querre par ses amis, et sepulturé honorablement, comme leal chevalier qu'il estoit.

(*Livre des Duels*, autrement intitulé *l'Advis de Gage de bataille*, jadis composé par messire Olivier de la Marche, et dedié à Philippes, archiduc d'Autriche. In-8. Paris, 1586, fol. 8 et 9.)

VI

RÉCIT DE J. SCALIGER.

Est et altera historia Galliæ peculiaris. Offensus amici sive potentia sive perfidia, quidam Regis Aulicus cum ex insidiis obtruncat atque in avio agro sepelit.

Macaire. 21

Venaticus canis ibi tum comes hero fuerat : is amore victus diu sedit in tumulo. Postea quam fames pietatem superavit, atque in aulam sine domino reversus est, rati illius contubernales bestiam temere vagari, ei cibum dari jubent. Satur ille ad tumulum redit ; et redit toties, ut primum suspicio invaderet animos incerta quædam et fluctuans, mox etiam certi esse sibi viderentur heri id fieri desiderio. Abeuntem prosecuti, deprehenso telluris tumore, effossum cadaver atque agnitum afficiunt sepultura. Canis, exequiis peractis, socius fit eorum quibus fuerat dux ad investigandum. Tandem aliquando in aulam ubi homicida rediisset, eum canis conspicatus, magnis illico editis latratibus ægre ab impetu cohibetur : quo tanquam indice aucta suspicio in multorum animis certa fides evasit. Cæterum bestiæ perseverantia in illius odio atque prosecutione etiam regem movit ut juberet hominem causam dicere. Ille negare factum, persistere inficiatione ; canis ejus orationem latratibus atque assultibus obturbare, ut eam interpellationem pro facinoris exprobratione quotquot aderant interpretarentur. Eo res deducta est ut, jussu regis, homicida cum provocatore singulari certamine decertaret. Picta est canis historia in cænaculo quodam regio. Pictura vetustate dilutior atque obscurior facta, regum mandato semel atque iterum instaurata est; digna prorsus Gallica magnanimitate quæ aere fusili assequatur perennitatem.

(*Exotericarum exercitat. lib. XV de subtilitate*, ad Hier. Cardanum, Exerc. 202. Paris, 1557, in-4°, p. 272.)

VII

Recit de Claude Expilly.

Le duel qui avint du tams du Roy Charles V et an sa presance antre le Chevalier Macaire et le Levrier d'Aubry de Montdidier, êt le plus notable et digne de memoire de tous ceus qui se firent onques. Macaire avoit occis Montdidier dans le bois de Bondis, jalous de le voir plus avant an faveur que lui auprés du Roy. Il n'y avoit autre témoin de l'acte que le Levrier du defunt, lequel, ayant êté treuvé avec le cors, s'alla randre aus piez du Roy, come pour demander justice : il ne découvrit point si tôt Macaire qu'il commança à se herisser et aboyer et se lancer sur lui : come le chien d'Hesiode acusa les anfans de Ganistor Naupactien d'avoir tué son maitre; et l'autre qui an fit de méme auprés de Pyrrus contre certains soldas de son armée, et celui ancore qui gardoit le tample d'Esculape à Atenes : de méme ce Levrier donna le premier argumant que Macaire avoit commis le meurtre. Le Roy s'an voulut tellemant éclaircir qu'il fit aporter du pain et le fit presanter au chien par Macaire, mais an lieu de pain, il voulut ampoigner et mordre la main : le méme pain remis à quelques jantis-homes là presans, le chien le print et le manja : ce fut un soupçon, un indice et une presomption violante qu'autre n'avoit fait le coup; à quoy êtoit ajouté que le méme jour de la perte de Montdidier, on avoit veû Macaire avec luy au dehors de la ville : de sorte, que le Roy tint le fait come pour averé : et d'autant plus que le chien se tournoit tantot de son coté, se joüant de sa queuë, tantot aboyoit contre l'autre, qui êtoit tout étonné et perdu de cete acusation et de sa consciance. An fin, le Roy luy dit qu'il se devoit purger par le combat : il demanda ou êtoit l'acusateur, on luy montre le chien, et par ordonnance de Sa Majesté, il fut contraint de se batre, armé d'un fort baton et d'un petit bouclier : au chien on donna un tonneau defoncé pour faire ses relancemans : l'ile de Notre Dame de Paris fut le champ de bataille : le Levrier, come s'il eut eu du jugemant, se secoüe, se prepare, se herisse, ataque son enemy, le tourmante, le presse, et le morfond an telle sorte qu'à la fin, l'ayant ampoigné au gosier et jetté par terre, le serrant apremant, le miserable avoüa le crime, et confessa le tout esperant de trouver pardon, là où la justice du ciel et de la terre le condamnoient au supplice, où il fut anvoyé sur le champ : justice vrayement du Ciel, d'avoir animé un Levrier, et luy avoir donné l'adresse de vaincre, et faire avoüer l'assassinat au meurtrier : Je sçay que plusieurs racontent l'histoire avec quelque diversité.

(*Playdoyez de Mre Claude Expilly, chevalier, conseiller du Roy an son Conseil d'Etat.* Lion, 1636, in-4. Plaidoyé XXX sur l'edit des duëls publié le 13 juillet 1609, p. 312-313.)

VIII

Recit de Vulson de La Colombiere.

Nous avons très-suffisamment fait voir cy-devant, comme par faute de preuves, les Princes Souverains ou leurs Parlemens permettoient le duel entre les hommes, lorsqu'il s'agissoit de quelque crime capital, commis secretement. Mais cecy est bien plus nouveau et plus estrange, qu'on ait accordé le combat à une beste contre un homme, et contraint un homme d'entrer en combat, et se mesurer avec une beste. L'histoire en est admirable, et on la voit encore peinte sur le manteau d'une des cheminées de la grande Salle du Chasteau de Montargis ; le Roi Charles V ayant eu soin de l'y faire representer pour une marque des merveilleux Jugemens de Dieu.

Il y avoit un Gentil-homme que quelques-uns qualifient avoir esté Archer des Gardes du Roy, et que je crois plustost devoir nommer un Gentil-homme ordinaire, ou un Courtisan, par ce que l'Histoire latine dont j'ai tiré cecy, le nomme *Aulicus*, nommé par quelques Historiens le Chevalier Macaire ; lequel estant envieux de la faveur que le Roy portoit à un de ses compagnons, nommé Aubry de Montdidier, l'espia si souvent qu'en fin il l'attrappa dans la forest de Bondis, accompagné seulement de son chien (que quelques historiens, et notamment le sieur d'Audiguier, disent avoir esté un levrier d'attache), et trouvant l'occasion favorable pour contenter sa malheureuse envie, le tua, et puis l'enterra dans la forest et se sauva après le coup, et revint à la Cour tenir bonne mine : Le chien de son costé ne bougea jamais de dessus la fosse où son Maistre avoit esté mis, jusques à ce que la rage de la faim le contraignit de venir à Paris, où le Roy estoit, demander du pain aux amis de son feu Maistre, et puis tout incontinent s'en retournoit au lieu où ce misérable assassin l'avoit enterré ; et continuant assez souvent cette façon de faire, quelques-uns de ceux qui le virent aller et venir tout seul, heurlant et plaignant, et semblant par des abois extraordinaires vouloir descouvrir sa douleur, et declarer le mal-heur de son maistre, le suivirent dans la forest, et observans exactement tout ce qu'il feroit, virent qu'il s'arrestoit sur un lieu où la terre avoit esté fraischement remuée ; ce qui les ayant obligés d'y faire foüiller, ils y trouverent le corps mort, lequel ils honnorerent d'une plus digne sepulture, sans pouvoir descouvrir l'autheur d'un si execrable meurtre. Comme donc ce pauvre chien estoit demeuré à quelqu'un des parents du deffunt et qu'il le suivoit, il apperceut fortuitement le meurtrier de son premier Maistre, et l'ayant choisi au milieu de tous les autres Gentils-hommes ou Archers, l'attaqua avec grande violence, luy sauta au collet, et fit tout ce qu'il peut pour le mordre et pour l'estrangler. On le bat, on le chasse, il revient toujours, et comme on l'empesche d'approcher, il se tourmente et abbaye de loing, adressant ses menasses du costé qu'il sent que s'est sauvé l'assassin. Et comme il continuoit ses assauts toutes les fois qu'il rencontroit cét homme, on commença de soupçonner quelque chose du fait, d'autant que ce pauvre chien plus fidelle et plus reconnoissant envers son Maistre que n'auroit esté un autre serviteur, n'en vouloit qu'au meurtrier, et ne cessoit de luy vouloir courir sus pour en tirer vangeance. Le Roy estant adverty par quelques-uns des siens de l'obstination de ce chien, qui avoit esté reconnu appartenir au Gentil-homme qu'on avoit trouvé enterré et meurtry miserablement, voulut voir les mouvements de cette pauvre beste. L'ayant donc fait venir davant luy, il commanda que le Gentil-homme soupçonné se cachast au milieu de tous les assistans, qui estoient en grand nombre. Alors le chien, avec sa furie accoustumée, alla choisir son homme entre tous les autres ; et comme s'il se fust senty assisté de la presence du Roy, il se jetta plus furieusement sur luy, et par un pitoyable abboy il sembloit crier vangeance et demander justice à ce sage Prince. Il l'obtint aussi ; car ce cas luy ayant paru merveilleux et estrange, joint avec quelques autres indices, il fit venir devant soy le Gentil-homme soupçonné, et l'interrogea, et pressa assez puissamment pour apprendre la verité de ce que le bruit commun et les attaques et abbayemens de ce chien (qui estoient comme autant d'accusations) luy mettoient sus; mais la honte et la crainte de mourir par un supplice honteux, rendirent tellement obstiné et ferme ce criminel dans la negative, qu'en fin le Roy fut contraint d'ordonner que la plainte du chien et la negative du Gentil-homme se termineroient par un combat singulier entr'eux deux, par le moyen duquel Dieu permettroit que la verité seroit reconnuë. Ensuitte de quoy ils furent tous deux mis dans le camp comme deux champions, en presence du Roy et de toute la Cour. Le Gentil-homme armé d'un gros et pesant baston, et le chien avec ses armes naturelles, ayant seulement un tonneau persé pour sa retraite et pour faire ses relancemens. Aussi tost que le chien fut lasché, il n'attendit point que son ennemy vinst à luy; il sçavoit que c'estoit au demandeur d'attaquer; mais le baston du Gentil-homme estoit assez fort pour l'assommer d'un seul coup, ce qui l'obligea à courir çà et là à l'entour de luy, pour en éviter la pesante cheute; mais en fin tournant tantost d'un costé, tantost de l'autre, il prit si bien son temps, que finalement il se jetta d'un plein saut à la gorge de son ennemy, et s'y attacha si bien, qu'il le renversa parmy le champ, et le contraignit à crier misericorde, et supplier le Roy qu'on lui ostast cette beste, et qu'il diroit tout. Sur quoy les escoutes du camp retirerent le chien, et les Juges s'estant approchez par le commandement du Roy, il confessa devant tous qu'il avoit tué son compagnon, sans qu'il y eust personne qui l'eust peu voir que ce chien, duquel il se confessoit vaincu. L'Histoire dit qu'il fut puny, mais elle ne dit point de quelle mort, ny de quelle façon il avoit tué son amy. Si ce chien eust esté au temps des anciens Grecs, lorsque la ville d'Athenes estoit en son lustre, il eust esté nourry aux despens du public; son nom seroit dans l'Histoire; l'on luy auroit dressé une statuë, et son corps auroit esté ensevely avec plus de raison et plus de merite que celui de Xantipus. L'histoire de ce chien, outre les honorables vestiges peintes de sa victoire qui paroissent encore à Montargis, a esté recommandée à la postérité par plusieurs Autheurs, et singulierement par Julius Scaliger en son livre contre Cardan, *Exerc.* 202.

J'oubliois de dire que le combat fut fait dans l'Isle Notre-Dame, en presence du Roy et de toute la Cour.

(*Le Vray Theatre d'honneur et de chevalerie*, t. II, p. 300, in-fol. Paris, 1648.)

IX

Recit de Ribier.

Il se trouve que par des épreuves de fer ardent et d'eau boüillante plusieurs hommes se sont purgés de ce qu'on leur mettoit sus : Dieu fut pour eux, et trouverés en quelques Croniques comme par un Levrier fut accusé un chevalier (non par paroles, mais de fait) du meurtre d'un autre chevalier son compagnon, dont on n'avoit point de connoissance en justice qu'il fust coupable; le meurtry s'appelloit Messire Aubery de Mondidier, et le meurtrier Machant (*sic*), tous deux de la cour du Roy. Machant avoit caché et couvert le corps de feüilles et d'herbes, mais le Levrier, qui aymoit son maistre, demeura auprès de luy, jusqu'à ce que la faim le fit aller à la cour querir sa vie. Et si tost qu'il aperçut le meurtrier, il luy courut sus, et le vouloit étrangler, et tant de fois après en avoir esté sěparé, retourna contre luy, qu'il mit en suspicion le Roy et sa Noblesse, de maniere que, s'en retournant vers le mort, il fut suivi par quelques familiers du deffunt, qui trouverent le corps dudit deffunt dans le bois, navré en plusieurs lieus, et en firent leur rapport au Roy Charles V, lequel assembla son conseil, et fut determiné, que pour verifier le meurtre et trahison, Machant combatteroit le Levrier (1); jour baillé pour la bataille en l'Isle Notre Dame, et à l'heure du combat, on enfoüit Machant jusques au faix du corps, en telle maniere toutefois qu'il pouvoit tourner tout à son aise, et luy furent baillé un écu et un baston pour toutes armes. Les amis du deffunt tenoient le chien, et l'ayant laissé courir, il courut sus au meurtrier, de tel courage et violence qu'il le prit par la gorge avec les dents, et luy fit confesser sa trahison et demander misericorde au Roy. Ainsi le loyal Levrier, un chien, une beste, par la grace et aide de Dieu, prouva la verité, et semble par cét exemple que Dieu veüille et permette que les cas obscurs et faits en trahison soient prouvés par des moyens extraordinaires, pour en estre fait la punition ; car ledit Machant fut pendu et étranglé au gibet de Montfaucon (2), et le corps du deffunt sepulturé hono-

---

1. A la marge on lit : « Ce combat du levrier et du meurtrier de son maistre est peint au manteau de la cheminée de la grande salle du château de Montargis. »

2. A la marge : « Vulson alleguant cette histoire, dit ne scavoir le genre de mort. »

rablement comme loyal chevalier. Il y a dans les histoires anciennes un pareil exemple (1), etc.

(*Lettres et Memoires d'Estat*, etc., par Messire Guillaume Ribier, conseiller d'Estat. Paris, 1666, in-fol., t. I, p. 311-312.)

1. Celui du chien de Pyrrhus. Ribier le rapporte.

NOTES.

P. 2, v. 4 :

 Li qual fi faire un de qui de Magan.

Magan pour *Mayence*, ai-je besoin de le dire ? n'est pas une forme française, et le vers tout entier, même en le rétablissant ainsi :

 La quel fist faire un de cels de Maian,

ne serait pas dans les habitudes de langage du XIIe n du XIIIe siècle. La leçon que je propose, au contraire, est calquée sur une forme que les trouvères du temps emploient presque toujours au début de leurs poëmes.

P. 2, v. 10 :

 Como fu l'inperer K. el man.

A ce vers inadmissible j'en substitue un autre de même valeur, qui se retrouve partout, et, par exemple, au début de la chanson d'*Aspremont :*

 Plaist vos oïr bone chançon vaillant
 De Karlemaine, lou riche roi puissant.
    (Ms. fr. 2495.)

Je ne crois pas que *maine* ou *magne*, ait jamais été employé sous la forme *man*. Cependant j'ai trouvé, en prose, *Challement :*

 Parce qu'il estoit du lignage le grant *Challement*.
(*Chroniques de Saint-Denis, Hist. de France*, t. X, p. 304.)

P. 3, v. 5 :

    Dont en morurent maint chevalier vaillant.

Vers emprunté presque littéralement à la chanson de *Huon de Bordeaux* (p. 4).

P. 3, v. 6 :

    Li fel Macaires ceste oevre ala brassant.

Brasser une œuvre, une trahison, une honte, sont des locutions fort en usage au temps où fut composé notre poëme. Exemples :

    Moult maudit les traîtres qui cheste oevre ont brassée.
                         (*Gui de Nanteuil,* p. 95.)

    Icelle honte que Lanbers m'a brassée.
  (*Auberi le Bourguignon,* ms. La Val. 40, fol. 77 v°, col. 2.)

    Chier lor vendra ce que il ont brassé.
  (*Bueve d'Hanstone,* ms. fr. 12548, fol. 183 v°, col. 2.)

Le mot *engan* du texte de Venise, qui est l'*inganno* italien, se trouve bien en provençal, mais je doute fort qu'on en rencontre un exemple français, quoique le verbe *enganer* (prov. *enganar,* ital. *ingannare*) remplace quelquefois *engigner,* qui paraît être la vraie forme française.

    Par foi, dist Hues, nous sommes engané.
                         (*Huon de Bordeaux,* p. 113.)

    Quant il parçut qu'il estoit enganés.
                                  (*Id.,* p. 59.)

Raynouard ne cite qu'*engaigne* sous le mot provençal *engan*, et encore à tort ; car *engaigne* correspond non pas à *engan*, mais à la forme féminine *enguana*.

Il eut été facile de calquer le vers que j'ai essayé de refaire en lisant :

    Et por Macaire fu tos icil engans ;

mais cette leçon, même en admettant la forme *engan*,

n'eût guère satisfait quiconque a l'habitude et le sentiment de notre vieux langage.

P. 3, v. 7 : *Savoir certainement, savoir veraiement, savoir à esciant*, sont des locutions fréquentes :

>Car bien savons por voir certainement.
>>(*Aspremont*, ms. fr. 2495, fol. 106 v°.)

>C'est des genz K., sachiez veraiement.
>>(*Id.*, fol. 107 r°.)

>Gel sai à esciant.
>>(*Id.*, fol. 106 r°.)

P. 3, v. 8 : *et deriere et devant*. Locution qui reviendra souvent dans notre poëme, tantôt sous cette forme, tantôt sous la forme *et avant et arrier*. On employait figurément et au même sens les locutions *sus et jus, aval et amont* (haut et bas), *environ et en lez*, qui signifient, lorsqu'elles ne sont pas prises au propre : en tous sens, de toute manière, complétement. Le plus souvent, ces façons de parler sont purement explétives.

>Tant dist Balans *et avant et arier*
>Qu'il fist Naimon à cele fois laissier.
>>(*Aspremont*, ms. fr. 2495, fol. 99 r°.)

>Tant m'a parlet *et avant et arier*
>Que de saiens s'enfuï ma mollier.
>>(*Raoul de Cambrai*, p. 288.)

>A grant mervelle le déust bien prisier
>Et tot si homme et *devant et derier*.
>>(*Chevalerie Vivien*, ms. de Boulogne-sur-Mer, fol. 87 r°, col. 2.)

P. 3, v. 9 : *Hom si sovrains*. C'est *soverain* qui est la forme primitive; mais, à l'époque où nous sommes, on emploie indifféremment les deux.

P. 3, v. 10 :

>Com Kallemaines, li riches rois puissans;

ou, si l'on veut :

    Com Kallemaines, l'emperere des Frans.

P. 3, v. 15 :

    Conseil d'enfant n'aloit mie escoutant.

Cet éloge revient souvent sous la plume des trouvères, qui tenaient que

    Faus est li hom qui croit conseil d'enfant.
    (*Huon de Bordeaux*, p. 139.)

P. 4, v. 10 : *Entro Paris*. Je restitue : *Droit à Paris*, en m'autorisant de nombreux passages, et entre autres de celui-ci :

    Droit à Paris, cele cité vaillant
    Sunt asenblé Angevin et Normant.
    (*Aspremont*, ms. fr. 2495, fol. 81 v°.)

P. 5, v. 1 :

    Et tant que vinrent Guillames et Bertrans.

C'est Guillaume au court nez et son neveu Bertrand, qui, en effet, selon les récits des trouvères, ne se signalent qu'après le règne de Charlemagne, sous celui de son fils l'empereur Louis.

P. 5, v. 9 : *Francor*.

    L'*ost* Francor. — La *terre* Francor.
    (*Aspremont*, ms. fr. 2495.)

P. 5, v. 13 :

    Et li dus Naimes, ses boins conseléor.

Je n'ignore pas que *conseillere* était la forme du sujet et *conseléor* la forme oblique ; mais je n'ai pas cru devoir, ici et ailleurs, me montrer plus scrupuleux que les meilleurs trouvères, qui, pour le besoin de la rime, ont violé sans façon les lois de notre ancienne déclinaison. Je choisis entre mille les exemples ci-après que je trouve dans une même tirade fort courte de la chanson d'Aspremont (ms. fr. 2495, fol. 70) :

> Ce dit Balanz : « Enten, emperéor. »

Il eût dû dire : *emperere*, car le *vocatif* et le *nominatif* se traitaient de même.

> Dist l'emperere : « Il ment li lechéor. »

au lieu de : *li lecherre*.

Et ce n'est pas seulement à la rime qu'on trouve par milliers de semblables fautes ; exemple :

> Quant paien virent que Franceis i out poi,
> Entr'els en ont e orgoil e cunfort ;
> Dist l'un à l'altre : « L'emperéor ad tort. »
>
> (*Chanson de Roland*, éd. Genin, p. 163.)

au lieu de : *l'emperere*.

P. 5, v. 16 : *Soffrir peine et dolor.* (*Auberi le Bourguignon*, ms. La Val. 40, fol. 1, col. 1 r°.)

P. 5, v. 17 :

> Sor tos les autres avoit cil la valor.

Je suppose que *coréor* du texte vénitien est pour *poignéor, feréor*; mais je ne retrouve ce mot *coréor* qu'au sens particulier de *coureur d'avant-garde*, et non au sens général de vaillant, de hardi combattant, de courageux guerrier. Je le remplace donc par une locution qui me paraît fort bien s'adapter au sens du passage et que j'emprunte à la chanson d'*Aspremont*, où Naimes dit en parlant de Charlemagne :

> Car après Deu a sor tos la valor.

P. 5, v. 19 : *l'umainne criator*, le créateur de l'humanité. A ne voir que le texte de Venise on pourrait croire que *li maine* est pour *ille magnus*, le grand ; mais nulle part, que je sache, on ne trouverait semblable exemple. Au contraire, la leçon que je propose se justifie par le vers ci-après de la chanson d'*Aspremont :*

> Dex le garisse, l'umainne criator.
> (Ms. fr. 2495, fol. 133 r⁰.)

P. 6, v. 3 :

> Quant les traï à li rois *almansor.*

Il se pourrait bien que le compilateur italien eût pris *Almansor* pour un nom propre, puisqu'il le fait précéder des mots : *à li rois*. Il avait évidemment sous les yeux, dans le texte français, le mot *aumaçor* (provençal, *almassor*), qui, comme l'on sait, désigne un chef arabe, un *émir.*

P. 6, v. 14 :

J'ai restitué ce vers d'après le sens général qu'il me paraît renfermer, mais sans pouvoir exactement me rendre compte du mot *ançoner*. Ce mot se retrouve dans le texte italianisé de la chanson d'*Aspremont* que renferme le ms. fr. 1598. Ogier le Danois dit à l'empereur :

> Biem porai por mon cors vostre droit defenser,

et l'empereur lui répond :

> Ogier, dist Kalle, trop estes ançoner.
> (Fol. 10 r⁰, col. 1.)

vers qui répondent à ceux-ci du ms. La Val. 123 :

> Et bien sarai vostre droit desresnier.
> — Vus n'iroiz mie, ce dist li rois, Ogier.

P. 7, v. 6 :

> Grant cort tint Kalles *l'emperere au vis fier.*

GAYDON, p. 295, v. 33 :

> Karles i entre, l'emperere au vis fier.

On pourrait lire aussi : *nostre emperere ber* (voyez *Gaydon*, p. 1), ou : *nostre emperere fier* (*id.*, p. 303).

NOTES.

P. 7, v. 18 :

> Par droite force et avoir sa moillier.

Par droite force, locution qui revient souvent dans les poëmes du moyen âge, et où le mot *droite* n'indique nullement que l'emploi de la force fût légitime :

> En Rome n'a capele ne mostier
> Ne soient ars, fendu et peçoié ;
> *Par droite force* i sont entré paien.
> (*Ogier*, t. I, p. 8.)

Il faut comprendre comme s'il y avait *droit par force*, tout droit par force.

Avoir sa moillier se retrouve ailleurs :

> Li fel Lambers qui *vot avoir m'oissor*.
> (*Auberi le Bourguignon*, ms. fr. 859, fol. 163 v°, col. 2.)

P. 7, v. 21 :

> O mainte dame por *son cors* deporter.

C'est-à-dire *pour se divertir. Son cors* ne signifie rien de plus que *se. Mes cors, tes cors, ses cors*, ne sont le plus souvent que des locutions pronominales, d'un emploi très-fréquent au moyen âge. Dans quelques cas, cependant, *mes cors*, lorsqu'il n'est pas seul, renforce le pronom au lieu de le remplacer : *Je méismes mes cors* signifie : *moi-même en personne*.

> A cort s'en vait por son cors deporter.
> (*Gaydon*, p. 12.)

Voyez des exemples analogues dans *Huon de Bordeaux*, p. 72, 95, 114, etc., etc.

P. 7, v. 22 : *Vieler*. Le texte de Venise porte *violer*, mais c'est une forme tirée de *viola*, et chez nous il ne paraît pas que *viole* soit de toute ancienneté. C'est *viele* qui était en usage au XIIIe siècle avec son dérivé *vieler*.

> Vieler font .i. cortois jougléor.
> (*Auberi le Bourguignon*, ms. La Val. 40, fol. 32 v°, col. 2.)

P. 7, v. 23 :
>Une chanson et dire et chanter.

Voilà un vers faux, dira la critique, qui parfois règle la prosodie du moyen âge d'après celle de ce temps-ci. Le vers est faux, en effet, si l'*e* muet s'élidait toujours ; mais rien ne me paraît moins démontré, et c'est même le contraire qui me semble établi par des exemples sans nombre qu'on peut relever dans les meilleurs textes. On me répondra peut-être que ce sont autant de leçons vicieuses à corriger ; mais refaire tous ces vers ne sera pas prouver qu'ils sont faux. Je n'entends point ici traiter la question ; je prie seulement le lecteur de ne me pas imputer une erreur que je ne laisserais pas sans discussion inscrire à mon compte.

Je choisis dans mille exemples ceux-ci :

> « Mais que la foit *aie au* departir. »
> Et Berneçons la *fiance en* fist.
>> (*Raoul de Cambrai*, p. 317.)
>
> Au messaigier le *done en* baillie.
>> (*Id.*, p. 318.)
>
> La jantil dame le *monstre à* ces fis.
>> (*Id.*, p. 328.)
>
> Qui se devoit *combatre à* Guion.
>> (*Gaydon*, p. 207.)
>
> Et dist au roi : « Sire, *entendés* chà. »
>> (*Bueve d'Hanstone*, ms. La Val. 80, fol. 9 v°, col. 2.)

P. 8, v. 6 : *reçater*, de l'italien *riscattare*, recouvrer, racheter. Il me paraît qu'*esmer* (estimer) est le mot que le compilateur a voulu rendre. Il serait facile de rester plus près du texte, mais non du sens, à ce que je crois, en lisant :

> Ne péust on plus belle recovrer.

P. 8, v. 10 : *Plus bela compagne*, c'est-à-dire plus belle compagnie ou union, plus beau couple. Le vers ne se prête pas à l'emploi du mot *compaigne*; j'ai donc eu recours à *druerie* qui, en pareil cas, est le mot le plus usité. V. Raynouard, *Lexique roman*, III, 79, sous *drudaria*.

P. 8, v. 16 : *Asaçer*, italien : *assaggiare*, essayer. On a dit *asaier* et *essaier* en vieux français, et l'on pourrait restituer :

> Bien sai la dites por mon corps asaier;

mais *esprover*, que j'ai préféré comme plus clair, se dit aussi bien au même sens.

P. 8, v. 26 : *e arder e bruser*. — *Bruser*, italien, *bruciare*; provençal, *bruzar*, *bruisar*. J'ai cru, en m'autorisant du provençal, pouvoir maintenir *bruisier*; mais mieux vaut peut-être restituer *brusler*, qui, avec *bruïr* et *ardre* ou *ardoir*, est généralement employé en français au sens de l'italien *bruciare*.

P. 8, v. 27 : *la polvere à venter*. C'est *poudre* qui répond exactement à *polvere*, forme purement italienne :

> Ardoir en feu et la poudre venter.
> (*Gaydon*, p. 20.)

Mais *poudriere*, *pouriere*, *poriere* (provençal, *polverieyra*) se trouve aussi fréquemment que *poudre* et au même sens. Voyez *Gui de Bourgogne*, p. 24 et *passim*; *Gaydon*, p. 285; *Aliscans* (Rec. des *Anciens poëtes*), p. 19, etc.

P. 9, v. 1 :

> Ez vos Macaire entrant ens el vergier.

Rien de si connu que cette locution *ez vos* ou *es vos*, *voici*, *voilà*. Le sens en est fort net, mais l'origine en est moins claire. On a pris apparemment, au moyen âge, le mot *es* pour la seconde personne de l'indicatif du verbe être, puisqu'on trouve parfois *estes vos*, le pluriel au lieu du singulier. Je crois, comme on l'a dit, que *es* ou *ez* n'est autre chose qu'*ecce*. Je ferai remarquer seulement qu'*ecce* en latin était suivi tantôt du nominatif, tantôt de l'accusatif, tandis que dans nos vieux textes français *ez* est d'ordinaire suivi du cas régime. Je me conforme à cette habitude ici et ailleurs.

P. 9, v. 17 :

Et dist Macaires : « D'el vos covient penser. »

d'el (*de alio*) d'autre chose, autrement. On disait de même : *d'el vos covient parler*.

Quant m'estordras, d'el te covient parler.
(*Moniage Renoart*, ms. fr. 774, fol. 148 r°, col. 2.)

P. 9, v. 23 : *Or orrés ja com*... (*Huon de Bordeaux*, p. 129, v. 17.)

P. 9, v. 25 : *tos les membres coper*, — ou *tranchier*. V. par ex. *Gaydon*, p. 21, v. 1, et p. 23, v. 3.

P. 10, v. 9 : *Apiçer*. C'est l'italien *appiccare*, accrocher. Le mot français usité en pareil cas est *encroer* ou *encruer*. Les exemples abondent. On disait également *encroer à unes fourches* et *encroer as fourches*.

A unes fourqes soit Gerars encrués.
(*Huon de Bordeaux*, p. 308.)

P. 10, v. 20 :

De son vita non cura *anpelo* pelé.

Je ne vois en italien qu'*amperlo* qui se rapproche d'*anpelo*, et rien de pareil en français. *Anpelo* ou *amperlo* a probablement pris la place d'*œuf* ou d'*ail* qui se trouvait dans le texte français. Rien de si commun que *oef pelé* ou *ail pelé*, comme dans ce vers :

Je ne le pris vaillant. I. ail pelé.
(*Huon de Bordeaux*, p. 172.)

Amperlo signifie *aubépine*, et doit se prendre ici sans doute pour le petit fruit de cet arbrisseau.

P. 11, v. 15, 16 :

> Or est ariere la roïne torné,
> En son palais si s'en est repairié.

Il faudrait rigoureusement *tornée, repairiée*. Mais cet accord est loin d'être établi scrupuleusement par les trouvères. Exemples :

> L'ore soit benoîte, *deslivré* s'est d'un fil.

Il s'agit de Parise la duchesse. Avec *deslivrée* le vers serait faux. Un peu plus loin on lit :

> L'ore fust benoîte, d'un fil s'est *deslivré*.

deslivrée ne conviendrait point à la rime de la tirade. (*Parise la Duchesse*, p. 25.)

P. 11, v. 18 :

> Et s'est Macaires *traveillié et peiné*.

Le texte de Venise dit *travalé* seulement; mais il est rare que ce mot ne soit pas accouplé au mot *peiné*, comme dans ce vers :

> Et moi et eus *traveilliés et peinés*.
> (*Foulque de Candie*, ms. de la bibl. de Boulogne-sur-Mer, fol. 270 r°, col. 2.)

P. 12, v. 20 : *In bona ora fust né*. C'est ici le calque de la locution italienne : *En buon' ora fusti nato*. On disait ordinairement en français *de bone ore*. V. Raynouard, *Lex. rom.*, III, 538, sous *hora*.

P. 12, v. 26 :

> Çoiant fo e baldo e alé.

alé, d'*allegro* (comme plus loin *ré* de *reo*, *eré* d'*eretico*). Ces formes sont inadmissibles en français. On trouve pour *allegro*, *haligre* :

> Li plus *haligres* a le corps empiriet.
> (*Prise d'Orange*, ms. de Boulogne-sur-Mer, fol. 10 r°, col. 2)

Mais c'est *liés* (de *lætus*) qui est le plus souvent employé et d'ordinaire avec les mots *baus* et *joians*.

P. 13, v. 2 :

>Com la porroit deçoivre et engignier.

Ces deux verbes sont le plus souvent réunis pour exprimer l'idée de tromperie, de trahison. Exemple :

>Por lui deçoivre et por lui angignier.
>(*Gaydon*, p. 272.)

P. 13, v. 3 : *uns maus nains bocerés.*

J'ajoute ici au texte de Venise, parce qu'il me paraît difficile de le rétablir autrement ; mais c'est ce texte même qui me fournit l'une des additions. Le nain y est qualifié *méchant* un peu plus bas, et quant à l'épithète de *bocerés*, je ne crois pas lui faire tort en la lui appliquant, puisqu'elle ne messied pas à Oberon dans le poëme de *Huon de Bordeaux* :

>Et dist Geriaumes : C'est li nains *boceré*.
>. . . . .
>Atant es vous le petit *boceré*.
>(P. 97.)

D'ailleurs, dans la version en prose de notre poëme que renferme le Ms. B. L. F. 226 de la Bibl. de l'Arsenal, le nain, qui s'appelle Segoncon, est « petit, bossu et contrefait. »

P. 13, v. 8 et 22 :

>Riche en feras tot le tien parenté.

Si l'on veut éviter la répétition de ce vers, on peut lire, une fois, comme dans *Gaydon*, p. 7, v. 11 :

>Toz tes lingnaiges i aura recovrier.

P. 13, v. 13 :

>Lez la roïne quant serés acostés.

ALISCANS, p. 108 :

>S'est Rainouars dalés lui acostés.

P. 13, v. 14 : *belté.* (*Huon de Bordeaux*, p. 312.)

P. 13, v. 23 : *de rien ne vos dotés.*
Cf. *Huon de Bordeaux*, p. 83, v. 21.

P. 13, v. 26 :
    Si s'en repaire baus et joians et liés.

HUON DE BORDEAUX, p. 13, v. 29 :
    Cil s'en repairent baut et joiant et lié.

P. 14, v. 5 ;

Adester, peut-être tiré de l'italien *adizzare,* provoquer, exciter, si ce n'est pas une altération d'*admonester.* Cependant, je trouve *adestis* pour *hastis* (hâtif, empressé) dans le texte italianisé d'*Aspremont,* ms. fr. 1598, fol. 10 r°, col. 2, où on lit : *troppo vos estes adestis,* correspondant à cet hémistiche du texte français, ms. de Berlin : *ne soiez si hastis*; et ailleurs (fol. 56 v°, col. 1) : *adastés vostre arnois,* pour : *hastés vostre oirre* (ms. fr. 12548, fol. 6).

P. 15, v. 6 :
    Coment le plait à chief doie mener.

Mener à chief, synonyme de *finer* que porte le texte de Venise et que l'on pourrait conserver en restituant le vers ainsi :
    Icelui plait coment doie finer.

Mais ce mot *finer* est déjà trois lignes plus haut.

P. 15, v. 16 : *qui nen ot mal penser,* ou : *qui n'i sot mal penser* (Voyez *Auberi le Bourguignon,* ms. fr. 859, fol. 106 v°).

P. 15, v. 17 :
    Tot belement le prist à aplaigner.

Le texte de Venise porte *carecer,* mais ce mot, fait sur l'italien *carezzare,* ne me paraît pas fort ancien. En tout cas, on ne le trouverait pas sous la forme *caresser*, mais sous une forme analogue à celle de *chérir*. C'est le mot *aplener, aplaigner, aplanoier*, qui, au XIIIe siècle, signifie *caresser, flatter de la main*.

> Souvent le pine et va aplanoiant.
> (*Prise d'Orange*, ms. de Boulogne-sur-Mer, fol. 3 v°, col. 2.)

Pour *aplaigner*, v. Raynouard, *Lex. roman*, t. IV, p. 552, sous *aplanar*.

L'expression est complète dans ce passage :

> Il est costume à maint riche borgois
> Son effant aime endementiers qu'il croit;
> En petitece li *aplene* le poil
> Et quant est grans nel regarde en. I. mois.
> (*Raoul de Cambrai*, p. 226. — Ms. fr. 2493, fol. 104 v°.)

P. 15, v. 21 : *dosnoier* (sans régime).

> Li dus Gaydons est venuz *donoier*
> Au tref Claresme.
> (*Gaydon*, p. 271.)

P. 16, 2. 27 : *Si le foit liger*; ital. *legare*; franç. *lier* et *loier*. Mais *bender* est le mot usité en pareil cas.

P. 17, v. 1 :

> Se vos volés par mon conseil ovrer.

HUON DE BORDEAUX, p. 120 :

> Mais il ne veulent par mon consel ouvrer.

P. 17, v. 6 : *Sooler* pour *saoler*, comme *poon* pour *paon*.

P. 17, v. 10 : *Tais, fol, fait ele. Mato* du texte de Venise est purement italien en ce sens. On disait également en français : *Tais* ou *tais toi* :

> Tais toi, dist il.
> Et dist Gorhanz : « Salatiel, taisiez. »
> (*Aspremont*, ms. fr. 2495, fol. 93 v° et 94 r°.)

Tais, gloz, dist Kalles.

(*Gaydon*, p. 16, v. 7.)

Idem, ibid :

... Ne m'user ce parler.

Dans le vieux français et dans le provençal, comme aujourd'hui encore en italien, l'infinitif est parfois employé pour l'impératif, mais seulement après une négation.

Chevauche, rois, ne t'atargier noiant.

(*Aspremont*, ms. fr. 2495, fol. 103 v°.)

A si grant tort guere ne comencier.

(*Raoul de Cambrai*, p. 43.)

P. 17, v. 17 :

Puis le *saisit* maugré sa volenté.

HUON DE BORDEAUX, p. 29 :

Il et si homme si ont Karlot *saisi*.

P. 17, v. 18 et *passim* : tenser pour *defenser* du texte italien. Je ne trouve pas ce dernier en usage, quoique *defensar* existe en provençal.

Qu'en si lonc regne m'estes venus tenser.

(*Huon de Bordeaux*, p. 135.)

Mais par moi n'eres secourus ne tensés.

(*Id.*, p. 137.)

P. 17, v. 19 :

Jus del solier l'a ele fait verser.

Ou, si l'on veut :

Verser l'a fait contreval les degrez.

(V. *Gaydon*, p. 111, v. 4.)

P. 17, v. 27 : *mires manda*. RAOUL DE CAMBRAI, p. 188 : *mandés les mires*.

P. 19, v. 1 :

Plus de uit jors jut, ne se pot lever.

On lit dans *Huon de Bordeaux*, p. 73 :

.II. ans en gut, ainc ne s'en pot lever.

Stete, du texte de Venise, correspond à *esta* (de *stare*), qui serait bien impropre appliqué à un malade obligé de garder le lit.

P. 19, v. 5 : *encoste d'un piler*, ou encore : *par delez .I. piler.* V. *Huon de Bordeaux*, p. 143.

P. 19, v. 10 :

Onc ne cessa mener noise et bobant.

C'est *risa* (rixe) du texte italien que je remplace par le mot en usage en France : *noise*. Je remplace *far* ou *faire* par *mener*, qui était le terme habituel en pareil cas :

On ne doit mie tel beubance mener.
(*Huon de Bordeaux*, p. 267.)

P. 19, v. 11 :

Guerroia sempres Renaut de Montauban ;

locution autorisée par ces exemples entre autres :

Que il voloit guerroier roi Karlon.
(*Gaydon*, p. 93.)

Que mauvais fait guerroier son seignor.
(*Idem*, p. 177.)

P. 19, v. 16 :

Que ne honisse Kallemaine *le franc*.

HUON DE BORDEAUX, p. 41 :

Et s'eslonga Karlemaine *le franc*.

P. 19, v. 22 :

Et li maus nains, qui n'ot pas sens d'enfant.

RAOUL DE CAMBRAI, p. 105 :

Li fil Herbert n'ont mie sens d'enfant.

P. 20, v. 10 : *Ne aler en ses man.* Que faut-il entendre par *man?* — Mains (*manus*)? *mant*, racine de *commant* (*mandatum*); ou *mant*, *mante*, *manteau*? Ce dernier sens paraît possible, puisqu'on a lu déjà, p. 14, v. 14 : *soto son* mantel *culcer.* J'ai préféré un sens moins étroit, plus général : *faire son commant* (se mettre à ses ordres).

P. 21, v. 3 :

> A la roïne plus ne vait en present.

On pourrait lire aussi :

> Devant la roine plus ne vait en present.

RAOUL DE CAMBRAI, p. 210 :

> Nos .V. espées te sont ci en present.

Et p. 336 :

> Tant com je sui devant vous en present.

FOULQUE DE CANDIE, ms. de Boulogne-sur-Mer, fol. 42 r°, col. 2, et fol. 241 r°, col. 2 :

> Devant le roi vos metés en present.
> Voit Anfelise devant lui en present.

P. 21, v. 13 : *li peres raemans* (*Raoul de Cambrai*, p. 154). *Raemans*, rédempteur; mais on trouve aussi *roi amant.* V. par ex. *Huon de Bordeaux*, p. 88 : *Dieu, le roi amant.*

P. 21, v. 14 :

> Par lui fu mise la *roine* en grant torment.

J'ai fait compter ce mot d'ordinaire pour trois syllabes; parfois cependant, comme ici, je l'ai réduit à deux, en supprimant la diérèse, en quoi j'ai suivi l'exemple de plusieurs bons trouvères. L'auteur d'*Auberi le Bourguignon*, par exemple, au recto et au verso du même feuillet, écrit :

> Forment me poise du rice roi Orri,
> De la *roïne* que Turc enmainnent si.

> . . . .
> Et la *roine* est tornée à deshonor.
>
> (Ms. fr. 859, fol. 22.)

On pourrait lire aussi :

> Par lui fu mise la roïne à torment.

Voyez *Gaydon*, p. 311, v. 4.

P. 21, v. 21 : *Prendre vengement de.*

> Fel soie jou se n'en pren vengement.
>
> (Loquiferne, ms. fr. 1448, fol. 284 r°, col. 2.)

P. 21, v. 22 : *bruïe* (brûlée). *Gaydon*, p. 145.

P. 23, v. 1 : *Avoir vengement de quelqu'un.*

> Ja de Gaydon n'averons vengement.
>
> (Gaydon, p. 220.)

P. 23, v. 9 :

> Porpensé m'ai trestot l'*engignement*.

Voici deux exemples de ce mot assez rare :

> Je n'en puis mès, le cuer en ai dolent,
> Qu'il me sosprist par son *engignement*.
>
> (Auberi le Bourguignon, ms. fr. 859, fol. 110 r°, col. 1.)

V. aussi *Gaydon*. p. 315.

P. 23, v. 13 :

> Mais *l'aparler* ne me dites noiant.

Aparler quelqu'un pour *lui parler*, est une locution qui revient souvent au moyen âge, notamment dans le poëme de *Huon de Bordeaux* :

> Que s'il revient, jel vorrai *aparler*.
>
> (P. 103.)

P. 23, v. 15 :

> Et dist Macaires : « *Fesons le* saigement. »

Fesons le et non simplement *fesons* ou *ferons*,

comme au texte de Venise. *Le faire* ou *la faire* sont des locutions consacrées.

> *Faisons le* noblement.
> (*Gaydon*, p. 176.)

> Dist à ses homes : « Saigement *le fesons*. »
> (*Auberi le Bourguignon*, ms. Fr. 860, fol. 241 r°.)

P. 23, v. 16 : *il est costume l'emperèor..... que.*
RAOUL DE CAMBRAI, p. 226 :

> Il est costume à maint riche borgois...

JOURDAIN DE BLAIVES, ms. fr. 860, fol. 115 v°, col. 2 :

> Que n'est costume à nul franc chevalier
> Que son seignor doie nul jor tancier.

P. 23, v. 20 : en la *chambre couchant*, locution analogue à celle de *chandeille alumant*, qu'on trouve dans *Gaydon*, p. 10.

P. 23, v. 21 : *faire une vengeance de*.
Voyez *Ogier*, I, 26 et 27.

P. 24, v. 14 :

> De toi ofendre li paroit *vituper*.

Je ne pouvais songer à conserver le mot *vituper*, qui n'a jamais existé en français sous cette forme. On le trouve sous la forme *vitupere*, mais seulement au XIVe siècle. (Voyez, par exemple, *Bauduin de Sebourc*, I, 112.) Je doute fort qu'il ait été en usage au siècle précédent.

P. 25, v. 2 :

> Gentil conseil te saurai bien doner.
> (*Huon de Bordeaux*, p. 264, v. 28.)

P. 25, v. 14 : Au mot *ofendre* du texte italien je substitue *adeser*, qui est le terme propre en pareil cas :

> Mais por l'anel, ne t'osons *adeser*.
> (*Huon de Bordeaux*, p. 172, v. 10.)

> Messaigiers est, ne doit iestre *adesez*.
> (*Gaydon*, p. 110, v. 10.)

> Se il m'avoit feru ne *adesé*.
> (*Ibid.*, v. 15.)

> Mais il ne l'ont touchié ne *adezé*.
> (*Id.*, p. 188, v. 31.)

Idem, ibid. : *li sembleroit viltés.*

Ou *vieutés*, comme dans ce vers de *Huon de Bordeaux*, p. 149 :

> Car il li sanble che seroit grant vieutés.

P. 25, v. 19 : *Sovente fois*, ou au pluriel, comme dans *Raoul de Cambrai*, p. 169 : *Soventes foiz*.

P. 25, v. 24 : *Ne t'estuet esmaier*, ou, en conservant le mot *doter* : *ne te covient doter*; ou enfin : *pas ne t'estuet doter*.

P. 27, v. 13 : *ens el palais* plenier. Le texte de Venise dit *droiturier*, dont je ne connais pas d'exemple ainsi employé; au contraire, *palais plenier* est partout.

> Pour lui servir en son *paiais plenier*.
> (*Huon de Bordeaux*, p. 11.) Etc.

P. 27, v. 15 : *dormir et reposer*. Le texte de Venise dit *polser*, français *pousser*. J'aurais pu employer ce terme en restituant :

> Ens en lor chambre et dormir et pousser.

Mais je ne trouve le mot qu'un peu tard, dans une version en prose d'un de nos anciens poëmes : *Il fist semblant de dormir et moult pousse et souffle* (*Miles et Amis*, exemplaire sur vélin de la Bibl. imp., fol. 76 v°. Antoine Verard, sans date). Au contraire, on rencontre fréquemment la locution *dormir et reposer* :

> Onqes n'i pot *dormir ne reposer*.
> (*Aliscans*, p. 77, v. 16.)

P. 27, v. 17 :

>Deriere l'uis de la chambre *roiel*.

Regiel se trouve déjà dans la cantilène en l'honneur de sainte Eulalie. *Roiel* est dans la chanson de *Parise la Duchesse*, 2ᵉ édit., p. 25, où il rime, comme ici, avec des mots terminés en *é* et en *er*.

P. 27, v. 27 :

>De traïtor ne se puet nus *garder*.

Ou *gaitier*, comme dans *Gaydon*, p. 128 :

>De traïtor ne se puet nus *gaitier*.

P. 29, v. 6 : *com ert acostumés*, ou, pour conserver le mot *usé* du texte italien : *com il l'avoit usé*.

>Se mes ancestres l'a ensement usé.
>>(*Huon de Bordeaux*, p. 174.)

P. 29, v. 9 : *ices dras*. Le texte de Venise dit *pani*, mais précédemment, p. 26, v. 23, il porte *drape*. Dans le premier cas, le compilateur a conservé le mot français; dans le second, il le remplace par un mot purement italien, au moins en ce sens. *Pan*, en vieux français, signifiait un morceau d'étoffe et ne se prenait point au sens de vêtement.

>Qui li véist ses *dras* desrompre et desmaller,
>Et par *panz* et par peces aus pores ganz doner.
>>(*Parise la Duchesse*, 2ᵉ édit., p. 20.)

>La dame le conroie à un *pan* de cender.
>>(*Id.*, p. 25.)

P. 29, v. 13, 14 : Il y a ici dans le texte de Venise une répétition que je n'ai pas cru devoir reproduire.

P. 29, v. 17 :

>S'en est issu en la sale el pavé.

Ou encore :

>S'en est issu *par le palais pavé*.

Cf. *Gaydon*, p. 111.

P. 31, v. 16 : *cuivert renoié*. Voyez *Huon de Bordeaux*, p. 35 et *passim*.

P. 31, v. 21 :

... Sire, par foi vos le saurès.

Cf. *Huon de Bordeaux*, p. 245, v. 4 et *passim*.

P. 33, v. 2 : *qui tot a à jugier*. Locution des plus fréquentes. Voyez, par exemple, *Gaydon*, p. 180, et *Huon de Bordeaux*, p. 295. Cette locution s'adapte ici fort bien au sens du vers. Peut-être, cependant, pour rester plus près du texte italien, faut-il lire : *qui tout a à baillier* (*Huon de Bordeaux*, p. 11), ou encore : *qui le mont doit jugier* (*id.*, p. 3).

P. 33, v. 7 :

Maléurée, lasse se vait clamer.

ALISCANS, p. 86, v. 30 :

Sovent se claime lasse, maléurée.

P. 33, v. 11 :

Qui l'achoisonne et *dure* et *asprement*.

On sait que les adverbes comme *asprement* sont formés d'un adjectif ou participe au féminin et du mot *ment*, issu de *mens, mentis* (*aspera mente*). Dans l'ancien français comme en provençal, quand deux adverbes de cette classe se suivent, le second seul est complet, et la finale *ment* sert ainsi à deux fins. *Dure et asprement* pour *durement et asprement*.

P. 33, v. 14 :

A une part l'en menent coiement.

Ainsi restitué d'après ce vers de *Gaydon* (p. 229) :

En cel broillet l'enmenrons coiement.

C'est sans doute ce mot *coiement* que le compilateur italien a remplacé par *secretament*.

P. 35, v. 18 :
> Vers la roïne que furent tant *embronc.*

Enpron, du texte italien, m'a paru le même qu'*enbron*, qui se lit au vers 18 de la page suivante, où il est employé au propre, tandis qu'ici il aurait, selon moi, un sens figuré. Il peut se faire cependant qu'*enpron* signifie ici *empressé*. En ce cas, je propose de lire :

> Vers la roïne qu'ont tant aïrison
> Que de l'ocirre.

On pourrait même se servir ici de l'adjectif :

> Vers la roïne que sont tant *aïrouz*
> Que....

Aïrouz, dans *Gaydon*, p. 17, et ailleurs, se trouve à la rime dans une tirade en *on*.

P. 35, v. 19 : Sans point *de raençon.*
De même *Gaydon*, p. 301 : *Sans point d'arrestison.*

P. 35, v. 22 : *n'est mie as autres bon.*
GAYDON, p. 88 :

> Voit le Auloris, *ne li fu mie bon.*

AUBERI LE BOURGUIGNON, ms. fr. 860, fol. 245 v°, col. 1 :

> François le voient, *ne lor fu mie bon.*

P. 36, v. 8 et 27, et p. 38, v. 4. Je n'ai pas cru pouvoir conserver le mot *çuçeson* du texte italien, qui serait sans doute *jugeoison* ou *jugison* en français. Mais je n'en connais pas d'exemple, et il me semble que *çuçeson* est encore ici une de ces simplifications d'expression si familières à notre compilateur.

P. 37, v. 7 : *murent noise et tenson.*
GAYDON, p. 93 :

> Qui son seignor *muet noise ne tenson.*

P. 37, v. 13 : *vos en menés si lonc.*
Ou mieux peut-être : *vos traiés si en lonc.*

Macaire.

23

P. 37, v. 15 : *honte en aurés et reprovier.* C'est une locution qui revient à chaque instant dans nos vieux poëmes. Voyez *Préface*, p. CXXIX.

P. 37, v. 19 :
>Tel duel en ot *par poi d'ire ne font.*

GAYDON, p. 316 :
>Lors a tel duel *à poi d'ire ne font.*

On disait également *à poi* ou *par poi*, mais dans cette locution si fréquente on trouve plus souvent *fent* que *font*, et l'image est alors beaucoup meilleure.

P. 39, v. 1 :
>Et si n'ont cure quels est s'estracion.

C'est ce vers ou tout autre de même sens que notre compilateur italien a si étrangement traduit dans son jargon barbare :
>Ni no sa mie de qi fila ela son.

traduction aussi absurde qu'incorrecte ; car les barons de Charlemagne ne peuvent ignorer l'origine de la reine, seulement ils ne s'en inquiètent pas, ils n'en tiennent pas compte. Voilà le vrai sens. J'ai donc remplacé *ni no sa mie* par *et si n'ont cure*, locution bien connue. Pour *estracion*, voici des exemples qui me justifient :
>Plaist vos oïr quels est s'astration?
>(Ms. fr. 1448, fol. 295 r°, col. 1.)

Plus loin, dans le même manuscrit, on lit :
>.IIII. jéans de male estracion.
>(Fol. 322 v°, col. 1.)

et dans le *Moniage Renouart*, ms. de Boulogne-sur-Mer, fol. 182 r°, col. 2 :
>Vés là un homme de grant estrasion.

P. 39, v. 3 : *faire lonc sermon.*

HUON DE BORDEAUX, p. 281 : *trop faites lonc sermon.*

P. 39, v. 4 : *amendison.* Voyez *Aliscans*, p. 212, et *Gaydon*, p. 124.

P. 39, v. 6 : *S'ele i a colpes,*
expression empruntée au poëme de *Parise la Duchesse.* Voyez notre édition de ce poëme, p. 10 : *Madame n'i a colpes.*

P. 39, v. 8 : *Nos la respiterons,* et non *resplenteron* comme au texte italien; de même qu'il faut lire à la p. 41, v. 8, *respitier* au lieu de *resplaiter.*

Par Saint Denis, dist li quens Brachefier,
Par itel chose dois estre *respitiés.*
(*Couronnement Loéys,* ms. de Boulogne-
sur-Mer, fol. 27 r°, col. 1.)

Quant por avoir est tes cors *respitiés.*
(*Id.,* fol. 28 r°, col. 2.)

« J'étais perdu, dit le duc Naimes dans *Aspremont*, quand Balant prit ma défense » :

A moult grant peine me pot il *respitier.*
(Ms. fr. 2495, fol. 103 r°.)

P. 39, v. 11 : *ovraigne.*

Quant voit sa gent morir à tel ouvraigne.
(*Anséis de Cartage,* ms. fr. 12548,
fol. 69 v°, col. 1.)

V. aussi *Gaydon,* p. 164.

P. 39, v. 13 : *regnier* (royaume). On disait au même sens *regne, regné, regnier* ou *renier* (*regnum regnatum, regnarium*). Les deux premières formes sont les plus connues; la troisième l'est moins, parce qu'elle ne revient pas à beaucoup près aussi fréquemment. En voici deux exemples :

..... Dont vuidiés mon *regnier.*
(*Ogier,* v. 3213.)

> Il ne a marche ne païs ne *renier*.
> (*Huon de Bordeaux*, p. 7.)

P. 39, v. 18 :

> De soe fille *à tel vilté* jugier;

à tel vilté pour *si vilment*, ou, avec la forme contracte, *à tel vieuté*, comme dans ce vers de *Huon de Bordeaux* (p. 297) :

> Quant en vo vile estes *à tel vieuté*.

P. 39, v. 21 :

> Conseil vos doin que l'aliés *espargnier*;

espargnier, pour *conserver* du texte de Venise, se justifie par de nombreux exemples, par ceux-ci entre autres :

> Faites moi pendre et au vent encroer;
> Mal ait qui m'en *espargne*.
> (*Amis et Amiles*, ms. fr. 860, fol. 96 v°, col. 2.)

> Par le doloive furent trestuit noié,
> Fors sol Noel que il ot *espargnié*.
> (*Aspremont*, ms. fr. 2495, fol. 72 v°.)

P. 41, v. 4 : *contralier* (ou *contraloier*).

C'est la forme ancienne la plus fréquente du mot *contrarier*. Exemples :

> Je voi ici Ogier qui à me *contralie*.
> (*Gui de Bourgogne*, p. 3.)

> Iez tu venu por nos *contraloier*?
> (*Gaydon*, p. 303.)

P. 41, v. 5 :

> Et si li dist : « *Emperere, frans ber*;

ainsi restitué d'après ce vers de *Huon de Bordeaux* (p. 299) :

> S'il est ensi, empereres, frans bers;

en supprimant l's d'*empereres* et de *bers*, mots dont le

sujet au singulier se distinguait fort bien du régime sans cette addition.

P. 41, v. 8 : *mettre en respitier* (différer).

> Ceste bataille *mettez en respitier*.
> (*Gaydon*, p. 182, v. 10.)

P. 41, v. 11 :

> Et s'aucuns est qui ce voille *noier*.

Dans une situation identique, le traître Thibaut dit :

> Se cest afaire voloit *noier* Gaydon.
> (*Gaydon*, p. 18.)

On peut lire aussi, en restant plus près du texte de Venise :

> Et s'aucuns est qui voille i contrester.

P. 41, v. 15 :

> Mal de celui qu'osast vers lui tenser.

GAYDON, p. 22 :

> Fransois oïrent lor seignor desraisnier;
> *Mal soit de cel* qui ost lever le chief;

et p. 157 :

> *Tense vers lui*, et vers lui guerre enprent.

P. 41, v. 19 :

> Quant voit dus Naimes le roi asoploier.

AUBERI LE BOURGUIGNON, ms. fr. 859, fol. 156 v°, col. 1 :

> Quant Lambers l'ot ainsi asoploier.

P. 43, v. 6 : *c'ot el cuer déablie*.

Ici le compilateur italien a certainement changé la rime : *c'oit le cor enbrasie* n'est pas une locution du temps, et, en tout cas, il faudrait : *c'ot le cuer embrasé*. Peut-être lisait-on dans le texte français : *c'ot le cuer espris d'ire* (car *ire* se trouve à la rime dans des tirades en *ie*). J'ai pensé qu'on pouvait admettre aussi la leçon que je propose : *Macaire était endiablé contre la reine*. *Déablie, diablie, diablerie*, sont fréquents dans nos anciens poëmes. Voir, par exemple, *Gaydon*, p. 120; *le Siege de Thebes*, ms. fr. 375, fol. 36 r°, col. 3; *les Enfances Ogier*, ms. fr. 1471, fol. 64 r°.

P. 43, v. 10 :
De la roïne jugier si s'asoplie.

On disait au même sens *asoplier* ou *asoploier* et *asoplir*.
Charles l'entent, moult en fu asouplis.
(*Huon de Bordeaux*, p. 65.)

P. 43, v. 11 :
A lui l'amenent de samit revestie.

GAYDON, p. 182 :
Ferraut amainnent au roi.

ALIXANDRE, p. 231, éd. Michelant :
De dras religious fu toute revestie.

P. 43, v. 15 : *d'un chier paile roé*, expression consacrée et qui revient à chaque instant dans nos vieux poëmes. Voir, par exemple, *Alixandre*, p. 342, édition précitée.

P. 43, v. 16 :
Bel ot le vis come rose en esté.

Je m'éloigne un peu du texte, qu'on ne peut d'ailleurs restituer en le serrant de trop près. On pourrait s'en rapprocher davantage, mais en répétant les mots *coloré* et *descoloré*, qui, dans le texte de Venise, terminent ce vers et le vers suivant. On pourrait lire, par exemple :
Ses vis qu'estoit et bels et colorés,
Or est tot pales et tot descolorés.

Mais mieux valait reproduire ici une comparaison qui

revient si souvent dans nos anciens poëmes. Exemples :

> Plus sont vermel que n'est rose en esté.
> Plus est vermaille que n'est rose en esté.
>> (Ms. de Boulogne-sur-Mer, fol. 177 r°, col. 2.)
> La rose samble en mai la matinée.
>> (*Aliscans*, p. 33.)

P. 43, v. 19 :
> Cele le voit sel prent à araisnier,

d'après *Gaydon*, où on lit, p. 92 :
> Gaydes le voit sel prent à arraisnier.

P. 43, v. 21, 22 et 23.

Il ne faut pas s'étonner d'entendre la reine dire, dans le même temps, au roi : *tu* et *vos*. Rien de plus fréquent dans nos anciens poëmes. En voici un exemple choisi entre mille :

> Ramenrai *toi* en France à sauveté
> Et tous iciaus que *tu* as à guier,
> Se nel *perdés* par *vostre* malvaisté.
>> (*Huon de Bordeaux*, p. 104.)

P. 43, v. 22 : *Si fait* au sens de *tel*, *con fait* au sens de *quel*, sont des expressions dont les exemples abondent dans tous les textes.

P. 45, v. 3 :
> Ne se me vint en cuer ne en pensé.

Cf. *Parise la Duchesse*, 2ᵉ édit., p. 8, v. 27.

P. 45, v. 4 : *por noient en parlés*, ou, mieux peut-être, comme dans *Huon de Bordeaux*, p. 3 : *pour noient en plaidiés*.

P. 45, v. 9 : *Qui son segnor faut.....*

FIERABRAS, p. 7 :
> *Qui son droit signeur faut, il n'a droit de parler.*

P. 45, v. 13 et 14 :

> N'aimes l'oï, s'en a le chief crollé ;
> A soi méisme a dit sans delaier ;

leçon empruntée presque littéralement au poëme de *Gaydon* (p. 93, v. 3 et 4) :

> Riolz l'entent, s'en a le chief hocié ;
> A soi méismez a dit sans delaier ;

P. 45, v. 16 : *Mar verra Kalles.....*

GAYDON, p. 163, v. 10 :

> Mar vistez onques les gloutons deffaez.

P. 45, v. 17 : *engané*. C'est une forme très-voisine de l'italien *ingannare*. Le mot le plus usité en ce sens est *engignier*.

HUON DE BORDEAUX, p. 98 :

> Sainte Marie com fui mal engignié !

Mais dans ce même poëme, je l'ai dit déjà, on trouve aussi *enganer* :

> Tant m'enorta et tant m'ot engané.
> (P. 291.)

P. 45, v. 18 :

> Li emperere cui douce France apent.

On pourrait lire aussi, comme dans *Huon de Bordeaux*, p. 179 :

> Li emperere ù douce France apent.

P. 45, v. 22 :

> Ne face d'ele faire le jugement.

Je suis de près le texte de Venise. Mieux vaudrait lire peut-être :

> Que ne la face mener par jugement.

V. *Huon de Bordeaux*, p. 68 et 69, où on lit :

> Quant desirete ensi .I. de vos pers,
> Et ne le veut mener par jugement.

NOTES. 361

P. 47, v. 6 : *aportent* bois. On pourrait conserver *legne* du texte de Venise.

> Dient as pelerins qu'il aportent la *laigne*
> Si feront faire un fu.
> (*Chanson d'Antioche*, II, 298.)

V. Ducange, au mot *laignerium*.

P. 47, v. 27 : *ne me le va celant* (texte italien : *di m'o seguremento*). Huon de Bordeaux, p. 89 : *ne m'alés pas celant*, ou, si l'on veut : *di le moi vraiement*. Cf. Gaydon, p. 78.

P. 49, v. 7 : *ardoir el feu ardent*, ou *en feu ardent*.

> Ja la verrai ardoir en feu ardent.
> (*Amis et Amiles*, ms. fr. 860, fol. 99 v°, col. 1.)

P. 49, v. 10 :

> Or li nains art, *li traître puslens*.

On lit dans *Gaydon*, p. 132 :

> Hertaus l'angoisse, *li traîtres puslens*.

P. 49, v. 14 :

> Et plore et plaint et *ses poins vait tordant*.

Cf. *Huon de Bordeaux*, p. 37.

P. 49, v. 15 :

> Et prie Dieu *cui tos li mons apant*.

Cf. *Gaydon*, p. 310, v. 30, et *passim*.
Si la rime était en *é*, on pourrait conserver le mot *majesté* du texte italien, et lire :

> Et prie Dieu de sainte Majesté.

PARISE LA DUCHESSE, 2ᵉ édition, p. 11 :

> Damedeu reclama de sainte Majesté.

P. 51, v. 6 :

> A grant merveille fu Kalles *droituriers*.

C'est une épithète souvent attachée au nom de Charlemagne dans nos anciennes chansons de geste. Exemple :

> Je sui .I. hon Kallon *le droiturier.*
>
> (*Aspremont*, ms. fr. 2495, fol. 97 r°.)

P. 51, v. 12 et 14, ces deux vers se retrouvent ainsi dans la chanson d'*Aliscans* :

> Tot li gehi, n'i laissa que conter.
> De che k'il pot savoir ne ramenbrer.
>
> (P. 26, rec. des *Anciens poëtes*.)

P. 51, v. 16 et 17 :

> Si com ençainte de fil o de fille ert,
> Que Kallemaines ot en ele engenré.

Je m'éloigne ici forcément du texte de Venise pour me rapprocher d'un texte français où l'on trouve pareille situation :

> Je sui de vos ançainte, de verté le sachez,
> Ou de fil ou de fille...
>
> (*Parise la Duchesse*, p. 19.)

Pour la locution du second vers, *que Kallemaines*, etc., elle est commune :

> Et si ai feme que jou ai espousé
> Et biax enfans *qu'ens li ai engerré.*
>
> (*Huon de Bordeaux*, p. 83.)

P. 51, v. 20 :

> De cele chose dont la vont *encorper.*

J'ai substitué ce dernier mot au mot *calonçer* du texte vénitien, non que *chalenger* ou *chalonger* ne soit très-français, non que son origine, et loin de là, lui refuse le sens qu'il prendrait ici ; mais je ne le trouve nulle part employé dans nos chansons de geste avec ce sens. Dans ce passage d'*Amis et Amiles*, par exemple :

> Ancui voldrai ma dame *chalongier*
> . . . .
> Envers Hardré, le cuivert renoié.

c'est le défenseur et non l'accusateur qui se sert du terme *chalongier*. Au contraire, le mot *encorper* se retrouve partout au sens d'accuser, d'inculper, et particulièrement dans *Gaydon* :

> Ce devez vos jurer,
> Dont voz avez mon seignor *encorpé*.
> (P. 41.)

> Car quant vers Karle fui à tort *encorpez*.
> (P. 226.)

Encouper n'est qu'une autre forme du même mot :

> Se traïsons ne vous *va encoupant*.
> (*Huon de Bordeaux*, p. 37.)

P. 53, v. 17 :

> Ens en ma chambre le mist il *à celé*.

On trouve plus fréquemment *à celée*. C'est la forme ordinaire; mais parfois on emploie la forme masculine, comme dans cet exemple :

> En .I. gardin, coiement, *à chelé*.
> (*Bueve d'Hanstone*, ms. La Val. 80, fol. 2 r°, col. 1.)

P. 53, v. 23. On pourrait lire aussi :

> Adont me pristrent si me firent loier,

d'après ce vers de *Huon de Bordeaux* :

> Iluec le prist et se le fist loier.
> (P. 5, v. 12.)

P. 57, v. 7 :

> Tos ses pechiés m'a gehis et contés.

Palenté, du texte vénitien, et son composé *apalenter* qui se lit plus bas, v. 11, ne sont pas français; le compilateur les a substitués à des mots tels que *gehir* (avouer), *acertener*, *acréanter* :

> A lui s'est lues li enfes confesés
> Tout li *jehi*, n'i laissa que *conter*.
> (*Huon de Bordeaux*, p. 57.)

P. 57, v. 10 :

    Si com par ele *ne fu dis ne pensés ;*

ou mieux peut-être :

    Que mais par ele....

P. 57, v. 12 : Voyez ci-dessus la note sur le vers 16 de la p. 51.

P. 59, v. 11 :

    Que ne se *laisse* ne véoir n'esgarder.

Ou que ne se *laist*. On trouve les deux formes, non-seulement pour ce verbe, mais pour beaucoup d'autres. L'auteur de *Gaydon*, par exemple, dit, p. 106 :

    Cil Dex de gloire, ...
    Il *saut* et gart le riche duc Gaydon.

Et p. 230 :

    Jhesus de gloire nos *sauve* tel parent.

P. 59, v. 25 : *terrier* (territoire).

    De Bordiax virent les murs et les *terriers*.
        (*Huon de Bordeaux*, p. 286.)

    Vos, li viel homme, garderés le *terrier*.
        (*Raoul de Cambrai*, p. 76.)

P. 61, v. 3 : *Et vueil je l'otrier*, ou plutôt, selon l'expression consacrée : *Bien fait à otrier*.

P. 61, v. 12 :

    Aubri *ot nom*.....

J'ai le plus souvent écrit *Auberi* et compté ce nom pour trois syllabes ; mais parfois j'ai dû le réduire à deux et l'écrire *Aubri*, en quoi j'ai suivi l'exemple du trouvère auquel nous devons le poëme d'*Auberi le Borgoin* ou *le Bourguignon*. Presque partout dans ce poëme le nom du héros se lit ainsi : *Auberi*, ce qui n'empêche pas de lire au début de la chanson :

> Bone chanchon du temps anciennor.
> . . . .
> Du duc Basin à la fiere vigor,
> Et de son fil *Aubri* le poignéor.
> (Ms. de la B. I., fr. 859, fol. 1.)

P. 61, v. 15 :

> Auberis sire, alés vos *aprester*.

HUON DE BORDEAUX, p. 149 :

> Or fai dont tost, si te va *aprester*.

Aparillier, conréer, atorner, adober, s'emploient au même sens.

P. 61, v. 24 :

> Et ceint le branc, sans plus, à son costé.

Corer, du texte italien, est inadmissible.

P. 63, v. 2 : *Si se mist à l'errer.*

> ..... Si pensent de *l'errer*.
> (Gui de Bourgogne, p. 7.)

P. 63, v. 13 :

> D'armes se vest et d'autre garnement.

PRISE D'ORANGE, ms. de Boulogne-sur-Mer, fol. 54 r°, col. 1 :

> Et beles armes et autre garnement.

P. 65, v. 1 : *à un pendant* ou *en un pendant*, comme dans cet exemple :

> Le tref le roi coisist *en un pendant*.
> (Ogier, II, p. 405.)

P. 65, v. 4 : *en oiant*, locution difficile à expliquer

littéralement, mais fréquente dans nos anciens poëmes :

> Li arcevesque se leva en estant
> Et lut le brief hautement *an oiant*.
> (*Aspremont*, ms. fr. 2495, fol. 69 v°.)

> Et a parlé hautemant *en oiant*.
> (*Idem*, fol. 74 r° et v°.)

P. 65, v. 20 :

> ..... il nos vait malement,

locution fort usitée au moyen âge :

> Par Deu, Ogier, or *vos va malement*.
> (*Ogier*, II, 322.)

> En non Deu, rois, or *voz vait malement*.
> (*Gaydon*, p. 113.)

P. 65, v. 24 :

> Bien vos serai à mon pooir garans.

HUON DE BORDEAUX, p. 88 :

> ...... Cil Dix vous *soit garant*.
> Qui de la Vierge nasqui en Belléant.

Idem, p. 35 :

> ..... il m'ala maneçant
> Qu'il m'ociroit, ja n'aroie *garant*.

P. 67, v. 1 :

> D'ele ferai trestot le mien talent,

ou encore :

> D'ele ferai mon bon et mon talent.

GAYDON, p. 289 :

> Faire en voloit son talent et son bon.

P. 67, v. 2 : *Non* fras, pour *feras*.
V., par exemple, *Otinel*, p. 25, v. 23.

P. 67, v. 6 :

> Por la roïne que *je ai à guier*.

HUON DE BORDEAUX, p. 114 :
> Et tous iciaus que *tu as à guier.*

P. 67, v. 19 : *chalengier.* V. ci-dessus la note sur le vers 20 de la p. 51.

P. 67, v. 20 :
> S'Auberis fust fervestus et armés.

HUON DE BORDEAUX, p. 149 :
> Car, se je fusse fervestus et armés.

P. 69, v. 3 :
> Et brandist l'anste *où ot bon fer d'acier.*

J'emprunte ce dernier hémistiche au poëme de Gaydon :
> La hanste prent où ot bon fer d'acier.
> (P. 95, v. 6.)

P. 69, v. 5 :
> Et Auberis n'ot fors le branc d'acier.

Huon de Bordeaux dit, en employant le même tour :
> Et je n'avoie fors m'espée trençant.
> (P. 35.)

P. 69, v. 8 : *hom* desarmés — ou *desgarnis.*
HUON DE BORDEAUX, p. 23, v. 12 :
> Tu es armés et je sui *desgarnis.*

P. 69, v. 9 : *armés et haubergiés.*
GAYDON, p. 34 :
> Est il encor *armez ne haubergiez* ?

P. 71, v. 2 : *selve.*
RAOUL DE CAMBRAI, p. 93 :
> Ybert estoit leiz la *selve* foillie.

P. 71, v. 2 et 8 : *herbor.* Je n'en connais pas d'exemple, mais il se justifie par l'analogie de *tenebror.*

P. 71, v. 5 :

    Il *se resgarde* environ et entor.

GAYDON, p. 297 :

    Moult *se regarde* et avant et arrier.

P. 73, v. 9 :

    Qu'as tables erent li baron asegié.

On pourrait lire aussi :

    Qu'as tables erent assis li chevalier;

le sens resterait le même. *Asseoir* et *asegier* sont deux formes différentes, mais leur valeur est identique. On disait indifféremment, par exemple, *asseoir* une ville ou l'*assieger*.

    Se voz au Mans me volez *asséoir*.
                    (*Gaydon*, p. 16.)

    Aval les tables s'alerent *assegier*.
    Fait le message devant lui *assegier*.
                 (*Idem*, p. 264, v. 15 et 17.)

P. 73, v. 13 : *assis au disner*, pour éviter une répétition.

HUON DE BORDEAUX, p. 167 :

    Li amiraus ert *assis au disner*.

P. 73, v. 16 :

    Et en la char forment l'a entamé;

ou *empirié*.

    Mais en la char ne le pot *empirier*.
                 (*Gaydon*, p. 224.)

pour *entamer*. Voyez *Gaydon*, p. 123; *Fierabras*, p. 37; *Huon de Bordeaux*, p. 137.

P. 73, v. 18 : *Sa voie en vait*.

ALISCANS, p. 202 :

    Va a voie, *desvez*

P. 75, v. 2 : *qui sa plaie ont bendé.*
HUON DE BORDEAUX, p. 28 : *bandés moi ma plaie.*

P. 75, v. 19 : *enmalolé* (emmaillotté); on disait aussi simplement *mallolé*. (Voyez cette forme dans *la Chevalerie Vivien*, ms. de Boulogne-sur-Mer, fol. 129 v°, col. 2, et *enmalolé* dans *Parise la Duchesse*, 2e édit., p. 27.)

P. 75, v. 25 : *de grans cops le fiert.*
Notre compilateur italien, qui aimait les rimes riches, aura sans doute reculé devant celle-ci.

P. 77, v. 20 : *por les. II. iex dou front.* J'ajoute *deux* au texte italien. Rien de si commun que cette façon de parler :

Andui li œil li sunt el chief larmé.
(*Aspremont*, ms. fr. 2495, fol. 101 r°.)

P. 79, v. 1 :

Es chevaus montent qui miex miex à tenson.

On lit un vers à peu près identique dans *Renaut de Montauban* (I, 86) :

Qui ainz ainz, qui mielz mielz, monterent à tençon.

C'est fort probablement la locution qu'avait sous les yeux le compilateur italien et qu'il a rendue par celle-ci : *qui tot meio poon.*
On pourrait lire encore, comme dans *Gaydon* (p. 282) :

Es chevax montent, par fiere contenson.

P. 79, v. 3 : *n'i font demorison* (*Ogier*, II, 401).
P. 79, v. 5 :

Dont flairors ist dou mort à grant fuison.

V., pour *flairors*, Raynouard, *Lexique roman*, sous ce mot. Le verbe *issir*, en provençal comme en français, se joignait à ce substantif.

Macaire.

P. 79, v. 10 : *plorison* (Ogier, II, 508).

On peut, si l'on veut, rapporter ici ce vers de *Huon de Bordeaux* (p. 298) :

> Et quant le voient, grant duel demené ont.

P. 79, v. 15 :

> Hé ! gentis rois, ci a grant encombrier.

Sans la rime, on pourrait suivre de plus près le texte de Venise en reproduisant ce vers d'*Ogier* (t. I, p. 22) :

> Drois emperere, grant damage i avons ;

et même, en accommodant ce vers aux exigences de la rime, on pourrait lire :

> Drois emperere, grant damage i avés.

Mais le tour que j'emploie est plus fréquent encore et rend la même idée.

RAOUL DE CAMBRAI, p. 44, 124, 150 :

> Biax fix, dist elle, *ci a grant destorbier.*
> Biax niés, dist il, *ci a male raison.*
> Dist l'uns à l'autre : « *Ci a bel chevalier.* »

P. 79, v. 21 : *cobrer* (texte italien *pier, pigliare*) se disait des personnes comme des choses.

PARISE LA DUCHESSE, 2ᵉ édit., p. 21 :

> Et li escuier saillent à l'evesque *cobrer.*

HUON DE BORDEAUX, p. 110 :

> Le hanap prist, a .II. mains l'a *conbré.*

P. 81, v. 8 : *qui moult flairent souef* (ou *soué*).

> Plus soué flairent que baumes destenpré.
> (*Huon de Bordeaux*, p. 147.)

P. 81, v. 13 : *Quant fu en terre.* (*Quando fo seveli.*)

RAOUL DE CAMBRAI, p. 126 :

> Tant que ces niés soit dedens terre mis.

P. 81, v. 19 et 20 :

> A tote gent quant je t'oi *demander*
> La mort Aubri.

Demander la mort, c'est-à-dire *demander compte de la* mort.

> La mort mon pere Fernagu te demant.
> (*Otinel*, préface, p. VIII.)

P. 83, v. 2 : *Vez moi tot prest* (V. *Gaydon*, p. 19, v. 6)

P. 83, v. 11 :

> N'estes mais dignes de corone porter.

Voyez l'expression *corone porter* dans *Gui de Nanteuil*, p. 26, et dans le poëme même de *Macaire*, p. 102. Le compilateur ici l'a rejetée sans doute pour simplifier, selon son habitude.

P. 83, v. 15 :

> Sus el palais, en la sale votie ;

ou, pour conserver *antie* du texte vénitien :

> Sus el palais, en une sale antie.

GAYDON, p. 326 :

> Dont l'amenarent en la *sale voltie*.

P. 83, v. 18 :

> Faite me fu une grans estoutie.

OTINEL, p. 34 :

> Il lur fera ja mult grant estultie.

P. 83, v. 19 :

> A grant vergoigne ma moillier *chalengie*.

J'ai admis ici, fort à regret, le mot *chalengie*, faute d'en trouver un meilleur. Je crois qu'*acusie* (pour *acusée*, comme *brisie*, *bautisie*, pour *brisée*, *baptisée*) est la véritable leçon ; mais je ne connais pas d'exemple du mot *accusée* sous cette forme (Voyez ci-dessus la note sur le vers 20 de la p. 51).

P. 83, v. 20 : *dont en ai l'ame irie;* ou mieux peut-être : *dont ai el cuer grant ire.* Inutile de dire que la rime n'est pas un obstacle à cette leçon.

P. 85, v. 1 :

Quant li baron ont la parole oïe,
Mal de celui qui un sol mot en die.

GAYDON, p. 20, v. 26 :

Quant Fransois oient lor seignor si parler,
Mal de celui qui osast mot sonner.

P. 85, v. 17 :

Et ne croi mie de nul en sois blasmé.

« Et je ne crois pas (qu'en suivant mon conseil) tu sois blâmé de personne. » C'est le sens que j'ai donné à ce vers. Si l'on préfère celui que paraît indiquer le texte de Venise, on peut lire :

Et n'en serai, ce croi, de nul blasmés.

P. 85, v. 18 : *apelés.* Comme il s'agit ici d'un duel judiciaire, j'ai substitué au mot *calonçer* du texte italien l'expression employée en pareil cas :

La vilonnie dont iestes *apelés.*
(*Gaydon*, p. 28.)

P. 85, v. 19 :

Et en bliaut si soit il despoilliés.

Gerart non plus, dans *Huon de Bordeaux*, n'a point d'armes offensives lorsqu'il va au-devant de Charlot, et c'est ce qu'il exprime ainsi :

T'as bon haubert et çaint le branc forbi,
Et je suis nus el bliaut sebelin.
(P. 23.)

J'ai donc substitué le mot *bliaut* au mot *guarnelo* du texte italien.

P. 85, v. 21 : uns *plaissiés*, une palissade, pour fermer le champ de combat et limiter le *parc* où le duel va avoir lieu. *Astelé*, du texte italien, n'est pas un mot français sous cette forme ; mais il se peut bien qu'on ait dit *estalier* d'une série de pieux, puisqu'on trouve la forme féminine *estalliere* en ce sens. (Voyez Du Cange sous *stalaria*.) En ce cas, il faudrait lire :

 Et sor la place soit fais uns estaliers.

P. 87, v. 2 : *coilli en hé* (texte italien *aü en aé*). *Coillir en hé*, on le sait, signifie *prendre en haine*. C'est une expression qui revient trop souvent dans nos anciens poëmes pour qu'il soit nécessaire de la justifier ici. Voyez, cependant, à cause de la forme *aé*, *Parise la Duchesse*, p. 98, à la note sur le vers 11 de la p. 10.

P. 89, v. 1 : *crier un ban*, ou *huchier*, comme dans *Raoul de Cambrai*, p. 333 :

 Parmi Arras a fait un ban huchier.

P. 89, v. 3 : *apendus com larron*, ou, si l'on veut, *pendus comme un larron*.

 Je vos pandroie ausiz com un larron.
   (*Jourdain de Blaives*, ms. fr. 860,
    fol. 113 r°, col. 2.)

Il faudrait *lerre* dans mon texte ; mais j'ai déjà justifié les licences de ce genre.

P. 89, v. 16 : *li est sore coru*.
GAYDON, p. 115, v. 21 :

 Qui fierement *li sont sore coru*.

P. 89, v. 17 : *aconséu*. Le mot *prendu* du texte italien n'est point français ; au contraire, on rencontre fréquemment *aconsivre* ou *consivre* au sens d'atteindre :

 Renoart vise si l'ait *aconséu*.
   (*Loquiferne*, ms. fr. 1448, fol. 281 v°,
    col. 2.)

> Et li bastons contreval descendi,
> Que le cheval en chief *aconsievi*.
>> (*Gaydon*, p. 105.)
>
> Par les espaules a *conséu* Morel.
>> (*Gaydon*, p. 283.)

P. 89, v. 18 : *referu*.
OGIER I, 123 :

> Ogiers le haste si l'a tost *referu*.

P. 91, v. 1 : Cf. *Gaydon*, p. 291, v. 3.

P. 91, v. 2 : *Sainte Marie*, aiu! pour *aïue*, aide!

P. 91, v. 5 : *Grans fu* l'estors.
Ce mot peut fort bien s'appliquer à une lutte entre deux combattants, à un duel. GAYDON, p. 99 : Grans fu *l'estors*, c'est-à-dire la joute de Ferraut et de Renaut d'Aubepin.

P. 91, v. 10 : *uns des lors* saillis fu.
On pourrait maintenir à la rime le mot *salu* du texte italien, sous cette forme ou sous la forme *saillu*, puisqu'on trouve dans le *Moniage Renoart*, ms. de Boulogne-sur-Mer, fol. 190 v°, col. 1 :

> Tibers se haste si est en piés *salus*,

et, même manuscrit, fol. 209, le composé *asaillu*.

P. 91, v. 13. C'est pour éviter une répétition que je m'éloigne un peu du texte de Venise. Rien de plus facile que de lire :

> En celui lieu où il estoit salus.

Mais *embatu* ou *enbatu* était un terme fort usité au sens où je l'emploie, et il se pourrait bien que le compilateur italien n'eût pas trouvé ce mot assez clair pour ses auditeurs.

P. 91, v. 14 : *Quant il l'ot entendu*. Je garde le sens en changeant la rime. *Metu*, du texte italien, n'est pas plus français que *prendu* qu'on lit dans la même tirade.

P. 91, v. 23 :
> Il l'en arreste au passer d'un placer.

On pourrait lire aussi :
> Il l'en arreste à un placer passer.

Voici un tour identique :
> Ogier coisi à un tertre puiier.
> (*Ogier*, I, 135.)

Placer, mot assez rare, se trouve par exemple dans *Parise la Duchesse*, où on lit : *sol placer*, p. 50, et *placer* seulement, p. 51.

P. 93, v. 3 : *l'a en present mené*. J'ai justifié ci-dessus la locution *en présent* (en présence). Rien n'empêche d'ailleurs de conserver le texte :
> Devant le roi le vait à presenter.

P. 95, v. 15 et 16. Même tour dans *Aspremont*, ms. fr. 2495, fol. 105 v° :
> Que faites vos que ne nos secorrez ?

P. 95, v. 17 : *de toi sont il lointain*.
BERTE AS GRANS PIÉS, ms. fr. 1447, fol. 38 r° :
> Selonc ce que ele ert de ses amis lontaigne.

P. 95, v. 23 : *abatre jus*. Voir Gaydon, p. 115.

P. 95, v. 25 : *qui sor tos es poissans* (nobele e sovran). Rien de plus aisé que de lire :
> Hé! gentis rois, nobiles et sovrains.

Mais *nobiles* aurait le même sens que *gentis*, et je ne vois nulle part de locution identique ou analogue. Au contraire, Charlemagne est souvent qualifié *li rois poissans*, ou *sorpoissans*.

P. 95, v. 27 :

Un confessor me mandés maintenant.

On pourrait sans doute conserver le mot *chapelain* et le maintenir à la rime; mais *un qualche çapelan* sent trop l'italien pour ne pas me faire croire à une altération complète du vers. Je propose, cependant, cette seconde leçon :

A ma confesse mandés un chapelain.

Voyez *confesse* dans *Parise la Duchesse*, p. 21.

P. 97, v. 1 : *engignement*. V. ci-dessus la note de la p. 23, v. 9.

P. 97, v. 4 :

Et cil i vient volentiers, *tot errant*.

Je remplace par cette locution si fréquente celle du texte vénitien : *por talan*, qui ne me paraît pas admissible en la forme. Mais peut-être vaut-il mieux lire : *volentiers, non engrans*, locution analogue à celle-ci : *volentiers, non envis*. V. Raynouard, au mot *engrant*.

P. 97, v. 11 : *bassetement*.
AUBERI LE BOURGUIGNON, ms. fr. 859, fol 45 v°, col. 1 :

Entre ses dens a dit *bassetement*.

P. 99, v. 5 : *ci orendroit* se disait comme *c endroit*.
HUON DE BORDEAUX, p. 140 :

Et se m'irés *chi endroit* atendant.

Et même page : *ichi orendroit*.

P. 99, v. 9 : *ci a voir un miracle de Dé*.
Voyez ci-dessus la note sur le vers 15 de la p. 79. J'ajoute qu'après ces mots *ci a* on trouve le substantif employé au cas régime.

P. 99, v. 12 : *et des boins et des mels*.

Le mot *ré* (*reo*) du texte de Venise est inadmissible. Le compilateur italien aura sans doute rejeté le mot *mel* (*malus*), qui à ses yeux comme à son oreille ne formait pas une rime suffisante. La forme *mel* se trouve bien des fois dans le poëme de *Huon de Bordeaux*, et à la rime, et dans des tirades en *é* ou en *er*. V. aussi *Gui de Bourgogne*, p. 7, et *Fierabras*, p. 6, où on lit : *à meles armes*. Quant à la locution entière, elle était en usage comme *li jone et li chanu, li petit et li grant*, etc. :

> De lor maus soient quite et li mal et li bon.
> (*Chanson d'Antioche*, t. I, p. 62.)

P. 99, v. 27 : *tu as bien meserré*. (Vu avi ben falé.) *Falé* n'a jamais été français. On ne trouve que *failli* et *falu*. *Meserré* rend la même idée, mais le mot, si j'ai rencontré juste, n'était pas de ceux qui pussent accommoder notre compilateur. V. *meserrer*, dans *Huon de Bordeaux*, p. 198 et *passim*.

P. 101, v. 9 : *laidement*. (*Gaydon*, p. 175.)

P. 101, v. 15 : *nuisement*.

> Que ne voz voillent faire aucun nuisement.
> (*Gaydon*, p. 315.)

P. 101, v. 22 : *Si l'enchauça*. On peut lire sans doute *arier li vint* ou *après li vint*, en restant plus près du texte; mais *enchaucer* est le terme le plus usité en ce sens.

> Et Aulaïz de prez les enchauça.
> (*Gaydon*, p. 72.)

V. d'ailleurs Raynouard, sous *encaussar*.

P. 103, v. 6 : *tant ne quant* n'est qu'une variante que je propose pour éviter des répétitions fastidieuses. Il est clair, du reste, qu'on peut lire *de noient*.

P. 103, v. 12 : *reté m'oissor*.
GAYDON, p. 57 :

> A com grant tort m'avoit cis gloz *reté*.

P. 103, v. 13, 14, 15 :
> Ne soie onc rois ne corone portant,
> Ne mengerai onques à mon vivant
> S'aurai de toi véu le jugement.

On retrouve souvent ce tour, par exemple dans *Gaydon*, p. 9 :
> Dex me confonde parmi la crois, en som,
> Se mais menjuz de char ne de poisson,
> Ne ne bevrai de claré, de vin bon,
> S'aurai tenu son cuer dedens mon poing.

P. 103, v. 22 : *inprimemant*, du texte italien, n'a jamais été français, que je sache ; *premierement* l'a été de tout temps.

> Dos de Nantuel parla premierement.
>   (*Ogier*, II, 406.)

P. 103, v. 25 :
> Méisme d'eus ferions nos autretant.

On retrouve un vers à peu près identique dans *Raoul de Cambrai*, p. 336 :
> Et d'iax méisme ferai je autretant.

P. 105, v. 9 : *penéant*. (*Huon de Bordeaux*. p. 88.)

P. 105, v. 15 : *après lui* (derrière lui).
> *Après lui* vin moult durement courant
> *Après celui* alai esperonnant.
>   (*Huon de Bordeaux*, p. 35.)

P. 107, v. 6 :
> Cil de Maience en ont grant reprovier.

RAOUL DE CAMBRAI, p. 187 :
> Tuit ti ami en aront reprovier.

P. 107, v. 7 : *Or lairons ci*.
> Or vos lairons ci endroit de Gaydon.
>   (*Gaydon*, p. 28.)

P. 107, v. 8 :
>Si com ovra ot éu son loier.

On peut lire aussi : *De son service ot......*
GAYDON, p. 224 :
>De vo service aurez vostre loier.

P. 107, v. 9 : *est remés.* (*Huon de Bordeaux*, p. 170.)

P. 107, v. 15 : *jus del cheval verser*, ou, comme dans *Huon de Bordeaux*, p. 54 : *à la terre verser.*

P. 109, v. 13 : *solette.* V. plus loin, p. 238, v. 4.

P. 109, v, 15 : *Coment le faites ?* C'est le *how do you do* des Anglais. On peut lire aussi : *Comment vos est ?* (Voyez *Gaydon*, p. 50.)
>Ele li a demandé et enquis
>*Comment le fait* Karles de Saint Denis.
>>(*Anséis de Cartage*, ms. fr. 1254, fol. 2 v°, col. 2.)

Idem, ibid : avés encombrement?
V. ce mot dans *Gaufrey*, p. 310; dans *Otinel*, p. 2 et 13; et surtout dans *Jean de Lanson*, ms. fr. 2495, fol. 29 v°.

P. 109, v. 25 et 26 :
>Que véoir puisse par toi séurement
>Costantinoble, où sont li mien parent.

Le texte de Venise dit : *Aler en Costantinopoli*, locution que la mesure des vers ne permet pas de conserver, de quelque façon qu'on s'y prenne. *Voir Constantinoble* m'a paru admissible :
>Ne quit *véoir* Bordele, le grant cit.
>>(*Huon de Bordeaux*, p. 26.)

P. 109, v. 27 : *boin loier en atent.*
OGIER, II, 324 :
>Autel *loier* alons nos *atendant.*

P. 111, v. 12 : *deponu* me paraît admissible, quoique je n'en trouve pas d'exemple ; mais *ponu*, pour *pondu*, se trouve encore dans quelques patois.

P. 111, v. 16 : *or est au Dieu salut*, et même *salu* sans *t*, comme dans *Gaydon*, p. 88.

P. 111, v. 18 : *un grant baston* costu.
Prendu, je l'ai déjà dit, me paraît inadmissible ; et je dirai ci-après pourquoi je substitue *costu* à *quaru*.

P. 111, v. 20 : *les cheveus* borfolus.
Je ne connais pas d'exemple de ce mot.

P. 113, v. 2 :

> Et la roïne si vait derière lui.

On peut conserver la forme *lu* du texte de Venise.

> A grant merveille me sera deffendu
> S'encor ne trai le sanc dou corps de *lu*.
>
> (*Gaydon*, p. 25.)

Mais on trouve aussi la forme *lui* dans des tirades en *u*. Je la rencontre plusieurs fois, par exemple, dans le ms. de Boulogne-sur-Mer, qui contient une grande partie de la geste de Guillaume au court nez. Elle y rime avec *fu*, etc. (fol. 76), avec *coru*, etc. (fol. 169). De même dans *Girart de Vianne*, ms. fr. 1448, fol. 75 v°, col. 1.

P. 113, v. 6 : *arrestéu*. On pourrait conserver *arestu*, du texte vénitien, et lire :

> Tant sont alé, *que* n'i sont arestu
> Que. . . . .

Mais, pour éviter ces *que* superposés, j'emploie la forme *arrestéu* dont on trouve aussi des exemples.

Dans la même page de *Raoul de Cambrai* (p. 77) on lit :

> Li quens Ybers n'a gaires *arestu*.
> De ci au gué ne sont *arestéu*.

P. 113, v. 8 : *outre mer ont coru*. Je n'admets pas *metu*, non plus que le composé *trametu* du texte de Venise. On pourrait lire peut-être : *outre sont descendu*, en restant plus près du texte *oltra forent metu*; mais *descendu* se trouve quelques vers plus bas. Il est probable que le compilateur italien l'eût conservé ici comme là, s'il l'y eût trouvé. Sans doute il aura rencontré une leçon moins simple, comme celle que je propose ou comme celle-ci : *la mer ont trescoru*.

P. 113, v. 11 : *parmi ces puis agus*.
RAOUL DE CAMBRAI, p. 152 : parmi .I. pui agu.

P. 113, v. 18 : *Sages et* membrus (pour *membrés*).

> Sire ce est Robers, li sages, li membrus.
> (*Chanson d'Antioche*, t. I, p. 28.)

P. 113, v. 20 : *des grans et des menus.*
GIRART D'AMIENS, ms. fr. 778, fol. 83 :

> Il fu amez des grans et des menus.

P. 113, v. 23 :

> En sa main prist un gros baston *costu*.

Ce mot *costu*, que j'ai ajouté tout à l'heure au texte de Venise, je le substitue ici au mot *quaru*, dont je doute fort qu'on rencontre un exemple. *Arrestu* (d'arrêter) ne semble pas, il est vrai, de formation plus régulière, mais on le retrouve souvent. *Costu*, appliqué à un bâton, donne le même sens que *quaru* ou *carré*, et peut se justifier par des exemples du temps :

> Ne toi ne t'arme ne ton baston *costu*,
> Toute ta force ne pris pas .I. festu,
> (*Moniage Renoart*, ms. de Boulogne-sur-Mer, fol. 173.)

> Li un sont plat et li autre *costu*.
> (Ms. fr. 294. v°, col. I.)

On disait aussi *baston cornu*. Voyez *Gaydon*, p. 87.

P. 113, v. 25 :
> Et quiert li ostes li soit *amentéu.*
> (Et l'hôte demande qu'il lui fasse connaître.)

C'est sans doute ce verbe *amentevoir* qui aura rebuté notre compilateur, dont le vers, si c'en est un, est à remanier entièrement.

On lit dans la *Chanson des Saisnes,* ms. de l'Arsenal, B. L. F. 175, fol. 240 :
> Le covenant son pere li a *amentéu*
> Que chevalier le face...

GIRART DE VIANNE, ms. fr. 1448, fol. 194 r°, col. 2 :
> On voit lou roi si l'a *amentéu.*

P. 115, v. 3 et 4 : *servu, metu,* du texte italien, qui forment la rime de ces deux vers, sont de la fabrication du compilateur. La leçon que je propose se justifie dans ses termes principaux par un passage de *Berte as grans piés,* où l'on trouve une situation analogue.

> A Bertain *aaisier* met chascune s'entente.

Elle dit à ses hôtes :
> Bien m'avés reschaufée et moult bien *repéue.*

Quant à la locution *sus et jus,* elle est souvent employée comme ici.

P. 115, v. 15 : *ensi l'a il usé.*
> Sire, dist Hues, je ne l'ai mie usé.
> (*Huon de Bordeaux,* p. 96.)

P. 115, v. 18 : *cil qui m'a à garder,* ou *à guier.*

P. 117, v. 3 et p. 121, v. 4 :
> S'agiut la dame d'un moult bel iretier...
> D'un fil s'agiut qu'au mostier vai portant.

Le texte de Venise porte : *Cella dame partori.* — *Ces enfant a* partori, du latin *parturire.* L'italien a conservé ce verbe sous la forme *partorire*; mais jamais, que je sache, il n'a passé ni en provençal ni en français, où l'on ne trouve que le substantif *part* (de *partus*). Au contraire, l'une et l'autre langue ont au même sens *ajazer* et *agesir*. Pour *ajazer*, voyez Raynouard, III, 583. Quant à *agesir*, voici un exemple qui le donne sous la forme même où je l'emploie :

> D'un fil s'agiut, s'ot non Guillaumes.
> (*Philippe Mouskes*, cité par Sainte-Palaye, au mot *agiut*.)

P. 117, v. 17 :
> Puis quant ce vint qu'ele dust relever;

ou, avec la diérèse : *que déust relever.*

Je restitue ainsi le vers assez obscur du texte vénitien, en imitant un vers de *Parise la Duchesse* :

> Quant vint li termes que déust relever
> (*Parise*, p. 28, 2ᵉ éd.)

Je n'ai pas besoin de justifier le tour si connu : *quant ce vint que.....*

P. 121, v. 14 :
> Sor destre espaule une crois *blanchoiant.*

Je substitue *blanchoiant* à *blanc* que porte le texte de Venise, parce qu'il faudrait *blanche*, que la rime rejette. Je doute qu'on ait volontiers employé *blanc* pour *blanche* au moyen âge. J'en puis cependant citer un exemple :

> Mais il n'i a pain ne vin ne forment,
> Fors .II. gastiaus et .I. mice blanc.
> (*Prise d'Orange*, ms. de Boulogne-sur-Mer, fol. 54 rº, col. 1.)

Mice blanc pour *miche blanche;* mais fallait-il suivre cet exemple ?

P. 121, v. 18 : *estre à bautisier* ou *au bautisier*, selon le cas.

> Là ot enfant; g'i fui au bautisier.
> (*Raoul de Cambrai*, p. 316.)

P. 121, v. 20 : *Se Diex me soit aidant*. Locution qui revient deux ou trois fois dans chaque tirade en *ant* du poëme de *Huon de Bordeaux*.

P. 123, v. 5 :

D'emperéor com se fust iretiers,

ou : *com se fust engenrés*.

ALISCANS, p. 199 :

Renoars sui, engendré fui d'un roi.

P. 123, v. 7 :

L'evesques chante la messe *hautement*.
(Raoul de Cambrai, p. 145.)

P. 123, v. 8 : *mestier*, service, office divin.

RAOUL DE CAMBRAI, p. 52 :

Et si faisoïent le Damedieu *mestier*.

Parlant d'un évêque :

Si se revest por faire le *mestier*.
(Idem, p. 7.)

P. 123, v. 14 : *rengenerer*.

De saint baptesme se fist *rengenerer*.
(Aspremont, ms. fr. 2495, fol. 124 r°.)

P. 125, v. 9 : *de son droit nom*.

Huelins est par *droit nom* apelés.
(Huon de Bordeaux, p. 77.)

P. 125, v. 17 : *quinze jors ajornés*.

GAYDON, p. 37 et 186 : *toute jor* ajorné. — *Autre jor* ajorné.

P. 127, v. 1 :

Si vuet venir à son gent cors parler.

Cf. *Huon de Bordeaux*, p. 95, v. 13.

P. 127, v. 2 : *Et ne le voil véer*, ou : *de gré et volentiers*, ou encore : *bie fait à otrier*, toutes locutions de même sens et qui reviennent presque à chaque page dans nos anciens poëmes.

P. 127, v. 14 et 15 : *bien veigniés! — bien soiés!* (*Huon de Bordeaux*, p. 13; v. 34.)

P. 127, v. 24 :

 Por amor Dieu, le voir justicier.

J'ai répété *le voir justicier* du texte italien ; mais mieux vaudrait lire peut-être *le verai justicier*, comme dans ce vers de *Raoul de Cambrai* (p. 111) :

 Dieu reclama, le verai justicier.

On trouve toutefois, quoique plus rarement, des exemples comme celui-ci :

 Et croi en Damediu, le vrai justicier.
     (*Fierabras*, p. 13.)

A l'origine, sans doute, le second *i* a compté dans la mesure, mais de bonne heure on l'a négligé.

P. 127, v. 25 et 26 :

 Si com commere qui pas ne doit boisier
 A son compere mentir ne losengier;

vers restitués d'après ceux-ci :

 Cil de Nerbonne qui ainc ne pot boisier.
 A son signeur mentir ne losengier.
     (*Aliscans*, p. 248.)

P. 129, v. 10 :

 De mon reaume si me fist il geter.

On disait aussi bien en pareil cas *geter* que *chacier* :

 Et tos mes oncles de la terre chacier.
     (*Raoul de Cambrai*, p. 73.)
 Por tant firent la dame de la terre geter.
     (*Parise la Duchesse*, p. 52.)

P. 129, v. 13 : *malvaistié*.

HUON DE BORDEAUX, p. 87 :

La voit on bien qui a fait mauvaisté.

P. 130, v. 2 :

Il semble qu'après ce vers le copiste italien en ait omis un dont le sens était : « *Il se battit.* » Ce qui me le fait croïre, c'est le mot *cun* (avec) par lequel commence le vers suivant et dont je ne tiens pas compte dans ma restitution.

P. 131, v. 4 : *à l'espié amolé,* ou *amollié*. On trouve un exemple de cette seconde forme dans Du Cange, sous le mot *amollare*; mais on y trouve également *amolare*, qui permet de croire qu'*amolé* a été aussi en usage. Peut-être le texte français portait-il : *al branc forbi d'acier*. Voyez p. 136, v. 9.

P. 131, v. 6 : *Si m'en fuï.*
HUON DE BORDEAUX, p. 5, v. 1 :

Si s'enfuï tous seus...
(*Fierabras*, p. 63.)

P. 131, v. 15 : *mes estres* (ma situation).

Lor couvine et lor estre enquerre et demander.
(*Fierabras*, p. 63.)

P. 131 : v. 17 :

Por moi vorra chevaliers envoier.

On disait même *envoyer pour quelqu'un*, sans régime :

Car faites tost por Guiot envoier.
(*Gaydon*, p. 181.)

P. 131, v. 22 :

Et que ses pere Costantinoble tient.

Il est manifeste qu'ici le compilateur italien a refait en entier le vers français qu'il avait sous les yeux. A mon tour, je prends avec lui la même liberté. Voici les exemples dont je m'autorise et pour la rime et pour la locution *tenir Constantinople* :

Jules César, selon la légende de Huon de Bordeaux, était l'un des prédécesseurs du père de Blanchefleur, c'est-à-dire qu'il régna à Constantinople.

> Constantinoble tint *il tot son èaige.*
> (*Huon de Bordeaux*, p. 1.)

L'auteur du même poëme fait rimer *vient* (p. 12) et *souvient* (p. 13) avec *fier, pitié, mesagier, grasiiés,* etc. Il y a grande apparence que *tient* ne rime pas plus mal avec *verité, crestienté, envoier,* etc.

P. 131, v. 24 : *bien trovée soiés.* Cf. *Huon de Bordeaux*, p. 119, v. 34.

P. 133, v. 1 : *d'Ongrie.*
On disait indifféremment *de Hongrie* ou *d'Ongrie.*

> An la terre *d'Ongrie* sont en un bois entré.
> (*Parise la Duchesse*, 2ᵉ édition, p. 24.)

> Et rois fu *de Hongrie* s'en fu sire clamez.
> (*Id.*, p. 26 et *passim.*)

Honguerie est, selon toute apparence, la forme primitive. Voyez cette forme dans *Gaufrey*, p. 252 et *passim.*

P. 133, v. 20 :
> Dire et conter trestot le *covenant.*

Covenant, aventure, affaire, situation.

HUON DE BORDEAUX, p. 91 :
> Or vous ai dit trestout mon convenant.

MONIAGE RAINOUART, ms. de Boulogne-sur-Mer, fol. 194 r°, col. 1 :
> Mairefer fu en son cuer mult dolant
> Quant de son pere entent le *couvenant.*

Ibid., col. 2 :
> Dist Mairefer : « Com vos est *coyenent ?* »

Cf. MACAIRE même, page 134, v. 12 et 13.

P. 135, v. 2 : *traîtrement.*
GAYDON, p. 220 : *à tort, traîtrement.*

P. 135, v. 3 :
>Dont l'emperere cui France est apendant.

OGIER, t. II, p. 398 :
>Et Babiloine à lui est apendant.

P. 135, v. 6 : *dire son talent.*
>*Bien poés, frere,* dire vostre talent.
>(*Foulque de Candie*, Ms. de Boulogne-sur-Mer.

135, v. 10 : *quant sont à terre.*
V. *Huon de Bordeaux,* p. 85, v. 15.
Idem, ibid. : *il se traient avant.* OTINEL, p. 11 : *se tret Rollans avant.*

P. 135, v. 15 :
>En son palais les mande à parlement.

GAYDON, p. 263, v. 4 :
>Comment Claresme le mande à parlement.

P. 135, v. 16 :
>D'oïr noveles lor enquiert et demant.

GAYDON, p. 95 :
>Ferraus li a demandé et enquis.

P. 137, v. 4 :
>Si *l'enchargea* ad un suen chevalier;

ou encore : *Si la chargea.*
RAOUL DE CAMBRAI, p. 140 :
>Je vos *charchai* mon enfant à garder.

P. 137, v. 16 :
>Voit sor s'espaule une crois blanchoier.

L'auteur a dit plus haut, p. 120, v. 14, que la croix était blanche; j'ai cru pouvoir le répéter ici, m'autorisant d'ailleurs, pour le tour que j'emploie, d'exemples comme ceux-ci :

De sa cité voit les murs blanchoier.
> (Aimeri de Narbonne, ms. fr. 1448, fol. 63 r°, col. 2.)

Si que les denz véissiez blanchoier.
> (Otinel, p. 52.)

On disait de même :

... Li sans que ci voi rougoier.
> (Raoul de Cambrai, p. 69.)

P. 139, v. 9 : *hautement* mercier, ou *gracier*, comme au texte de Venise.

P. 139, v. 16 :

Que por ma fille manderai *à estros.*

J'ai à peine besoin de dire que la locution *à estros*, t même *à estrous*, n'est pas déplacée à la rime dans un tirade en *or*. On l'y trouve cent fois.

P. 139, v. 18 : *Mais ne faura guerre*. « La guerre ne manquera pas, » c'est-à-dire : « Je ne manquerai pas de faire la guerre à l'empereur. »

Ne faudra guerre vers lui tout mon aé.
> (Gaydon, p. 27.)

P. 141, v. 17 : *en nef corant* (en un legno corant). *Legno*, au sens de navire, est purement italien.

P. 141, v. 20 : *de par le roi de Hongrie.*

Alez à Karle, ditez lui de par *mi*.
> (Gaydon, p. 177.)

P. 143, v. 14 : *contre lor vait corant*, c'est-à-dire : court à leur rencontre, au-devant d'eux.

Contre li sont alé si ami et si dru.
> (Renaut de Montauban, I, 201, rec. des Anciens poëtes.)

P. 144, ligne 1 et 2.

Je supplée par conjecture la rubrique omise dans le manuscrit.

P. 145, v. 5 : *de paile et de* cendel, ou de *cendé*.

P. 145, v. 16 :

>   Et *Blancheflor* où il n'ot qu'ensegner.

Il m'était facile de lire, en suivant de près le texte de Venise :

>   Et Blancheflor, qui tant ert preus et ber ;

mais *preus* et *ber* surtout me paraissent convenir à un homme beaucoup mieux qu'à une femme; et d'ailleurs ici il ne s'agit pas des vertus, des qualités que ces deux mots expriment, il s'agit bien davantage de reconnaissance, de politesse. La locution *où il n'ot qu'ensegner* me semble mieux en situation; elle s'applique à une personne bien *apprise*, qui a de bonnes et belles manières, et c'est ici le cas de s'en servir.

P. 147, v. 9 : *à icel jor que*. C'est par ces mots que débute la chanson d'*Aliscans*.

P. 149, v. 2 : *nel porroient* durer (pour *endurer*).

P. 149, v. 17 : *acréanter* ou, si l'on veut, *acertener*.

P. 149, v. 21 :

>   Mais ele a moult envers lui meserré.

RAOUL DE CAMBRAI, p. 63 :

>   Por quoi ont il envers moi meserré ?

V. encore *Gaydon*, p. 58.

P. 151, v. 4 :

>   Se il la fait par jugement mener.

HUON DE BORDEAUX, p. 69, v. 1 :

>   Et ne le veut par jugement mener.

P. 151, v. 7 :

> Mais la roïne *qui la nori souef*.

Cette expression, que je substitue à celle du texte de Venise : *qe l'avoit elevé*, revient souvent dans nos chansons de geste, et notamment dans *Huon de Bordeaux* :

> A nostre mere qui souef nous nori.
> (P. 19, v. 9.)

> A la ducoise qui l'ot nouri souef.
> (P. 72, v. 9.)

> Car vostre pere me nori bien soé.
> (P. 93, v. 8.)

GAYDON, p. 26 :

> Je voz norri, petit anfant, soef.

P. 151, v. 8 :

> Chis savoit de sa dame le cuer et le penser.
> (*Charles le Chauve*, ms. La Val., 49.)

P. 151, v. 11 :

> Bien conois cele qu'*en mon ventre* ai porté ;

ou, si l'on veut : *en mes flans*, comme dans ces vers de *Parise la Duchesse* (p. 37, 39, 2e édit.) :

> Ne la mere ausimant *que à ses flans* t'a porté.
> Et conoistrai la mere qu'*en ses flans* m'a porté.

P. 151, v. 13 : *Nes por tot l'or de Dé.*

Pour tout l'or de Dieu, c'est-à-dire pour tout l'or du monde. On pourrait lire aussi : *Nes por trestot l'or Dé*. Mais à l'époque où fut composé notre poëme, tantôt on supprimait, tantôt on exprimait la préposition :

> Por tout l'or Dieu n'aroit il garison.
> (*Raoul de Cambrai*, p. 115.)

P. 151, v. 19 :

> Mal fait li rois, quant la blasme, et pechié.

GAYDON, p. 35 :

« Sire vassal, mal faites et pechié,
« Quant vos le duc blasmez ne laidengiez. »

P. 153, v. 4 :

S'èle gehist, mar fu ses gens cors nés !

HUON DE BORDEAUX, p. 95 :

Se ne volés *à son gent cors* parler.

P. 153, v. 8 : *pesme renoié, eré*, du texte de Venise, est sans doute là pour *hérétique*, qui en vieux français était *herege* ou *érite*.

P. 153, v. 22 : *dolereuse vengeance*.

Si averés un dolerous loier.

(*Moniage Rainouart*, ms. de Boulogne-sur-Mer, fol. 181 r°, col. 2.)

P. 154, v. 16 et 17 :

On lit ces deux vers ainsi dans le manuscrit. Il y manque évidemment un verbe (*je suis allé*) pour en compléter le sens.

P. 155, v. 5 :

Bien ert Kallon vos mesages contés.

ALISCANS, p. 72, v. 25 :

Au roi sera mes mesages contés.

P. 155, v. 6 :

Congé demande et si s'en torne arier.

HUON DE BORDEAUX, p. 72, v. 24 :

Dont s'en torna s'a congié demandé.

P. 159, v. 13 : *Jerusalan*, ou *Jerusalant*, comme dans ce vers d'*Aspremont* :

Et Moydas qui tint *Jerusalant*.

(Ms. fr. 2495, fol. 93 r°.)

P. 159, v. 21 : *hom de conseil plus grant.*
ASPREMONT, ms. La Val. 123, fol. 1 r°, col. 1 :
>Karle apparut qu'*il iert de conseil grant.*

P. 161, v. 1 :
>Qui en vos se fie, bien puet estre certains.

J'ai à peine besoin de dire que *qui en* ne doit former qu'une syllabe. Les exemples de ce genre abondent, et ce serait vouloir renchérir sur les meilleurs trouvères que de ne pas s'en autoriser.

P. 161, v. 4 :
>En vos auroit éu boins chapelains.

Ce tour est très-fréquent dans nos anciens poëmes :
>En Rocoul ot mervillous chevalier.
>(*Raoul de Cambrai*, p. 114.)

P. 161, v. 6 : *Ce dist li dus Naimon.*
Il faudrait Naimes, je le sais, mais je sais aussi que la chanson de Roland elle-même contient des licences de ce genre.

P. 161, v. 19 : *por en faire son bon*, locution bien connue, et particulièrement employée quand il s'agit de désirs amoureux.

P. 161, v. 21 : *desevroison*. (*Gui de Bourgogne*, p. 30.)

P. 163, v. 3 : *entresi que*. (*Fierabras*, p. 51, etc.)

P. 163, v. 10 :
>L'emperéor et dire et conter.

Je maintiens cette locution si fréquente *et dire et conter*, en dépit de l'hiatus, qui ne fausse point le vers, selon moi, ainsi que je l'ai déjà dit ci-dessus (note sur le vers 23 de la page 7). Rien ne serait plus facile d'ailleurs que de substituer ici au mot *conter* le mot *deviser* qui le remplace parfois, comme dans cet exemple :

> Mais tant vos voil et dire et devisser.
> (*Loquiferne*, ms. fr. 1448, fol. 293 r°, col. 2.)

P. 163, v. 14 et suiv.
Ici le bon duc Naimes, donnant un conseil à l'empereur, lui dit : Voici ce que je ferais; puis il fait parler l'empereur lui-même sans que la transition soit indiquée.

P. 163, v. 20 :
> Et *s'amendise* vuet d'ele demander.

RAOUL DE CAMBRAI, p. 120 :
> Por *l'amendise* poi avoir maint destrier.

P. 167, v. 7 : *entroblier*.
HUON DE BORDEAUX, p. 185 :
> Ses prisonniers n'a mie *entroublié*.

P. 169, v. 4 : *Sel prent à apeler*.
Je pouvais lire comme au texte : *Si li respont arier*; mais *arier* termine encore le vers suivant.

P. 173, v. 8 : *roion*. (*Gui de Bourgogne*, p. 30.)

P. 173, v. 18 :
> Chacie l'ot com on fait le larron;

ou, si l'on veut :
> Banie l'ot à guise de larron.

P. 173, v. 19 : *Sore li mist*. Il lui mit sus, il lui imputa, il la chargea de.
GAYDON, p. 50 :
> Mis m'avez sore que je fiz la puison.

P. 175, v. 22 : *de l'or d'Arage*, (d'Arabie) ou d'*Arabe*.
> ... el bon destrier *d'Arrabe*.
> (*Jourdain de Blaives*, Ms. fr. 860, fol. 116 r°, col. 2.)

P. 179, v. 9 et 10 : J'emploie la forme de salutation la plus fréquente :

> Cil Damediex qui le mont estora
> Saut la contesce et ciax que amés a.
> *(Raoul de Cambrai, p. 11.)*

> Cil Damedieus qui tout a à jugier
> Il saut et gart l'evesque droiturier.
> *(Id., p. 6.)*

P. 191, v. 2 :

> Costantinoble qui tient et tot l'onor.

C'est ici une forme très-usitée au moyen âge :

> Il tint Aufrike et tot le regne grant.
> *(Ogier, II, 398.)*

> Et de Huon, le nobile guerrier,
> Qui tint Bourdele et le grant iretier.
> *(Huon de Bordeaux, p. 2.)*

P. 193, v. 3 :

> Dex les confonde, l'aitismes criator.

A qui me rappellerait que *criator* est la forme du régime, je répondrais en invoquant l'exemple de plusieurs trouvères, et notamment de l'auteur de *Gaydon* :

> Si m'aït Dex, li verais criators.
> (P. 153.)

Criators avec une *s*, pour voiler la faute apparemment. Mieux vaut, je crois, la laisser paraître que d'y ajouter encore par cette addition malencontreuse.

P. 193, v. 20 :

> Dolor en ai et mautalent et ire.

Il n'est pas rare de voir cette finale *ire* à la rime dans des tirades en *ie*. Exemple :

> Amont l'en dresce par moult grant *druerie*,
> Si li pardonne son mautalent et s'*ire*.
> *(Gaydon, p. 326.)*

Et plus bas, même page :

> Gaydon appelle, si li a prins à *dire* :
> « Gaydes, biax sire, nel me celés vos *mie*.

P. 195, v. 6 : *Blancheflor* (texte italien : *Blançiflon*). Les trouvères faisaient parfois fléchir, pour les accommoder aux besoins de la rime, les désinences des noms communs et même des noms propres. C'est ainsi que l'auteur de *Gaydon* appelle une fois son héros *Gaydier*; mais celui de *Macaire* n'était pas obligé ici de modifier le nom de *Blancheflor*, les mots en *or* étant parfaitement admis dans les tirades en *on*. C'est donc le compilateur italien qui a imaginé la forme *Blançiflon*.

P. 195 : v. 15 : *paoniers*. V. Du Cange, v° *Pedo*.

P. 199, v. 5 : *prodon*. Il faudrait *prodomme*; mais les licences de ce genre se trouvent dans les meilleurs textes.

P. 199, v. 9 : *Ains qu'il soit esclairié.* (Huon de Bordeaux, p. 165.)

P. 199, v. 12 : *demainne tref*, la tente impériale. Cel *demainne tref*. (Gaydon, p. 3, v. 11.) On disait au même sens : *maistre tref*, *tref maior*.

> Et Kallemaines fu en son *tref maior*.
> (*Aspremont*, ms. fr. 2495, fol. 102 r°.)

P. 201, v. 6 :

> Cil de Maience font moult à resoingnier.

GAYDON, p. 167 :

> Cil emperere fait moult à resoingnier.

P. 201, v. 8 et 22 :

> Fors cel roi qui Constantinoble tient.
> . . . .
> Cil dou roi cui Constantinoble apent.

Ces deux vers sont mal coupés, je l'avoue, mais on en trouverait aisément de pareils dans nos meilleurs poëmes. Exemple :

> Par qui est toute créature vivant.

Dans le second vers, *Costantinoble* devrait prendre l's, signe du sujet ; mais cet s disparaissait souvent pour obéir aux exigences de la mesure.

P. 202, v. 10 :
Le personnage nommé *Floriadent* prend plus bas (v. 20) et plus loin (p. 206 et suiv.) le nom de *Floriamont*. Je n'ai pas cru devoir lui conserver ces deux noms, je me suis arrêté au premier.

P. 203, v. 21 :

> A grant merveille fu li Griés orguillos.

Li Griés, le Grec, le chevalier grec. Je m'autorise, pour le désigner ainsi, du passage où Alberic de Trois-Fontaines a résumé ce poëme.

P. 205, v. 7 :

> Donc oïssiés des cous moult grant tabor.

Tabor au sens de bruit, de tapage. On le trouve parfois ainsi employé, par exemple dans ce vers du poëme d'*Alixandre* :

> Dusc' à l'aube aparant lor dura cis tabors.
> (P. 287, éd. Michelant.)

P. 205, v. 10 : *dou chief blos.*
Roman d'Alixandre, p. 270 : *del ceval le fait blous.*

P. 211, v. 4 :

> Com s'eüssiés esté une s'amie ;

tour analogue à celui-ci :

> Je lor ai mort un lor prochain parent.
> (*Raoul de Cambrai*, p. 336.)

P. 211, v. 11 : *li pardoner vostre ire.* (Gaydon, p. 326.)

P. 211, v. 13 :

>Se tot premier n'en ai vengance prise.

Ce dernier mot est très-admissible en rime dans une tirade en *ie*.

P. 212, v. 27 : *l'inperer Cleramon.*
C'est la seule fois que l'auteur désigne par son nom l'empereur de Constantinople. Il s'appelait Richer dans la seconde version analysée par Alberic de Trois-Fontaines.

P. 213, v. 6 :

>En moi n'avés chevalier, ains garçon.

J'ai dû substituer *garçon* au mot *poltron* du texte italien. Je ne retrouve pas ce mot dans nos chansons de geste, mais bien celui par lequel je le remplace. Dans le poëme de *Renaut de Montauban*, par exemple, le père des quatre fils si connus leur dit :

>N'estes pas chevalier, anceis estes garçon.
>>(*Renaut de Montauban*, t. I, p. 142, recueil des *Anciens Poëtes*.)

P. 213, v. 7 : *galon*, du texte de Venise, est purement italien (*gallone*, flanc, côté). On peut lui substituer le mot français *giron*, et lire :

>Mais se vos plaist de me ceindre au giron
>Le branc d'acier.

OGIER, II, 541 :

>Puis trait Cortain qui li pent au *giron*.

P. 213, v. 17 : *Si m'avoia. Avoier* s'employait au même sens que *convoier*. Voyez *Raoul de Cambrai*, p. 257.

P. 215, v. 4 :

>Qu'en lui rois Kalles aura mau compaignon.

Voici un tour identique :

> Cil chevals a en vos mal compaignon.
> (*Aspremont*, ms. fr. 2495, fol. 119 v°.)

P. 215, v. 12 :
> Quant Varochers se vist si atorner.

Cf. *aydon*, p. 226, v. 25.

P. 219, v. 15 : *en recoi*, belement.
ASPREMONT, ms. fr. 2495, fol. 101 v° :
> Dist l'uns à l'autre coiement, *en recoi*.

P. 219, v. 19 : *par delez un pendant;* locution tirée textuellement de *Raoul de Cambrai*, p. 158.

P. 219, v. 20 : *le trait à un arpent*. On disait beaucoup mieux : *le trait à un archer*, — *le trait à un bongon* (ou *bouzon*). Voyez, par exemple, *Gaydon*, p. 81, et *Ogier*, II, 543. La meilleure leçon ici serait peut-être celle qu'on peut tirer du vers ci-après :
> La terre en crosle *environ un arpent*.
> (*Gaydon*, p. 113.)

P. 220, v. 6 : *lo somiant* (*somigliante*), le semblable, la même chose.

P. 221, v. 19 : *s'en est errant tornés*.
HUON DE BORDEAUX, p. 173 : *errant s'en torne*.

P. 225, v. 5 : *en ot des iex lermé*.
ASPREMONT, ms. La Val. 123, fol. 3 r°, col. 2 :
> Savez quel chose li fait les iaulz lermer ?

P. 225, v. 8 : *à nul fuer* (à aucun prix).
Si j'avais reproduit littéralement le texte italien, le mot *tens* se serait trouvé répété dans deux vers consécutifs.

P. 225, v. 20 : *les escus bouclés*, ou *bouclers*. Cet

adjectif désigne la boucle qui faisait saillie au centre de l'écu. *Boucler* ou *bouclier*, employé substantivement, remplace le mot *écu*.

P. 227, v. 12 : *Si est remese.*
AMIS ET AMILES, ms. fr. 860, fol. 109 v°, col. 2 :

Remese fuisse, jel vos di sans fausser...

P. 229, v. 2 : *ne viels ne jones hon.*

Est Agolans ou viels ou jones hon?
(*Aspremont*, ms. fr. 2495, fol. 71 v°.)

P. 229, v. 6 : *en Dieu créant.*

Puis ne vi homme qui fust en Dieu créant.
(*Huon de Bordeaux*, p. 89.)

P. 229, v. 17 :

L'un mort sor l'autre verser et trebuchier.

Ce vers se retrouve textuellement dans presque toutes les chansons de geste, et par exemple dans *Amis et Amiles*, ms. fr. 860, fol. 94 v°, col. 2.

P. 230, v. 15 :

L'aubers fu bon, que nel pot *empirer*.

Le texte italien porte *daner* (*damnare*, endommager), que l'on peut conserver si l'on veut :

Ja par nulle arme ne fust le jor *dampnée*.
(*Gaydon*, p. 33, v. 4.)

mais ce mot était d'un usage rare ; *empirer* est l'expression usitée en pareil cas.

P. 233, v. 11 : *Me le resanle.* (*Huon de Bordeaux*, p. 81.)

P. 233, v. 13 :

Chier li ferai à mon branc comperer.

On disait fort bien : *chier li vendrai*; mais aussi bien et aussi souvent : *chier li ferai comperer* ou *achater*.

P. 233, v. 20 :

[Que flors et pieres en fait jus craventer.]

Je supplée ce vers, omis sans doute par le compilateur, et qui se retrouve textuellement dans presque tous les récits de combats.

P. 235, v. 1 : *raviser*. (*Huon de Bordeaux*, p. 131.)

P. 237, v. 27 : *Qu'il espenisse le mesfait*.

 Desor paiens là t'espenéiras.
    (Aspremont, Ms. fr. 2495, fol. 85 v°.)

P. 239, v. 3 : *ma vie aler querant*, ou mieux peut-être : *m'en aler mendiant*.

P. 239, v. 18 : *entrencontré*. (*Gaydon*, p. 46, v. 4.)

P. 239, v. 19 : *Naimes et Isorés*. Je substitue le nom bien connu d'*Isorés* à celui de *Salatré* qui reparaît au vers suivant.

P. 243, v. 8 :

 De deus vassals, sol à sol, en un pré.

OTINEL, p. 8 et 9 :

 Mès car alons le matin en ces prez,
 Tout seul à seul.

P. 245, v. 4 : *d'aler ou champ*. V. *Huon de Bordeaux*, p. 50, v. 34, et 51, v. 1.

P. 245, v. 12 : *Qui la fera ?* — *Faire la bataille* est une locution habituelle. Voir cette expression à la page 244, vers 4, où je l'ai rejetée parce qu'elle ne s'adaptait pas à la mesure du vers.

P. 247, v. 3 :

 Par foi, dist ele, vos estes fos provés.

On peut lire aussi : *vos estes forsenés*, en restant

Macaire.   26

plus près du texte; mais l'autre leçon est peut-être plus fréquente :

> Dist l'amirés : « Te sire est fos provés. »
> (*Huon de Bordeaux*, p. 172.)

P. 251, v. 8 : *emperiel* pour *emperial*, comme *roiel* pour *roial*, *mel* pour *mal*, etc.

P. 251, v. 14 : *tote voie*. Locution qui a le même sens que *toutefois*, sans avoir la même origine.

P. 251, v. 22 :
> Por Varocher est en grant sospeçon.

GAYDON, p. 292 :
> Moult ai esté por voz en souzpeçon.

P. 253, v. 4 :
> Et le bon branc a ceint au lez selonc;

ou encore :
> Le branc a ceint au senestre giron.

P. 253, v. 21 : *et or cuit et mangons*.
GAYDON, p. 293 :
> Chargié un mul d'or fin et de *mangons*.

P. 255, v. 5 :
> Sire emperere de France et de *Loon*.

Je lis *Loon* (Laon), et non *Lion* ou *Lyon*, comme au texte de Venise. Un Italien devait mieux connaître *Lyon* que *Laon*, et de là la substitution que je suppose.

GAYDON, p. 55 :
> Rois cuidai iestre de France et de *Loon*.

P. 255, v. 21 : *au lez senestre en son*.
Cette expression *en son* est souvent employée d'une manière purement explétive. Voir les exemples

cités par M. Gachet dans son glossaire, au mot *son*. Quoi qu'il en soit, mieux vaut lire peut-être :

> Ceinte a Courtain au senestre giron.

P. 257, v. 4 : *ne se contint pas mu*, locution tirée textuellement de la chanson d'*Aspremont* (ms. fr. 2495).

P. 257, v. 19 : *entreferu*.
OTINEL, p. 41 : *s'entrefierent*.

P. 261, v. 3 :

> Vers sarrasins s'en vont iréemant.
>   (*Aspremont*, ms. fr. 2495, fol. 106 v°.)

P. 265, v. 16 : *l'afaire tot entier*. *Affaire*, comme l'on sait, était du genre masculin.

P. 265, v. 17 : *de chief en chief*. V. Raynouard, *Lexique*, au mot *Cap*, II, 318, col. 2.

P. 275, v. 18 :

> Et vers ma fille esploitié laidement.

Je n'ai pas dû répéter *loiaument* ou *desloiaument* dans trois vers successifs, comme au texte de Venise ; j'ai remplacé ici *desloiaument* par *laidement*, comme m'y autorisait ce vers de *Gaydon* (p. 175) :

> Emprisonner ne l'ait fait laidement.

P. 275, v. 25 :

> Ad un fil d'or sa crigne vait nouant,

ou encore : *ses crins vait acesmant*. (Cf. *Gui de Nanteuil*, p. 24.)

P. 279, v. 19 : *aclin vos erent*. V. Raynouard, *Lexique*, au mot *aclis*.

P. 287, v. 5 : *poon*. C'est la forme la plus fréquente du mot *paon*. Elle est à ce mot ce que *sooler* est à *saoler*.

P. 287, v. 11 : *dansillon.* (*Gaydon*, p. 235.)

P. 289, v. 11 : *Sa mere Blanchefier.*
J'ai usé ici d'une licence analogue à celle dont je trouve un exemple dans le poëme de *Gaydon*. L'auteur, pour le besoin de la rime, a fait une fois fléchir le nom de son héros en *Gaydier* (p. 272).

P. 289, v. 20 : *Si me li lut parler* (mihi licuit).

P. 289, v. 22 : *longues* (longtemps).
GAYDON, p. 120, 168 :

> Ne puet longues *durer,* — *se* longues *vit.*

P. 291, v. 7 : *Kallemaines li ber.* Voyez cette expression ci-après, p. 307, dans la seconde version de notre poëme.

P. 291, v. 14 : *acorde.* (*Raoul de Cambrai*, p. 222.)

P. 291, v. 22 : *le trait à un bouzon;* c'est-à-dire que les deux empereurs s'avancèrent chacun à la portée du trait nommé *bouzon*, en avant de leur camp.

P. 295, v. 11 : *entr'eus tienent content.* (Cf. *Gaydon*, p. 218.)
On pourrait lire aussi : *entr'eus est li contens* (ils discutent les conditions de la paix).
Ou encore :

> De la pais faire entr'eus vont porparlant.

GUI DE NANTEUIL, p. 94 :

> Il ont toute la pès pourquise et pourparlée.

P. 295, v. 20, il faut peut-être lire : *com dit tote la gent.* Dans le doute, j'ai employé une locution qui se retrouve partout et qui donne au vers ce sens : « Vous en avez tiré vengeance publiquement. »

P. 298, v. 5 : *en Paris ladan. Sic*, en un mot. *Ladan* me paraît être une altération de *là dedens.*

P. 301, v. 22 :
> Une *charée* d'avoir li a doné.

ALISCANS, p. 12 :
> Une *carée* porteroit bien de plon.

P. 305, v. 1 :
> Ne pain, ne vin, ne mais char ne poisson.

AUBERI LE BOURGUIGNON, ms. fr. 859, fol. 65 r°, col. 1 :
> N'i trouverés pain ne vin ne poisson.

P. 305, v. 10 :
> D'or en avant faut ici la chansons.

On lit à la fin de *Raoul de Cambrai* :
> D'or an avant faut la chançon ici.

P. 305, v. 11 et dernier : *Dex vos garisse*. Voyez a fin de *Gui de Nanteuil*.

ERRATA.

P. 25, v. 20 : *laisse* moi ce penser, lisez *laissés*.

P. 25, v. 21 : au lieu de *saurois*, lisez *sauriés*.

P. 39, v. 2 : *ehevir*, lisez *chevir*.

P. 49, v. 5 : suppléez une virgule après *rue*.

P. 53, v. 3 : au lieu de *Lifel Macaires*, lisez *Li fel Macaires*.

P. 65, v. 3 : *Là* voit la dame, lisez *La* voit.

P. 70, v. 17 : au lieu de ORF o, lisez OR fo.

P. 88, v. 8 : au lieu de *E in sa main*, lisez *E in sa man*.

P. 125 : au lieu de *ne fesoient* en *premier*, lisez *ne fesoient premier*.

P. 161, v. 16 : au lieu de *avois*, lisez *aviés*.

P. 167, v. 9 : lisez ainsi ce vers :

Dou roi d'Ongrie ja n'en estuet plaidier.

c'est-à-dire : « Inutile de vous raconter longuement les bontés du roi de Hongrie. » Cette leçon donne un sens beaucoup meilleur que celui du texte de Venise, et répare une faute qui m'a échappé pour avoir suivi ce texte de trop près.

ERRATA.

P. 169, v. 7 : au lieu de *diré et conterés*, lisez *dirés et conterés*.

P. 177, v. 14 : au lieu de *apente et afiert*, lisez *apent et afiert*.

P. 185, v. 2 : au lieu de *vais*, lisez *vai*.

P. 237, v. 9 : au lieu de *m'en fuïs*, lisez *m'en fuï*.

P. 241, v. 7 : au lieu de *Tot icel for*, lisez *Tot icel jor*.

P. 251, v. 5 : au lieu de *fier*, lisez *fiers*.

P. 256, v. 2 : au lieu de *parenteson*, lisez *parenté son*.

www.ingramcontent.com/pod-product-compliance
Lightning Source LLC
Chambersburg PA
CBHW060308230426

43663CB00009B/1632